中国社会科学院　学者文选

朱家桢集

中国社会科学院科研局组织编选

中国社会科学出版社

图书在版编目（CIP）数据

朱家桢集／中国社会科学院科研局组织编选. —北京：中国社会
科学出版社，2008.10（2018.8 重印）

（中国社会科学院学者文选）

ISBN 978 - 7 - 5004 - 7194 - 3

Ⅰ. ①朱… Ⅱ. ①中… Ⅲ. ①朱家桢—文集②社会科学—文集
Ⅳ. ①C53

中国版本图书馆 CIP 数据核字（2008）第 137025 号

出 版 人 赵剑英
责任编辑 张小颐
责任校对 李 莉
责任印制 郝美娜

出 版 中国社会科学出版社
社 址 北京鼓楼西大街甲 158 号
邮 编 100720
网 址 http：//www.csspw.cn
发 行 部 010 - 84083685
门 市 部 010 - 84029450
经 销 新华书店及其他书店

印刷装订 北京市十月印刷有限公司
版 次 2008 年 10 月第 1 版
印 次 2018 年 8 月第 2 次印刷

开 本 880×1230 1/32
印 张 15.875
字 数 383 千字
定 价 95.00 元

出 版 说 明

　　一、《中国社会科学院学者文选》是根据李铁映院长的倡议和院务会议的决定，由科研局组织编选的大型学术性丛书。它的出版，旨在积累本院学者的重要学术成果，展示他们具有代表性的学术成就。

　　二、《文选》的作者都是中国社会科学院具有正高级专业技术职称的资深专家、学者。他们在长期的学术生涯中，对于人文社会科学的发展作出了贡献。

　　三、《文选》中所收学术论文，以作者在社科院工作期间的作品为主，同时也兼顾了作者在院外工作期间的代表作；对少数在建国前成名的学者，文章选收的时间范围更宽。

中国社会科学院

科研局

1999 年 11 月 14 日

目　　录

前　言

　　1953年我大学毕业分配到中国科学院经济研究所时，经济所刚成立。全所共30多人，其中研究人员20多人，分为经济史和现实经济两个组。我分配在现实经济组。与经济史组有比较明确的专业研究方向不同，现实经济组没有自己明确的专业研究方向，而是根据当时国家计委、统计局、农业部、全国手工业合作总社等国家部委，有什么需要调查研究的问题，联系上什么任务就做什么，经常是打一枪换一个地方，调查研究的问题之间，并无内在的联系。当时经济所的领导，把这种工作方式叫做"六部行走"（这是借用了我国古代的一种官职称谓。所谓"六部"，即吏部、礼部、户部、工部、刑部、兵部。是自唐朝以来历代沿用的中央职能部门的官制）。在这一工作方针下，我先后参加了河北省高阳手工织布业的调查、河北省博野县大墟村农业合作社调查，写出了关于手工织布业的专题调查报告和农业生产合作社的典型调查报告。随后又参加了国家计委、统计局组织的工作组，赴浙江省杭州、义乌、东阳等地调查。1955年中国科学院为配合国家治理黄河的宏伟规划，组织了以副院长竺可桢为首的包括地质、地理、地球物理、植物、农业、经济等研究所，组成黄河中游水土保持综合考察队，奔赴晋西北地区。我受经济所派遣，参加了考察队，历时近一年，写出了关于农业生产合作社开展水土保持的考察报告。1956年全国人大民委为适应少数民族地区社会改革和经济建设的需要，为抢救少数民族社会历史文化的珍贵资料，组织开展全国性的少数民族社会历史调查。我受命参加以中央民族学院副院长费孝通为首的云南民族调查组，从黄河岸边转到了云南边疆。先后担任了景颇族调查组和白族调查组的负责人，率同调查组，深入山寨，与少数民族群众同吃同住同劳动，历时近五年，完成了数十万字的调查研究报告，并在此基础上，撰写了《景颇族简史》（初稿）。1961年我回到北京，时值我国面临严重经济困难时期，我又受命参加了国家计委组织的关于恢复农业的调查，奔赴甘肃省祁连山牧区，到裕固族牧民中进行调查，写出了关于恢复牧区生产的内部调查报告。1962年经济所农业组规划撰写一部"人民公社经济论"，为了了解不同地区不同类型人民公社的情况，我北上黑龙江，南下广东，深入村寨田间，蹲点调查，写出了一批调查报告。1963年在全国开展农村"四清"运动的形势下，经济所抽调我和一些人员，在副所长带领下，到河北省昌黎县参加"四清"工作队。1964年5月回到北京，不久，经济所在中宣部工作组的直接领导下，全所停止业务，开展了对所长孙冶方的批判运动。到1965年春，在批判孙冶方的基础上，全所移师北京房山县，继续参加农村"四清"运动，直至1966年5月，"文化大革命"的风暴骤起，我们参加农村"四清"的全体人员，奉命返京参加"文化大革命"，从而中止了我前半生"六部行走"式的生涯。

十年动乱结束后，经济所刚从瘫痪中复苏，中国科学院开始进行体制调整，原哲学社会科学部从中国科学院独立出来，成立了中国社会科学院。与此同时，经济所也进行了体制调整，原有的工业、农业、财贸等专业，分别独立成研究所，剩下政治经济学、国民经济、经济史和经济思想史这样一些基础性、综合性的专业，人数也大大减少了。其中经济思想史专业仅有一位年逾古稀、学贯中西的巫宝三老先生，仍潜心于经济思想史的研究。我很感佩他的治学精神和志趣。于是趁着体制调整之际，我转入了经济思想史专业。

中国经济思想史这门学科，在我国一向少为人注意，在许多方面尚是空白。巫宝三先生根据自己多年研究的体会，提出开展研究这门学科的设想：首先从编辑经济思想史资料入手，目的在于掌握第一手资料，在此基础上，对不同时期不同思想家的经济思想，逐个进行深入的专题研究，然后进行综合的系统的研究，写成各个历史时代的专著。这是一个循序渐进、脚踏实地、讲求高质量的写作计划，我完全赞同这个设想。于是从1978年开始，组织了有关高等院校和科研机构的十几位专家，组成中国经济思想史著作编写组，着手编写三套著作：即编写一套从先秦到清代的多卷本《中国经济思想史资料选辑》，在此基础上，对各个时代的经济思想进行深入的专题研究，写出专题研究论文，依次编写出各个时代的论文集，最后在上述基础上写出一套从先秦到清代各个时代的多卷本《中国经济思想史》专著。从此我全力参与了三套书的写作，直至1989年底退休。退休后，应经济所返聘，仍继续主持《中国经济思想史》课题项目的研究，并担任培养博士研究生的工作，直至1999年。

我全部的研究工作，可划分为界限分明的前后两个时期：前一个时期是"文化大革命"以前的五六十年代，从事"六部行走"式的各种各类的社会经济问题的调查研究；后一个时期是"文化大革命"以后的经济思想史的专业研究。在前一个时期，虽然写了许多调查研究报告，但既不成系统，亦难以积累，往往是写完报告，交差了事，转身又投入另一种调查研究，有的内部调查报告则是连底稿也没留。所以现在收入这个集子的，除了前一个时期中关于研究民族问题的一些文章外，主要的是后一个时期的文章。

这里共收入了 18 篇文章，其内容大致可分为三类：第一类是经济思想史的研究，主要是对先秦时期的经济思想研究，其中对孔子经济思想的研究，既不同于以往人们或反孔或尊孔的思维方式，亦不同于以往人们以论证孔子思想是代表奴隶主或封建领主抑或封建地主为目的的研究方式，而是对其思想的渊源、内涵及其理论意义、社会历史影响等方面，进行追索和探讨，并从时代和历史发展的视角，进行评价。义利思想是我国古代经济思想的理论基础，是具有中国特色的传统经济思想之一。近代以来，学术界颇多误解与异议。对此，我在《义利思想辨正》一文中，作了深入的探讨和辨析。并在《致富论》一书的序言中，以马克思主义创始人的论点为指导，与西方的功利主义思想相比较，指出我国古代义利思想的理论成就，远高于西方的功利主义思想，是中国经济思想史上的一个杰出贡献。富民思想是我国两千多年来具有深远影响的传统经济思想，是西方古代奴隶社会思想家所没有的。《中国富民思想的历史考察》一文，考察了自先秦至近代富民思想在不同时代的不同内容、作用及其反映的阶级特点，论述了它在经济思想史发展中的理论意义和现实意义。此外的几篇论文，则是对近现代中国社会变革过程中的均贫富思想、改革开放以来经济转型过程中经济观念更新的一些理论问题进行的研究和探讨。

第二类是对马克思的亚细亚生产方式和东方社会理论的研究，提出并论证了亚细亚生产方式即是原始生产方式一般的论点。并对亚细亚生产方式理论的形成过程和这一理论对古代农村公社的本质特征的认识，作了系统的分析。同时联系我国古代村社制度的史实，对我国古代社会发展中的奴隶制、封建制问题，作了新的探讨和论证。在《对马克思〈资本主义生产以前的各种形式〉一文中几个理论问题的理解》一文中，探讨并区分了亚细亚所有制与东方专制制度的联系和区别，探讨了亚细亚所有制与东方普遍奴隶制的不同含义，论证了所谓东方的普遍奴隶制，并非是东方特有的一种奴隶制生产方式，而是对专制制度下，劳动者与劳动客观条件之间关系的理论概括，不具有任何社会经济形态的意义。在《〈西双版纳份地制与西周井田制比较研究〉第二版序》中，高度评价了马克思主义创始人对古代农村公社制度研究的科学意义，认为这是继摩尔根《古代社会》对氏族制度这一人类原始共同体的科学发现后，又一个对人类社会历史发展有重要科学意义的人类共同体的研究。指出《西双版纳份地制与西周井田制比较研究》一书，完整、系统地解析了一个民族现有的建立在农村公社基础上的封建领主制社会，这不仅对我国民族学和史学研究，而且对丰富世界古代史和中世纪史的研究，都有重要的理论意义和史料价值。

第三类是关于少数民族社会历史问题的调查研究。这里选了关于景颇族研究的两篇论文和一篇调查研究报告。但对于白族的社会历史调查报告，由于本集篇幅有限而未能选入。

景颇族在 1949 年以前尚处于前阶级社会向阶级社会过渡的阶段，由于受到周围的傣族和汉族统治阶级的统治和近代商品经济的影响，社会发展具有跳跃性的特点。景颇族没有自己的文字，其民族历史仅存于耆老的口传和巫师的咒语中。随着 1949 年以后社会的巨大变革，从经济基础到上层建筑的各个方面，都发生了翻天覆地的重大变化。昔日的景颇社会，如今在现实生活中，已是旧迹难寻了。20 世纪 50 年代开展的那次大规模的社会历史调查，真实地记录了景颇社会的原貌（除了文字的记述，还绘制了图画，拍了照片，摄录了电影），这对景颇族人民更好地了解过去，珍视现在，展望将来，都是很有意义的。

50 多年前，我走进了这个民族的社会历史，见证了她，记录了她，并为祖国民族大家庭谱续了一页篇章，而这同时也在我的这段人生轨迹上，记录下了自己。

朱家桢

2008 年 2 月春节

西周的社会经济、思想文化与经济观念

一　西周时期的社会经济状况

周族灭商是我国古代社会历史发展中具有重大意义的事件，它摧毁了商代奴隶主贵族的统治，代之以宗法封建贵族的统治，实现了奴隶社会向封建社会的转变。

周族很早以来就从事农耕，相传周族的先祖弃"好耕农，相地之宜，宜谷者稼穑焉，民皆法则之。帝尧闻之，举弃为农师"，并"封弃于邰，号曰后稷"（《史记·周本纪》）。弃是中国历史上最早的农艺师。周族聚居的周原，位于陕西关中平原西部，岐山之南，渭河之北。据《诗》载："周原膴膴，堇荼如饴"①，土地肥沃，是优越的农耕区。近年在周原考古发掘中发现了距今三千多年的陶器、建筑瓦、铜镞和青铜礼器等，以及周人的甲骨文字，这表明周族有自己固有的文化。《诗》载周族先人在经营周原时，"乃立冢土"②，冢土即大社，那时已有村社组

---

① 《诗·大雅·绵》。
② 同上。

织。在村社内普遍存在着家长制家族的血缘联系。灭商后，在周族原有的村社组织和氏族制度残余的基础上，融合了商族社会制度的某些方面，形成为具有宗法制特点的封建贵族领主制的政治经济结构。它的主要特点是：政治上的分封制；经济上的井田农业和工商食官制；思想文化方面的官府之学和德治思想。

（一）分封制

西周的封建领主制是在周初大分封的基础上形成的。史载周族灭商后，共灭国九十九，服国六五二。周族统治者在其统治势力所及的范围内，通过分封同姓和异姓亲属为诸侯，共建立起七十一国。姬姓子孙一般都得到封地，成了大小领主。在此基础上，以周王室为中心，联结许多有亲缘关系的诸侯国，形成在统一版图之内的强大统治机体。它在国家形态上，比商王国更为成熟。商王国只是众方国中的一个强大的方国，它与周围服国间，既无宗族之亲，亦无君臣之义，服国对它叛服无常。而周王与诸侯间，既有嫡庶姻亲之间的宗法联系，又有明确的君臣尊卑关系。他们是同处于统一王国版图之内、由封建权利和义务结合起来的大小封建领主之间的关系。所谓"溥天之下，莫非王土；率土之滨，莫非王臣"①，它标志了我国多民族统一领土国家的开始形成。

西周的分封制，一方面是家长制家族血缘联系的扩大和升华，另一方面也是农村公社组织的扩大和升华。在灭商后，周族统治者为适应巩固统治、加强周族内部团结的需要，把原有的家长制家族的继统原则，进一步发展成为"别子为祖，继别为宗，继祢者为小宗"和"立适以长不以贤"等用以区分嫡庶、大小

---

① 《诗·小雅·北山》。

宗等相互关系的宗法制度，并通过"天子建国，诸侯建家，卿置侧室，大夫有贰宗，士有隶子弟，庶人工商，各有分亲，皆有等衰"所建立的严密的封建等级隶属关系①，把宗法制与封建制结合起来，从而形成西周特有的宗法封建制度。同时，周族原有的村社制度，在新的历史条件下，迅速发展和改造成为封建制度下社会组织的基层模式。农村公社是古代世界普遍存在的一种社会形式，它是在自然经济条件下形成的一种规模不大的社会有机体。由于它所能容纳的人口很有限，因此当人口增殖到一定限度时就必须分裂出一部分人，到新辟土地上去成立新社。新社成立时，要举行原有村社向新社分赠社神的仪式，即从原来的社坛中取一掬泥土和社神的信物，作为新社宣告确立的象征。这种分裂新社的方式，在我国云南省某些少数民族中，直至解放前仍能见到。新社成立后，成为一个独立的子体，它把原村社视作母体，保持着某种亲缘联系，但在行政组织和所有权关系上则是独立自主的。周初的大分封是进一步运用和发展了这种传统的村社分裂增殖的形式。《礼记·祭法》说："王为群姓立社曰大社，王自立社曰王社。诸侯为百姓立社曰国社，诸侯自立社曰侯社。大夫以下成群立社曰置社。"立社成了自上而下建立各级政权的方式。《诗·良耜》："以开百室，百室盈止。"郑玄注："百室者出必共洫间而耕，入必共族中而居。"村社成为一国的基层组织。周王在分封诸侯时，要在王社举行授土授民仪式。王取社土一掬，授予封君，以示封君取得了封土主权。如史载周初封伯禽于鲁："分之土田陪敦，祝宗卜史，备物具册，官司彝器。"②这里的"土田"即社田，用以祭祀，故又赠祝宗卜史等神职人员。

---

① 《左传·桓公二年》。
② 《左传·定公四年》。

陪敦乃堆土为坛。社坛的建立，象征"社"的成立。"社"的本意是土地主权的象征。《说文》："社，地主也。"在村社制度中，"社"是村社土地所有权的象征。在周初的大分封中，诸侯所立的社，就发展为国土主权的象征。诸侯作为封君，一方面他是一国的宗子，是宗族关系中唯一合法的继承人。《礼记·丧服传》："正体于上，又乃将所传重也。"宗子是正体，是先祖机体的延续，是合法的继承者，因而唯有他有权主祭宗庙。另一方面，通过周王的授土授民，诸侯成为国土的唯一合法的主人，因此唯有他有权主祭社稷。故国君主祭宗庙和社稷成了国君统治权位的象征。周初裂土封侯的方式，在形式上正是村社分裂增殖方式的扩大和升华。

新建的诸侯国是一个拥有国土主权的相对独立的主体，周天子通过授土授民的仪式，把对土地和人民的所有权授予诸侯，这与村社分裂增殖的形式是相似的。诸侯也是一个相对独立的主体，拥有自己的土地主权。因此，在周初的许多诰文中，周天子称自己的国土为周邦，如《周书·顾命》："临君周邦。"称诸侯国为"尔邦"，称诸侯为"友邦君"。《周书·文侯之命》："其归视尔师，宁尔邦。"《周书·大诰》："肆予告我友邦君。"诸侯是一国的宗子，在封土内是最高统治者，他拥有一国的领土主权，有自己的政权、司法权、财权和军权。因此，在西周，诸侯亦可自称为王。诸侯根据宗法制原则，无须经过周天子的同意，就可独立自主地把土地分封、赐赠给宗戚姻亲及臣下，并通过分封，在国君与大夫之间，建立起大宗与小宗的宗法关系和政治上的君臣关系。卿大夫在封邑领地里也是宗子，是封邑领地的主人，他也拥有自己的政治、司法权力和由族党为核心组成的军队，俨然与国君一样，是一个小朝廷之君。所以《仪礼·丧服》郑玄注："天子诸侯及卿大夫有地者，皆曰君。"分封制确立了一种金字塔式的层层隶属而又有相对独立性的政治体制，即封建贵族领主制。与此相适应的经济基础是各级贵族领主土地所有制。史学界有一种观点认为，周初的大分封是古代的部落殖民。这是一种误解。古代的部落殖民是一种迫于人口增殖而进行的强迫迁徙。殖民所建立的子体与母体没有任何封建隶属关系。殖民的目的在于移植人口，与保卫母体无关。而周初的大分封，并不是迫于周族人口增殖而进行的强迫迁徙，而是消灭商族奴隶制的一场社会革命。被分封的诸侯，以少数统治者率领部分军队去统治某些方邦部落。随去的殷民六族、七族是商人的族氏集团，而不是率领大批周族民众到新辟地去殖民。被分封的诸侯国与周王室有着密切的封建隶属关系。分封的目的是"众建诸侯，以藩屏周"，即为御外侮和保卫周王室。因此，周初的大分封无论在内容和性质上都与古代部落殖民迥异。

西周的封建领主制虽然渊源于家长制、家族血缘制和农村公社制度，但其性质已发生了根本的变化。无论在天子与诸侯、诸侯与大夫之间，在王室与诸侯国之间，都已不再是单纯的血缘联系和地缘联系，而是为君臣尊卑的封建等级隶属关系及相互间的一系列封建性权利义务关系所取代。周天子与诸侯之间，既是家族嫡庶姻亲关系，又是君臣之间、上下级封建领主之间的关系。周王室与诸侯国已不同于方邦服国之间的关系，而是在封建隶属体系中共同组成统一的封建王国。周天子是所有诸侯的共主。西周的分封制，是建立在土地所有权层层分割的基础之上的。天子分封诸侯，诸侯分封大夫。上级领主把土地、人民封赐给下级领主，下级领主则对上级领主提供政治上、军事上的效忠和经济上的贡纳。层层分封形成了层层隶属的金字塔式的体系；在这个体系中，诸侯听命于天子，大夫听命于诸侯，家臣听命于大夫。但家臣不从诸侯命，大夫不从天子命。这与欧洲中世纪封建领主制的基本特征相似，即"我的附庸的附庸，不是我的附庸"。由于土地所有权的层层分割及政治上的多层次隶属关系，构成了大小各级领主集团之间、宗族之间、家族之间的错综复杂的利益关系。协调和维护各种利益关系，正是封建等级秩序赖以建立的基础。随着不同地区、不同领主集团间政治经济发展不平衡的加剧，一些诸侯国和领主集团强大起来，他们侵兼弱小，破坏了原有封建秩序下的利益关系，并按照现实的政治经济实力，调整既有的利益关系，从而使原有的利益关系受到挑战。由于分封制本身具有向心力与离心力两个方面的因素，所以，当王室强大，足以控制并协调各领主集团间的利益，从而使封建秩序得以稳定时，分封制体系内部的向心力作用大于离心力，表现为诸侯毕服，海内一统；当王室衰微，诸侯坐大，各领主集团固有的利益关系失去平衡和控制，从而使封建秩序遭到破坏时，分封制体系内部的离心力作用大于向心力，表现为诸侯争霸，群雄割据。而后者正是由前者发展而来的。西周后期，周王朝由强大走向衰微，周天子逐渐丧失对诸侯的控制和平衡的力量，分封制内部的离心力作用不断增长和扩大，整个周王国由统一走向割据，就成为不可避免的发展趋势。

（二）井田制

相传井田制度是西周时代盛行的一种土地制度，因此，了解井田制度对于了解西周社会的经济关系、经济制度和经济思想都有重要的意义。虽然两千多年来，学术界关于井田制度本身的论述众说纷纭，矛盾和谬误很多；但从马克思主义观点来看，井田制无非是古代的一种以土地公有制为基础的生产关系，即农村公社的土地制度。世界古代史的研究表明，农村公社"是所有民族在一定的发展阶段上的共同现象"①，是古代世界普遍存在的一种社会形式，中国也不例外。马克思指出："在印度还有建立在土地公有制基础上的村社的形式，这种村社在中国也是原始的形式。"② 在中国古籍中，有关西周村社制度的记载是很多的。《诗·甫田》："琴瑟击鼓，以御田祖，以祈甘雨，以介我稷黍。"这里的田祖即是社神，是村社土地公有的象征。西周的村社是社会的基层组织。《商君书·刑赏》："武王与纣战于牧野之中，大破九军，卒裂土封诸侯，士卒坐阵者，里有书社。"《吕氏春秋·慎大览》："武王胜殷，与谋之士，封为诸侯，诸大夫赏以书社。"西周的"里"，即是聚居的村落。《尔雅·释言》："里，邑也。"《汉书·食货志》："在野曰庐，在邑曰里。"《周礼·司徒下》："五家为邻，五邻为里"，一里二十五家，是为一社，亦称里社。每个村社都要把人户情况上报国家："以社之户口，书于版图。"（《荀子·仲尼》杨倞注）因此，村社亦称书社。西周的村社如同古代世界的一切村社一样，是以一定的山、林、河、路等自然标志为界，与其他村社的领地相区分。《诗·信南山》："我疆我理，南东其亩。"朱熹注："疆者，为之大界也，理者，定其沟涂也。"西周时代，各贵族领主的领地之间，亦有各自的封疆，在形式上正是村社土地界线的升华。

　　西周的村社，作为领主统治的基层单位，具有组织生产、组织生活的独特的社会功能。每个村社有自己的头人——父老和里正。"选其耆老有高德者名曰父老，其有辩护伉健者为里正。"他们有领导和监督生产的职责："田作之时，父老及里正旦开

① 《马克思恩格斯全集》第 22 卷，人民出版社 1965 年版，第 494 页。
② 《资本论》第 3 卷，人民出版社 1975 年版，第 373 页。

门，堆塾上，晏出后时者不得出，暮不持樵者不得入。"① 《周礼》中也有里宰的职司："掌比其邑之众寡，与其六畜兵器，治其政令，以岁时合耦于锄，以治稼穑，趋其耕耨，行其秩序。"里正和里宰最初曾是村社公务的组织领导者，在西周时代，他们已成为领主国家的基层属吏，他们的职责已转化为服务于领主国家的统治剥削性质。在村社成员中，除从事农业者外，也还有从事牧业、手工业及巫医等人员，反映了在自然经济条件下，封闭性社会机体内部一定程度的社会分工。除生产组织外，村社还有自己的军事组织："五人为伍，五伍为两，四两为卒，五卒为旅，五旅为师，五师为军。"② 此外，还有自己的文教娱乐等公共生活："设为庠序学校以教之。庠者养也，校者教也，序者射也。"③ 尤其是组织和举办大规模的祭祀等宗教娱乐活动："唯为社事，单出里，唯为社田，国人毕作。唯社，丘乘共粢盛。"④社祭是全村社成员共同参加的盛大活动。

　　关于西周村社的土地制度，在我国古籍中，最典型的记述便是井田制。井田是以耕地被块状分割而得名的。这同欧洲村社中耕地的条状分割具有相同的意义。马克思说："如果你在某一个地方看到有垄沟痕迹的小块土地组成的棋盘状耕地，那你就不必怀疑，这就是已经消失的农业公社的地产。"⑤ 耕地无论是块状或条状的分割，目的都是为了在村社成员间进行均等的分配。虽然在西周封建领主制下，村社的土地已不再是原始的土地公有制，而是已转化为封建领主土地所有制，但在村社内部，依然保

　　① 《公羊传·宣公十五年》何休注。
　　② 《周礼·地官·司徒》。
　　③ 《孟子·滕文公》。
　　④ 《礼记·郊特牲》。
　　⑤ 《马克思恩格斯全集》第19卷，人民出版社1965年版，第452页。

持着村社固有的共同占有和使用耕地的一切基本特征。首先，耕地属于村社共有。《礼记·王制》："田里不粥。"村社的耕地，任何村社成员均无权买卖，因为土地不是村社成员个人的私产。所以《礼记·曲礼》又说："问庶人之富，数畜以对"，农民主要的私有财产是牲畜而非土地。其次，在平等和均等的原则下，分配村社的耕地。《公羊传·宣公十五年》何休注："圣人制井田之法而口分之，一夫一妇受田百亩。"一夫百亩是西周通行的村社分配耕地的原则。在井田制下，每个农民分得的份地，只限于本人使用，不用时须交还村社："民至二十受田，六十归田。"[1] 二十岁作为一个成年劳动力，分配得一份耕地，六十岁丧失劳动能力时，须归还耕地。这表明，在西周村社中，每个社员都有权"拥有平等的土地份额与平等的使用权"[2]。但是由于村社的可分配耕地客观上存在着质量上的差异，为了保证每个份地占有者之间不仅在数量上而且在质量上达到均等，就需要按耕地的自然差别和经济差别，在数量和质量上实行均等分配。马克思指出："农业公社的社员并没有学过地租理论课程，可是他们了解在天然肥力和位置不同的土地上消耗等量的农业劳动，会得到不等的收入。为了使自己的劳动机会均等，他们根据土壤的自然差别和经济差别，把土地分成一定数量的地段，然后按农民的人数把这些比较大的地段，再分成小块，然后，每一个人在每一块地中得到一份土地"[3]，使份地的分配，达到数量和质量上的均等。《周礼·遂人》："辨其野之土，上地、中地、下地，以颁田里。上地夫一廛，田百亩，莱五十亩，余夫亦如之；中地夫一

---

① 《汉书·食货志》。
② 《马克思恩格斯全集》第 19 卷，人民出版社 1965 年版，第 359 页。
③ 同上书，第 425 页。

廛，田百亩，菜百亩，余夫亦如之；下地夫一廛，田百亩，菜二
百亩，余夫亦如之。"这是采取按不同土地等级，用标准亩折算
的办法，与马克思所说农业公社的办法不同，但所要达到的目的
则相同，都是为了使份地占有者之间，在耕地的质量上达到均
等。再次，定期重分耕地。早期的村社，由于生产技术落后，耕
地不能长期固定使用，特别是随着人口的增殖，已分配的耕地，
就需要定期进行调整，因而耕地的定期重分就成为必要。恩格斯
在《马尔克》一文中指出，起初"分配给这些家庭的耕地，期
限也只有一年，每隔一年，又要重新进行分配和更换"，后来，
"虽然不再一年分配一次，但是每隔三年，六年，九年或十二
年，总要把全部开垦的土地（耕地和草地）合在一起，按照位
置和土质，分成若干大块，每一大块，再划分成若干大小相等的
狭长带状地块，块数多少，根据公社中有权分地者的人数而定。
这些地块，采用抽签的办法，分配给有权分地的人"①。西周的
村社，也有定期重分耕地的制度。《夏小正》：正月"农率均
田"，每年正月间，村社农民都要相率分配耕地，即把份地重新
分配一次。后来随着耕作技术的进步，重分耕地的时间亦逐渐延
长。《公羊传·宣公十五年》何休注："司空谨别田之善恶，分
为三品。上田岁一垦，中田二岁一垦，下田三岁一垦，肥饶不能
独乐，墝埆不得独居。故三年一换土易居，财均力平。"从每年
重分演变为三年重分一次。

　　西周时代的村社，可大致分为两种：一是以周族人为主的自
由农民的村社，他们有参与某些政治活动、受教育、服兵役和被
选拔为官吏等权利和义务。他们可以自由迁徙，统治者对他们

　　① 《马克思恩格斯全集》第19卷，人民出版社1965年版，第355页。

好，则"四方之民，襁负其子而至"①，如不好，则"逝将去汝，适彼乐土"②。这种自由村社农民，称为国人。另一种是以殷族人为主的农奴村社，他们无权参与政治，也无权当正式战士。他们为封建领主耕种公田，承担徭役和赋税，是主要的被剥削者。他们不能自由迁徙，"徙于他邑，则从而授之"③。这种固着于土地的村社农奴，称为野人。西周的封建领主经济主要的是建立在农奴村社的基础之上的。封建领主对于国人的自由村社和野人的农奴村社的剥削方式亦有所不同，对前者实行"彻法"，即征取收获物的十分之一，所谓"国中什一使自赋"，在这种形式下，不存在领主的公田。对后者实行"助法"，由村社农奴直接耕种领主的公田，即"野九一而助"，孟子把它描述为"方里而井，井九百亩，其中为公田，八家皆私百亩，同养公田"④。在这种形式下，村社农民的份地与领主的公田在形式上是分开的。自由村社的彻法，是周人所固有的，孟子说："周人百亩而彻。"⑤ 助法是商代所旧有的形式，孟子说："殷人七十而助。"⑥ 灭商后，西周统治者把"助"发展成为对被征服的殷人等农奴村社普遍采用的具有劳役地租性质的剥削形式，它也是西周封建领主剥削农民剩余劳动的主要形式。

西周的村社农民，无论是自由村社农民或农奴村社农民，都通称为庶人。在一大百亩的井田制下，他们是份地的占有者，也是主要的农业生产者。他们拥有除土地以外的某些财富。在人伦

---

① 《论语·子路》。
② 《诗·硕鼠》。
③ 《周礼·地官·司徒》。
④ 《孟子·滕文公》。
⑤ 同上。
⑥ 同上。

关系上，他们与天子一样对父母有三年的丧期："三年之丧，自天子达于庶人。"① 他们也可祭祀自己的祖先："祭典有之曰：国君有牛享，大夫有羊馈，士有豚犬之奠，庶人有鱼炙之荐。笾豆脯醢则上下共之。"② 可见庶人是有一定人格的人，是独立生产者，绝非奴隶。

（三）工商食官

《国语·晋语四》："公食贡，大夫食邑，士食田，庶人食力，工商食官，皂隶食职，官宰食加。"③ 其中"工商食官"是西周时代工商业的一种独特的经济模式。

西周的工商业的发展高于商代，这与西周时代大规模的城邑建设有关。周初的大分封，一方面是"封建亲戚，以藩屏周"④，为保卫王室的需要；另一方面是"经营四方"⑤，即开拓疆土的一种方式。通过分封，建立了卫、鲁、齐、宋、晋、燕等大小七十一国，以周王室为中心，形成了中国历史上空前庞大的统一领土国家。周族统治者在开拓疆土的基础上，为了加强和巩固自己的保卫能力，大力开展了营建都邑的工作："惟王建国，辨方正位，体国经野"，"择天下之中而立国"⑥。周公亲自营建了成周新邑，同时以王都为中心，在被征服的各邦土上，通过诸侯作邑建国，兴建了一大批侯都城邑。随着大分封而出现的大规模的都城建设，在客观上促进了以城市为中

---

① 《礼记·王制》。
② 《国语·楚语上》。
③ 《国语·晋语四》。
④ 《左传·僖公二十四年》。
⑤ 《诗·大雅·江汉》。
⑥ 《周礼·天官·冢宰》。

心的工商业的发展。周族原是主要经营农业的民族，灭商后，接受了商代的百工技匠，成为王室官府手工业的重要技术力量。在建立重要的诸侯国时，除授土授民外，还把殷民中部分从事手工业的族氏，也一起封赐给诸侯。如分鲁公以条氏、徐氏、萧氏、索氏、长勺氏、尾勺氏等殷民六族；分康叔以陶氏、施氏、繁氏、锜氏、樊氏、饥氏、终葵氏等殷民七族。这些手工业族氏成为诸侯国发展官府手工业的重要技术力量。周初，由于大规模建造城邑，建立社稷宗庙及制作车服器械等的需要，统治者对百工十分重视，宣称"百工之事，皆圣人之作也"①。在《周书·酒诰》中，周公曾明令禁杀犯了酒禁的百工，表明了对百工特有的宽宥。我国史学界常常援引古籍中"工商食官"的说法，把百工释为官府蓄养的工奴。其实这里的"食官"，与"食力"、"食职"等都只在于说明生活的来源，并不能直接表明阶级身份。西周官府手工业中的劳动者，有一部分是工奴，但并非都是工奴。如前所述，殷民六族、七族是具有某种专业特长的族氏集团，他们服务于官府，但不是工奴身份。《左传·襄公二十五年》："昔虞阏父为周陶正，以服事我先王。我先王赖其利器用也，与其神明之后也，庸以元女大姬配胡公，而封诸陈，以备三恪，则我周之自出，至于今是赖。"陈原是有虞氏的后裔，素以善于制陶器著称。殷亡，其族氏长做了周的陶正，被封于陈，其族人则专为周制陶器，其中少数技工则被征调至京师为周室服务。他们是颇受重视的技工而非奴隶。也有的官府手工业劳动者，是从村社征调来的艺匠，如《左传·哀公十七年》："公使匠久，……未及而难作。"《左传·哀公二十五年》："公使三匠久，……司徒期因

---

① 《周礼·考工记》。

三匠与拳弥以作乱。"这些被征调来的三匠，是有一定服役期的，役使过久，会引起暴乱。在官府手工业中劳动的，还有一部分是临时雇用的工匠。《周礼·天官》把出卖劳动力的闲民列为第九种社会职业："闲民无常职，转移执事。"这些无固定职业的闲民，是城乡的雇用劳动者，其中某些是具有专艺的工匠，受雇于官府，成为官府工匠的一部分，他们都不是奴隶。在《令方彝》铭文中有"明公朝至于成周，出令舍三事及卿史僚及诸尹及里君及百工及诸侯"，其中百工也在达官显贵之列。《诗·臣工》毛传注："工，官也"，这里的工是属吏。在西周，百工是正常的社会职业之一，《周礼》有"九职任万民，一曰三农，……五曰百工"；《考工记》有"国有六职，百工与居一也"。无论九职或六职，都是对正常社会职业的划分。奴隶是一种阶级身份，并不是一种社会职业。百工中有不同身份的人，把百工等同于工奴是不对的。

由于官府手工业能集中较多人力物力，在较大范围内进行有组织的分工协作，因此能有效地提高工艺水平和劳动生产率。据考古发现，洛阳西周冶铜遗址达 10 万平方米，表明西周拥有规模很大的冶铜作坊。这反映出西周手工业发展的高度。但是，西周的官府手工业的产品，是直接为满足统治阶级自给性需要服务的，它并不投入市场。《礼记·王制》："圭璧金璋，不鬻于市，命服命车，不鬻于市；宗庙之器，不鬻于市。"除了直接为满足统治阶级需要的官府手工业外，在民间还普遍存在为满足人民日常生产生活所需的各种小手工业，如家庭纺织、竹木器具、制陶等。这些手工业生产，在一定程度上是商品生产。如《诗·氓》说"氓之蚩蚩，抱布贸丝"即是。商品交换不仅为民间生产生活所必需，而且也为统治阶级获致自己所不生产的物品所必需。因此，西周统治者对发展商品交换颇为重视。据《逸周书·告四方游旅》载，周统治者明令为四方商旅往来经商提供多方优惠条件，以资鼓励。在周初《酒诰》中，亦声称"奔走事厥考厥长，肇牵车牛，远服贾，用孝养厥父母"，表示了鼓励人民经商的政策。因此，西周的商业较商代有更大的发展。这种发展首先表现在城市固定商品市场的形成。据《周礼》载，西周都城建设的模式是以王宫为中心，"左祖右庙，面朝后市"，都城中专门辟有商业区。在商业区市场上，依时间次序，形成早、午、夕三市。清晨为"朝市"，以商贾的交易为主；午间为"大市"，以一般城乡居民为主；傍晚为"夕市"，以小商小贩为主。这种固定商品市场的形成，是城市工商业发展的结果，也是进一步促进工商业发展的重要条件。其次是商品市场管理模式的形成。据《周礼》载，政府对都城商品市场实行集中管理的模式，即由政府派出肆长、司稽、司暴、胥师、贾师等各级行政和业务管理人员，对出入市场的人员和商品进行监督检验及评定物价，处理讼事等。这些管理人员大多出身于商贾，有一定的经商经验和商品知识。他们受雇于政府，执行商业管理的职能。他们是商业管理人员而非商业经营者。在先秦，工商业者与工商管理人员是有区别的。《荀子·解蔽》说："农精于田而不可为田师，贾精于市而不可为市师，工精于器而不可为器师。有人也，不能此三技而可治三官，曰精于道者也，非精于物者也。"农工商从业人员是精于技者，而农工商业的管理人员是精于道者。"食官"的商是属于精于道者一类的。凡古籍所见西周商品市场上的商业经营者，主要是私商。政府管理和干涉市场的商业活动，是为了保证正常的商品流通和取得市税收入，政府并不在市场上设铺经商。这是因为官府手工业不是商品生产，其产品不投入市场。统治者所需的奢侈品及某些特需商品，则由专人负责采购。这种采购也是直接为获得使用价值而不是追求商业利润，因此它不属于商业经营活动。西周虽确有从事商业活动的贵族，像《诗·瞻印》所说，"如贾三倍，君子是识"，但这乃是贵族个人的经商活动，不代表政府，其性质仍是私商而非官商。因此，所谓"食官"的商，乃是受雇于政府从事市场管理的人员，并不是经营官办商业的官商，更不是官府蓄养的商奴。至于个别贵族在从事商业活动中使用奴隶劳动，其性质属于私奴，与"工商食官"无关。西周的工商食官制度，是与建立在自然经济基础上的封建领主经济体系相适应的一种官办手工业与政府管理商品市场相结合的特种经济模式。它既不表明官府全面垄断工商业，亦不表明工商业中实行的是奴隶制度。事实上，在"工商食官"之外，许多独立的工商业经营者是平民阶层。据《左传·昭公十六年》载：郑子产对韩宣子说："昔我先君桓公与商人皆出自周，庸次比耦，以艾杀此地，斩之蓬蒿藜藿，而共处之。世有盟誓，以相信也。曰：尔无我叛，我无强贾，毋或匄夺。尔有利市宝贿，我勿与知。"与郑桓公一起开辟了郑国土地的商人，他们既非贵族，亦绝非奴隶，当是属于平民阶层。西周平民工商业者的社会地位，与从事农业的庶人相同。《国语·周语上》："庶人工商各守其业。"《左传·哀公二年》："庶人工商遂"，工商与庶人被视为是同列。《周礼·大宗伯》中关于挚礼的规定有："大夫执雁，士执雉，庶人执鹜，工商执鸡。"庶人工商虽然社会的等级地位与士大夫不同，但一样都以禽为挚礼，这表明他们绝不能是奴隶。

西周时代，随着工商业的发展，货币的作用扩大了。贝币及金属货币（铜块、铜饼、青铜农具形的钱镈等）均较商代有明显的发展，但金属铸币还没有出现，在自然经济基础上，自给性的家庭手工业与农业紧密结合，产品极少进入流通，物物交换的形式仍普遍存在。

二　西周时期的思想文化与经济观念

（一）学在官府

西周时代，文化教育既是训练和培养贵族子弟统治和管理国家能力的重要手段，也是统治者推行教化以巩固其政治统治的有力工具。因此，西周统治者对文化教育亦十分重视。他们赋予政权机构以教育的职能，使教育与政治合一，从而形成西周社会所特有的学在官府的制度。

所谓学在官府，具体指的是官学、官师和官书，即学校由官府办，师资由官府派，书籍由官府定。全部文教事宜均由政府掌管。因此，在西周时代，既无私学和私师，亦无私人的著作。

在"学在官府"制度下，各级政权机构的行政长官，即是各级负责文教事宜的官吏。所谓"作之君，作之师"①，教师必须是长官，而长官亦必然是教师。《礼记·学记》："能为师，然后能为长，能为长，然后能为君。"最好的治者，必然是最好的教师。所以师与官是同位的。在中央，王室的大司徒即是掌管全国文教工作的最高行政长官。在地方，乡大夫、州长、党正、里正等各级地方行政长官，则同时是地方各级文教事业的负责人。

西周的官学分为国学与乡学两类。《礼记·王制》："周人养国老于东胶，养庶老于虞庠"，东胶为国学，虞庠为乡学。《史记·儒林传》："乡里有教，……周曰庠"，《孟子·尽心上》："设为庠序学校以教之，……周曰庠。"庠序是周代的乡学。国

---

① 《尚书·泰誓上》。

学设于天子的王都和诸侯的国都所在地，乡学则设于乡间基层。国学又分为小学与大学两个层次，乡学则只有小学而无大学。王都的大学是规模宏大的综合性大学，设有五个学院，即"辟雍居中，其南为成均，北为上庠，东为东胶，西为瞽宗"，各学院有不同的专业内容："北院上庠（虞学）教书，东院东胶（夏学）教舞，西院瞽宗或左学（殷学）教礼，南院成均教乐，中央院辟雍行饷宴之仪。"诸侯国的大学只设一个学院，称"泮宫"。所有国学与乡学的师资，均由政府委派的专职教官或聘请退仕的士大夫充任。《尚书大传》："大夫七十而致仕，老于乡里，名曰义师；士曰少师，以教乡人子弟于门塾之基。"入学年龄，小学一般是八岁，大学十五岁。《大戴礼·保传篇》："古者八岁而出就外舍，学小艺焉，履小节焉，束发而就大学，学大义焉，履大节焉。"束发即十五岁。《白虎通》："八岁入小学，十五岁入大学。"入学的学生以贵族子弟为主，但亦有部分平民子弟，即庶人中的国人子弟。在史学界，有的学者把"学在官府"的教育制度，说成受教育者均为贵族子弟，平民子弟无权受教育，这是不正确的。西周的国人是自由民，他们在政治上有参政、迁徙及服兵役等权利，他们的子弟也有受教育的权利。《汉书·食货志》说："里有序而乡有庠，……余子亦在序室，八岁入小学，学六甲五方书计之事，始知室家长幼之节。十五入大学，学先圣礼乐，而知朝廷君臣之礼，其有秀异者，移乡学于庠序，庠序之异者，移国学于少学，诸侯岁贡少学之异者于天子。学于大学命曰造士，行同能偶，则别之以射，然后爵命焉。"《礼记·王制》："太子、王子、群后之太子，卿大夫之元士适子，国之俊秀皆入大学。"可见国人子弟一般可入小学，其中优秀者，经考核推荐，还可升入大学。所以孟轲在谈周室班爵禄时曾指出：“庶人在官者”，“禄足以代其耕”①。则庶人是可以为官的，根据“学而优则仕”的原则，为官的庶人，当是受过教育的人。了解这一点，对于正确认识西周时代庶人的身份地位及其社会意识均是必要的。有人指出②，郭沫若曾援引《汉书·食货志》中里胥邻长监督村民生产的情况来论断西周庶人是奴隶，但就在《食货志》的同一段行文中，有庶人子弟入小学，升大学，受爵命的记述，却被郭氏遗忘了。国人子弟受教育是包括在“学在官府”制度之内的，也是西周社会上层建筑的有机组成部分，是不能忽视的。学校教育的内容，主要是“洒扫应对进退之节，礼乐射御书数之文”③，其中礼乐主要是明君臣长幼贵贱尊卑等人伦之序，是为德育；射御习武，是为体育（军训）；书数习文，是为智育。所谓书，主要是政府颁发的《诗》《书》等文史典籍。这些书籍，都是刀刻漆书的竹简，十分笨重，成册难，保藏亦难，私人既无权纂编，亦无力刻藏。这也是形成西周时代只有官书而无私著的原因之一。

除了学校教育外，还有以推行统治者的教化为宗旨的社会教育，它也是“学在官府”教育制度的一项重要教育内容。《周礼》规定各级政权机构的卿大夫、州长、党正、族师、闾胥等各级行政官吏，都要在正月、三月、七月、十月的朔日，集合民众诵读邦法，进行政治时事及政策法令的教育。有人认为《周礼》中有关官吏读法的记述，是融进了后世法家的思想，实际上可能恰恰相反，是法家继承发扬了西周官吏读法的社会教育思想。根据西周“学在官府”的教育制度，官吏读法倒是合乎逻

---

① 《孟子·万章下》。
② 参见《读〈春秋〉谈两周社会》，《社会科学》1983 年第 4 期，上海。
③ 朱熹：《大学章句序》。

辑地符合行政官吏所具有的社会教育职能的。

西周的整个社会教育是在大司徒领导下进行的，教育的内容包括十二个方面："施十有二教：一曰以祀礼教敬，则民不苟；二曰以阳礼（乡射饮酒之礼）教让，则民不争；三曰以阴礼（婚姻之礼）教亲，则民不怨；四曰以乐礼教和，则民不乖；五曰以仪辨等则（辨尊卑），则民不越；六曰以俗教安（不变俗），则民不偷；七曰以刑教中，则民不暴；八曰以誓教恤，则民不怠；九曰以度教节，则民知足；十曰以世事教能，则民不失职；十有一曰以贤制爵，则民慎德；十有二曰以庸（功）制禄，则民兴功。"① 通过这些教育，从思想道德、法制纪律、工作技艺及事业理想等各个方面，对民众的思想行为进行规范和制约，以达到教化民众的目的。它鲜明反映了教育为巩固封建社会秩序服务的主旨。

在周王朝掌管文化教育的行政长官之下，还有祝卜宗史等一批具体从事文化教育的专业官员。他们的专职和专业知识是世代相传的，被称为畴人或畴官。在周代社会中，他们是各自专业内的专家和权威，也是高层知识分子。在"学在官府"制度下，这些知识分子都是王官，民间是没有这种知识分子的。自春秋以降，周室式微，王权衰落，学在官府制度瓦解，于是官失其守，畴人子弟散至四方，导致学术下移，遂有民间诸子百家之兴起。《汉书·艺文志》有称先秦诸子之学，皆出于王官之说，其思想渊源盖在于此。

（二）德治思想

西周时代随着社会经济基础和社会制度的重大变革，人们的

---

① 《周礼·地官·大司徒》。

社会意识和思想观念也发生了深刻的变化，反映在宗教、哲学、政治、经济等各方面的思想观念，都表现出不同于商代的许多特点，形成了西周时代所特有的社会思潮，这个思潮的核心是德治思想。

马克思指出："随着每一次社会制度的巨大历史变革，人们的观点和观念也会发生变革。这就是说，人们的宗教观念也要发生变革。"① 在商代是以上帝神和祖先神为中心的二元神宗教思想。上帝是主宰一切的至上神。但上帝与商族无亲缘联系，它不是商族的保护神。商族的保护神是商族的祖先神，它"宾于帝"，在上帝左右，媒介着商人与上帝神之间的信息。在这种宗教观念下，人们在主宰一切的上帝神面前，除了奴隶般地服从和祈求外，完全无能为力。上帝实质上是奴隶主权力的神化。周族灭商后，对帝祖二元神的宗教观，作了新的发展。他们提出了"天"和"天子"的概念。在商代有"帝"的宗教观念而无"天"的宗教观念。有作为商族保护神的祖宗神观念，而无高出于众部落方国之上的祖宗神观念。这是因为商王国本身是部落邦国之一，而非统一的领土国家。周王朝开始形成统一的领土国家，它需要有一个能够反映统一意志的上帝神，从而提出了"天"和"天帝"的观念。同时，周王还需要取得与他作为现实世界中高居诸侯之上唯一有权接受天命的最高统治者地位相适应的神权依据，因而提出了"天子"的观念。周王既是天的元子，就理所当然地有权代表天帝统治天下。周王的这种特权地位，使得周族姬姓的祖宗神具有了高出于一切部落方国祖宗神之上的特殊地位，即只有周族的祖宗神，才有权配享天帝。因此西周的统治者把祭祀祖宗神与祭祀天帝紧密联系在一起。《史记·封禅

---

① 《马克思恩格斯全集》第 7 卷，人民出版社 1965 年版，第 240 页。

书》:"周公既相成王,郊祀后稷以配天,宗祀文王于明堂以配上帝。"《诗·思文》:"思文后稷,克配彼天。"以周族祖宗神配享天帝神,就成了周王最高特权的象征。同时,他们把人王说成是天的元子,使周族的祖宗神与天帝神发生亲缘联系,从而把周族的统治权牢固地建立在神化了的宗法制原则的基础上,它既是宗法制王权的神化,也是神权的宗法化。特别是"天"与"天子"观念的提出,使"上帝神"这个在商代全然是一种异己的、不可捉摸的超人力量降到了人间,神被人化了,从而"天"不啻是自然之天,而是具有了人性的天,天性与人性已是可以相通了。西周宗教观念上的这个重大变革,不仅具有十分重要的现实意义,而且产生了在思想史上有重大理论意义的"天人合一"的哲学思想。

"天人合一"在哲学思想上把天道与人道统一起来,由天的人化,推演出天帝的人格化。因此西周时代的上帝是具有意志的人格神。《诗·皇矣》:"皇矣上帝,临下有赫,监视四方,求民之莫。"上帝把统治权委托给了天子,而又时刻监视着,要求天子模范地、忠实地执行上帝的命令,以造福于人民。在这里,上帝成了主动关怀人世统治的理性的上帝;宗教神的天,成了义理之天。同时,周王既是天之元子,按宗法制的原则,天与周王之间在理论上就存有君臣父子的关系,从而产生了天人之间的伦理关系。上帝的人格化和天人观念的伦理化,实质上是把天道融入于人道之中,使神道立足于人道的基础之上,而人道的原则则是以现实的政治统治为依据的。正如《周易》所说:"观天之神道而四时不忒,圣人以神道设教而天下服矣。"以神道设教的目的,就在于为政治统治服务。归根结底,人道乃是决定性的因素。"天人合一"思想所具有的人道的务实主义精神,反映了新兴的封建领主阶级的进步的哲学思想。

　　在政治思想上，周族统治者为了说明自己代商统治的合理性，依据"天人合一"的原理，创造了"以德配天"，即天命可以转移的新理论。《诗·文王》："殷之未丧师，克配上帝。"《周书·多士》："自成汤至于帝乙，罔不明德恤祀，……罔不配天其泽，在今后嗣王，……诞淫厥泆，罔顾于天，显民祇，惟时上帝不保，降若兹大丧。"意思是说，过去自成汤到帝乙，历代商王都修明德行，能以德配天。但后来的纣王，淫泆失德，上帝不再保佑他，故降下了灭商大祸。因此"非我小国，敢弋殷命，惟天不畀，允罔固乱"，不是我小小周国，敢于起来灭商，而是因为"上帝改厥元子兹大国殷之命，惟王受命"，上帝改易了天命，把天命授予了周王。上帝这样做是因为我周王有德："惟我周王，灵承于旅，克堪用德，……我周王享天之命。"① "惟乃丕显考文王，克明德慎罚，……闻于上帝，帝休。天乃大命文王，殪戎殷，诞受厥命。"② 总之，商王因失德而失天命，周王因修德而受天命。可见天命并非是永恒不变的。所以说："天命靡常"③，"皇天无亲，惟德是辅"④。天命是以德为转移的。有的学者根据《周书》中"天命靡常"、"天不可信"的观点，认为这是周人对天命的怀疑，其实周人是十分敬天崇命的，并不曾怀疑天命的存在。他们所反复论证的是天命可以转移这样一个极其重要的命题，而不是怀疑或否定天命的存在。其目的，是为其代商统治制造理论依据。他们提出的"德"的概念，是政治哲学概念中的一个新发明。有了"德"这个概念，天人之间的联系就有了崭新的解释，即：人王须受命于天，天命则依德为转移，

---

① 《周书·多方》。
② 《周书·康诰》。
③ 《诗·大雅·文王》。
④ 《周书·蔡仲之命》。

而德则是人们自身修行的结果。从此，人们在天命面前，不再是无能为力的了，人们通过主观的努力，修明德行，就可以争取获得天命。相反，如果淫泆失德，即使已有天命，亦会被上帝所废弃。在这里，归根结底是人们的主观能动性具有了决定的意义，人的命运的主体，已是人们自身了。由此就必然要合乎逻辑地得出人定胜天的结论。虽然在周初的宗教哲学思想中，还没有明确地达到这样的高度，但它确为春秋战国时代人定胜天的唯物主义思想的形成，奠定了思想理论基础。

德的概念的提出，使周人有了交通天人之际的一种特有的机制。这种机制所发挥的社会功能，有两个方面的作用。一方面是"以德配天"，即天命要以德为转移。在这里德起着以人事制约天命的作用。另一方面是"以德和民"、"敬德保民"，即民心的向背，以统治者是否有德为转移。在这里德起着以民心制约君政的作用。前者在宗教哲学领域里改变了无条件地接受天命支配的旧的天命观，创立了以"天命靡常"为理论基础的新的天命观。后者在政治哲学领域里改变了旧的以刑制民的刑治思想，创立了以"民心无常"为理论基础的新的治国思想——德治思想。

德治思想在政治上是一种处理多层面政治关系的治国思想。首先是关于周族征服者与以殷族为主的被征服者之间的关系。周族灭商，是以小族胜大族、小国灭大国的空前辉煌的胜利。在胜利面前，周族统治者在无比欣喜的同时，也怀着极大的忧虑。《史记·周本记》载，在伐纣胜利后，"武王至于周，自夜不寐。周公旦即王所，曰：曷为不寐？王曰：……我未定天保，何暇寐！"这里记述了武王忧心忡忡，夜不能寐的心情。《周书·召诰》说，"惟王受命，无疆惟休，亦无疆惟恤"；《周书·君奭》亦说，"我受命无疆惟休，亦大惟艰，……丕承无疆之恤"；都表现了胜商以后的周族统治者一则以喜，一则以忧的心情。他们对于能否巩固已得的胜利，怀有很大的疑惧。他们清醒地认识到，商王国原是泱泱大国，不仅人口众多，而且经济文化的发展水平也高于周族。商王朝军事上的失败，并不等于商族国家生存力量的消失。如果以服国的方式，继续保留商族原有的国家，则很可能将来一个强大的商国会重新出现在自己的身旁，那将是对周王朝最严重的威胁。周族统治者十分害怕这一点，因此采取了以灭国的方式，把商族的土地和人民并入周王朝统治的版图之内。但是，周族对商族采取直接的异族统治，必然要造成商人对周人在心理上和思想上的对立和仇视，如果对此完全依靠军事和暴力的镇压，则只能使矛盾激化和对立加深。为了缓和这种矛盾与对立，周族统治者在政治上一反商代的刑治思想，提出了德和德治的概念。所谓"德"，据郭沫若的解释："德者得也"，即是说"得到好处"。杨向奎认为，德即是赏的另一种提法。这两种理解是相似的。德是相对于刑而言，德与刑本质上乃是赏与罚之意。战国时代法家所倡导的刑赏二柄，其理论渊源即是商周时代刑与德的思想。周族统治者所倡导的德治，在政治上就是主张对被征服者采取施恩宽惠的政策，给予一些好处，以便争取民心，稳定政局，达到巩固其统治的目的。所谓"德以柔中国，刑以威四夷"，用怀柔的手段，对被征服者进行统治。周初统治者奉怀柔为国策，一再宣扬："申伯之德，柔惠且直，揉此万邦，闻于四国。"① "仲山甫之德，柔嘉维则。"② 对于怀柔政策的实质，周穆王时卿士祭公谋父曾指出："先王耀德不观兵，……故周文公之颂曰：'载戢干戈，载櫜弓矢。我求懿德，肆于时夏，允王保之。'先王之于民也，懋正其德而厚其性，阜

---

① 《诗·大雅·崧高》。
② 《诗·大雅·烝民》。

其财求而利其器用，明利害之乡，以文修之，使务利而避害，怀德而畏威，故能保世以滋大。"① 它清楚地说明了德治的本质，即以武力为后盾，在政治、经济和思想上采取怀柔的政策，以"阜其财求而利其器用"的办法，引导人民生财求富，使人民感恩戴德，趋利避害，不生叛逆之心，从而达到长治久安的目的。因此，德治并不是只讲施恩，完全摒弃或否定暴力的作用。周公东征，以武力镇压武庚之叛，即是明证。德治所强调的是以武力为后盾，力求避免直接使用暴力，实际上是一种恩威并加，软硬兼施的怀柔统治术。它是在西周特定的历史条件下产生的，是周族统治者在战胜强大异族的基础上，为加强和巩固其统治而历史地形成的治国思想。

其次是关于统治者与被统治人民（包括本族和异族人民）之间的关系。周初统治者从总结夏商二代亡国的历史教训中认识到重视民情，正确处理统治者与被统治人民的关系的重要性。《周书》中绝大多数篇章，都包含了这一重要内容。《召诰》说："我不可不监于有夏，亦不可不监于有殷，……有夏服天命，……惟不敬厥德，乃早坠厥命。……有殷受天命……惟不敬厥德，乃早坠厥命。"意思是说，夏商二代统治者都曾受命于天，但由于他们的后嗣者不能敬德，终于坠命而亡。他们把桀纣对民的残暴统治，视为失德亡命的根本原因。"有夏桀弗克若天，流毒下国"②，"不肯戚言于民，乃大淫昏"③，"乃胥惟虐于民"④。由于夏桀昏暴，上帝"乃大降显休命于成汤，刑殄有

---

① 《国语·周语上》。
② 《周书·泰誓中》。
③ 《周书·多方》。
④ 同上。

夏"①。到了商纣王统治时期，"惟受（纣）罪浮于桀"②，其罪
恶比桀更甚，"作威杀戮，毒痛四海"③，"俾暴虐于百姓，以奸
宄于商邑"④，"商王受（纣）无道，暴殄天物，害虐烝民"⑤，
"今商王受（纣），……自绝于天，结怨于民"⑥。商纣王的暴虐
统治，导致天怒人怨，众叛亲离："受有亿兆夷人，离心离
德。"⑦ 故牧野一战，"前徒倒戈，攻于后以北"⑧，导致商王朝
的彻底崩溃。由此他们认识到民心的向背对于王朝兴衰成败的重
要作用。故他们一再告诫说："天不可信"⑨、"惟命不于常"⑩、
"敬哉！天畏棐忱，民情大可见，小人难保"⑪，指出天命的靠不
住和重视民情的重要性。甚至说，"天视自我民视，天听自我民
听"⑫，"民之所欲，天必从之"⑬。把民的意志看得大于天。这
种思想在西周以前是没有的，它反映了西周时代的社会大变革，
体现统治者与民的阶级关系已不同于商代。在商代的刑治思想中
没有重民的理论，重民思想是在西周德治思想的社会思潮中产生
的。春秋战国时代儒家的民本思想，正是由西周时代的重民思想
发展而来的。重民思想认为，民与君均是上天所生，君是由上天

---

① 《周书·多方》。
② 《周书·泰誓中》。
③ 《周书·泰誓下》。
④ 《周书·牧誓》。
⑤ 《周书·武成》。
⑥ 《周书·泰誓下》。
⑦ 《周书·泰誓中》。
⑧ 《周书·武成》。
⑨ 《周书·君奭》。
⑩ 《周书·康诰》。
⑪ 同上。
⑫ 《周书·泰誓中》。
⑬ 《周书·泰誓上》。

选择有德之人代天治民的。《周书·多方》说："天惟时求民主"，上天寻求适合于做君主的人。对于择君的标准，它说："作之君，作之师，惟其克相上帝宠绥四方"①，人君必须是能治理人民，教化人民，协助上帝安抚天下的人。这就意味着对人君提出了他所应尽的职责。只有忠实于上帝的使命，能恪尽职责，从而上合天意，下顺民心的人，上帝才会保佑他，否则上帝就会废其天命，另择有德之人。这样就把天意与民心一致起来，强调天意取决于民心。所谓上天为民择君，实质上说的是民心的向背。对此，周公的认识是深刻的，他说："古人有言曰：'人无于水监，当于民监。'今惟殷坠厥命，我其可不大监抚于时。"②为君者要以民为监，君政要以民心为监。君与民之间不仅是统治与被统治的关系，而且还存在着某种制约的关系。正因为西周统治者承认君民之间存在着政治上的制约关系，因此在周初，要求统治者兢兢业业，忠于天职的思想十分突出。如说："显显令德，宜民宜人，……不懈于位，民之攸塈。"③ "维此文王，小心翼翼，……厥德不回，以受方国。"④ "勉勉我王，纲纪四方。"⑤ "克明克类，克长克君"⑥，"兢兢业业"⑦，"夙夜匪懈"⑧，"文王卑服，即康功田功，徽柔懿恭，怀保小民，惠鲜鳏寡，自朝至于日中昃，不遑暇食，用咸和万民"⑨。他们以文王为楷模，塑

① 《周书·泰誓上》。
② 《周书·酒诰》。
③ 《诗·大雅·假乐》。
④ 《诗·大雅·大明》。
⑤ 《诗·大雅·棫朴》。
⑥ 《诗·大雅·皇矣》。
⑦ 《诗·大雅·云汉》。
⑧ 《诗·大雅·韩奕》。
⑨ 《周书·无逸》。

造了完美的人君形象，提出了人君所应有的行为规范，为后来春秋时代君道思想的形成，提供了思想理论基础。

　　再次是关于统治民族内部不同阶层之间的关系。《左传·隐公八年》："天子建德，因生以赐姓，胙之土而命之氏。"它表明周天子的德治是建立在宗法分封制基础上的。它把宗法制的亲亲原则与封建制的尊尊原则结合起来，在统治民族内部建立起一套区分亲疏尊卑的等级关系，这便是："天子建国，诸侯立家，卿置侧室，大夫有贰宗，士有隶子弟。"① 在各等级层次之间，大宗与小宗、宗子与族人，相互间有着明确的君臣主从的关系。因此，反映在政治思想上，表现为严格的宗法封建等级观念。所谓"天有十日，人有十等"②，把封建等级隶属关系，看作是天经地义的，而把宗法亲缘关系看作是从属性的。据西周时器《虡簋》铭文："虡拜稽首，休朕匋（宝）君公伯赐厥臣弟虡。"器主虡称其宗主伯兄（长兄）为君，自称为臣。表明在相互关系中，以君臣尊卑的名分为主，而兄弟亲缘的名分则是从属性的，尊尊高于亲亲，重于亲亲。在周代，统治阶级内部的这种尊尊与亲亲相结合的宗法封建秩序，是通过礼制来体现的，周礼即是适应于确定宗法封建等级秩序的需要而产生的。所谓"明等级以导之礼"③，"君臣上下父子兄弟非礼不定"④，"礼者贵贱有等，长幼有差，贫富轻重皆有称者也"⑤。这些论述都说明了周礼所具有的宗法封建等级制的性质，它是协调和处理统治阶级内部上下尊卑亲疏关系的重要机制。在我国历史上，相传有周公制礼之说。

----

　　① 《左传·桓公二年》。
　　② 《左传·昭公十年》。
　　③ 《国语·楚语上》。
　　④ 《礼记·曲礼》。
　　⑤ 《荀子·富国》。

周公制礼的说法，实质上反映了礼制的出现，正是适应了西周时代的需要，即为了确定和巩固宗法封建等级秩序。周代的统治阶级十分重视礼制对于治国安民、巩固封建等级秩序所具有的这种重要作用，声称："礼，天之经也，地之义也，人之行也"①，"礼，国之干也"②，"礼，人之干也"③，"礼，经国家，定社稷，序民人，利后嗣者也"④。由于统治阶级的大力倡导和推行，对礼制的崇尚，成了西周时代的又一突出的社会现象。《礼记·表记》说："周人尊礼尚施"，这是从政治上对德治思想的概括。尚施的实质是怀柔，是统治异族人民的政治原则。尊礼的实质是维护宗法封建等级秩序，是处理统治阶级内部关系的政治原则。两者同是德治的重要政治内涵。

(三) 惠民裕民思想

惠民裕民思想是德治思想在经济关系上的反映。经济上的惠民裕民是与政治上的怀柔政策紧密结合，完全一致的。《周书·文侯之命》说，"柔远能迩，惠康小民"；《周书·洛诰》说，"彼裕我民，无远用戾"：都指出了惠民裕民是实现怀柔统治的重要政策。他们认识到，人民最关心的是自己的切身利益；"民心无常，惟惠之怀"⑤；统治者只有关注民的切身利益，才能赢得民心，从而才能有效地巩固自己的统治。因此在他们取得了对商战争胜利后，就对商的旧臣遗民，采取了比较宽惠的政治经济政策。《周书·武成》说："天下大定，乃反商政，政由旧，释

---

① 《左传·昭公二十五年》。
② 《左传·僖公十一年》。
③ 《左传·昭公七年》。
④ 《左传·隐公十一年》。
⑤ 《周书·蔡仲之命》。

箕子囚，封比干墓，式商容闾，散鹿台之财，发钜桥之粟，大赉于四海，而万姓悦服。"他们不是乘胜掠夺商族的财富，而是以吊民伐罪的名义，将商王聚敛的财物，向商民散发，借此笼络民心，表现了周族统治者的政治远见。每当册封诸侯时，西周统治者总是谆谆嘱咐要遵循文王明德慎罚的方针，对前朝旧臣遗民实行施恩宽惠的政策。在《周书·康诰》中反复叮咛康叔："应保殷民"，"若保赤子"，"乃由裕民"，"乃裕民"，"裕乃以民宁"。在周公东征，平息武庚叛乱后，立即宣布了"抚民以宽"的政策。[①] 在《周书·酒诰》中，还提出了鼓励殷民从事农商活动及对犯有酒禁的百工实行宽宥的政策。在《周书·多士》中，一再宣称："尔乃尚有尔土，尔乃尚宁干止"，"今尔惟时宅尔邑，继尔居"，对殷遗民在服从周王统治的前提下，给予保有田宅财富的权利。这些宽惠的政治经济政策，对于缓和矛盾，稳定民心及保护生产力，都起了重要的作用。正如《诗》所说："殷士肤敏"，"侯服于周"[②]，"自西自东，自南自北，无思不服"[③]，实现了政治上的统一与安定。同时，在生产上，"厌厌其苗，绵绵其麃。载获济济，有实其积，万亿及秭"[④]，"黍稷茂止，获之挃挃，积之栗栗。其崇如墉，其比如栉，以开百室，百室盈止"[⑤]，出现了生产发展，经济繁荣的景象。史称"兴正礼乐，度制于是改，而民和睦，颂声兴"[⑥]。西周的成康盛世，正是反映了新兴封建领主阶级的德治思想在政治经济上取得的成就。后来春秋

---

① 《周书·微子之命》。

② 《诗·大雅·文王》。

③ 《诗·大雅·文王有声》。

④ 《诗·周颂·载芟》。

⑤ 《诗·周颂·良耜》。

⑥ 《史记·周本纪》。

战国时代的儒家，常常以西周盛世为其治国的理想，以富民为其治国的主张，其渊源乃是西周时代的惠民裕民思想。

周初统治者在经济上施惠裕民的同时，对统治阶级自身则十分重视提倡崇俭黜奢的思想。他们从夏商亡国的历史教训中认识到，统治者的淫泆奢靡是造成国家败亡的重要原因。所以在周初的许多文诰中，一再提出勤俭可以兴邦、奢逸足以亡国的告诫。在《周易》中也有许多关于节欲、崇俭、戒贪的说教，如《颐卦》象曰："君子以慎言语，节饮食。"《损卦》象曰："君子以惩忿窒欲。"《节卦》象曰："当位以节，中正以通，天地节而四时成。节以制度，不伤财，不害民。"《否卦》象曰："君子以俭德辟难。"特别是《节》卦中提出了"苦节"、"安节"、"甘节"等关于"节"的观念，对于我国经济思想史上关于节制消费的观念，具有重要的理论意义。崇俭黜奢是周初经济思想的又一重要特点。在商代，虽有对统治者奢靡的某些批评，但并无崇俭黜奢思想的论述。西周统治者堪称是我国历史上崇俭黜奢思想最早的积极倡导者。但是在当时，崇俭黜奢还只是作为统治阶级行为规范的一般原则被提出来，本身还没有理论化；它的进一步发展，并成为我国古代重要的经济伦理思想之一，则是在春秋战国时代。

（四）财富观念与重农经商思想

在西周，对不同等级地位的人，实行财富的等级占有制。财富的等级占有也是与政治上的封建等级制相适应的。《礼记·曲礼》："问国君之富，数地以对，山泽之所出。问大夫之富，曰有宰食力，祭器衣服不假。问士之富，以车数对。问庶人之富，数畜以对。"各等级有各自财富占有的范围，不能逾越。在财富的封建等级占有制中，土地财富的封建等级占有是整个封建领主制经济的基础，大小各级领主相应地占有大小不等的土地："天子之制，地方千里，公侯皆方百里，伯七十里，子男五十里。"①各级领主都以土地作为最重要的财富封赐臣下，因而在西周社会中，拥有土地的多少，就成为富贵的重要标志。《礼记》说："故天子有田以处其子孙，诸侯有国以处其子孙，大夫有采邑以处其子孙，是谓制度。"这表明各级领主都把占有土地财富视为自己生存的基础。这种重视土地财富，把它视作整个社会经济基础的观念，在中国历史上是首先出现于西周。在等级土地财富占有观念的基础上，还形成了肯定等级剥削的观念，所谓"公食贡，大夫食邑，士食田，庶人食力"②，即是对这种等级剥削关系的肯定。

周人强烈的土地财富观念，是与他们很早就从事农业经营的传统有关的。周人自认尧舜时代的农官后稷为其先祖。其后裔公刘迁居豳地，从事农业开发，"迺场迺疆，迺积迺仓"，"度其隰原，彻田为粮"③。至太王亶父，迁岐山，开发周原："迺左迺右，迺疆迺理，迺宣迺亩。"④ 直至文王，还曾亲自在田间劳作。正是这种重视农业经营的历史传统，与周初特定的社会条件相结合，对社会经济结构的封建化起了促进的作用，因为"封建主义的基础是农业"（恩格斯语）。同时也正是这种重视农业经营的历史传统，形成了西周时代突出的重农思想。周宣王时卿士虢文公说："夫民之大事在农，上帝之粢盛于是乎出，民之蕃庶于是乎生，事之供给于是乎在，和协辑睦于是乎兴，财用蕃殖于是乎始，敦庞纯固于是乎成。"又说："王事唯农是务，无有求利

---

① 《孟子·万章下》。
② 《国语·晋语四》。
③ 《诗·大雅·公刘》。
④ 《诗·大雅·绵》。

于其官，以干农功，三时务农而一时讲武，故征则有威，守则有财。若是乃能媚于神而和于民矣，则享祀时至而布施优裕也。"①这是我国古代对重农思想的最早的典型论述。它后来成为春秋时代"使民以时"，"勿夺农时"等重农思想的理论先声。

在商代，除了物物交换外，已有了以贝币为媒介进行的商品交易，因此，商品交易的观念，在商代亦已产生。但商代的商品交易还很不发达，贝币稀少而珍贵，凡卜辞所见商王赏赐臣下的朋贝，以十朋为最高额，而进入西周后，随着社会分工的扩大，商品交易的进一步发展，货币的应用也更为扩展。凡铭文所见周王赏赐臣下的朋贝，每每二十朋（《效卣》《医侯鼎》）、三十朋（《剌鼎》《吕鼎》）、五十朋（《效卣》《小臣静彝》），且有赐金（《麦盉》《麦彝》《寗鼎》《遹甗》），赐赤金（《臤觯》《录餗》），甚至"赐金百孚"（《禽餗》）。《舀鼎》铭文记载了用金属货币百孚，买得五个奴隶的事。《卫盉》铭文记载了矩伯庶人以十田交换裘卫的瑾璋（值八十朋），以三田交换虎皮二张，鹿皮披肩二件和护膝一副（值二十朋）。《格伯餗》铭文记载了倗生向格伯购买良马四匹，以三十田为贷金。《诗》中亦有"抱布贸丝"、"如贾三倍"的记载。可见西周时代的商品交易观念较商代已有更大的发展。

利的观念亦已出现，并有了发展。利在甲骨文为 ，从禾从刀，意谓剌地艺禾，乃得利，说明它最初是一个与农业生产相联系的观念，如卜辞有"弗利，戊不雨，其雨"（《粹》六七三）。但在商代，利的观念已不限于农业，如卜辞："其伐 ，利，不利。其伐 ，利，不利"（《前》二、三、一），其中 与 均是国族名，辞意乃在卜问征伐是否有利。又如《商书·盘庚》：

---

①　《国语·周语上》。

"视民利用迁"，意谓为民众利益而迁都，都是泛指利益一般。在西周，利的观念的内涵已很广泛。如《周书·金縢》："公将不利于孺子。"《尚书·秦誓》："以保我子孙黎民，亦职有利哉！"又如《诗·大雅·北山》说，"彼有遗秉，此有滞穗，伊寡妇之利"；《诗·大雅·桑柔》说，"为民不利，如云不克"；都是指包括物质利益在内的广义的利益。在《周易》中，无论在物质生产方面或在婚姻、祭祀、政治、军事等各种关系中，为卜问吉凶，都广泛应用了"利"的观念，以吉为利，以凶为不利。如《无妄》卦六二爻辞说："不耕穫，不菑畬，则利有攸往。"《大有》卦上九爻辞说："自天祐之，吉无不利。"随着统治者的日益奢靡和贪婪，西周后期利的观念更着重于物质的内涵。如周厉王任荣夷公好利，大夫芮良夫谏曰："夫利，百物之所生也，天地之所载也，而或专之，其害多矣。"[①] 由于利的观念不断应用于物质内涵的表述，从而在西周后期至春秋时期，逐步发展成为一个经济概念。

　　（原载于《先秦经济思想史》，中国社会科学出版社 1996 年）

---

① 《国语·周语上》。

《尚书》及卜辞金文中的经济思想

  《尚书》是我国最古老的一部历史文献汇编，它记录了自唐虞至春秋前期约一千三百多年中某些重大的政治、军事活动及历史传说。在春秋时代，这些历史文献就已汇编成册，作为统治阶级必读的课本，被儒家尊奉为最重要的经典之一。自秦汉以降，《尚书》一直是统治阶级进行社会政治活动时经常引用的重要理论和历史依据。它对我国古代的社会生活曾有过广泛的、深远的影响。尽管随着时代的推移，其中一些篇章的内容已掺入了战国至秦汉时代的作品，但仍不失为对研究我国古代历史和社会生活有重要意义的历史文献。

  在我国古代，不仅许多重要的政治理论范畴可溯源于《尚书》，而且一些重要的经济思想和范畴，也往往可以从《尚书》中找到它的渊源。如长期作为我国传统经济概念的"食"、"货"思想，就是首见于《尚书·洪范篇》。《汉书》则直接根据"食"与"货"的概念，设立专篇《食货志》。嗣后历代史书，多有"食货"专篇，成为我国史学中的重要经济专著。又如划分贡赋等级和土壤丰度等级以体现赋税公平原则的思想，也始见于《尚书·禹贡篇》，它对我国历史上赋税思想的形成和发展有深远的影响。因此，研究我国古代的经济思想，《尚书》是一部值得重视的著作。但是，迄今在我国经济思想史的研究中，对《尚书》的经济思想往往只是在论述三代的经济思想时，简略地提到它的史料意义，而对它本身的经济思想，则无人作过专题的研究。同时，有关殷周时代的经济思想的研究著作，迄今所见亦极少。在史学界范文澜的《中国通史》和郭沫若的《中国古代社会研究》等均略有涉及。在有关中国经济思想史的专门著作中，解放前出版的唐庆增的《中国经济思想》上册以及台湾学者侯家驹的《中国经济思想史》，亦有简单的论述。迄今对殷周经济思想较有系统的论述，当推胡寄窗的《中国经济思想史》，它对西周时代的财富观、生产观、工商、财政、市场、价格等均有精到的分析，但对殷商时代的分析，则甚简略，且取材于《诗经》《周礼》等为多，而分析《尚书》一书则较少。因此，进一步研究《尚书》一书的经济思想，以丰富殷周经济思想的研究，亦将是很有意义的。

一　财富观念

我国古代对于物质财富的最早概括是"食"与"货"两个概念。"食"是五谷等食物财富的总称，"货"是贝玉刀布等实物财富的总称。"食"的概念在《尚书》中初见于《尧典篇》："食哉惟时。"（足食之道，惟在不违农时。）它是农耕时代以农业为中心的经济观念的反映。《尧典》有多处涉及农业方面的思想，如尧命羲和授时历，督察春耕、夏作、秋收、冬藏，"定四时成岁"等，并说："弃！黎民阻饥，汝后稷，播时百谷。"这些有关农业生产的记述，都明显反映了农耕时代的观念。

《尚书·洪范篇》把社会财富观念概括为"食"与"货"

两大类。它说："农用八政：一曰食，二曰货。"《洪范》系亡殷遗臣箕子对周武王所陈治国大法。一般认为著成于战国时代。但其中所说"食"、"货"的概念，可以认为是在商代已经形成并通行的概念。

商代的农业已有一定的发展。根据甲骨卜辞、金文和出土文物的考证，商代的生产工具已出现了铜制刀、斧、镢、铲等；栽培的农作物有黍、稷、麦、稻、粱等。卜辞中常有商王"观耤"、"观黍"、"省田"、"告麦"等农事活动和卜雨祈丰年等宗教活动。商人酿酒酗酒之风极盛，祭祀每用酒，一次达数十卣至百卣之多。酒器种类繁多，数量很大。不仅贵族统治阶级墓中有大量精致的铜制酒器随葬，"连一般平民小墓中觚、爵两种象征性的陶酒器，亦已成为不可少的随葬品"①。酒是粮食酿制的。大量酿酒，这在一定程度上也反映了粮食之多，农业之盛。《尚书·汤誓篇》说："我后不恤我众，舍我穑事而割正夏。"（我们的君王不怜悯我们众人，要我们放下农事去征伐夏国。）《尚书·盘庚篇》说："若农田力穑，乃亦有秋。……惰农自安，不昏劳作，不服田亩，越其罔有黍稷。"（就像农夫在田里劳作，努力耕种，才能有丰收。……怠惰的农夫，只图自己安逸，不奋勉地努力操作，不在田里劳动，那就不会有谷物可收获了。）上述记载表明，自商汤以来，统治阶级和民众都是很重视农业生产的，粮食已是商代经济生活中不可缺少的重要生活资料，对于统治阶级来说，它也是重要的财富之一。据《史记·殷本纪》载：商纣王"实鹿台之钱，盈巨桥之粟"。商纣王把所聚敛的财富——粟（"食"）和钱（"货"）储藏在鹿台和巨桥两大仓库里。它表明"食"与"货"确已是商人所珍视的实物财富。在《尚书》中，

---

① 《商周考古》1979年，第41页。

"货"作为财富的观念，首见于《盘庚篇》："朕不肩好货。"（我不会任用贪好财货的人。）"无总于货宝。"（不要去聚敛货财宝物。）"兹予有乱政同位，具乃贝玉。"（现在我的在位的治臣们，都以贪图贝玉为务。）从盘庚对其臣僚贪图贝玉的谴责中，可见当时人们对于攫取贝玉财货的贪欲。《礼记》说，有虞氏贵德，夏后氏贵爵，殷人贵富，周人贵亲，则是在历史上殷人就以贪求财富而著称。在商代的甲骨文字中，凡有关财货的字，一般都与"贝"、"玉"相连，"财"与"货"均从贝；又如閠（宝）字，从贝从玉；㕿（得）字，像以手持贝，示取得财物之意；㝧（宓）字，像屋宇中藏货贝；宁（贮）字，像贮存货贝；㘬像殉埋贝；㣈（㖵）字，像人在货贝前跪拜，表现了人们对货贝的崇拜。据王国维考证，贝玉作为货宝在甲骨文金文中实为同义。他说："盖商时玉之用与贝同也，贝玉之大者，车渠之大以为宗器，圭璧之属以为瑞信，皆不以为货币。其用为货币及服御者，皆小玉小贝，而有物焉以系之，所系之贝玉，于玉则谓之珏，于贝则谓之朋，然二者于古实为一字。珏字殷墟卜辞作丰、作半、或作䢐，金文亦作丰，皆古珏字也。……古系贝之法与系玉同，故谓之朋，其字卜辞作拜、作䢍，金文作拜、作拜、作䢒，……知珏朋本一字。"[1] 郭沫若在《甲骨文字研究释朋篇》中亦指出，朋乃古人颈饰，当时极为名贵，成为人们贪求的对象。殷王每以贝玉为珍物赐其臣下，如"庚戌×贞，锡女有贝朋"（《后》下8·5）。臣下每得王赐贝朋，无不感恩戴德，有的并铸宝尊彝为铭，如"癸巳王赐臣邑贝十朋，用作母癸尊彝"（《邑䢔》）。又"丁卯王令宜子会西方于省，惟反，王赏戍甬贝一朋，用作父乙鼎"（《戍甬鼎》）。又"庚申王在东间，王格，

---

① 《观堂集林》卷三。

宰椃从，锡贝五朋，用作父丁尊彝”（《宰椃角》）。又“侯锡中贝三朋，用作祖癸宝鼎”（《中鼎》）。由于对贝玉的贪求，常常驱使商族统治阶级进行掠夺战争，在甲骨文金文中就有不少关于掠取贝玉、人畜等财物的记载，它反映出殷人强烈的追求财富的思想。

在商代社会中，物质财富的占有相差悬殊。商纣王“实鹿台之钱，盈巨桥之粟”，聚敛了大量财富，过着酒池肉林的侈靡生活，而一般平民则十分贫穷。《尚书·微子篇》说：“今殷民，乃攘窃，神祇之牺牷牲。”（现在殷的人民，竟然偷窃祭祀用的整个牺牲。）贫民无以为食，竟偷吃献祭的牺牲。现实生活中的贫富差别悬殊，反映在思想上，殷人的贫富观念亦十分强烈。《尚书·洪范篇》把“富”列为五福之一，“贫”列为六极之一，表现了殷人突出的贵富贱贫、喜富恶贫的思想。

虽然殷人十分爱富贪财，但在《尚书》和有关卜辞金文中，都没有明显地反映出把土地视作重要物质财富之一的思想，商王亦无以土田作为财物赐赠臣下的事例。而在西周时代，把土地作为重要物质财富的思想则十分明显。周天子和各级贵族领主，都以土田作为最重要的财产封赐臣下。如《尚书·康诰篇》：“肆汝小子封，在兹东土。”（把你小子封置在东方国土。）在《诗经》中亦有许多封赐土田的记述。如《鲁颂·闷宫》：“乃命鲁公，俾侯于东，锡之山川，土田附庸。”《大雅·韩奕》：“王赐韩侯，其追其貊，奄受北国，因以其伯，实墉实壑，实亩实籍。”《大雅·崧高》：“王命召伯，彻申伯土田。”在彝器铭文中，更有大量的记载：“王自敎，使赏毕土，方五十里。”（《召卣》）又“王若曰：‘克……赐汝田于埜，锡汝田于渒，锡汝井家𠟭田于𨞣，以厥臣妾。锡汝田于康，锡汝田于匽，锡汝田于𨺩原，锡汝田于寒山”（《克鼎》）。又“王蔑敔曆，使尹氏……锡田于敄五十田，于旱五十田"（《敄簋》）。不仅周天子，而且诸侯、大夫亦往往以土田封赐臣下。如"伯氏曰：不娶！……锡汝弓一，矢束，臣五家，田十田"（《不娶簋》）。又"燮伯呼命卯曰：……锡汝马十匹，牛十，锡于𠂤一田，锡于𡩧一田，锡于队一田，锡于戠一田"（《卯簋》）。在西周，土地一般是不能买卖的，但土地作为一种自然财富，并且是一种能够生产财富的财富，在周人的思想上十分明显。如周厉王时邵公说："犹土之有山川也，财用于是乎出，犹其原隰之有衍沃也，衣食于是乎生。"① 周宣王时卿士虢文公亦说："夫民之大事在农，上帝之粢盛于是乎出，民之蕃庶于是乎生，事之供给于是乎在，和协辑睦于是乎兴，财用蕃殖于是乎始。"② 他们都把土地看作是一切财富的源泉。一国财富的多少，取决于土地的多少、肥瘠。所以《礼记·曲礼》说："问君之富，数地以对，山泽之所出。"在周代，各级贵族领主都把拥有的土地视为自己的第一财富。《礼记·礼运》说："故天子有田以处其子孙，诸侯有国（这里指国土——引者注）以处其子孙，大夫有采邑以处其子孙，是谓制度。"自天子、诸侯至大夫，都是立足于土地财富的基础上的。周人这种强烈的土地财富观念，同他们很早以来就是经营农业的民族有关。周人自认尧舜时代的农官后稷是其先祖，其后裔公刘，迁居豳地，从事农业开发："迺埸迺疆，迺积迺仓"，"度其隰原，彻田为粮"③。至太王亶父，又迁岐山，开发周原："迺左迺右，迺疆迺理，迺宣迺亩。"④ 至文王，还曾亲自在田间劳作。《尚书·无逸》说："文王卑服，即康功田功。"从历史上看，周

---

① 《国语·周语上》。
② 同上。
③ 《诗·大雅·公刘》。
④ 《诗·大雅·绵》。

人历来就有重视农业和土地财富的传统观念。武王克商后，他们在处理同殷遗民的关系中，也是把处理遗民的土地财产作为重大的政策问题来对待的。他们首先宣布不剥夺殷遗民的田宅财产，以此作为对殷遗民实行怀柔统治的一项重要政策措施。周公旦在《尚书·多士篇》中说："尔乃尚有尔土，尔乃尚宁干止，尔克敬，天惟畀矜尔；尔不克敬，尔不啻不有尔土，予亦致天之罚于尔躬。今尔惟时宅尔邑，继尔居。"（你们还保有你们的土地，你们还享有自身的安全。你们如能谨慎从事，老天会赐怜你们的。如不能谨慎从事，则你们不但不能保有你们的土地，我还要把老天对你们的惩罚，施加到你们身上。现在你们还是居住在你们的城邑里，继续住着你们的住处。）在《多方篇》中又说："今尔尚宅尔宅，畋尔田，尔曷不惠王熙天之命？"（现在你们仍住着你们的住宅，耕着你们的田地，你们为什么不顺从周王朝，发扬光大上天的命令？）周人把自己对殷人的统治，赋予至上的土地权力。它一方面反映了周人作为农业民族所具有的对土地财富的传统观念；另一方面，也反映出它的统治的封建主义特点。恩格斯指出："封建主义的基础是农业，它对外征讨主要是为了取得土地。"[①] 在西周时代，频繁的争夺土地的斗争，突出反映了周人强烈的土地财富观念。

我国最早以法律维护财富及对于非法获取财富予以道义及法律约束的思想，出现于《尚书·吕刑篇》。它说："典狱非讫于威，惟讫于富。"（设置法典和牢狱的最终目的，不是为了惩罚人们，而是为了维护财富。）又说："狱货非宝，惟府辜功，报以庶忧。"（从审讯狱案中索取财贿是不好的，它是犯罪的事，所得到的是众人的怨恨和报复。）又说："五过之疵，惟官，惟

[①]《马克思恩格斯全集》第 21 卷，人民出版社 1965 年版，第 450 页。

反，惟内，惟货，惟来，其罪惟钧。"（官员的五种过失的毛病是：仗权势，报私仇，走内线，行贿赂，徇私情。这五种过失的罪是相等的。）这种对于获取非义之财，给以法律和道义上的约束的思想，实为我国义利思想的发端。

《吕刑》还提出了用钱币赎买刑罪的条例："墨辟疑赦，其罚百锾，阅实其罪；劓辟疑赦，其罚惟倍，阅实其罪；非剕辟疑赦，其罚倍差，阅实其罪；宫辟疑赦，其罚六百锾，阅实其罪；大辟疑赦，其罚千锾，阅实其罪。"（犯了墨刑罪而可赦免的，罚款一百锾，并核实其罪过；犯了劓刑罪而可赦免的，罚款二百锾，并核实其罪过；犯了剕刑罪而可赦免的，罚款五百锾，并核实其罪过；犯了宫刑罪而可赦免的，罚款六百锾，并核实其罪过；犯了死刑罪而可赦免的，罚款一千锾，并核实其罪过。）关于赎刑的思想，在《尚书》《尧典篇》中已有"金作赎刑"的说法，但《尧典》系晚出，一般认为当时尚无金属制品，怎能有以金赎刑？大抵出于后人的附会。历来注释家认为《吕刑》是吕侯奉周穆王之命，训刑以告四方，是穆王为了敛取钱财而制定的。郭沫若认为用钱币赎刑法的出现，表明"当时的被支配阶级已经到了有钱可以买贿刑戮的地步，……是奴隶解放的表现"[1]。其实赎刑思想在历史上出现是很早的。在我国云南省德宏州的景颇族，解放前尚处于原始农村公社向阶级社会过渡的时期，他们没有文字，没有成文法，只有传统形成的习惯法。遇有纠纷时，除直接的武装冲突外，一般是由头人按传统习惯法调处，不用肉刑，更无死刑，而是由为害一方向被害一方进行实物赔偿。世界上许多处于蒙昧和野蛮时期的民族，也都有这种赔偿的习俗。恩格斯指出："从氏族制度中产生了……用以代替血族复仇的杀人或伤人赎金。这种赎金，……是起源于氏族制度的血族复仇的一种普遍的较缓和的形式。这种赎金，就像款待客人的义务一样，我们在美洲印第安人中间也可以看到。"① 原始时代的这种普遍的较缓和的形式，就是后来的赎刑的滥觞。只是由于后来商品交换的发展，实物赔偿被钱币所取代。随着成文法的出现，进而形成赎刑法条例。赎刑对于统治剥削阶级来说，是逃避刑罚的保护伞；而对于被统治阶级来说，则是加重压榨的又一层枷锁。它与奴隶解放是不相关涉的。

二　贡赋思想

《尚书》中的贡赋思想，主要集中在《禹贡篇》，但该篇早被认定是伪作，其中所述贡赋制度，绝不可能是禹夏时代的制度。据史载，周初有千八百国，在这以前，当更是各族部落林立，天下万国，既无统一的国家，更不可能有统一的贡赋制度。《禹贡》以天下为九州，贡纳以州为单位统一贡物，但一州之内，国异土殊，贡赋如何能统一？且先秦诸子，凡论述贡赋时，均未见有引用《禹贡》的。墨子崇述禹迹，但不言《禹贡》；孟子只言夏后氏五十而贡，亦不及《禹贡》。大体《禹贡》著成于战国后期，当时趋向一统，在思想界相应产生了以天下九州统一贡赋制度的设想。因此，《禹贡》所反映的并非夏制。据周景王时卿士单穆公说："《夏书》有之曰：关石和钧，王府则有。"② （《夏书》有这样的话：如征赋调钧，则王的府藏就充裕了。）可能夏代已确有征赋，但《夏书》已佚，夏代的贡赋制度，已无

---

① 《马克思恩格斯选集》第 4 卷，人民出版社 1972 年版，第 136 页。
② 《国语·周语下》。

从考证。

贡的起源很早，在原始时代，战胜者部落与战败者部落之间就已有贡纳的关系。在我国古代传说中就有"轩辕乃习用干戈，以征不享"①。即指黄帝部落以武力向战败部落征取贡物。至夏商时代，形成为方国向王朝贡纳的关系。如"昔夏之方有德也，远方图物，贡金九牧"②。夏"少康即位，方夷来宾，献其乐舞"③。商"武乙即位，居殷，三十四年，周王季历来朝"④。周灭商后，封建众亲为诸侯，周王向诸侯授土授民，诸侯则纳贡于周王。《广雅》："贡，献也"，即诸侯奉献于周王。因此，贡体现的是统治阶级内部的政治经济关系。赋则是统治者向直接统治区域内的人民征取的实物和劳役的负担，它所体现的是作为统治阶级的国家与在其直接统治下的人民之间的政治经济关系。因此在周代，赋敛的厚薄，总是直接反映了人民负担的轻重，所谓"薄赋敛则民富矣"⑤；而贡的轻重，直接关系到的则是诸侯的负担。所以郑子产说："昔天子班贡，轻重以列，列尊贡重，周之制也。"⑥可见在西周，贡与赋是两个不同的经济范畴。但在《禹贡》中，贡与赋已并提合一，这是因为《禹贡》的作者是以天下一统为其立论根基的。作为征敛的基础，已不再是一个个割据的诸侯国，而是统一的九州行政单位。在四海为一的国家里，可以把九州的田地统一按丰度划分为三等九级，从而把天下的贡赋亦相应定为三等九级。这种制度与西周的贡赋制度，显然有极

---

① 《史记·五帝本纪》。
② 《左传·宣公三年》。
③ 《竹书纪年》。
④ 同上。
⑤ 《管子·小匡》。
⑥ 《左传·昭公十三年》。

大的差别。但在《禹贡》中也还保留了西周贡赋制度的某些方
面，这便是五服之制："五百里甸服：百里赋纳总，二百里纳
铚，三百里纳秸服，四百里粟，五百里米。五百里侯服：百里
采，二百里男邦，三百里诸侯。五百里绥服：三百里揆文教，二
百里奋武卫。五百里要服：三百里夷，二百里蔡。五百里荒服：
三百里蛮，二百里流。"（离王城外五百里的地区是甸服；其中
离王城一百里地区缴纳带秸稿的谷物，其外一百里地区缴纳禾
穗，再外一百里地区缴纳去稿芒的穗，再外一百里地区缴纳带壳
的谷子，再外一百里地区缴纳无壳的米。甸服外五百里地区是侯
服：其中最近一百里是卿大夫采邑，其外一百里是男爵领地，其
余三百里是诸侯领地。侯服外五百里区域是绥服：其中最近的三
百里适应民情施行文教，其余二百里地区兴置武卫力量。绥服外
五百里是要服：其中最近的三百里是夷人居区，其余二百里是流
放罪人的地方。要服外五百里是荒服：其中最近三百里是蛮人居
区，其余二百里是流放罪人的地方。）这里只讲了甸服的赋制，
即王畿内不同地区的人民向周王所纳的不同赋税的规定，而未讲
王畿以外的，这是因为周王并不能向畿外的人民征赋，所以这里
只能对畿外讲了领地和政区的划分。对于西周的五服之制，周穆
王时卿士祭公谋父曾这样解释："邦内甸服，邦外侯服，侯、卫
宾服，蛮夷要服，戎、狄荒服。甸服者祭，侯服者祀，宾服者
享，要服者贡，荒服者王。日祭，月祀，时享，岁贡，终王，先
王之训也。"[①] 他对五服各自纳的不同期限作了区分，但没有
对贡与赋的不同作出说明。对西周贡赋制度记述最详的是《周
礼》，它详述了九贡、九赋、九式的制度：九贡即祀贡、嫔贡、
器贡、币贡、材贡、货贡、服贡、斿贡与物贡，均为诸侯向周王

---

① 《国语·周语上》。

的贡纳。九赋即邦中之赋、四郊之赋、邦甸之赋、家削之赋、邦县之赋、邦都之赋以及关市之赋、山泽之赋、币余之赋，主要是王畿内人民向周王所纳的赋税，其中四郊、邦甸、家削、邦县、邦都五种赋税与《禹贡》的甸服五赋相等同。《周礼》对贡与赋作了明确的区分，以此与《禹贡》相印证，可进一步了解两者的异同。九式即祭祀之式、宾客之式、丧荒之式、羞服之式、工事之式、币帛之式、刍秣之式、匪颁之式、好用之式。九式是王室的九种财政支出。九式的支出与九赋的收入相对应，每一项支出，均基于一项固定的收入，专款专用。它反映了自然经济条件下，政简事俭的理财思想。

《禹贡》的贡赋思想包含了两个重要原则。一是各地所贡物品，以各自所产的土特产品为主，即所谓"任土作贡"的原则；这个原则，至少直到春秋时期仍为诸侯向周天子纳贡时所遵循。《左传·僖公四年》载：齐桓公伐楚，以周天子的名义责让楚君说："尔贡苞茅不入，王祭不共，无以缩酒，寡人是征。"楚使谢罪说："贡之不入，寡君之罪也，敢不供给。"另一个是负担公平的原则。由于各地离帝都远近不一，交通运输的难易程度不同，地区间经济发展水平亦有差异，相同的田地，所提供的贡赋就不应是相等的。因此《禹贡》中贡赋的等级与田地的等级是不相一致的。如冀州田地为二等五级，贡赋为一等一级；兖州田地为二等六级，贡赋为三等九级；青州田地为一等三级，贡赋为二等四级；徐州田地为一等二级，贡赋为二等五级；扬州田地为三等九级，贡赋为三等七级；荆州田地为三等八级，贡赋为一等三级；豫州田地为二等四级，贡赋为一等二级；梁州田地为三等七级，贡赋为三等八级；雍州田地为一等一级，贡赋为二等六级。《禹贡》提出的上述任土作贡和负担公平的原则，作为古代财政思想的一种指导原则，曾对我国封建时代的财政思想有过深远影响。

兹将《禹贡》所载各州贡物品类及输贡交通渠道，列表如下：

贡物及贡道 州	贡 物（常贡）	篚	锡贡（非常贡）	输贡交通渠道
冀	岛夷皮服			碣石→河
兖	漆、丝	织文		济、漯→河
青	盐、绨、海物、丝枲、铅松、怪石	厌丝		汶→济
徐	夏翟、孤桐、浮磬、珠、鱼	玄纤缟		淮、泗→河
扬	金三品、瑶琨、筱簜、齿革、羽、毛、木材、岛夷卉服	织贝	橘柚	江、海→淮、泗
荆	羽、毛、齿、革、金三品、杶幹、栝、柏、砺砥、砮丹、箘簬、楛、菁茅	玄玑组	大龟	江、沱 → 潜、汉 →（陆运）洛→南河
豫	漆、枲、绨、纻	纤纩	磬错	洛→河
梁	璆铁银镂、砮磬、熊罴狐狸织皮			潜 →（陆运）沔→渭→河
雍	球琳、琅玕			积石→龙门、西河→渭、汭

关于商代的贡赋思想，在《尚书》中所见甚少。《微子篇》在抨击商纣王的横征暴敛时指出："降监殷民，用乂雠敛，召仇雠不怠。"（下视殷民，因横征暴敛，导致民众的仇恨，但仍暴敛不已。）又说："殷罔不小大，好草窃奸宄，卿士师师非度，凡有辜罪，乃罔恒获。小民方兴，相为敌雠。"（我们殷国无论老少，都好抢劫偷窃。官员们也相效为非作歹。凡犯了罪过的，

却并不绳之以法。于是小民普遍起来争斗侵夺，相互仇视。）它描述了在商纣王的苛征暴敛下，民不聊生，举国纷然的情景。《史记·殷本纪》亦说，商王纣"厚赋税以实鹿台之钱，而盈巨桥之粟"。商末朝野普遍反对厚敛的思想，反映了当时的实际情况。

关于商代贡赋制度的具体内容，《尚书》没有记述，但在甲骨卜辞资料中，亦可窥见其鳞爪。大体在商代，商王对其统治下的本族及外族部落所属各家族成员，有征收各种徭役和贡赋的权利。在武丁时代王家卜辞中所见贡物有牛、马、龟、牛骨、象牙、玉、石及人牺、美女、舞伎、珍禽异兽等。凡商王对各族成员的征收，称"取"、"收"等，而各族成员向商王的贡纳则称"至"（致）、"入"、"来"等。如：

征取财物："乎取马于⻊"（《续》5·4·5），"勿乎取牛"（《前》3·30·4），"乎取羊"（《粹》1283），"取有贝"（《铁》104·4），"光取贝二朋"（《侯》27）。

征发兵役："□京卜，㱿贞，王收人□征⻌"（《后》下，27·7），"甲申卜，㱿贞，乎妇好先收人于庞"（《前》5·12·3），"收人四千，乎伐𢀛方"（《后》下17·1），"收人五千征土方"（《后》上31·6）。

征取人牺："丙辰卜，㱿贞，来羌，率用。"（《乙》7509）

征取各种贡物："□其来象三"（《后》7·5·11），"奚来白马，王占曰吉，其来马五"（《乙》3349），"来牛"（《乙》1090、1283、1490、1687），"来龟"（《佚》991），"来齿"（《京》581），"至豕"（《京》2213），"至犬"（《簠典》87），"雀入二百五十"（《乙》754、912、1705），"奠入廿"（《乙》5407）。

征农业劳役："王大令众人曰劦田"（《续》2·28·5），

"贞惟小臣令众黍"（《前》4·30·2），"贞王令多羌垦田"（《粹》1222），"丁亥卜，令众叟田，受禾"（《京人》1926），"丙戌卜，穷贞，令众秣，其受有（年）"（《丙》492）。

征狩猎劳役："令牵氏人田于𫘪"（《京都》269），"贞庸以众田，有弋"（《安明》2576），"乎多羌逐兔隻"（《续》4·29·4）。

卜辞资料表明，商代本族及外族民众的贡纳主要是当地的土特产品，尤以畜产品为多，但数量有限。在农业上亦已有劳役地租，大概即是《孟子》所说的"殷人七十而助"。但其制度的具体情况则不详。据后人所述成汤的《四方献令》中说："今吾欲因其地势所有而献之，必易得而不贵"，则商代主导的贡赋方式，亦类似《禹贡》所说的任土作贡。

《尚书》中直接反映周代赋役情况的也甚少。《多方篇》有："越惟有胥伯小大多征，尔罔不克臬。"（对于劳役赋税等大大小小各种征取，你们没有不守法的。）按这里的"胥"指徭役，"伯"即員，指赋财。王国维认为，"胥伯"一词在《尚书大传》中作"胥赋"，《毛公鼎》有"小大楚赋"，因此，"小大多征，当亦指布缕粟米力役诸征"①。这是王氏的推理。但周初究竟有哪些徭役赋税，以及确定这些徭役赋税的指导思想和原则是什么，在《禹贡》中仅有五服之制，可认为与西周赋制有关，其他别无所见。在古文献中，除前述《周礼》所载外，还有《诗经》《周易》等亦可资印证。如《诗·大雅·韩奕》："实亩实籍"，这里的"亩"是农夫所受份田，"籍"是领主公田。《孟子》说："周人百亩而彻"，又说："《诗》云：雨我公田，遂及

---

① 《观堂集林》第1册，第80页。

我私。惟助为有公田，由此观之，虽周亦助也。"① 《诗经》的
《臣工》《噫嘻》《载芟》《良耜》《大田》《甫田》等篇，都有
关于助耕公田的描述，说明西周在农业上对直接生产者的赋税，
主要是劳役地租。此外，从《诗·七月》所见，有关于贡猎物、
贡冰、缝衣裳、筑宫室等各种徭役和实物贡纳，反映了直接生产
者负担的贡役是十分苛重的。《周易》提出："损上益下，民悦
无疆"（《益卦》），"君子以哀多益寡，称物平施"（《谦卦》），
它表述了薄敛平施的征敛原则。这些思想，后来构成儒家赋税思
想的渊源。

三　交易思想

商品交易思想，在《尚书》中首见于《皋陶谟》："禹
曰：……懋迁有无化居，烝民乃粒，万邦作乂。"（禹说……让
民众互相交易，调剂货物余缺，民众生活得到安定，天下国家就
太平了。）它论述了商品交换在社会经济生活中的重要意义。恩
格斯指出：在第一次社会大分工发生后，不同部落成员间进行商
品交换，就逐步发展为一种经常的制度。起初部落与部落间的交
换是通过各自的氏族首长来进行的，在畜群成为特殊财产以后，
个人间的交换发展起来，并成为主要的形式。② 《尚书大传》说：
舜"贩于顿丘"，可能是舜作为氏族部落的首领进行的商品交
换。《周易·系辞下》说："神农氏作，……日中为市，致天下
之民，聚天下之货，交易而退，各得其所。……神农氏没，黄帝
尧舜氏作，……服牛乘马，引重致远，以利天下。"《周易》的

① 《孟子·滕文公上》。
② 参阅《马克思恩格斯选集》第 4 卷，人民出版社 1972 年版，第 156 页。

作者认为在神农氏时代就已产生了范围较小的相邻几个部落间的集市贸易，而至黄帝尧舜时代，则出现了以牛马载运的远距离商业活动。这可能是周代的作者对远古时代社会经济生活的附会。因为上述商品交换的发展，如果没有社会生产和分工的相应发展是不可能的。在尧舜以前的时代，社会经济的发展，还不可能达到这样的水平。到了商代，从文献记载及考古资料中看出，当时的农业、畜牧业和手工业的生产和分工，都有了相当的发展，从而在此基础上商品交换亦有了更大的发展。郭沫若认为："中国古代的贸易行为必始于商人。"① 虽然我国古代的贸易行为不必定自商代始，可能远在商代以前就已经发生，但商代的商业有了更大的发展，当是可以肯定的。

在历史上商族人是以经商著称的。传说商的先人王亥就曾远出经商。在商代的饕餮纹鼎上，刻有一人荷贝立于船中的图形：象征乘船远出经商的情景。据考古发掘，商代已用贝为货币，除真贝外，并有珧制贝、骨制贝和铜制贝。罗振玉认为，"初盖用天生之贝，嗣以其贝难得，故以珧制之，又后则以骨，又后铸以铜"②。其实这是反映了由于商品交换的进一步发展，天然贝不足用，逐步代之以人工制贝。卜辞中有𧷖（买）字，亦从贝，可见当时交易确是用贝币进行的。由于殷人素有经商的习惯，因此在周克商后，周公旦在《尚书·酒诰》中宣称，仍允许殷遗民除从事农业外，也可以"肇牵车牛，远服贾，用孝养厥父母"，以经商谋生。殷人对货贝的贪好及其强烈的追逐财富的观念，当是同商品货币关系的发展以及他们从事商业的经营，有着密切的关系。

---

① 《中国古代社会研究》，人民出版社 1977 年版，第 191 页。
② 同上。

　　西周统治阶级对发展商业也很重视。《逸周书·大匡篇》有《告四方游旅》说："四方游旅，旁生忻通。津济道宿，所至如归。币租轻，乃作母以行其子，易资贵贱，以均游旅，使无滞无粥熟，无室市，权内外以立均。"对四方来的游旅商人给予交通及其他经济上的便利，以资鼓励。同时，还鼓励县鄙的商旅迁居城市。《逸周书·大聚篇》说：凡商旅"来三室者与之一室之禄"，即迁来三户商旅，政府给予一户的供养。可见西周统治阶级对发展商业是采取积极态度的。在《诗经》中有："氓之蚩蚩，抱布贸丝"①，"如贾三倍，君子是识"② 等，反映商业活动情景及对商业活动的认识。在《周礼》中更有颇为详尽的关于市场与物价管理的规则。如城中有三市：早有朝市，以商贾为主；午有大市，以一般消费者为主；晚有夕市，以贩夫贩妇为主。在交通要道处，还设有固定的市："凡国野之道，……五十里有市。"③ 每个市集有司市总管，下有胥师、贾师掌管商品检验与价格；有肆长、司稽、司暴等官吏督察和维护市场秩序；并规定出允许进入市场的商品种类，商品陈列的方式，计量的标准，商税的种类以及违反规定应受的处罚等。《周礼》提出的国家控制商品市场和经济管理的原则与方法，在一定程度上是对封建领主制下市场经济关系的总结，它对封建地主制国家的市场经济管理，也有一定的理论意义。

四　奢俭思想

　　黜奢崇俭思想，是我国传统的经济思想之一。在《尚书》

---

① 《诗·卫风》。
② 《诗·大雅·瞻卬》。
③ 《周礼·地官·遗人》。

的许多篇章里，都有批判奢侈、崇尚勤俭的内容。如《皋陶谟》："无教逸欲有邦。"（不要用贪图安逸享乐的人治理国家。）"无若丹朱傲，惟慢游是好，敖虐是作，罔昼夜颜颜，罔水行舟，朋淫于家，用殄厥世。"（不要像丹朱那样傲慢不敬，只爱怠惰戏谑，寻欢游乐，昼夜不停地享乐，在无水的地方行船，成群结队在家淫乐，因而绝了后代。）《皋陶谟》与《尧典》一样系后出，其崇俭黜奢的言论，与《周书》各篇如出一辙，可能是作者以周代的思想，附会于尧舜时代。

《商书》中反映崇俭黜奢思想的内容很少。《盘庚篇》有："汝猷黜乃心，无傲从康，……惰农自安，不昏作劳，不服田亩，越其罔有黍稷。"是盘庚对民众好逸恶劳的批评。此外，《西伯戡黎》有："惟王淫戏用自绝。"〔（祖伊说），都是你纣王太荒淫享乐而自己断送了国运。〕是对商纣王侈靡亡国行为的批判。未见有关于崇俭黜奢本身的论述。而在《周书》中宣扬崇俭黜奢思想的内容就很多。周初的统治者十分重视亡殷的历史教训，一再申述勤俭可以兴邦，奢逸足以亡身的道理。如在《康诰》中告诫康叔说："往尽乃心，无康好逸豫。"（到了那里，要竭尽心思，不可贪图安逸享乐。）在《酒诰》和《无逸》里，又以历代商王对奢俭的不同态度导致不同祸福为例，力诫奢逸。《酒诰》说："自成汤咸至于帝乙，……不敢自暇自逸，矧曰其敢崇饮。……在今后嗣王酗身，……诞惟厥纵淫泆于非彝，……故天降丧于殷，罔爱于殷，惟逸。"（自成汤直至帝乙，……都不敢使自己安闲逸乐，何况说他们敢大量饮酒，……而现在继位的君王，胡乱地荒淫享乐，不遵法度，……所以老天降下亡国之祸于殷，不再爱殷国了，这只是因为他们贪图享乐之故。）《无逸》又说："呜呼！君子所其无逸，……昔在殷王中宗，……不敢荒宁，……其在高宗，……不敢荒宁，……自时厥后，立王生则逸，……惟耽之从，自时厥后，亦罔或克寿。"（唉！在官位的人，可不要享乐啊！……从前殷王中宗，……不敢荒淫享乐。……到了高宗，……也不敢荒淫享乐，……从此以后，所立的君王，一出生就贪安逸，……只寻求荒怠享乐的生活。从此以后，这些君王就没有能享高寿的了。）接着它又告诫说："无皇曰：今日耽乐，……无若殷王受之迷乱，酗于酒德哉！"（不要随便就说：今天大大地享乐一番吧！……不要像殷纣王那样昏乱，有放纵饮酒的行为啊！）《无逸》还以周族历代统治者勤俭兴邦的事例教育康叔："呜呼！厥亦惟我周太王、王季，克自抑畏。文王卑服，即康功田功，……自朝至于日中昃，不遑暇食，用咸和万民。文王不敢盘于游田，以庶邦惟正之供。"（唉！只有我们周族的太王、王季，能克制自己，并敬畏天命。文王穿着粗劣的衣服，在田野工作，……自朝到晚，连饭都顾不上吃，以求与民相处融洽。文王不敢游乐田猎，只是恭谨地办理各国的政事。）在《康诰》中，周公十分强调要以文王为表率，学习他克勤克俭的思想："惟乃丕显考文王，克明德慎罚，不敢侮鳏寡。庸庸，祗祗，威威，显民。"（你那显赫的先父文王，能够推行恩德，慎于刑罚，不敢欺侮孤苦无依的人。他勤劳，敬谨，敬畏天命，德显于民众。）西周的统治者反复强调崇俭黜奢的重要意义，以此作为立身治国的一项原则，同时亦以此勉督各诸侯国的统治者。在《文侯之命》中，周天子对晋侯说："无荒宁，简恤尔都，用成尔显德。"（不要荒怠享乐，要一心一意地忧念你的国家，来显示你的美德。）在《周易》中，也有许多关于节欲、崇俭、戒贪的说教。周代的大量文献表明，西周的统治者堪称是我国历史上崇俭黜奢思想的最早的积极倡导者。但在当时，它只是作为统治阶级行为规范的一般原则被提出来，还没有形成确定的奢俭标准。至春秋战国时代，思想理论界在继承西周奢俭思想的基础上，进一步探讨了奢俭标准及其伦理意义等，逐步发展成为我国古代经济伦理思想的重要内容之一。

五　裕民惠民思想

裕民惠民思想在《尚书》中初见于《皋陶谟》："安民则惠，黎民怀之。"（能安定民众，即是对民的惠爱，民众就会来归附了。）但《皋陶谟》亦系战国时代作品，是后人述古之作。其中的裕民惠民思想，实际是西周时代思想的反映。在《尚书》中，裕民惠民思想大量见诸周初的文诰，此外亦见诸西周时代的一些铭文中。如《康诰》："汝亦罔不克敬典，乃由裕民。"（你可不要不敬谨于法规，方能求裕民之道。）《洛诰》："彼裕我民，无远用戾。"（要能惠裕我的庶民，则远方之民无不来归附了。）《无逸》："能保惠于庶民，不敢侮鳏寡，……怀保小民，惠鲜鳏寡。"（能保护并施惠于庶民，连孤苦无依的人也不敢欺侮，……关怀和爱护民众，施惠于孤苦无依的人。）此外，如《大克鼎》："惠于万民。"这些为西周统治者所大力宣扬的"裕民"、"惠民"政策，就其经济内容来说，主要是对民的物质利益给予某种关注。据《国语·吴语》载：越王勾践"轻其征赋，……裕其众庶"。越王勾践的裕民之道是减轻征赋。周初统治者是否有减轻征赋的措施，难以考证，但就《尚书》所见，周初统治者的裕民惠民政策，主要表现为：一方面不没收殷民的田宅财产；另一方面则是鼓励殷民从事农业和工商业的牟利活动，以充裕民的物质财富。如《无逸》："相小人，厥父母勤劳稼穑。"《酒诰》："纯其艺黍稷，奔走厥考厥长，肇牵车牛，远服贾，用孝养厥父母。"（让他们专门从事各种农作物的种植，勤勉地侍奉他们的父母和尊长，并可以驾着车，牵着牛，到远处去经商，来孝养他们的父母。）周初的统治者提出这些裕民惠民的政策，主要是总结了商纣王"暴殄天物，害虐烝民"[1]，失去民众支持，因而国破身亡的教训，认识到民最关心的是自己的切身利益，统治者必须关注民的利益，以赢得民心，才能有效地巩固自己的统治。所以《周书·蔡仲之命》说："皇天无亲，惟德是辅，民心无常，惟惠之怀。"（上天并无私亲，只是辅佐有德行的人；民众亦非永恒不变的。只是归附能施恩惠于民的人。）《周书·文侯之命》说："柔远能迩，惠保小民。"（使远处和近处一样的安定，使小民得到恩惠和安乐。）周初统治者就是以裕民惠民作为怀柔殷民的统治手段，引导民众生财求富，使之受惠感恩，不生叛逆之心，从而达到巩固其统治的目的。西周的裕民惠民思想，主要是一种单纯鼓吹施惠于民的怀柔政策思想。《礼记·表记》说："周人尊礼尚施"，就是对周人政策特点的概括。到了春秋时代，统治阶级的思想家进一步继承发展裕民惠民的思想，广泛开展了关于裕民惠民的意义、目的以及途径和手段等方面的探讨，提出了藏富于民、民富先于国富的思想，从而发展成为中国经济思想史上具有传统特色的富民思想理论。

（《先秦经济思想史》，中国社会科学出版社 1996 年）

---

[1] 《周书·武成篇》。

孔子的经济思想

一 孔子的生平及其思想体系

孔子，名丘，字仲尼（公元前551至前479年），春秋鲁国陬邑人。少时家贫，曾为季氏家臣，后任鲁国中都宰、司空、司寇等职。去官后周游齐、卫、宋、陈、蔡、楚等国，宣传他的治国主张。晚年返回鲁国，致力于教育，编订《诗》《书》《易》《春秋》等书。其主要言论，由门徒汇编成《论语》一书。

孔子是我国古代伟大的思想家、教育家和儒家学派的创始人。他的思想对于我国传统思想文化的形成和发展，具有十分重大和深远的影响，成为我国悠久思想文化遗产之一。

孔子的学说以治国为中心，其目的在于匡世济时。但在他的一生中，实际从政的时间很短，主要是从事教育和文化研究。他是一位学识渊博的学者。他"学而不厌，诲人不倦"，"发愤忘食"（《论语·述而》，凡以下引《论语》只注篇名），自称"十室之邑，必有忠信如丘者焉，不如丘之好学也"（《公冶长》）。他一生勤奋好学，对学生循循善诱，以继承和发扬传统思想文化为己任，在当时即以博学多能著称。

孔子的学术思想，包括哲学、伦理、政治、经济和教育等多方面，其中天道中庸的哲学思想，构成他的学术思想体系的基础。他所创导的仁学，构成他的政治和经济思想的核心。孔子自称"信而好古"（《述而》），他以极大的兴趣和精力，致力于夏商周三代思想文化的研究，在学术上具有很深的造诣。他特别推崇西周的思想文化，说："周监于二代，郁郁乎文哉，吾从周。"（《八佾》）他认为周代文化是在吸取夏商两代文化成果的基础上发展起来的，因而更加丰富灿烂。他的许多思想观点的形成，与西周文化的影响是分不开的。

孔子的天道观，主要是对西周天命观的直接继承和发展。西周的"天帝"是具有理性精神的人格神，其特点是天人合一，即天道与人道的统一，以人道融入于天道，从而神被人化。它一方面相信天帝是世界一切事物的主宰，天帝的意志即天命是不可抗拒的。另一方面又认为天命并不是固定不变的，而是以统治者的德行为转移的，人们修善明德，便可获致天命，反之就会丧失天命。天命的得失，取决于人们自身行为的善恶。这种既敬畏天命，又倡导发挥人的主观能动性的天命观，是周初统治者对宗教哲学思想的新发展。孔子的天道观就是以这种天命论为基础的。他相信天帝是有意志的人格神，如说："天生德于予"（《述而》），"天之未丧斯文也，匡人其如予何？"（《子罕》）及"天之历数在尔躬"（《尧曰》），"天将以夫子为木铎"（《八佾》）等。这里的"天"，就是具有理性精神的人格神。它能明善恶，降祸福，具有无上的权威和不可抗拒的力量。所谓"死生有命，富贵在天"（《颜渊》），即是认为上天主宰着人的死生祸福、贫富贵贱。因此孔子十分敬畏天命，声称"君子有三畏"，首先是"畏天命"（《季氏》）。他甚至像宗教徒一样敬畏上天；遇见迅雷大风，就要神色大变，以示对上天的敬畏。"迅雷风烈必变"
(《乡党》)，他也像宗教徒一样相信祥瑞："凤鸟不至，河不出
图，吾已矣夫!"(《子罕》)孔子的天命论与西周的天命论一样，
是以人格神的存在为立论基础的。但孔子的天命论比较着重于发
扬西周天命观中人的主体能动性方面的思想。他认为虽然天的意
志是不可抗拒的，但天命并非是全然不可捉摸的，君子只要不断
地修明德行，就可以知天命。他说："不知命，无以为君子也"
(《尧曰》)，并自称"五十而知天命"(《为政》)。这就进一步发
扬了人的主体意识的能动作用，因而孔子在对待人事与天命的关
系时，往往视人事更重于天命。如他的"未知生，焉知死"，
"未能事人，焉能事鬼"(《先进》)，"敬鬼神而远之，可谓知
矣"(《雍也》)，"子不语怪力乱神"(《述而》)，以及他的"知
其不可为而为之"(《宪问》)的精神，都是对西周天命论中关于
人的主体能动性思想的进一步发挥，从而赋予了他的天命观以更
多的积极意义。孔子的天命观是有天命，但不唯天命，这是对西
周天命观的一种发展。孔子的信天命但不唯天命的思想，使他比
较能够在一定程度上接受天道自然无为思想的影响。孔子理想中
的圣王，就是处处能取法于天的楷模。他说："巍巍乎，唯天为
大，唯尧则之"(《泰伯》)；又说："无为而治者，其舜也与，
夫何为哉，恭己正南面而已矣"(《卫灵公》)，又说："无为而
物成，是天道也。"① 孔子所以称崇天道无为，并非是主张在客
观事物面前无所作为，而是要求在深入认识事物本性的基础上，
使自己的行为符合于事物的本性。所谓事物的本性，即天赋之
性，它是与天道相合的。

　　天道无私无偏是为中，行而有常是为和。与之相应，人道率

---

　　① 《礼记·哀公问》。

性无为是为中，行而中节则致和。"致中和，天地位焉，万物育焉。"① 中和是天道之极，亦是人道之本。孔子把天道自然观与传统的中道思想结合起来，创立了自己的天道中庸的哲学思想。

中道作为一种政治哲学概念，相传在三代或三代以前即已出现，那时的圣王，以中正和直之道，即中道，作为治国施政、处事待物的最高准则。如尧舜在禅让帝位时的格言有："允执厥中"（《尧曰》）。周初箕子为武王陈述治国的最高准则时指出："无偏无党，王道荡荡；无党无偏，王道平平；无反无侧，王道正直。"② 在周公旦戒康叔的箴言中亦有："尔克永观省，作稽中德。"③ 这里的"中德"、"执中"、"王道正直"等，说的正是中道思想。孔子十分称崇传统的中道思想，他说："执其两端，用其中于民，其斯以为舜乎。"④ 又说："从容中道，圣人也。"⑤ 孔子继承并发展传统的中道思想，进一步阐发了中道所具有的不偏不倚、无过不及的思想内涵，提出了中庸的概念。他把中正和直之道，作为常道，即正常的、经常的法则，贯穿于一切事物的发展之中。他说的"吾道一以贯之"（《里仁》），正是作为宇宙观方法论贯穿于其全部学说中的中庸之道。孔子对中庸十分推崇，他说："中庸之为德也，其至矣乎。"（《雍也》）中庸是孔子学术思想的基础。但是，对于孔子的中庸思想，历来有一种误解，即认为中庸就是无是无非，含糊苟且，模棱两可，调和折中，是一种处世圆滑的思想行为方式。宋代朱熹曾批判过这种误解。其实孔子的中庸观，无论表现在政治思想、经济思想、伦理

---

① 《中庸》。
② 《尚书·洪范》。
③ 《尚书·酒诰》。
④ 《中庸》。
⑤ 同上。

思想、教育思想等各个方面，都是有是非原则标准的，其总的原则标准就是礼。"非礼勿视，非礼勿听，非礼勿言，非礼勿动"（《颜渊》），总之，一切非礼的言行，都是孔子所反对的。在这里没有调和折中的余地。他一再说："君子和而不同，小人同而不和"（《子路》），"君子中庸，小人反中庸"[①]。表明君子讲中和是有原则、有是非的。因此把孔子的中庸思想等同于调和折中是不对的。

孔子的伦理政治的理想目标是王道仁政，实现王道仁政的根本途径是礼治，而其思想核心则是仁学。"仁"是春秋时代产生的新概念，[②] 它的本义是"爱人"。在孔子以前，人们对仁的内涵已有所论述，如晋献公的夫人骊姬说："爱亲之谓仁。"[③] 周简王时卿士单襄公说："仁，文之爱也"，"爱人能仁"[④]。楚大夫申叔时说："明慈爱以导之仁。"[⑤] 所有这些，都说明"仁"的本质是"爱"，仁即是爱的理论概括。所以当樊迟向孔子问仁的意义时，孔子回答说："爱人。"（《颜渊》）

在孔子生活的时代，"仁"作为一种理论观念，正在形成发展中，孔子在吸取前人思想成果的基础上，形成并建立了自己的学说。他把西周以来传统的德治思想和春秋时代产生的以爱人为内涵的仁的概念结合起来，创立了一套由亲及疏、由近及远、亲亲有差的爱人理论。这种理论是以宗法制原则为依据的，它把对父母兄弟近亲之爱，视为爱人的出发点和基础（所谓"孝悌也

---

① 《中庸》。
② 郭沫若：《奴隶制时代》："仁字在殷周时代的古文献中和古器物中都不曾见过，它是春秋时代的新产物。"
③ 《国语·晋语一》。
④ 《国语·周语下》。
⑤ 《国语·楚语上》。

者，其为人之本")；把父子之爱，推展为君臣之爱，使兄弟之爱，推展为朋友之爱，由统治阶级推展至被统治阶级。如此层层推己及人，以至于"泛爱众"，从而把仁发展成为一种在爱的基础上达到身修国治的理论，孔子称之为"修己以安百姓"（《宪问》）。它包括"修己"——完善自我和"安百姓"——治理人民这两个方面。孔子的这个思想，由他的后继者进一步概述为"修身、齐家、治国、平天下"的理论。孔子的经济思想是他的学术思想体系的有机组成部分。

礼治思想是春秋时代出现的社会思潮。春秋以来，由于周室积弱，王权衰微，诸侯坐大，五霸迭起，兵祸连接，纲常凌替。强侵弱，众暴寡，弑君父，贼兄弟。整个社会变得风云激荡，悖戾不宁。不少思想家在寻求社会稳定的途径的反思中，认为原来维系人群各种社会关系的规范和制度的破坏，相互制约的社会机制失灵，人们的社会行为失控，是导致社会动乱的基因。因此必须重新确立人们相互间的关系，以有效地制约和规范人们的社会行为，因而提出了以强化礼制的作用来稳定政局和社会秩序的理论，即礼治思想。如齐管仲提出"仓廪实则知礼节"、"礼义廉耻，国之四维"①，郑子产说："礼，天之经也，地之义也，民之行也。"② 齐晏婴说："礼之可以为国也久矣，与天地并。"③ 此外，有"礼，国之干也"④，"礼，人之干也"⑤，"礼，经国家定社稷，序人民，利后嗣者也"⑥，"礼，上下之纪，天地之经纬

---

① 《管子·牧民》。
② 《左传·昭公二十五年》。
③ 《左传·昭公二十六年》。
④ 《左传·襄公三〇年》。
⑤ 《左传·昭公七年》。
⑥ 《左传·隐公十一年》。

也，民之所以生也"① 等论述。他们无不把礼作为治国安民之本。因此，礼治思想在孔子生活的春秋时代，是一种具有时代特色的新思潮。孔子自幼习礼，深受礼治思潮的影响。他的建立在中庸哲学基础上的伦理政治思想，就是以礼治主义为内容的。其主要特点是：（一）既强调复礼，又认为要有所损益。他说："殷因于夏礼，所损益可知也。周因于殷礼，所损益可知也。其或继周者，虽百世可知也。"（《为政》）他认为必须恢复礼制对社会生活的制约作用，但并不认为礼制本身是一成不变的，而是随着时代的变迁，要有所损益。因此，孔子所说的复礼，是在损益基础上的复礼。（二）既重视亲亲，又强调举贤。他说："君子笃于亲，则民兴于仁，故旧不遗则民不偷"（《泰伯》），"慎终追远，民则归厚矣"（《学而》）。亲亲是宗法制伦理政治的原则。春秋时代，宗法封建制度虽受到冲击，但尚未崩溃，孔子认为，亲亲仍是必须重视的原则。但为了适应已经变化的时代要求，他又提出了举贤才的主张。如仲弓问政，子曰："先有司，赦小过，举贤才。"（《子路》）又如说："举直错诸枉，则民服，举枉错诸直，则民不服"（《为政》），"兴灭国，继绝世，举逸民，天下之民归心焉"（《尧曰》）。他称赞魏献子把旧贵族的封地改为十县，分别举贤有功者为县大夫是"近不失亲，远不失举，可谓义矣"②。他严厉批评鲁大夫臧文仲蔽塞贤才："臧文仲其窃位者与？知柳下惠之贤而不与立也。"（《卫灵公》）孔子及其儒家学派，作为士阶层的代表，他们不能靠血缘关系取得富贵，而是必须用自己的才能，取得统治者的信用，以求上达。这就决定了举贤才对他们自身利益的极端重要性。虽然在观念上，

① 《左传·昭公二十五年》。
② 《左传·昭公二十八年》。

孔子仍然尊重亲亲的传统，但在现实政治生活中，他把举贤才视为实现礼治的一项重要国策。（三）既主张礼乐征伐自天子出，又要求君使臣以礼。礼乐征伐自天子出，是要恢复天子的权威，亦即尊王。尊王是春秋时代礼治思潮的又一重要内容。实现礼治的重要前提是政治的统一，它要求有一个真正权威的、能够领导诸侯的天子。但当时周天子已不再具有这种权威，因此诸侯中之强者，以霸主的身份，挟天子以令诸侯，假天子的名义，谋求政治上的统一。如齐桓公在管仲的辅佐下，九合诸侯，一匡天下，就是在尊王攘夷的名义下进行的。孔子追求政治的统一，赞成恢复天子的权威。但他反对把这种政治统一的权威变成君主个人专断暴戾的权势。他说："如不善而莫之违也，不几乎一言而丧邦乎？"（《子路》）如果君主胡作非为而群臣莫敢谏诤，那就有亡国之虞了。因此他主张"君使臣以礼"（《八佾》），君臣相互间都不能越礼，君权也必须受制于礼。

　　总之，孔子认为中和是一切事物的最佳状态："中也者天下之大本也，和也者天下之达道也。致中和天地位焉，万物育焉。"[1] 在孔子看来，无论自然界和人类社会的一切关系中，达到中和是最正常最理想的境界，圣人治国采取的一切政治经济措施及人伦教化的礼治，其目的都为使社会达到中和。因此，孔子的仁学，实质是一种追求和谐境界的学说。从修身以至治人，即是从个人内心世界的和谐到整个社会关系的和谐，它表现在经济思想上，是经济和谐观。近有台湾学者侯家驹氏认为孔子经济思想有三个主要方面，其中之一是稳定均衡观。[2] 侯氏所说的稳定

---

　　[1]　《中庸》。
　　[2]　侯家驹：《中国经济思想史》卷二，第二章第二节，台湾中央文物供应社1982 年版。

均衡与这里所说的经济和谐相近，它是以中庸哲学为基础的。

二　学术界对孔子经济思想研究的概况

古今中外研究孔子思想者，不可胜数，但主要是研究他的哲学、政治、伦理、教育以及史学、文学等方面的思想，而很少有人研究他的经济思想。系统地研究孔子经济思想的论著，尤为鲜见。由于人们往往囿于孔子"罕言利"之说，就认定他不可能有堪足称道的经济思想，其实孔子不仅有经济思想，而且经济思想还是他整个思想体系的必要组成部分。在中国漫长的封建社会里，孔子思想的深远影响，也包括了他的经济思想的影响在内，这是不可忽视的。

在中国涉及孔子经济思想研究的最早的专门著作有陈焕章的《孔子及其儒家学派的经济学说》（*The Economics Principles of Confucius and His School.* 1911 年英文版）。其后有甘乃光的《先秦经济思想史》（1926 年），李权时的《中国经济思想小史》（1927 年），熊梦的《晚周诸子经济思想》（1930 年），唐庆增的《中国经济思想史》上卷（1936 年），陈子宽的《先秦儒家的财政思想》（1945 年）。其中当以陈焕章、唐庆增两氏的研究较系统并有代表性。他们都肯定了孔子的求利欲望，并认为孔子有"自由放任主义"的经济思想，这对于打破人们长期以来囿于孔子"罕言利"、没有经济思想的陈见，有积极意义。但陈著过于庞杂，内容几乎包括了中国整个封建社会的经济与社会关系史的各个方面；而唐著则偏于一个个孤立概念的罗列。两者都缺乏深入的分析，没有经济基础与上层建筑相应的理论概念。50 年代以来，中国经济思想史作为一门学科，逐渐受到重视，对孔子经济思想的研究，也有了进一步发展。王阴铎的《孔子的学术思想》（1957 年）一书，也涉及了孔子的某些经济思想。随后胡寄窗的《中国经济思想史》上册（1962 年），陈绍文、叶世昌的《中国经济思想简史》上册（1978 年），赵靖的《中国古代经济思想讲话》（1986 年）等书相继出版。此外，一些学术刊物和文集也发表了不少研究孔子经济思想的论文。这些著作和论文，一般在马克思主义理论的指引下，着重于孔子经济思想的阶级分析及其时代历史意义的评价。由于"五四"以来，孔子成了我国政治思想斗争中争议最大的历史人物，反映到有关孔子研究的各个领域中，无不存在争议和分歧。在学术研究中，不同观点的争议和探讨，有助于学术思想的发展，是正常现象。但自 60 年代以来，由于"左"的思潮的干扰，有关孔子的学术研究，无法正常进行。进入 80 年代以来，学术空气逐渐民主化，为实事求是地开展孔子学术思想的研究，创造了有利条件。1986 年，成立了中国孔子基金会，创办了《孔子研究》学刊，为学术界提供了一个研究孔子的共同园地，对促进孔子经济思想的研究，也起到了积极的作用。在日本学术界，有一些学者致力于中国经济思想史的研究，他们翻译了不少先秦儒家的著作，如简野道明的《大学解义》（1928 年）、《中庸解义》（1930 年），幸田露伴的《全释论语》（1938 年）等。专门著作较早的有田崎仁义的《支那经济思想及制度》（1929 年），其后有穗积文雄的《先秦经济思想史论》（1942 年），桑田幸三的《中国经济思想史论》（1976 年）等。此外，在《经济论丛》《经济史研究》《彦根论丛》等刊物和文集中，也发表了不少包括孔子经济思想研究在内的有关中国经济思想史研究的论文。近年来，中日两国的经济思想史学者进一步开展了互访和学术交流，对加深两国学术界对孔子经济思想研究的相互了解和推进学术研究，起到了积极的作用。

　　近二十多年来，在深受儒家传统文化影响的中国台湾、中国香港、韩国、新加坡等地，出现了经济的高速增长和繁荣，它们成了举世瞩目的"东亚四小龙"。"四小龙"的经济腾飞，不仅引起了经济界的广泛重视，亦引起了思想文化界的积极反思。过去在亚洲为许多人宗奉的韦伯理论认为，中国资本主义之所以不能产生，经济之所以不能发展，根本在于儒家传统文化的阻碍。这种观点，随着"东亚四小龙"的崛起而受到严峻的挑战。一些学者在重新评价儒家传统文化的基础上，提出了"后儒家文化"（post-Confucius culture）的论点，认为儒家传统文化的某些方面是有利于经济发展的，而另一些学者则持相反的观点。他们的探讨和争论，在亚洲儒家传统文化影响的地区，引起了"新儒学热"。这股热浪也冲击到了正在进行经济改革和致力于实现现代化的中国大陆，触发了大陆知识界对传统儒家文化的反思和争论，从而也为进一步深化儒家经济思想的研究，提出了新的课题。

三　欲利观念与义利思想

　　孔子对财富和欲利的态度是十分肯定的。他并不讳言对追求财富的强烈欲望。他说："富而可求也，虽执鞭之士，吾亦为之。"（《述而》）直率地道出了他只要是求富有道，就乐于躬求的心情。孔子进一步把这种求富之心，概括为一般的人性。他说："富与贵是人之所欲也，不以其道得之，不处也，贫与贱是人之所恶也，不以其道得之，不去也。"（《里仁》）这里所说的"人之所欲"与"人之所恶"，是包括了君子与小人在内的一切人的欲恶。他说："小人喻于利"（《里仁》），认为小人是财富的生产者，因而是明白财利之事的。对于君子，他说："邦有道，贫且贱焉，耻也"（《泰伯》），认为在一定条件下，君子亦富贵是有求的。可见在孔子看来，君子和小人都是有求富欲望的。这就肯定了求富逐利是一种普遍存在的合乎人性的行为。

虽然孔子认为君子和小人都有求富的欲望，但是他并不认为君子和小人在实际的求利活动中应以平等为基础。恰恰相反，他认为应以不平等为基础。他说："君子谋道不谋食。耕也，馁在其中矣；学也，禄在其中矣。"（《卫灵公》）又说："上好礼，则民莫敢不敬；上好义，则民莫敢不服；上好信，则民莫敢不用情。夫如是，则四方之民襁负其子而至矣，焉用稼。"（《子路》）在孔子看来，君子与小人、统治者与劳动人民之间，由于阶级地位的不同，相应地他们谋取经济利益的范围和方式也应是各不相同的。在当时的现实社会里，尽管人人都有获取财利的欲望，但是不同阶级的人（君子、小人等）和不同等级的人（国君、大夫、士等），他们各自牟利的方式和所能获得的利却是不同的。他们都只能在各自阶级所确定的范围之内，以一定的方式去求利。孔子认为，只有这样，人们才能各安其分，不相侵夺，从而达到统治秩序的稳定。反之，若是超越了各自阶级所确定的范围和方式去求利，则必然要造成相互侵夺，犯上作乱，从而破坏固有的统治秩序，这是必须反对的。所以孔子说："富与贵，是人之所欲也，不以其道得之，不处也。"孔子把普遍存在的求利欲望，严格地限定在既有的阶级不平等的范围之内，并把这种不平等，作为人们普遍的求利欲望的现实基础和求利行为所必须遵循的基本原则。

孔子的欲利观念的普遍性和他提出的对于求利行为的阶级不平等的原则，构成了他的义利观的思想基础。他一方面承认一切人都有求富逐利的欲望，但另一方面又认为不是任何求富的行为都是可取的。他坚决反对无限制地追逐个人的欲利。他说："放于利而行，多怨。"（《里仁》）过分追求个人欲利是有害的，因此必须反对。为了区分求利的合理性与非合理性，孔子运用了"义"的概念，指出义与利的关系应该是先义后利，以义制利。取利必须合乎义，合乎义的利，多取不为贪，不合乎义的利，虽少也不能取："不义而富且贵，与我如浮云"（《述而》），这便是孔子的义利观。义利观是孔子观察和处理各种利害得失关系的一个基本原则。

"义"作为一种道德规范，在广义上是人们一切正当的、合理的、适宜的社会行为的理论概括。这种广义的行为规范与具体的求利行为相结合，就形成人们获取利益时所应遵循的行为规范，它表现为义利关系。在义利关系中，义与利是一对相互对立而又相互依存的矛盾统一体。它们之所以相互对立，是因为两者各自体现着不同的利益；它们之所以有同一性，并构成一个矛盾统一体，是因为两者同属于利益范畴。因此，所谓以义制利，实质上是以一种内容的利益，去制约另一种内容的利益，或要求以一种利益，服从于另一种利益。它反映了两种不同利益之间的经济关系。义利思想即是为了正确处理经济活动中各种不同利益之间的经济关系所提出的理论和主张。据史书记载，义利思想在孔子以前的春秋时代就已经流行。在当时有关义为利本、以义制利的论述，实质上都是就公利与私利的关系而言的。在周代，公利与私利，有它特定的社会含义，这就是：在整个周王朝统治区域内，周族和以周天子为代表的周王室的利益为最高利益，在这个范围内，它就是公利，与此相对的都是私利。在诸侯国内，以国君为代表的公室利益为最高利益，在这个范围内，它就是公利，与此相对的都是私利。在大夫封邑内，家室的利益为最高利益，在这个范围内，它就是公利，与此相对的都是私利。对于庶民来说，上述诸利都是公利，而自己切身的利益则是私利。所谓以义制利，即以公利制约私利，这是处理上述多层次利益关系的基本原则。其实质就是要求在处理统治阶级与被统治阶级之间的利益关系时，被统治阶级的利益须服从于统治阶级的利益；在处理统治阶级内部的利益关系时，下级的利益须服从于上级的利益。这是见诸春秋时代义利思想内涵的一个方面。同时，另一个方面，即君利须受制于民利，统治阶级目前的或局部的利益，须受制于长远的和整体的利益。合乎此种目的的行为称为义，反之为不义。义利思想的这种内涵，发端于西周的重民思想。到了春秋时代，由于战争的需要和统治者生活的侈靡，对民的剥削也越来越严酷，从而大大激化了阶级矛盾，许多思想家从缓和阶级矛盾、维护统治阶级的长远利益和根本利益出发，提出了反对横征暴敛，减轻剥削，重视民利的思想，要求以民利制约君利，以长远的根本的利益制约眼前的局部的利益。上述义利思想内涵的两个方面结合起来，便构成我国古代义利思想的完整的理论内涵。孔子继承了这种传统的义利观。他说："毋见小利，……见小利则大事不成。"（《子路》）所谓小利，即是统治阶级局部的、暂时的或个人的利益，相对于这种小利的是全局的和长远的阶级利益，亦即"义"。孔子认为，"义"体现了统治阶级的根本利益，是至高无上的。所谓"君子义以为上"（《阳货》），所有统治阶级的成员，都必须把它放在首位，并且无条件地服从它。作为君子，尤其是统治阶级的代表人物，必须懂得如何维护统治阶级的这种最高利益，而不惑于小利。所以他说："君子喻于义"，君子是应该喻于义，也必须喻于义的。古今许多论者，往往把孔子的"君子喻于义"释为君子是天生通晓义或天生的好义[1]，其实不然。孔子生活的时代，正是天子式微，诸侯争霸，大夫擅权，

---

[1]　参阅《中国经济思想简史》上册，上海人民出版社1978年版，第40页。

甚至陪臣执国命的时代，统治阶级之间进行着剧烈的兼并斗争，而日益苛重的赋税徭役，又加剧了阶级矛盾的尖锐化。孔子认为，正是统治阶级的贪婪私欲和侵夺聚敛，造成了统治阶级的不稳定，导致了国家的分裂和动乱，从根本上危害了统治阶级的统治。因此，孔子要求统治者克制自己的私欲，在统治阶级内部停止争夺，发扬"富而好礼"（《学而》）的精神。在对待被统治阶级的关系上，强调"见得思义"（《子张》），不与民争利。每个统治者都应懂得"百姓足，君孰与不足；百姓不足，君孰与足"（《颜渊》）的道理，把君利建立在民利的基础上，实行"博施济众"（《雍也》）的政策。总之，要求统治者把暂时的、局部的和个人的利益，服从于整体的、长远的根本利益，使君利受制于民利。孔子的许多宣扬重视民利、反对统治者与民争利的言论，恰恰表明，在孔子看来，当时的君子们只是一味贪冒私利，置义于不顾，而绝不是天生通晓义或天生好义的。正确理解孔子义利思想的内涵，对于正确理解他的"罕言利"的真实含义是必要的。在孔子言论中，所谓"利"，往往指的是个人利益或暂时的、局部的利益，即私利和小利，而与"利"相对的"义"，则是指的整体的、长远的根本利益，即公利与长利。对前者，他慎戒、罕言；对后者，则褒美、宣扬。实际上，在合乎义的情况下，孔子不但不反对求富逐利，相反却认为不求富贵才是可耻的。因此，把孔子的"罕言利"说成是讳言一切财利，从而把孔子描绘成似乎是不食人间烟火的"圣人"，无疑是后儒的一种既不真实，也不合乎逻辑的误解。

孔子认为，以义制利只是确立了一般的理论原则，而要使这个原则成为社会实践中的行动准则，还必须使"义"的概念具体化、制度化，使之成为可以具体依循的准则，这个准则在孔子看来便是"礼"。孔子把礼看作是义的实践的标准。凡合乎礼的行为谓之义，合乎义的利，才是君子所求的利。孔子把义利关系与礼相结合，提出了礼、义、利三者统一的观点。他说："礼以行义，义以生利，利以平民，政之大节也。"① 礼为人们规定了各自的利益范围，人人循礼而行，就能各得其宜，是为行义。人人据义求利，则人人能求得自己应得的利益，从而侵夺不生，动乱不起，达到国治民安，这是治政之至要。孔子的礼、义、利统一的观点，是他对义利思想发展和创新的一面，它贯穿着礼以制中的中庸哲学观。

四　农时观念与开禁利民思想

孔子作为知识阶层和政治思想家，他是反对士君子直接从事生产劳动的。他说："君子怀德，小人怀土"（《里仁》）、"君子谋道不谋食"。他认为君子的职责在于掌握为政之道，而具体的生产劳动则是小人之事。所以当樊迟向他请教农业生产知识时，他说："……小人哉，樊须也。……焉用稼。"孔子不主张士君子从事直接生产劳动的观点，与当代大力倡导的"知识分子劳动化"的教导是格格不入的，因而受到激烈的批判。但是，如果从当时社会的职能分工观点来看，体脑分工，倒是符合古代社会发展要求的。虽然孔子反对士君子从事直接生产劳动，但他作为统治阶级的思想家，从巩固国家统治的需要出发，又认为必须重视物质生产，尤其是农业生产。他说："使民以时"（《学而》），"足食足兵，民信之矣"（《颜渊》），"所重：民、食、丧、祭"（《尧曰》）。把众民与粮食置于政务之首，表现了他对农业生产的重视。重视农业生产是我国古代很早就有的传

---

① 《左传·成公二年》。

统观念，亦是先秦各派思想家共有的经济观点。因为在古代，农业是决定性的生产部门，农业生产的好坏，直接关系到广大人民的生活，也影响到统治阶级的经济和政治的稳定。因此我国很早就有重视农时的观念，尤其是在西周封建领主制经济下，贵族领主直接经营管理着公田的生产，为了做到适时耕作，统治阶级就必须掌握农时。当每年秋冬之交，周天子就须把第二年的历书颁发给诸侯，称为"颁告朔"。这些制度体现了统治阶级对于农时的高度重视。但是到了春秋时代，随着公田制度的逐渐废弃，劳动地租变为产品地租，统治剥削阶级自己不再直接经营公田，整个农业的直接生产过程主要由农民自己独立地进行，统治剥削阶级只是从生产的成果中征取租税，而不再过问具体生产过程，从而统治阶级对掌握农时的观念亦日见淡薄，原有的一套掌管农时的制度也日渐湮废。据《左传·文公六年》载："闰月不告朔，非礼也。闰以正时，时以作事，事以厚生，生民之道，于是乎在矣。不告闰朔，弃时政也，何以为民？"这里谴责了鲁文公的"弃时政"，疏于农时，不合生民之道。事实上此时的"告朔"，早已失去了掌握农时的意义，仅是徒具形式的祭礼而已。后来甚至连孔子的弟子子贡也要求"去告朔之饩羊"（《八佾》）了。统治阶级离直接生产过程愈远，农时的观念也就愈淡薄，从而统治者侵夺农民的农时也就愈严重。特别是随着生产力和商品经济的发展，统治阶级对物质享受的追求也大大增长了，他们奢靡无度，不断大兴土木，大量征调农民服劳役。如"晋平公春筑台，叔向曰：不可，……今春筑台，是夺民时也"①。又"赵简子春筑台于邯郸，天雨不息，谓左右曰：可无趋种乎？尹铎对曰：公事急，厝种而悬之台，夫民欲

---

① 《说苑·贵德》。

趋种，不能及也"①。又如鲁昭公八年，晋侯筑虒祁宫，民间谣传晋魏榆地方的石头开口说话了。晋侯问师旷，石头为何说话，师旷说："今宫室崇侈，民力凋尽，怨仇并作，莫保其性，石言，不亦宜乎?"② 说统治者穷极奢欲，大兴土木，弄得民怨沸腾。可见当时对农民征役过度的情况十分严重。同时，频繁的战争，又把大量的农民劳动力投入兵役和筑城修备等徭役中。如越王勾践在出征前"大徇军曰：有父母耆老而无昆弟者，以告。……明日徇于军曰：有兄弟四五人皆在此者，以告。……明日徇于军曰：筋力不足以胜甲兵、志行不足以听命者归，莫告"③。可以看到，在越王征集的军队里，一家兄弟四五人乃至独生子以及有各种病疾的青壮年都统统被征入伍了。在这种情况下，农民的正常生产就不可能不受到严重影响。此外还有大量的筑城徭役等。由此造成农业失时，生产得不到保证，不能不在根本上损害了统治阶级赖以生存的物质基础。因此不少统治阶级的思想家都提出了要求保证农时的问题。早在孔子以前，周宣王的卿士虢文公就对保证农时的重要性有过论述。他说："王事唯农是务，无有求利于其官，以干农功。三时务农而一时讲武，故征则有威，守则有财。若是，乃能媚于神而和于民矣。"④ 周定王时单襄公也指出："周制有之曰：……民无悬耜，野无奥草，不夺民时，不蔑民功。"⑤ 曹刿对鲁庄公说："动不违时，财不过用，……是以用民无不听，福无不丰。"⑥ 管仲也

---

① 《说苑·贵德》。
② 《左传·昭公八年》。
③ 《国语·吴语》。
④ 《国语·周语上》。
⑤ 《国语·周语中》。
⑥ 《国语·鲁语上》。

说："无夺民时，则百姓富。"① 孔子的使民以时的思想，正是在继承前人思想的基础上，为解决现实经济生活中存在的问题而提出的。他认为要使农民的农时得到保证，很重要的一点是要求统治者改变奢靡的风尚，谨慎地使用民力："使民如承大祭"（《颜渊》）。只要统治者能够认真提高思想品德，减少奢靡，实行节用爱民的政策，就能使农时得到保证，国家得到治理。所以他说："道千乘之国，敬事而信，节用而爱人，使民以时。"孔子的使民以时的主张，是以巩固统治阶级的统治为出发点的，但是，这种主张本身在客观上是适应了生产力发展的需要，它对于保证和发展农民的生产，无疑是有积极意义的。

孔子在发展生产方面提出的"因民之所利而利之"（《尧曰》）和"废山泽之禁"② 的思想，是一种很值得注意的经济思想。它与传统的反映封建领主经济的宗法自然经济观不同，是一种基于要求打破领主阶级垄断经济的开禁利民的经济思想。关于要求打破贵族领主对经济的垄断的思想，在孔子以前，已有人提出。周厉王时大夫芮良夫曾指出："夫利，百物之所生也，天地之所载也；……天地百物，皆将取焉，胡可专也。"③ 他首先从理论上提出了打破领主对经济垄断的思想。管仲也说："山泽各致其时，则民不苟"④，他也主张把山泽之利，按时向人民开放。晋平公时的士文伯也提出，为政除"择人"而外，一要"因民"，二要"从时"⑤。孔子继承了前人对贵族领主的经济垄断的批判，进一步提出了开禁利民的思想。它一方面要求在财富的生

---

① 《国语·齐语》。
② 《孔子家语·五仪解第七》。
③ 《国语·周语上》。
④ 《国语·齐语》。
⑤ 《左传·昭公七年》。

产上因顺民情，国家不任意干涉，让人民自己经营对他们有利的事，并从中得到实利；另一方面则反对贵族领主为扩大牟利而与民争利。孔子批评鲁大夫臧文仲"妾织蒲"、"置六关"是不仁的行为，认为它与民争利。孔子的这些开禁利民的思想，曾被陈焕章称作是自由放任的政策——"普遍的平等、普遍的机会和经济的自由，是孔子最重要的学说。等级制度、垄断和关税，是孔子谴责的对象。……一方面我们在孔子主义中找到他是赞成社会立法的；另一方面我们也找到他是赞成自由放任政策的。……关于'自由放任政策'的确切的表述，我们从孔子自己对一般经济原则的表述中可以找到：当他的弟子子张向他问为政之道时，孔子举出五种美德，其中第一种美德是'惠而不费'，子张又问：何谓'惠而不费'？孔子回答说：'因民之所利而利之，斯不亦惠而不费乎？'这一表述是最全面的，已无需特别解释了。"[1] 唐庆增亦说："因民所利而利者，如治田薄税、通商惠工等事，谓导民固有之福利也。孔子反对政府有何压迫或干涉行为，盖主张政府费小费，做小事，设法收莫大之利益与效果，……能如此则政府所费小，而人民得益多。进一步言，孔子实主张放任主义（laissez Faire），而反对干涉政策（Interrention）。"[2] 他们都把孔子的开禁利民的思想，同欧洲古典经济学家提出的自由放任主义思想等同了起来，其实两者是不同的。自由放任主义思想最早是在 18 世纪初由法国的一些资产阶级思想家提出来的，随后由亚当·斯密作了充分的论述。它是从资产阶级利己的本性出发，要求让每个人都自由地追求自己的利益，即

---

　① 陈焕章：《孔子及其儒家学派的经济学说》（*The Economics Principles of Confucius and His School*，1911，*Columlia University Press.*)，第 175—176 页。

　② 唐庆增：《中国经济思想史》上卷，商务印书馆 1936 年版，第 76 页。

让资产阶级完全自由地经营工商业，自由地剥削劳动者，自由竞
争，自由地发展国内外贸易，反对封建主义和重商主义的限制，
反对国家干预资产阶级的经济活动，要求取消保护关税、行会制
度等封建主义残余，这同孔子的开禁利民思想在根本上是不同
的。孔子并没有主张资产阶级式的平等和自由，也没有反对过封
建等级制度。那些自由平等的资产阶级原则，孔子是没有的，也
不可能有。孔子只是在符合其巩固封建统治秩序的前提下，对现
实经济关系的某些方面，提出一些调整，适当给直接生产者一些
实际利益，以利于促进劳动者的生产积极性。他说："因民之所
利而利之，斯不亦惠而不费乎？"他是把"君子惠而不费"作为
"因民之所利而利之"的前提和条件的，即一方面要让人民得到
实利，而另一方面又以不损及统治阶级的利益为度。如果超出这
个限度，君子就不能接受了。他把所能给予人民的利益，限制在
封建统治阶级所能允许的范围之内。因此，孔子的开禁利民思
想，绝不是要求不加任何限制地让人民自由发展经济的思想，而
是一种在封建统治之下适度的经济开放。它同资产阶级的自由放
任主义思想有着根本的区别。但是，孔子的开禁利民的经济思
想，毕竟是对贵族领主经济的垄断性的一种批判，是一种进步思
想。在孔子以后的漫长封建社会里，思想界一直存在经济开放和
国家独占两种经济观点的争论，而主张经济开放的儒家学派，无
不以孔子的开禁利民思想为其最后的理论依据。由此可见其思想
影响之深远。

五　均无贫与薄赋敛思想

在《论语·季氏篇》中孔子有一段名言："丘也闻有国有家
者，不患寡而患不均，不患贫而患不安。盖均无贫，和无寡，安

无倾。"其中"不患寡而患不均"句，董仲舒在《春秋繁露》中引为"不患贫而患不均"。俞樾《群经评议》亦认为此句的"寡"应与下句的"贫"互易，因为"贫"与"均"是对财富而言的，下句"均无贫"可以为证。此说是正确的。孔子的"均无贫"是反映了他对统治阶级内部财富占有关系的一种观点，即财富的占有应与其身份地位相一致，以保证社会的均衡与和谐。他认为如果破坏了这种均衡，必将导致贫富的扩大和对立的加剧，造成社会的动乱。这也是他的中庸观在财富占有关系上的反映。长期以来，孔子的"均无贫"思想被许多人误解为均贫富的思想。如唐庆增说，孔子为了解决社会上贫富不均的问题，提出由政府调整人民的财富，使之趋于均平。① 胡寄窗指出，这是一种误解。孔子是尊卑贵贱等级秩序的维护者，绝无对各阶级财富强行平均分配的思想。这是正确的。但是，他又认为，孔子的"均无贫"是指被剥削阶级成员间的财富分配彼此相近。② 这可能与孔子原意相左，因孔子说得很清楚，他的均无贫是对"有国有家"者而言的，并未涉及被剥削阶级。孔子在这里说的贫富，指的都是贵族阶级。孔子认为，统治阶级之间的相互侵夺，会造成统治阶级内部的不稳定，因为相互侵夺的结果，一些贵族富起来，一些则没落贫穷，造成贫富不均。那些被兼并而没落的贵族，不能不对富有的贵族怨恨，从而加深了贵族阶级内部的贫富对立，成为社会动乱的根源。因此，他要求富者要"富而好礼"，对财富的占有要遵循礼制的规定，不要见利忘义，贪冒侵兼。孔子的这种反对任意侵夺财富和扩大贫富矛盾的思想，正是当时统治阶级间存在着严重兼并现象的反映，而不是

---

① 唐庆增：《中国经济思想史》上卷，商务印书馆1936年版，第78页。
② 胡寄窗：《中国经济思想史》上册，上海人民出版社1978年版，第92页。

被剥削阶级内部分化的反映。尽管孔子均无贫思想的出发点是为了协调和均衡贵族阶级内部的财富占有关系，但这并不妨害我国历史上不同时期的政治集团的人们，为了政治斗争的需要，借用孔子的旗号，把它当作"均贫富"思想的立论根据。这种借用古人的衣帽，作为现实政治舞台上演出工具的现象，在古今中外思想史上是不鲜见的。研究孔子的思想，尤其需要注意作出这种区分。

薄赋敛是孔子的一项重要的经济政策主张，也是他创导施行仁政的重要内容之一。首先，薄赋敛是孔子财政思想的政策基础。春秋时代由于战事频繁和统治阶级的日益奢靡，各诸侯国的财政支出普遍急剧膨胀，因而对人民的征敛亦不断加重。苛征暴敛使民不聊生，灾荒之年更是道殣相望。有一次鲁哀公问有若："年饥，用不足，如之何？"有若回答说："盍彻乎？"鲁哀公说："二，吾犹不足"（《颜渊》），租税增加了一倍，还是不够用。晏子称当时齐国的状况是："民参其力，二人于公，而衣食其一，公聚朽蠹，而三老冻馁，国之诸市，履贱而踊贵。"[1] 统治剥削者聚敛的财富朽蠹腐败，而人民群众则冻饿而死。为了缓和日益严重的阶级矛盾，孔子极力主张实行轻赋薄敛的政策。有若要求鲁哀公在凶年首先考虑减轻对人民的赋敛，就是从稳定民心、避免社会动乱的政治高度着眼的。但是只知聚敛的鲁哀公却大惑不解，说："二，吾犹不足，如之何其彻也？"有若回答说："百姓足，君孰与不足；百姓不足，君孰与足。"（《颜渊》）认为国家对人民的征敛，不能采取竭泽而渔的办法，而是必须把国家的财政收入，建立在培养财源的基础上。为了培养财源，提高人民的支付能力，在当前人民的负担能力已不堪承受的情况下，

[1]《左传·昭公三年》。

就必须实行轻赋薄敛的政策。这种重视培养财源的思想，不失为我国古代卓有远见的财政思想。但是孔子所说的薄赋敛，并不是认为赋税越轻越好，而是主张轻重适度。他批评季康子用田赋时说："先王制土，籍田以力，而砥其远迩；赋里以入，而量其有无；任力以夫，而议其老幼。于是乎有鳏、寡、孤、疾，有军旅之出则征之，无则已。其岁收田一井，出稷禾、秉刍、缶米，不是过也，先王以为足。若子季孙欲其法也，则有周公之籍矣，若欲犯法，则苟而赋，又何访焉。"① 在这里，孔子提出了适度赋敛的标准，即应像周公所规定的那样：农民为贵族耕种公田，公田收入归贵族；商贾则根据其财产和收入的多少征税；徭役以户计数而免除老人和小孩，并照顾到鳏寡孤疾者；每年一井田所缴的赋额是一定的，超过上述规定，就是"不度于礼，而贪冒无厌"② 了。有人认为，"由这一段话可以看出，孔子想恢复周公的籍田法"③，即回到井田制的劳动地租去。这是一种误解。在孔子生活的时代，劳动地租已为产品地租所取代，而且孔子主张"彻"法（产品地租）是有据可查的。季氏征求孔子的意见，也只是关于田赋应否加重的问题，而不是关于应实行何种地租形式的问题。孔子以赞颂西周井田制下人民负担轻的状况，要求季氏实行像周公那样取于民有制的轻赋敛政策。从《论语》"盍彻乎"的记载看，孔子是把"彻"法视作轻重适度的理想赋率的。据孟子解释，彻法"其实皆什一也"④，即什一地租率。什一率一直被儒家学派奉为理想的赋敛标准。《公羊传》说："什一者，

---

① 《国语·鲁语下》。

② 《左传·哀公十一年》。

③ 王先进：《孔子在中国历史上的地位》，载《孔子哲学讨论集》，中华书局1962年版，第123页。

④ 《孟子·滕文公上》。

天下之中正也，多乎什一，大桀小桀，少乎什一，大貉小貉。"孔子呼吁实行什一率，说明现实经济生活中税率已远远高于什一的标准。孔子的适度赋税和取于农有制的思想，反映了他的中庸主义的财政思想。

其次，薄赋敛思想也是孔子富民思想的政策基础。《论语·子路》载："子适卫，冉有仆。子曰：'庶矣哉！'冉有曰：'既庶矣，又何加焉？'曰：'富之。'曰：'既富矣，又何加焉？'曰'教之。'"又说："省力役，薄赋敛，则民富矣。"① 孔子的庶富教及其薄敛富民的思想，是他的经济思想中一个突出的部分。唐庆增说："富民之论，不但为孔子经济学说之基础，亦为儒家主张之一大特点。"② 但亦有人认为孔子的"富之"的主张，"决不会主张劳动人民富"，而是"奴隶主贵族富"③。完全否定了孔子有富民的思想。据赵纪彬的《论语新探》考证："此章所说'教之'是指'教民'而言。"④ 如果说"教之"是教民，而"富之"是富奴隶主，这在文理逻辑上是说不通的。"富之"、"教之"都应是对人民而言的。从孔子的后继者孟子和荀子的阐发中，也可得到进一步的证实。孟子说："易其田畴，薄其税敛，民可使富也。"⑤ 荀子说："家五亩宅，百亩田，务其业而勿夺其时，所以富之也。"⑥ 这些说法，与孔子的富民思想是一脉相承的，他们都是把薄赋敛视作实现富民的一项重要的政策。

再次，薄赋敛又是孔子德治思想的政策基础。德治思想肇始

① 《孔子家语·贤君》。

② 唐庆增：《中国经济思想史》上卷，商务印书馆1936年版，第75页。

③ 《中国经济思想简史》上册，上海人民出版社1978年版，第45页。

④ 赵纪彬：《论语新探》，人民出版社1962年版，第8页。

⑤ 《孟子·尽心上》。

⑥ 《荀子·大略》。

于西周，它的重要特点是重民。如《尚书·泰誓》说："天视自我民视，天听自我民听"，"民之所欲，天必从之"，表现了统治者对民心向背的高度重视。所谓德治，即是统治者为了争取民心而对民在政治经济上采取的宽惠政策。孔子继承了西周的德治思想，把重民思想发展为以仁为核心内容的民本思想，把德治立基于民本。他认为统治者应施行仁政以安定人民，招徕百姓，在广泛赢得民心的基础上，有效地巩固和扩大自己的统治。因此他主张对民实行宽惠的政策，他说："宽则得众"，"惠则足以使人"（《阳货》），并把"博施济众"视作最大的德政。他反对统治者赋敛无度，发出"苛政猛于虎"的强烈批判。《孟子》说："求也为季氏宰，无能改于其德，而赋粟倍他日。孔子曰，求，非我徒也，小子鸣鼓而攻之可也。"[1] 孔子的德治仁政是与苛赋厚敛不相容的。他认为德治必须立基于仁政，施仁政就必须薄赋敛。薄赋敛是实现德治的重要政策基础。

薄赋敛主张并非孔子首创，在孔子以前已有不少人提出。如楚大夫斗且说："夫古者聚货不妨民衣食之利，聚马不害民之财用，国马足以行车，公马足以称赋，不是过也。……夫货、马邮则阙于民，民多阙则有离叛之心，将何以封矣。"[2] 楚大夫伍举对楚灵王说："夫君国者，将民之与处，民实瘠矣，君安得肥？"[3] 他们都从厚敛有害于民生的观点出发，要求实行轻敛政策。轻敛的主张在孔子以前已流行于春秋时代，孔子是在继承前人思想的基础上，提出他的薄赋敛主张的。

赋敛的不断加重，在春秋时代是一个具有普遍性的社会经济

---

[1] 《孟子·离娄上》。
[2] 《国语·楚语下》。
[3] 《国语·楚语上》。

现象，它的深刻的社会经济原因在于：随着社会生产力的提高和商品经济的发展，封建领主制经济正在向着封建地主制经济转化。地主制经济由于它本身的性质和特点，它的剥削量在客观上有着比领主制经济更高得多的可能性和现实性。因此，当时不少的思想家都发出了限制和减轻剥削的要求。但是他们不可能懂得，剥削量的增大，除了表现剥削阶级的贪欲以外，却正是反映了社会经济的发展。在西周初期封建领主制下，其剥削量所以较少，并不是由于统治阶级的仁德，而是由于社会生产力水平低下，整个剩余生产品很少，"这种收效很小的、为少数从事剥削的私有者进行的剩余劳动借以实现的剩余产品，也都是微小的"①。但是孔子却把它归诸西周的制度和统治者个人品德的完美。因此他崇誉尧舜禹汤文武的品德，盛赞周公确立的典制，要求实行先王之道。这就使他的体现着时代思潮的减轻剥削的思想，完全笼罩在强烈的复古外观之中。

六　富民爱民思想

富民爱民思想是产生于春秋时代思潮中又一个新思想。在孔子以前，管仲就说过："无夺民时，则百姓富。"师旷说："天之爱民甚矣！"② 都先于孔子提出了富民爱民的观念。孔子的富民爱民思想，既是受春秋时代思潮的影响，也是对西周时代的裕民惠民思想的继承和发展。在周初的许多文诰中，都有关于裕民惠民的论述。如《周书·康诰》："乃由裕民。"《周书·洛诰》："彼裕我民。"《周书·无逸》："能保惠于庶民"、"怀保小民，

---

① 马克思：《资本论》第3卷，人民出版社1975年版，第893页。
② 《左传·襄公十四年》。

惠鲜鳏寡"。《周书·文侯之命》："惠康小民。"《蔡仲之命》："民心无常，唯惠之怀。"《大克鼎》："惠于万民。"这些为西周统治者所大力宣扬的裕民惠民政策，就其经济内容来说，即是对于民的物质利益，给予某种关心和许诺。它是西周统治者实行德治的一项政策。

　　但是到了春秋时代，周室衰微，旧有的统治秩序趋于崩溃，诸侯群起争霸，大夫则凌替诸侯，甚至陪臣擅权执国命。在诸侯之间，国君与大夫之间，大夫与大夫之间以及与陪臣之间，都充满了争夺与斗争。这种斗争与周初统治者在异族异国之间的斗争已有所不同，它经常表现为统治阶级内部不同集团之间的剧烈争斗。为了在斗争中取胜，各个统治集团都更加需要直接依靠人民的支持。因而在春秋时代，统治阶级对于直接争取人民的支持，尤为重视。如晏子对叔向谈到当时齐国的情形时说："公弃其民，而归于陈氏。齐旧四量，豆、区、釜、钟。四升为豆，各自其四，以登于釜，釜十则钟。陈氏三量，皆登一焉，钟乃大矣。以家量贷，而以公量收之。山木如市，弗加于山。鱼盐蜃蛤，弗加于海。……民人痛疾，而或燠休之，其爱之如父母，而归之如流水，欲无获民，将焉辟之？"① 齐国的陈氏采取施财和关心人民疾苦的手段，赢得了人民的支持，终于夺取了齐国的政权。在鲁国，情形也大体相若。大夫季氏施惠于民，甚得民心。《左传·昭公二十七年》说："季氏甚得其民"，而鲁昭公不得民心，终于被季氏逐出国去。对此，晋国的赵简子曾对史官蔡墨说："季氏出其君而民服焉。诸侯与之，君死于外而莫之或罪也。"史墨说："鲁君世从其失，季氏世修其勤，民忘君矣，虽死于

---

　　① 《左传·昭公三年》。

外，其谁矜之？社稷无常奉，君臣无常位，自古以然。"① 可见，得国与失国，取决于民心的向背，在当时已成为公认的道理。晋国的范氏、中行氏欲攻晋君，高疆说："唯伐君为不可，民弗与也。"指出人民不同意他们的行动。但范氏和中行氏不听，"遂伐公，国人助公，二子败"②，即以失败告终。宋国的大夫桓魋阴谋攻宋公，其弟子车止之，说："不能事君，而又伐国；民不与也，祇取死焉。"③ 指出得不到人民的支持，必将自取灭亡。这些都表明，谁想在斗争中取胜，谁就必须得到人民的支持。不仅在本国统治集团内部的斗争中是如此，而且在诸侯国之间的兼并战争中，也须考虑到敌国人民的民心向背。如楚军包围了郑国，郑伯肉袒牵羊出城请降。楚王左右都说："不可许也，得国无赦"，主张乘机消灭郑国。但是楚王说："其君能下人，必能信用其民矣，庸可几乎？"于是退三十里而许和。说明楚王虽然打败了郑国，但考虑到郑伯在国内得民心，因而不敢灭其国。④

由于争取民心已成为统治阶级在剧烈斗争中迫切需要的手段，而关心和改善人民的物质生活状况则是争取民心最根本的条件，因而在春秋时代，富民的思想就逐渐产生并发展起来。但春秋时代的富民思想与西周时代的单纯鼓吹施惠裕民的思想不同，它已逐步发展为探讨代表统治阶级的国家与广大被统治阶级的人民之间物质财富的占有和分配关系的理论，着重于探讨一国的财富，主要应散藏于民间或聚敛于国府，即所谓富民或富国的问题。主张藏富于民，民富先于国富者，形成富民思

---

① 《左传·昭公三十二年》。
② 《左传·定公十三年》。
③ 《左传·哀公十四年》。
④ 参阅《左传·宣公十二年》。

想；相反，主张聚富于国，国富重于民富者，形成为富国思想。孔子是富民主张的鼓吹者，他的薄敛富民的思想，成为儒家学派重要的传统经济思想之一，在我国长期封建时代的思想界，具有深远的影响。

西周时代的惠民思想在春秋时代的另一个重要发展是爱民思想的产生。春秋时代的惠民思想，虽仍具有传统思想的形式，但在内容上已不同于西周。在西周德治思想下的惠民观念，主要是对被统治的异族人而言的，对他们施以德惠，其目的在于缓和他们的反抗。因此，"德"是同"威"相联系的，"施德"是要他们"畏威"[1]。西周是宗法制社会，按宗法制原则，只有同族人才相亲爱，对异族人可以施以德惠，但并不亲爱。公元前587年鲁成公欲叛晋而和楚，大夫季文子说："史佚之（志）有之，曰：'非我族类，其心必异。'楚虽大，非我族也，其肯字（爱）我乎？"[2] 是说鲁与楚并非同族，因而从根本上说，不会相亲爱的，叛晋从楚，无益于鲁。再如晋大夫臼季说："异姓则异德，异德则异类，……同姓则同德，同德则同心。"[3] 根据这种宗法观念的原则，异族间德不相同，是不能彼此相爱的。因此，周初统治者虽强调对民施以德惠，但并无亲爱之意。所谓"德治"全然是一种怀柔政策，而非出自爱民。而春秋时代的惠民思想的基础则不同，那时统治阶级内部不同集团之间以及不同阶级之间的矛盾斗争逐渐突出，而周人与殷人及其他族人之间的界限则逐渐消失，作为被统治阶级的"民"的含义也不同了，它已成为包括了来源于统治民族同族人在内的一切平民的总称。

---

① 《国语·周语上》。

② 《左传·成公四年》。

③ 《国语·晋语四》。

　　首先，民包括了国人。这在西周晚期已是如此。据《国语·周语上》："厉王虐，国人谤王。邵公告曰：民不堪命矣！……人莫敢言，……邵公曰：……防人之口，甚于防川。"这里的民与国人是同义的。又《左传·昭公四年》："郑子产作丘赋，国人谤之，……子产曰：……民不可逞，度不可改。"子产所说的民，即是国人。

　　其次，民包括了野人。据《国语·晋语四》载：晋文公"过五鹿，乞食于野人。野人举块以与之，公子怒，将鞭之。子犯曰：天赐也，民以土服，又何求焉！"这里的民即野人。

　　再次，民包括了百姓。据《国语·晋语一》载，史官苏说："昔者之伐也，兴百姓以为百姓也，是以民能欣之，故莫不尽忠极劳以致死也。今君起百姓以自封也，民外不得其利，而内恶其贪，则上下既有判矣。"这里的民即是百姓。

　　再次，民有时也作为一般人的泛称。如《国语·楚语上》载，楚大夫范无宇说："地有高下，天有晦明，民有君臣"，这里的民即是一般人的泛称。"民有君臣"犹"人有君臣"之意。又《论语·公冶长》："子谓子产……其使民也义"，《论语·阳货》："子曰：宽则得众，……惠则足以使人。"这里"使人"与"使民"同义，人与民是可以互通的。

　　由此可见，春秋时代"民"的内涵是相当复杂的，特别是由于兼并战争，使许多贵族及其同宗沦为平民，甚至降在皂隶。史墨引用《诗·小雅》说："'高岸为谷，深谷为陵'，三后之姓，于今为庶"[1]，说的就是这种状况。在这历史变迁过程中，原有的国人逐渐没落，成为与野人没有什么差别的普通民人。公元前635年，周襄王赐晋文公以阳樊等八邑之田，但阳樊人不愿

　　① 《左传·昭公三十二年》。

臣属于晋，于是晋文公包围了阳樊。阳樊人仓葛呼喊说："阳人
有夏商嗣典，有周室师旅，樊仲之官守焉，其非官守，则皆王之
父兄甥舅也。"① "此谁非王之亲姻，其俘之也。"② 意思是说，
阳樊人除了官守之外，一般人民也都是王室同族姻亲，怎能把同
族人作为俘囚残害呢？从宗法观点看，把同族人沦为俘囚是极不
道德的。因此晋文公说："是君子之言也"，于是全部释放了阳
樊人民。上述情况说明，在春秋时代，作为被统治阶级的
"民"，其中许多是与统治阶级出于同宗同族的，根据同族相亲
爱的宗法制原则，统治者对他们是可以亲爱而且也是应该亲爱
的。同时，由于统治者在斗争中亟须争取人民的支持，故亦乐于
利用宗法观念的传统影响，在统治者与人民之间树立起相亲爱的
观念。因而在春秋时代，爱民的思想就产生并发展起来，从而惠
民思想就具有了爱民的内涵，这是过去"德治"概念中所没有
的。爱民思想的产生是意识形态领域里的一个重大变化，它使爱
的观念普遍化了。过去根据同族相爱的原则，只有在统治民族内
部才有亲爱的观念，现在则无论在统治阶级内部和统治阶级对被
统治阶级之间，都出现了亲爱的观念。这种观念的综合，产生了
所有的人都能亲爱的观念，于是亲爱的观念获得了更为普遍的意
义。这种对人的普遍的亲爱观，就形成为"爱人"的思想。

　"爱人"是比"爱民"更为广泛的概念，因为在春秋时代，
一般来说，"人"的概念是更广泛于"民"的。上自天子（自称
余一人）、国君（自称寡人），下至一般庶民（称庶人、小人
等），无不可以称"人"。若以族别分，则有周人、殷人、狄人
等；以业别分，则有士人、农人、工人、贾人等；以职别分，则

---

① 《国语·晋语四》。
② 《左传·僖公二十五年》。

有虞人、候人、郁人、牺人、廪人等；以居地分，则有秦人、晋人、楚人、鲁人、莒人以及邦人、异邦人等；以城乡分，则有国人、野人等；以性别分，则有丈人、妇人（孺人、夫人等）；以时代分，则有先人、后人；此外，对于德行超群的人，则可称之为圣人、贤人、善人、哲人等。这些见之于春秋时代的人称表明，"人"是一个泛称。可见，把春秋时代的"人"与"民"对立起来，说前者是统治阶级，后者是被统治阶级，乃是一种不合历史实际的臆说。

既然"人"是一般的泛称，则所谓"爱人"也就是爱一切人，即包括统治阶级与被统治阶级在内的。这种爱人的思想，无论在深度和广度上都超过了西周的以德和民、施德惠民的思想，因而旧有的"德"的概念，已经概括不了它，这就需要有能够反映当时新思想的新的理论概念，于是"仁"的概念产生了。孔子继承并发展了正在形成过程中的"仁"的新概念，把它作为礼治思想的核心，提出了仁政与爱民的思想。

对孔子的仁政及其爱民思想的看法，在我国学术界自来存有分歧。一种意见认为，说孔子的爱人包括了爱民在内，就无异于说孔子的爱是超阶级的爱了。他们说："有人说，孔子谈'爱人'，指泛爱一切的人，包括被剥削阶级在内，这就是说，孔子的'爱人'是没有阶级性的。"① 这是一种误解。孔子确实说过"泛爱众"，他的爱人思想也确实包括了被统治阶级在内。但是，孔子从未说过对统治阶级的爱和对被统治阶级的爱是无差别的。相反，他的爱人是以承认阶级的存在、阶级差别的存在为前提的。他坚决主张"贵贱不愆，亲亲有差"。即使在统治阶级内部，对于不同身份和地位的人，爱也是有差别的。在统治阶级与

---

① 车载：《谈研究历史为政治服务》，《学术月刊》1963 年第 12 期。

被统治阶级之间，他认为统治者实行省刑罚、薄赋敛等富民惠民的政策，即在一定程度上减轻一些对人民的剥削和压迫，这就是实行仁政，就是爱民了。这种"爱"本身就是以剥削与被剥削、统治与被统治的存在为前提的。因此，很清楚，孔子爱的"人"，绝不是没有阶级差别的。孔子说过："唯仁者能好人，能恶人"（《里仁》）。可见，他并不主张一切人都同样地爱。对仁的阶级规定性，他说："君子而不仁者有矣夫，未有小人而仁者也。"（《宪问》）仁是君子所特有的，仁政只能是由统治阶级施于被统治阶级，而决不能相反。尽管孔子的爱人思想具有某种普遍性的形式，但它的内容是有差别的爱，是有阶级内容的，不是超阶级的。鼓吹超阶级的爱，在古今中外思想史上是不乏其人的，如墨子的兼爱，耶稣的博爱，释迦牟尼的普度众生等，他们鼓吹的都是无差别的人类之爱，与孔子的爱人思想是有区别的。

另外，还有一种意见，认为既然孔子的爱人是有阶级性的，则孔子所爱的人必定是统治阶级，不可能是被统治阶级，因而孔子是不可能有爱民思想的。他们以"《论语》全书只有爱人的语法，绝无爱民的词句"为由，[1] 说"孔丘所说的爱人，就只能是爱统治阶级，爱奴隶主贵族"[2]。这又是一种误解。承认孔子爱人思想的阶级性和肯定孔子有爱民思想，两者并非是矛盾的。所谓"爱民"，无非是说统治者要"爱"被统治阶级，它本身就是从处理阶级关系出发的，具有鲜明的阶级性。只是在孔子看来，统治阶级实行这种"爱"（对民减轻一点剥削压迫），不仅不会改变剥削者与被剥削者、统治者与被统治者所固有的阶级地位，而且对于缓和阶级矛盾、稳定统治秩序都是大有好处的，是符合

----

① 赵纪彬：《论语新探》，人民出版社 1962 年版，第 3 页。
② 同上书，第 52 页。

统治阶级的长远利益和根本利益的，所以孔子要提倡它、鼓吹它。说孔子只鼓吹爱统治阶级而不鼓吹爱民，这在理论和史实上都是说不通的。

从西周时代的德和德治思想，发展为春秋时代的仁和仁政思想，是我国古代思想史上具有重大历史意义的发展。孔子的以仁和仁政思想为核心的富民爱民思想，是反映了春秋时代特点的新思想，它对于我国古代民本主义经济思想的形成和发展，具有重要的思想理论意义。

七　奢俭思想

奢与俭是就人们的消费状况而言的。奢俭思想即是关于如何正确处理人们的消费行为的理论和主张，它是我国古代社会中具有广泛影响的传统经济思想之一。我国的传统经济观念以俭为善，以奢为恶，因此，黜奢崇俭成了我国古代占统治地位的消费观念。在《尚书》的《尧典》《皋陶谟》及《商书》中，已有某些崇俭伐奢的言论；而对此大量的议论则见于《周书》。周初的统治者以亡殷为镜鉴，反复宣扬勤俭可以兴邦，奢逸足以亡身的道理，强调黜奢崇俭的重要性，并以此作为统治者立身治国的一项原则，用来教育后继者。《史记·周本纪》载："成王既崩，二公率诸侯以太子钊见于先王庙，申告以文王武王之所以为王业之不易，务在节俭，毋多欲，以笃信临之，作《顾命》。"同时，周王亦常以此督勉各国诸侯。许多文献的记载表明，西周的统治者堪称是我国历史上黜奢崇俭思想的最早的积极创导者。但在当时，它还只是作为统治阶级消费行为规范的一般原则被提出来，还没有形成确定的奢俭标准。到了春秋时代，统治阶级侈靡之风日甚，相应地对人民的剥削亦日益苛重。因此思想界反对奢靡，要求节用克俭的呼声十分突出。如鲁大夫臧哀伯对鲁桓公说："清庙茅屋，大路越席，大羹不致，粢食不凿，昭其俭也。"[①] 晋大夫御孙对鲁庄公说："俭，德之共也；侈，恶之大也。"[②] 刘康公对周定王说："俭所以足用也，……以俭足用则远于忧。……侈则不恤匮，匮而不恤，忧必及之。"[③] 鲁大夫臧文仲对鲁僖公说："贬食省用，务穑劝分，此其务也。"[④] 晋大夫叔向对韩宣子说："昔栾武子无一卒之田，其宫不备其宗器，……诸侯亲之，戎狄怀之，以正晋国。……及桓子骄泰奢侈，贪欲无艺，略则行志，假货居贿，宜及于难，而赖武之德以殁其身。……夫却昭子其富半公室，其家半三军，恃其富宠以泰于国，其身尸于朝，其宗灭于绛。"[⑤] 他们无不力言节俭之善，泰侈之祸。可见在春秋时代反对奢侈，崇尚节俭的思想是颇为流行的奢俭观。孔子在继承前人的黜奢崇俭思想的基础上，进一步提出了奢俭以礼为标准的思想，并以此为核心，探讨了个人消费和国家财用所应遵循的克俭和节用的原则及其经济伦理意义。

在个人消费方面，孔子是等级消费论者。在他看来，不同等级（阶级）的人，由于占有财富的状况不同，他们的生活消费水平亦应是不同的。当士人未能取得爵禄时，他们"饭疏食，饮水，曲肱而枕之"（《述而》），"食无求饱，居无求安"（《学而》），过着贫苦的生活，这与其身份地位的卑下是相适应的。而一旦取得了爵禄，消费水平亦应随之改变："吾从大夫之后，

---

① 《左传·桓公二年》。
② 《左传·庄公二十四年》。
③ 《国语·周语下》。
④ 《左传·僖公二十一年》。
⑤ 《国语·晋语八》。

不可徒行也。"(《先进》)他自从取得大夫的地位后，出门就必须坐车而不再步行了。这是等级消费观的一个方面。另一方面，他还认为，在消费水平与其等级身份相符的情况下，人们就应满足于这个消费水平而不应有任何异议。如未取得爵禄的士人，就应安心于"君子固穷"的状况（《卫灵公》），要不耻恶衣恶食（《里仁》），像颜回那样，"一箪食，一瓢饮，居陋巷，人不堪其忧，回也不改其乐"（《雍也》），做到安贫乐贫。已经取得富贵的人，也要满足于已有的消费水平，而不应作更高的追求。他赞赏卫公子荆善居室："始有，曰苟合矣；少有，曰苟完矣；富有，曰苟美矣。"（《子路》）公子荆随着财富占有状况的变化，消费水平也不断提高，但他能够始终满足于已达到的消费水平。孔子认为，这种知足态度是值得赞赏的，因为能够正确对待和遵守等级消费制度，是崇高德行的表现。他说："不仁者不可以久处约，不可以长处乐。仁者安仁，知者利仁。"（《里仁》）能够安于与自己身份地位相适应的处约或处乐而不妄求，是仁德的表现。孔子如此强调知足，是与他维护等级制秩序的立场相联系的。他认为社会之所以动乱不安，等级制秩序之所以被破坏，原因之一就在于人们不知足。他说："贫而无怨，难"（《宪问》），"小人穷斯滥矣！"（《卫灵公》）在下的小人，因不知足，不安于贫穷，故犯上作乱；而在上的富者，亦不满足于已有的富贵，因而"不度于礼"，"贪冒无厌"，破坏了固有的礼制和秩序。因此，在孔子看来，无论对于贫者和富者，知足都是一种必要的美德。贫者知足，就能"贫而无怨"，进而"贫而乐"；富者知足，就能"富而无骄"，进而"富而好礼"（《学而》）。如若人人知足，也就上下相安，没有动乱了。

但是，要做到知足，就必须自觉地节制欲望，即自觉地实行个人消费的克俭。因此，孔子把克俭看作是对于君子和小人而言都是必要的美德。尤其强调统治者个人厉行节俭的表率作用。他赞扬夏禹"菲饮食"、"恶衣服"、"卑宫室"（《泰伯》），力行节俭的高尚行为；批评管仲"有三归，官事不摄，焉得俭"（《八佾》）。虽然俭相对于奢来说是美德，但俭本身亦应有度量分界。不同等级的人，应有俭的不同标准，也就是必须遵照礼制的规定。如果俭于礼制的规定，则近乎吝啬而非美德了。孔子认为像晏婴那样，一件狐裘穿了三十年，祭祖用的猪腿连盘子都放不满，这样的克俭，就近乎吝啬，是不符合统治阶级身份的要求的。① 所以孔子虽然主张人人都要克俭，但并不认为越俭越好，而是要求俭不违礼。

在国家财政开支方面，孔子是节用论者，这同他的薄赋敛的经济思想是密切相关的。孔子的财政思想，与传统的财政观念一样，是以"量入为出"为原则的，根据这个原则，国家在财政开支方面就必然要求厉行节约，否则就不可能做到财政平衡。因此他提出"节用而爱人"，把爱人与节用联系起来。一方面要施惠于民，减轻人民的负担；另一方面在财政开支上，须采取节用的方针。但是他认为，国家的财政开支，也如同个人的消费支出一样，并非愈少愈好，而是要适度。所谓适度的标准，也就是礼制的规定。他说："君子之行也，度于礼。施取其厚，事举其中，敛从其薄。"② 国家兴办事业要适中，不能太多，亦不能太少，其适度的标准就是"礼"。用礼来制约财政开支，是他的"礼以制中"的中庸观在财政支出上的表现。

① 参见《孔子家语》卷十。
② 《国语·鲁语下》。

八 孔子经济思想的评价

经济思想如同一切思想理论一样，它的时代历史意义和作用，取决于各该时代的需要以及这种思想所能适应于时代需要的程度。同一学说，在不同时代、不同国家中，其意义和作用往往有很大的不同。孔子学说在17、18世纪传入欧洲后，曾经成为启蒙运动反宗教蒙昧主义和反封建专制主义的思想武器之一。在法国，百科全书派把孔子哲学作为无神论和唯物论来接受；而在德国，古典哲学则把它作为辩证法和观念论来接受。① 尤其在法国，许多资产阶级进步思想家为孔子哲学所倾倒，重农学派的鼻祖魁奈十分推崇孔子，致使他本人有"欧洲孔夫子"之称。1789年资产阶级革命后，在1795年的法国宪法中，写进了"己所不欲，勿施于人；欲人施己，先施于人"。孔子思想在欧洲无疑曾是当时进步思想家所汲取的思想源泉之一。但是在中国，孔子的儒家学说却成了社会进步的严重阻碍，以致五四运动把"打倒孔家店"作为自己的旗号。这种差异性，反映了不同国家、不同时代需要的差异。马克思说："极为相似的事情，但在不同的历史环境中出现，就引起了完全不同的结果。"② 因此，在分析和批判任何一种思想理论时，极为重要的是"要把问题提到一定的历史范围之内"③。孔子的经济思想产生于春秋季世，对它的评价，就必须把它置于春秋时代的历史环境之中。

春秋季世正是封建领主制经济渐趋没落，逐步向着封建地主

---

① 参阅朱谦之《十七八世纪西方哲学家的孔子观》，《人民日报》1962年3月9日。

② 《马克思恩格斯全集》第19卷，人民出版社1965年版，第31页。

③ 《列宁选集》第2卷，人民出版社1972年版，第512页。

制经济转化的历史时期。这一变革的历史进程是：随着诸侯国之间的相互兼并和各国内部政治经济逐步向中央政权集中，各级地方贵族领主所拥有的政权、军权、征役权等封建领主特权，不断被削弱、被剥夺，原有的贵族领主，有的被消灭，有的转化为食禄于国家的官僚，有的则逐步转化为单纯拥有土地所有权的地主。最初的地主阶级，除了某些庶民上升的官僚和因军功得地的地主外，主要是由旧贵族领主转化来的。与此同时，随着农村公社的日趋解体，村社农奴逐渐从对贵族领主的隶从关系中解脱出来，转化为直接属于国家统治下的农民。随着经济基础从领主制经济向地主制经济的转化，整个政治制度也从封建领主制的割据状态，逐步走向封建地主制的中央集权的统一国家。封建地主制不同于封建领主制的一个显著区别是，在领主制下，农奴是属于各该贵族领主的，而在地主制下，农民则直属于国家（其最高代表即君主）。全国在经济和政治上都属于中央集权的国家，不再是分级所有了。所谓"尺土一民，皆自上制之"①。由封建领主制转化为封建地主制是一个漫长的历史过程，春秋时代正是处在这个转化的前期。孔子的经济思想在本质上反映了这个转化的时代特点：它一方面继承了西周以来传统经济思想中维护封建领主等级制的思想；另一方面也有反映春秋时代社会经济关系变革特点的新思想，这主要是以富民爱民为中心的经济思想，如他要求保证农民农时，打破贵族领主对山泽的垄断，放宽对人民经济活动的限制，让人民在一定条件下经营对他们自己有利的事；并要求统治者减少奢靡和减轻租税赋役等。孔子并不强调用超经济强制的手段，把农民束缚于土地上，而是主张用给人民以实际利益的办法，使"近者悦，远者来"，达到"四方之民襁负其子而

---

① 《文献通考》。

至"。这些思想在一定程度上反映了村社农奴逐步摆脱各级贵族领主的人身依附关系，向国家政权直接统治下的独立农民小生产者转化的现实。可见在孔子的经济思想中，旧的与新的错杂并存，但后者是作为前者的必要补充而不是作为对立物存在的。在孔子看来，随着时代的变迁，旧事物就需要相应地作出某些调整和补充而不是被革除，这便是他的损益史观。他在承认事物随客观条件而变化时，把这种变化仅归结为量的增减。新事物的出现，不是被看成对旧事物的否定，而是被看成对旧事物为适应新情况所作出的必要调整和补充。它强调了事物发展中继承性的一面，而忽视了革命变革的一面。因此，他虽然看到了现实经济生活中某些发展着的矛盾，并提出了某些反映这种矛盾特点的经济主张，但它的目的并不是要否定旧事物本身，恰恰相反，而是在于向统治者说明，只要统治者认真实行富民爱民的经济政策，现实的社会经济矛盾就能够得到缓和，从而原有的社会经济秩序也能够在变化了的情况下继续存在下去。这种以中庸思想为指导的社会经济观，要求以礼为制中，在日益动荡变化的社会经济关系中，去寻求一条保持稳定和均衡的道路。这就不能不使得孔子的那些反映了时代特点的新思想，往往是以复古的面貌而出现。如他的薄赋敛思想，是以赞颂西周封建领主制经济下劳动地租的方式提出来的。他的开禁利民的思想，则是以理想的村社经济为基础的。在那里，统治者在经济上没有过多的直接的干涉，农民能比较独立地经营自己的经济。他把村社农奴摆脱领主的经济垄断和依附关系，向独立小农转化的向往，看成了回到古代农村公社下自由村社农民去的要求。与此相适应，他把国家政权走向集中统一的客观趋势，看成了回到领主制的政治统一的过程。他把西周封建领主制的经济和政治高度理想化，所谓"周之德，其可谓至德也已矣"（《泰伯》）。把西周社会想象为臻于至善，充满着协调与和谐。他全然不懂得春秋时代"礼崩乐坏"的现实，正是西周封建领主制度发展的必然结果。时代的和阶级的局限，使孔子从理想化了的古代中去反映现实的时代要求。孔子思想的这种特点，是与当时的地主制经济尚处在萌芽阶段的社会经济状况相适应的。上层建筑落后于经济基础。当新的基础刚刚产生并处于演变之中，人们还无从给以正确的认识和描述，因而往往求助于过去，从已经过时的事实出发去考察现实中的变化。这样，他们援引过去，称颂先王，也就不足为怪了。事实上，春秋时代的思想家几乎无不称先王、颂古制。如管仲对桓公说："昔吾先王穆王，世法文武远绩以成名。"① 子产也说："辟邪之人而皆及执政，是先王无刑罚也。"② 恩格斯指出："当一种生产方式处在自身发展的上升阶段的时候，……那时即使发出了抗议，也只是从统治阶级自身中发出来"，而这种抗议往往采取诉诸道德的做法，即"从已经过时的事实出发诉诸所谓永恒正义"。③ 春秋季世，随着政权、军权等进一步集中，对农民在政治上的统治和经济上的剥削也进一步加强了。一方面，地主制经济使农民对生产有了更大的主动积极性，但另一方面，它是以更加苛重的剥削和压迫走上历史舞台的。面对繁重的赋税，孔子发出了"苛政猛于虎"的强烈批判。但是他对现实的批判，却表现为对过去的缅怀，这是有它的时代历史根源的。马克思说过："资产阶级初次获得对封建贵族的决定性胜利的时候，也就是对人民实行露骨的反动的时候。这个现象，曾迫使不只一个贝特那样的平民作家，不向未来而向已往去寻找人民的自由。"④ 马克思在分析重

---

① 《国语·齐语》。
② 《左传·昭公十六年》。
③ 《马克思恩格斯选集》第 3 卷，人民出版社 1972 年版，第 188—189 页。
④ 《马克思恩格斯全集》第 9 卷，人民出版社 1961 年版，第 168 页。

农学派魁奈的资产阶级经济理论所以具有"封建主义外观"这一现象的根源时指出："重农学派所根据的是法国的尚不发达的经济关系。"① "那时资本主义生产正从封建社会内部挣脱出来。暂时还只能给这个封建社会本身以资产阶级的解释，还没有找到它本身的形式。"② 孔子经济思想中某些反映了时代特点的新思想所具有的复古外观，也必须从它的时代历史条件中去加以说明。这种复古外观在当时的时代历史条件下，在一定意义上是不可避免的。只有当地主制经济有了进一步的发展，矛盾已经进一步展开，人们已能从现实经济关系中而不是从过时的事实中去寻求理论根据时，才可能给过去以公开的否定，并以全新的面貌去描述未来。在我国历史上，这个历史时期便是战国时代。战国时代的思想家不同于春秋时代思想家的一个显著特点是：他们中的许多人已经能够公开地否定过去，贬抑先王之道，并满怀信心地去描述新的社会经济发展的前景。思想意识形态领域里的这一变化，反映了社会经济发展阶段的不同。这种差异性，只要人们对历史现象进行比较就不难发现。顾炎武指出："春秋时犹尊礼重信，而七国则绝不言王矣；春秋时犹严祭祀、重聘享，而七国则无其事矣；春秋时犹论宗姓氏族，而七国则无一言及之矣；春秋时犹宴会赋诗，而七国则不闻矣；春秋时犹有赴告策书，而七国则无有矣。邦无定交，士无定主。此皆变于一百三十三年之间，史之阙文，而后人可以意推者也。不待始皇之并天下，而文武之道尽矣。"③ 战国时代随着地主制经济的进一步发展，反映在思想界，"文武之道"也渐趋泯灭，复古思想虽还存在，但作为经

---

① 《马克思恩格斯全集》第 3 卷，人民出版社 1965 年版，第 482 页。
② 《马克思恩格斯全集》第 26 卷第 1 册，人民出版社 1972 年版，第 26 页。
③ 顾炎武：《日知录》卷 13。

济思想的复古外观则日趋消失了。孔子经济思想中某些反映了时代特点的新思想所具有的复古外观，是他的局限性的表现，历史地看，它具有时代的必然性。因此，在考察和评价孔子的经济思想时，既要看到他的反映旧的传统经济思想的一面，也要看到他的反映了现实社会经济特点的创新思想。不作这样的区分，笼统地简单地作全盘否定或全盘肯定，都不是正确的历史唯物主义的态度。

孔子的经济思想是春秋时代封建领主制经济向地主制经济转化的早期阶段的代表。他的那些反映了时代特点的经济思想，是形成我国历史上地主阶级经济理论的源流之一。而他的那些在实质上反映了在领主制经济基础上形成的旧的传统经济思想，则随着领主制经济的不断没落和地主制经济的不断发展，通过他的后继者们的不断改造，逐步转化为与地主制经济相适应的经济理论。随着地主制经济的成熟，儒家学派在政治学术思想领域里取得了主导的地位，孔子的经济思想也日益发展成为地主制封建社会里具有重大影响的经济思想。

（《先秦经济思想史》，中国社会科学出版社 1996 年）

《礼记》中《礼运》《大学》《中庸》
三篇的经济思想

　　《礼记》亦称《小戴礼记》，西汉时戴圣所编纂。据《隋志·经籍志》载：汉初河间献王得仲尼弟子及后学所记130篇；至刘向又得明堂阴阳记33篇及乐记23篇等，合214篇。戴德删其繁重，合而记之，为85篇，谓之《大戴礼记》，而戴圣又删大戴之书为46篇，谓之《小戴礼记》。汉末马融又足月令一篇，明堂位一篇，乐记一篇，合49篇。传统都采此说。至清代钱大昕认为，"汉书无其事，不足信也"，否定了《隋志》的说法。近人都认为，此书文义糅驳，次第历乱，既非成于一时，亦非出自一手，大抵有孔子门徒所撰，六国时人撰集，二戴所传记及西汉初诸儒的纂辑等各个时期儒家后学的著集。内容大致可分为：仪文、器物制度、礼乐通论、政治制度及哲理思想等五大类，是儒家学派关于礼论思想的论文集。自汉代以来，《礼记》一直是儒家的重要经典之一。其中《礼运》篇为礼乐通论，言礼之运行，由简而繁的发展过程，亦即礼之进化论。《大学》主要是政治哲学。《中庸》则是探讨宇宙观方法论的哲学著作。它们在不同的方面，补充和阐发了先秦儒家的礼论和哲学思想，在中国思想史上有重要的意义。其中涉及某些经济思想，反映了儒家经济思想发展的某些内容，也颇值得研究。

　　《礼运》篇在汉魏六朝时都认为是孔子教子游之语，至元代陈澔、黄震等人提出，大同、小康非孔门思想而类似老庄之言，至清代学者，亦多有持此观点。近人则有认为是混合了儒墨思想，① 或兼有儒、墨、道、农、阴阳各家的思想，② 但一般认为是战国至秦汉间儒家学者的著作。③

　　《大学》篇宋儒认为是曾子所作，近人颇有异议。顾颉刚认为是战国时儒家所作。郭沫若认为系子游一派的作品。冯友兰则认为应属荀子学派。胡寄窗认为其中经济思想不类荀子而接近孟子，似是孔孟之中介，不是战国后期的观点。

　　《中庸》篇据《史记·孔子世家》谓："子思作中庸。"《荀子·非十二子》中，以子思与孟轲为一派。自司马迁、郑玄、朱熹到胡适、徐复观等人，大体都认为《中庸》初系子思所作，但整编成书则可能在孟庄同时或稍后。崔东璧《洙泗考信录》论定《中庸》在孟子之后。近人郭沫若、冯友兰、胡寄窗等亦都认为应属思孟学派所作，而钱穆则认为《中庸》是汇通孔孟老庄的后学所作。

　　其实，《礼记》本身既是先秦各种礼论的汇编，就不能不杂有各种观点。如《礼记·三年间》与《荀子·礼论》《礼记·乐记》与《荀子·乐论》《礼记·聘义》与《荀子·法行》多相类似，但亦有不同。《荀子》论礼，讲"养人之欲，给人之求"，而《礼记》则讲"先王之制礼乐也，非以极口腹耳目之

---

　　① 参阅韦政通《中国思想史》，台北大林出版社 1979 年版。

　　② 参阅陈正炎、林其锬《中国古代大同思想研究》，上海人民出版社 1986 年版。

　　③ 参阅《辞海》。

欲，将以教民平好恶而反人道之正也"，近乎孟子观点。《礼记》中讲君尊臣卑，显然与孟子的"民贵君轻"不同，而与法家思想相近。《礼运》篇有："夫礼必本于太一，分而为天地，转而为阴阳，变而为四时，列而为鬼神"，"故人者，其天地之德，阴阳之交，鬼神之会，五行之秀气也"，"古圣人作则，必以天地为本，以阴阳为端，以四时为柄，以日星为纪"。《郊特牲》篇有："凡饮养阳气也，凡食养阴气也"，"乐由阳来者也，礼由阴作者也，阴阳和而万物得"。这些都明显是阴阳家的观点。此外，《礼运》《儒行》等篇，都兼有儒墨道的观点。但总的说来，《礼记》是以儒家思想为主，亦择取了各家的观点，因而不宜任取其中片言只语，作出全面论断。即以书中儒家思想而言，亦往往孟荀兼有，《大学》《中庸》两篇尤为明显。如《大学》有"止于至善"，《荀子·解蔽》篇则有："止诸至足。"《大学》有"絜矩之道"，《荀子·不苟》篇则有："操五寸之矩，以尽天下之方。"文义是相同的。然而《大学》的"欲明明德于天下者，先治其国，欲治其国者，先齐其家，欲齐其家者，先修其身"，却与《孟子·离娄上》："天下之本在国，国之本在家，家之本在身"，其义一脉相承。《中庸》篇极大地推展了"诚"的观念，创造性地阐发了以"诚"为中心的天人合一的伦理哲学思想，它说的"在下位不获乎上，民不可得而治矣；获乎上有道，不信乎朋友，不获乎上矣；信乎朋友有道，不顺乎亲，不信乎朋友矣；顺乎亲有道，反诸身不诚，不顺乎亲矣；诚身有道，不明乎善，不诚乎身矣，诚者，天之道也，诚之者，人之道也"，与《孟子·离娄上》所说："居下位而不获于上，民不可得而治也；获乎上有道，不信于友，弗获于上矣；信于友有道，事亲弗悦，弗信于友矣；悦亲有道，反身不诚，不悦于亲矣；诚身有道，不明乎善，不诚其身矣。是故诚者天之道也，思诚者人之道也"，如出一辙。然而，《中庸》所言"君子慎其独"及"唯天下至诚为能化"，"可以赞天地之化育"，又与《荀子·不苟》篇："夫此顺命以慎其独也"，"不诚则不能化万物"，"不诚则不能化万民"，极相类似。可见《大学》《中庸》的儒家思想是孟荀兼有的。简单地把它归属于孟派或荀派，都是偏颇的。

一　《礼运》篇中的经济思想

（一）礼以物质生活为基础的思想

先秦儒家都崇礼，但对于礼的理论，论述最为详备的，当推荀况。他写了《礼论》篇，论述了礼的意义和作用，特别是从理论上探讨了礼的起源问题。他说："礼起于何也？曰：人生而有欲，欲而不得则不能无求，求而无度量分界，则不能不争。争则乱，乱则穷。先王恶其乱也，故制礼义以分之，以养人之欲，给人之求，使欲必不穷于物，物必不屈于欲，两者相持而长，是礼之所以起也。故礼者养也。"他从人的欲望，从对物质财富的供给与需求的矛盾，来说明礼的起源，揭示了礼的基础是人们间的利益关系。从根本上说，礼的产生是为了正确处理人们的物质生活，即"养也"的问题。《礼运》篇的作者，继承并发展了荀况这一思想，把礼的起源与人们的物质生活联系起来，进一步指出礼制之由简而繁，是与人们的物质生产生活的不断发展相联系的。因而，礼的进化是随着物质生活的进化而进化的："夫礼之初，始诸饮食。其燔黍捭豚，汙尊而抔饮，蒉桴而土鼓，犹若可以致其敬于鬼神。"这种极其原始的致敬鬼神之礼，是与原始的生产生活状况相适应的。"昔者先王未有宫室，冬则居营窟，夏则居橧巢。未有火化，食草木之实，鸟兽之肉。饮其血，茹其毛。未有麻丝，衣其羽皮。"后来，物质生产生活的条件进化了，"后圣有作，然后修火之利，范金合土，以为台榭宫室牖户。以炮以燔，以亨以炙，以为醴酪。治其麻丝，以为布帛。以养生送死，以事鬼神上帝"。随着物质生产生活条件的进化，人们养生送死，敬事鬼神的礼仪以及人伦规范也随之发展进步了。"故玄酒在室，醴醆在户，粢醍在堂，澄酒在下。陈其牺牲，备其鼎俎，列其琴瑟，管磬钟鼓，修其祝嘏，以降上神与其先祖。以正君臣，以笃父子，以睦兄弟，以齐上下，夫妇有所。是谓承天之祜。"

《礼运》的作者，从现存的祭礼中考察了这种进化的轨迹："玄酒以祭，荐其血毛，腥其俎。孰其殽，与其越席。疏布以幂，衣其澣帛。醴醆以献，荐其燔炙。君与夫人交献，以嘉魂魄，是谓合莫。然后退而合亨，体其犬豕牛羊，实其簠簋笾豆铏羹。祝以孝告，嘏以慈告，是谓大祥，此礼之大成也。"陈澔注谓：玄酒以祭，荐其血毛，腥其俎，三者是法上古之礼。孰其殽以下是中古之礼，合亨以下为当世之礼。《礼运》的作者认定，人类的礼仪，正是这样随着物质生活的进化而不断完备，并达到大成的。他们不是从圣王先哲的头脑中，而是从物质生活的进化中去探求礼的起源和发展，明显地反映出它与荀况学派唯物主义思想的联系和发展。

（二）大同思想

《礼运》篇有一段脍炙人口的大同思想冠于篇首：

大道之行也，天下为公。选贤与能，讲信修睦。故人不独亲其亲，不独子其子。使老有所终，壮有所用，幼有所长。矜寡孤独废疾者皆有所养。男有分，女有归。货恶其弃于地也，不必藏于己；力恶其不出于身也，不必为己。是故谋闭而不兴，盗窃乱贼而不作，故外户而不闭，是谓大同。

作者在这里提出了一种理想的社会模式。这种社会模式的经济和社会特点是：

第一，社会以公有制为基础。所谓"天下为公"，是其社会模式的总的原则。在此种"公天下"的社会里，"货不藏于己"，财富不为任何个人私有，而是属于社会全体人员所公有。因此，财产的公有制是这种社会的经济基础。

第二，人人为社会劳动，尽其所能。所谓"力不为己"，即人人为社会的共同利益而自觉地劳动。劳动的平等，反映了社会关系的平等，人们间不存在剥削与被剥削、压迫与被压迫的关系。

第三，良好的社会福利保障。所谓"老有所终，壮有所用，幼有所长，矜寡孤独废疾者皆有所养"，提出了对社会全体成员实行福利保障的思想。

第四，公有制经济基础上的民主政治。所谓"选贤与能"，即由选举产生出领导者为大家办事，而不是高居人民之上的统治者。

第五，社会成员间相亲相爱，无私团结。所谓"不独亲其亲，不独子其子"，视人之亲如己亲，视人之子如己子，相互间"讲信修睦"，无私无欺。从而内无盗贼，外无战争，人们生活在完美幸福的社会之中。

大同思想提出的理想社会模式，作为一种否定私有制和阶级剥削、追求幸福和社会平等的美好愿望，在我国思想史上曾产生过广泛深远的影响。历来许多进步思想家、政治家，都曾从中汲取过思想和力量，直至近代的洪秀全、康有为、谭嗣同、孙中山，在他们提出的社会革命或社会改良的设想中，无不把大同社会援引为建立理想社会的重要论据。虽然大同思想本身乃是对原

始时代社会关系的美化和憧憬，是一种美丽的空想，但它对我国
思想界所起的历史性的进步影响是应予以肯定的。

（三）小康思想

《礼运》篇在提出大同社会的思想之后，紧接着又提出了小
康社会的思想。它说：

今大道既隐，天下为家。各亲其亲，各子其子。货力为己。
大人世及以为礼，城郭沟池以为固，礼义以为纪。以正君臣，以
笃父子，以睦兄弟，以和夫妇，以设制度，以立田里，以贤勇
知，以功为己。故谋用是作，而兵由此起。禹汤文武成王周公由
此其选也。此六君子者，未有不谨于礼者也。以著其义，以考其
信。著有过，刑仁讲让，示民有常，如有不由此者，在势者去，
众以为殃。是谓小康。

这是一种与空想的大同社会完全对立的现实的社会模式。它
的主要的经济和社会特点是：

第一，社会以私有制为基础。所谓"天下为家"，是其社会
模式的总的原则。在家天下的社会里，"货为己"即财富归私人
所有，因此财产的私有制是这种社会的经济基础。

第二，人人各谋私利。所谓"力为己"，"功为己"，反映了
私有制下的劳动关系。人们的生产和劳动，不是自觉为社会谋公
利，而是为自己牟私利。

第三，建立起一套维护阶级剥削压迫的制度和措施。如修筑
城郭沟池，以防范他人的侵夺。以礼义为纲纪，来规范君臣父子
兄弟夫妇等不同身份地位的人们相互间的关系，并把它制度化。
用社会经济措施来奖励勇智者，考核其功绩等。

第四，私有制基础上的专制政治。所谓"大人世及以为
礼"，即把天下视为一家之私产，统治权父子相传或兄终弟及。

他们是高居人民之上的专制统治者。

第五，人们相互间爱有等差，而事有争心。所谓"各亲其亲，各子其子"，爱己之亲子，甚于他人之亲子，视己之利，甚于他人之利。人们相互间为了争利斗智，就须运用计谋，因而内有盗贼，外有战祸，往往是小康社会的必然现象。

小康社会实质上是儒家在现实社会基础上，提出的通过圣哲的礼治所能达到的理想社会的模式。它虽不及大同社会的完美，但却是现实社会所能够达到的最好境界。它是儒家政治经济主张的现实社会目标。历来有不少学者，把大同、小康分别视为两种思想体系，以前者属老庄或墨道思想，后者为儒家思想。其实在《礼运》篇中，大同与小康是作为既有区别，又有发展上的必然联系的两种目标模式提出来的。大同社会是最高理想目标，小康社会则是现实理想目标；实现现实理想目标，是达到最高理想目标的必要阶梯，这便是后来的三世说（据乱世、升平世、太平世）的思想理论渊源。它们都是儒家学派的社会目标理论的组成部分。因此，把两者在理论体系上割裂开来的观点是不妥当的。

二　《大学》《中庸》中的经济思想

（一）德财本末思想

《大学》中有一段著名的关于德财关系的论述："道得众则得国，失众则失国。是故君子先慎乎德，有德此有人，有人此有土，有土此有财，有财此有用。德者本也，财者末也。"这是对儒家关于德财关系的最典型的归纳。它与《中庸》的"贱货而贵德"的论点是完全一致的。有的学者认为，这个观点"与孔子已有所不同，孔子在国民财富问题上是将人民所需的物质生活资料提到极重要的地位，而《大学》则首先提出一个‘德’字"①。其实这里讲的德财关系，是就"得国"或"失国"，即如何维持统治者的国家政权这一根本问题而言的，并非是回答关于人民所需物质资料的重要性问题。而在维持国家政权这个根本问题上，孔子的态度与此并无二致。孔子讲过"足食足兵，民信之矣"，尽管孔子把足食"提到极重要的地位"，但在食与信相矛盾时，孔子还是认为必须"去食存信"，因为"民无信不立"，统治者如果失去了民众的信任和支持，就必然会"失众则失国"，在得众与失众、得国与失国的根本问题上，必须是信重于食，亦即德重于财。所以孔子一再强调"君子怀德"，"为政以德，譬如北辰，居其所而众星拱之"。统治者要巩固政权，就必须把德放在首位。《大学》的德本财末论，正是对这个思想的进一步阐发。把孔子的"足食"与《大学》的德本财末论对立起来，说前者是唯物，后者是唯心，则应是误解。重财并非就是唯物，重德亦并非就是唯心。儒家的德，作为一种理论概念，它的具体内涵有政治的、经济的和思想意识的多方面。就经济而言，统治者的德，具体表现为轻徭薄敛，博施济众，俭于自奉，厚以养民，劝民农桑，重视民生等合于君道的经济行为规范。同样，在政治上、思想意识上，也都要求有与君道相适应的合乎礼制的行为规范。因此，儒家所说的德，并不是什么存在于虚无缥缈的唯心幻想之中的不可捉摸的东西，而是通过礼制，具体化为各种制约统治者的机制与行为规范。对于财，按儒家的理论，统治者必须取财有道，即统治者取财必须合乎统治者德的要求，也就是在处理满足统治者自身及其财政的需要与巩固国家政权的长远利益的关系时，前者必须服从后者。因此，在儒家的理论中，

---

① 胡寄窗：《中国经济思想史》上册，上海人民出版社 1978 年版，第 105 页。

德与财的关系，必须是以德为先、为本、为重、为贵，以财为后、为末、为轻、为贱。先后、本末、轻重、贵贱，其义一也。如果在德财关系上，主次颠倒，以财为先、为本、为重、为贵，以德为后、为末、为轻、为贱，为满足统治者自身及财政之需，置巩固国家政权的根本利益于不顾，从而横征暴敛，贪冒无厌，致使民不聊生，则必有失众亡国之虞。这就是儒家一贯主张为政治国必须"先慎乎德"而不能以财为先的论点。它与唯心论并不相干。

亦有学者提出，《大学》所说的有人有土有财，相当于西方经济学上的生产三要素（土地、劳力、资本）。[①] 这是脱离了不同时代的客观实际所作的类比。其实此处的人与土，是指古代国家的民众与领土，而非现代经济学上的劳力与土地；此处所说的财，乃是一国财富的泛称，而非现代经济学上的资本。因此，两者是不能类比的。

（二）财民聚散思想

《大学》说："财聚则民散，财散则民聚，是故言悖而出者亦悖而入；货悖而入者，亦悖而出。"又说："仁者以财发身，不仁者以身发财。"意思是说，统治者如果贪财聚敛，就势必造成民众离散，如果散财以惠民，则民众就会相率来归附。统治者的财货如果是劫夺而来的，则最终亦将被别人劫夺而去。所以仁德之君，采取散财裕民的政策，以争取民心，获得民众的拥戴；而无德之君，则采取搜刮民财的政策，从而招致亡身之祸。对于这一段论述，古今许多学者，都着眼于解释它的薄赋敛的意义。

---

① 参见唐庆增《中国经济思想史》上卷，商务印书馆1936年版，第83页；段苏苏：《中国经济思想史》，台湾昇朝出版社1980年版，第198页。

诚然,《大学》《中庸》在赋税问题上,都遵循儒家薄赋敛的传统观点。如《大学》说:"与其有聚敛之臣,宁有盗臣",并把国之务财用者,斥为小人。《中庸》亦说:"时使薄敛,所以劝百姓也。"这些都不过是对先儒思想的复述,没有什么新意。而《大学》提出的财民聚散论则不同,它所探讨的远远超出了赋税轻重的问题,而是提出了统治者治国的战略思想问题,即治国的战略是以聚民为本,还是以聚财为本?如以聚民为本,则统治者首先需要散财以聚民,根据"有人此有土,有土此有财,有财此有用"的原理,统治者最终将能人财两得。反之,如以聚财为本,统治者首先着眼于敛财,造成民众离散,根据同一原理的相反作用,失人则失土,失土则失财,最终统治者必将人财两失。从这一战略思想出发,为国家理财,就必须反对单纯财政观点,而应把国家的财政政策从属于治国的战略目标。

有的学者仅从财政观点去解释《大学》的财民聚散论,把聚民与聚财在形式上的对立,归结为"国家拥有人民与拥有财富二者是相互矛盾的"[①],似乎聚财就不能聚民,聚民就不能聚财,二者择居其一。其实不然,《大学》的战略分析所要说明的是:聚民则两得,聚财则两失,而非择得其一。

《大学》的财民聚散论,是以儒家的民本主义为基础,从治国战略的高层次上去探讨聚财与聚民的关系,而不是从赋税轻重这一较低层次上立论的。它为封建国家理财确立了一个重要的指导原则,也进一步丰富了儒家的经济思想。

(三) 义利思想

义利是先秦经济思想中一个重要的理论范畴,尤其是儒家十

---

① 胡寄窗:《中国经济思想史》上册,上海人民出版社1978年版,第106页。

分重视义利关系。孔子、孟子、荀子都有许多关于义以生利、先义后利、以义制利等义利思想的论述。《大学》继承了儒家传统的义利观，提出"国不以利为利，以义为利也"。意思是说，为政治国，不能以敛取财利为利，而必须以义为利。这是对儒家传统义利思想作出的富于理论意义的概括。首先，它在理论上把统治阶级的"利"，区分为两种，一种是局部的或暂时的财利；另一种是对巩固国家统治具有全局性或长远意义的根本利益。"不以利为利"，即是说为政治国不能把敛取局部的或暂时的财利，当作统治者首要的利益。"以义为利"，即是说统治者应以有关国家全局性的或具有长远意义的利益为根本利益。所谓全局性的具有长远意义的利，亦即儒家一贯所倡导的"义"。它大于、重于、高于局部的或暂时的财利，是层次更高级的利。它决定并制约着一般的财利。所谓先义后利、以义制利，实质上是以全局性的根本性的利，制约局部的暂时的利。"以义为利"，即是要求统治者必须懂得这两种利的区分，把握住轻重主次，处理好它们之间的各种矛盾，以便有效地巩固自己的统治。其次，《大学》的义利论，在理论上指明了"义"与"利"两者的同一性与差异性："不以利为利"即是区分两种利的差异性，而"以义为利"，则表明义与利在实质上都是统治阶级的利，两者具有同一性。《大学》的义利论，进一步在理论上丰富了儒家的义利思想。

（四）生众用舒思想

《大学》提出了一个封建国家经济运作的基本原则，即"生财有大道，生之者众，食之者寡，为之者疾，用之者舒，则财恒足矣"。所谓"生之者众"，即是要求直接生产者的数量，在全人口中所占比重要尽可能大。所谓"食之者寡"，即是要求全人口中不事生产的纯消费者的数量，要尽可能少。所谓"为之者

疾"，即是要求生产者提高劳动效率。所谓"用之者舒"，即是
要求俭约节用，减少浪费。封建国家的经济运作，如能遵循这四
条基本原则，就能使整个国民财富不断增加，国家的财政也就能
经常充裕了。虽然这些原则在先秦儒家论著中，亦有所散见，但
如此简洁明确地提出来，则是首见。尤其是它把生产与消费作为
国民经济运作的全过程进行总体的考察，更是极有理论意义的
创见。

"生众用舒"论还从生产与消费的相互关系中，对国民财富
的增加提出了新的理论见解，即国民财富的增加包括了绝对量的
增长和相对量的增长这两个方面。"生之者众"和"为之者疾"，
是使财富绝对量增长的途径；而"食之者寡"和"用之者舒"，
则是使财富相对量增长的途径。

《大学》的"生众用舒论"渊源于儒家的富国富民思想，并
在理论上进一步拓展了儒家的富国富民论。

（五）来百工思想

先秦儒家都有"来民"的主张，如孔子说："近者悦，远者
来"，"四方之民，襁负其子而至"[①]。"修文德以来之，既来之，
则安之。"[②] 孟子说："天下之民皆悦而愿为之氓。"[③] 来民的目
的主要是招来农业劳动力，以开垦耕地，发展农业生产。所以
"来民"的对象，主要是农民，虽然其中也可能有部分手工业
者。但在"来民"的理论和政策上，都未曾有"来百工"的提
法。虽然《管子》中亦曾谈到"来天下之良工"，但这只是就制

---

① 《论语·子路》。
② 《论语·季氏》。
③ 《孟子·公孙丑上》。

造兵器而言的。《中庸》提出"来百工"，并把它作为治国的"九经"之一，则是大大发展了儒家来民思想的内容。而且《中庸》还把"来百工"与"财用足"直接联系起来，亦是前所未有的。先秦儒家都是重视农业的，他们都把农业视为国家财用的主要源泉，而《中庸》把"来百工"与"子庶民"相并列，称"子庶民则百姓劝，来百工则财用足"，把手工业提到与农业并重的经济地位。特别是把手工业作为国家财用的重要源泉之一，这在儒家经济理论中是仅见的。《中庸》在重视工业的理论基础上，还进一步提出了鼓励手工业者发展生产的一些手段和方法："日省月试，既廪称事，所以劝百工也。"即要求对手工业者的工作进行经常的考核，并根据其工作情况，给予相应的报酬。这是儒家经济思想中很少见的微观经济管理理论。

（六）素位不外思想

《中庸》说："君子素其位而行，不愿乎其外。素富贵，行乎富贵，素贫贱，行乎贫贱。"又说："在上位不陵下，在下位不援上，正己而不求于人，则无怨。上不怨天，下不尤人。故君子居易以俟命，小人行险以徼幸。"意思是说，君子就现在所处的地位去行事，不羡慕本分以外的东西。处在富贵地位，就按富贵的地位行事，处在贫贱地位，就按贫贱的地位行事。处在上位不欺侮处在下位的人，处在下位，不攀附在上位的人。端正自己而不苟求于别人，就没有什么可怨恨的了。上不怨恨天，下不归咎于别人。所以君子安于平易的地位以应顺天命，小人则要冒险去妄求非分的东西。对于这段话，学术界往往把它作为一种哲学命题，从宿命论的角度对它进行批判①，因而未能进一步揭示出

---

① 参见胡寄窗《中国经济思想史》上册，上海人民出版社 1978 年版，第 109 页。

它的经济思想的深层意义。其实，作为经济思想，"素位不外论"所阐发的要义，乃是儒家传统的等级财富观。儒家的等级财富观认为，对于财富的取得和财富的占有水平和消费水平，都必须与人们各自所处的等级地位相适应。孔子曾抨击季氏贪冒，晏婴俭吝，因为前者富于周公，后者啬于国卿，前者过而后者不及，他们的经济行为都不合于各自的身份地位，也就是违反了财富的等级制原则。《中庸》的"素位不外论"，正是以等级财富观为其立论根据的，它从中庸的高度，对儒家传统的等级财富观，作了新的理论论证，使等级财富观更为理论化。

（《先秦经济思想史》，中国社会科学出版社 1996 年）

义利思想辨正

　　义利思想是对人们经济活动的正当性所应遵循的社会准则所作的理论概括。它作为人们从事社会经济活动的指导思想之一，起着调节和制约人们经济活动的作用。在世界古代经济思想史上，曾是具有普遍意义的思想理论，尤其在中国，一直是漫长封建社会中占统治地位的指导人们经济活动的思想理论基础。两千多年来，历代思想家结合时代的需要，不断地进行阐述和探讨，形成了内容十分丰富的、具有中国特色的传统经济思想之一。用马克思主义观点对它进行批判总结，借以鉴古启今，在我国社会主义建设中，建立和运用适合于我国国情的正确的义利思想，去调节和制约人们的社会经济活动，这对于改进和完善社会主义条件下人们的物质利益关系，促进社会主义的经济建设，都有重要理论意义和现实意义。

一　对义利及义利思想内涵的辨正

　　义利作为一个理论范畴，对于它的属性，理论界的认识是颇不一致的。哲学界认为它属于哲学的范畴，而经济学界则认为它

属于经济学的范畴，也有的认为既属于哲学的范畴，同时也属于
经济学的范畴。但他们有一个基本认识却是共同的，即认为
"义"是伦理道德规范，属于上层建筑中的意识形态领域，而
"利"是代表各种利益，主要是物质利益，属于经济基础领域。
因此，"义利"这个理论范畴，反映的是意识形态与物质利益的
关系。长期以来，把这种"义利"内涵分解为上层建筑与经济
基础两部分的说法，一直是思想学术界确定无疑的共同认识，只
是哲学界偏重于"义"的道德意义，因而用哲学的范畴去解释
它；而经济学界则偏重于"利"的经济意义，因而用经济学的
范畴去解释它；有的则调和于两者之间，用二元主义去解释它。
但是，在理论界却从来没有提出和回答过这样的问题：在诸多的
伦理道德规范中，何以只有"义"才具有"制利"的作用，而
其他伦理道德规范，如孝、弟、忠、信等，都不具有这种作用？
在这里，仅仅从一般意义上的伦理道德规范是无从解释"义"
的这种独特作用的。这就需要进一步探讨"义"的特性，弄清
其内涵的本质。

　　义作为一种道德观念，其内涵从广义方面来说，是泛指人们
在一切社会关系活动中所应遵循的社会准则的最抽象最一般的行
为规范。孟轲说："义，路也"（《孟子·万章下》），"义，人路
也"（《孟子·告子上》），"义，人之正路也"（《孟子·离娄
上》）。荀况说："夫义者，所以禁限人之为恶与奸者也。"（《荀
子·强国》）他们都是在广义上把义解释为是人们在社会活动中
所采取的行为的正当性的理论表现。这里所说的行为的正当性，
从社会准则来说，也就是行为的社会合理性。所以荀况又说：
"义，理也"（《荀子·大略》），义就是合理的行为。宋代程颐
进一步解释说："顺理而行是为义也"（《程氏遗书》卷十八），
认为理是义的依据，义是理的行为表现，两者有着同一的内涵，

因而在理论上是可以作为同一概念来运用的。如孟轲说："心之所同然者何也，谓理也，义也。……故理义之悦我心，犹刍豢之悦我口。"（《孟子·告子上》）《管子·明法解》说："明理义以导其主"，"明主之动静得理义，号令顺民心"，"圣人之术也，先论其理义，计其可否"，"人主出言不逆于民心，不悖于理义"（《管子·形势解》）。《吕氏春秋·孟秋纪·怀宠》说："暴虐奸诈之与义理，反也。"这里所说的理义或义理，其内涵都是指某种行为的社会合理性。在古代思想家看来，这种行为合理性的根据就在于它适合于当时社会关系的需要。所以焦循在《孟子正义》中说："义不义，即宜不宜。"把适宜的行为称为义。韩非亦说："义者，谓其义宜也，宜而为之。"他解释"宜而为之"是："臣事君宜，下怀上宜，子事父宜，贱敬贵宜，知交朋友之相助也宜，亲者内而疏者外宜。"（《韩非子·解老》）他把人们在社会关系中所采取的适合于各自身份地位的行为称为义。汉代继承了先秦思想家的观点，如董仲舒说："义者，谓宜在我者也。"（《春秋繁露·仁义法》）在盐铁会议上，文学说："义者，事之宜也。"（《盐铁论·刑德》）扬雄在《法言》中亦说"事得其宜之谓义"。唐代韩愈作了进一步的概括："行而宜之之谓义。"（《韩昌黎集》卷十一《原道》）以宜释义，在中国思想史上，已成为被普遍接受的观点。

　　义，作为人们社会行为的正当性、合理性和适宜性的理论概括，为评价人们各种社会行为的是非善恶，提供了一般的道德的和理论的原则。但要使这个原则能够成为指导人们行为和进行判断的依据，则还必须有具体可以依循的行为准则。在我国古代，许多思想家认为，这个准则便是"礼"。孔丘说："义以为质，礼以行之。"（《论语·卫灵公》）认为义是内容，是本质，而礼是形式，是使义能够付诸实践的工具。荀况说："行义以礼，然后义也。"（《荀子·大略》）要行义就必须依据礼制行事，只有合乎礼制的行为，才能被认为是合乎义的。韩非说："礼者，义之文也。"（《韩非子·解老》）礼是义的外在表现。关于礼、义、理、宜之间的相互关系，《管子》的作者曾有过全面的表述，它说："义者，谓各处其宜也；礼者，因人之情，缘义之理，而为之节文者也。故礼者，谓有理也，理也者，明分以谕义之意也。故礼出乎义，义出乎理，理因乎宜者也。"（《管子·心术上》）

由上所述，可见我国古代思想家对义的内涵的理解基本上是一致的，即义在广义上是关于人们在一切社会活动中的行为规范。这种一般意义上的行为规范与具体的人伦关系相结合，就形成为各种不同的伦常关系的行为规范，如在君臣之间，则为君臣之义，在父子之间，则为父子之义，在夫妇之间，则为夫妇之义，在朋友之间，则为朋友之义，等等。我国古代思想家，尤其是儒家，十分重视伦常关系的道德规范，他们有着丰富的论述。如孔丘说："君臣之义，如之何其废之"（《论语·微子》），又说"君君臣臣父父子子"（《论语·颜渊》）。讲的就是君臣父子之间的伦常规范。孟轲说："仁之于父子也，义之于君臣也……命也，有性焉，君子不谓命也。"（《孟子·尽心下》）认为父子君臣之间的行为规范是由人的本性决定的。又说："义之实，从兄是也"（《孟子·离娄上》），"敬长，义也"（《孟子·尽心上》），义的实质就在于实现敬兄尊长等伦常规范。荀况说："夫义者，内节于人而外接于物者也，上安于主而下调于民者也。内外上下节者，义之情也。"（《荀子·强国》）调节人与人之间，统治者与民众之间的各种社会关系，是义的本质要求，所以"君臣之义，父子之亲，夫妇之别，则日切磋而不舍也"（《荀子·天论》）。君臣、父子、夫妇之间的行为规范，是必须经常讲求，不能放松的。先秦法家对于适合于时代需要的伦常规范，也是肯定的。如《商君书·画策》说："黄帝作为君臣上下之义，父子兄弟之礼，夫妇妃匹之合……以适于时也。"又说："所谓义者，为人臣忠，为人子孝，少长有礼，男女有别。"《韩非子·解老》亦说："义者，君臣上下之事，父子贵贱之差也，知交朋友之接也，亲疏内外之分也。"《管子》说："君臣父子人间之事谓之义"（《心术上》）。义作为人伦关系的行为规范，要求"父与父言义，子与子言孝"（《小匡》），"上以礼神明，下以义辅佐"（《君臣下》），"事君有义，使下有礼"（《四称》），"贵贱有义，伦等不逾"（《君臣下》），它还进一步把义的人伦规范的内涵，概括为七个方面，即"孝悌慈惠，恭敬忠信，中正比宜，整齐摶拙，纤啬省用，敦蒙纯固，和协辑睦"（《五辅》）。《管子》的作者认为，遵循这些伦常关系的行为规范，对于治理国家有十分重要的意义。他说："是故正君臣上下之义，饰父子兄弟夫妻之义，饰男女之别，别疏数之差，使君德臣忠，父慈子孝，兄爱弟敬，礼义章明，如此，则近者亲之，远者归之。"（《管子·版法解》）先秦道家亦承认义是伦常关系的行为规范，但认为儒墨所谓的仁义是被歪曲了的，并非是本来意义上的仁义，所以《老子》说："绝仁弃义，民复孝慈。"（《老子》第十九章）《庄子》揭露儒家宣扬疏戚有伦，贵贱有义，长幼有序，五纪六位有别的理论的虚伪性，他说："尧杀长子，舜流母弟，疏戚有伦乎？汤放桀，武王伐纣，贵贱有义乎？王季为适，周公杀兄，长幼有序乎？儒者伪辞，墨者兼爱，五纪六位，将有别乎。"（《盗跖》）但他仍然认为"天道之与人道也，相去远矣"，"远而不可不居者义也"（《在宥》）。义讲求的是人道规范，虽与天道相去甚远，但仍是不可不依循的。

　　被后世称为杂家著作的《吕氏春秋》一书，亦十分重视义的人伦规范的社会意义。它说："君臣之义，不可不明也。"（《恃君览》）又说："义也者，万事之纪也，君臣上下亲疏之所

由起也，治乱安危过胜之所在也。"（《论威》）

如上所述，先秦各派思想家，尽管对人伦关系本身的态度有所不同，但对于把义作为人伦规范的重要内涵则是一致的。但是，人伦规范并不是义的全部内涵，义还有另一个特有的内涵，即是作为广义的一般行为规范与具体的人们的利益关系（主要是经济的物质的利益，或归根到底表现为经济的物质的利益）相结合，形成为人们获取利益时所应遵循的行为规范，它表现为义利关系。在义利关系中，义与利是一对相互对立而又相互依存的矛盾统一体。它们之所以相互对立，是因为两者各自体现着不同的利益；它们之所以有同一性，并构成一个矛盾统一体，是因为两者同属于利益范畴。因此，所谓以义制利，实质上是以一种内容的利益，去制约另一种内容的利益，或要求以一种利益服从于另一种利益。它反映了两种不同利益之间的经济关系。可见，"义利"是一个经济范畴，它与人们的伦常关系无关。作为反映特定的义利关系的义利思想，从来也不是论述伦常规范与物质利益之间的关系的思想，而是为了正确处理经济活动中各种不同利益之间的经济关系所提出的理论和主张。人类社会只要有经济活动存在，就必然会要求有与之相适应的行为规范，即使在原始社会中，在同一部落、氏族和个人之间，也存在着不同的利益关系，处理它们之间的关系，也必须遵循以义制利的原则，从而也存在着义利思想。只是在原始的社会经济条件下，人们对义的理解，即对取利的正当性的理解，有它自己的特点而已。在原始时代，部落间的抢劫和掠夺被认为是正当的取利行为。恩格斯指出：野蛮人"进行掠夺，在他们看来是比进行创造的劳动更容易甚至更荣誉的事情"[1]。我国的景颇族，直至 20 世纪 50 年代，

---

① 《马克思恩格斯选集》第 4 卷，人民出版社 1972 年版，第 160 页。

仍保持着传统的观念，认为进行劫掠是英雄豪迈的事业，而偷窃则是耻辱和犯罪的行为。对于行窃者，要根据"通德拉"（即习惯法）严肃处罚。显然，在他们看来，抢劫是正当的，合乎义的，而行窃则是不义的。产生这种观念的依据就在于：劫掠总是对外族、外部落的，而行窃则往往是在本族、本部落内部。对于有利于增加本部落财富的行为，理应受到褒奖，而对于损害本族、本部落成员利益的行为，必须严肃处罚，这是不言而喻的。可见，原始时代的社会经济条件，决定了人们间不同的利益关系，从而形成特定的义利关系，反映在人们思想上，形成原始时代特有的义利观念。虽然在原始时代，没有文字，没有记载，没有思想家，也不可能有对义利思想的理论表述，但是作为人们从事经济活动所必需的行为规范，无疑也是存在的。

在我国历史上，有关义利思想的论述，最早见诸史书记载的是在公元前15世纪至前7世纪的春秋时代。当时统治阶级中的一些思想家，曾从不同的角度，对义利关系的内涵，作出过论述。如《国语·周语》载，周襄王十三年，郑国伐滑，周天子怒，欲借助狄兵伐郑。大夫富辰进谏说："不可……郑在天子，兄弟也……夫兄弟之怨，不征于他，征于他，利乃外矣，章怨外利，不义。……义所以生利也……不义则利不阜。"意思是说，周天子与郑国是宗亲兄弟，而狄是异族外人，维持周族宗亲的利益是周王室的根本利益所在，如果周王以结好异族来攻伐宗亲，则只能有利于外族而不利于周室。周襄王又进一步问："利何如而内，何如而外？"富辰回答说，只要同心同德维护周族宗亲的共同利益，则"百姓兆民，夫人奉利而归诸上，是利之内也"，周族宗亲统治者之间团结和好，才能使被统治阶级顺服于统治，才能有利于周族内部的稳定和统治秩序的稳固。反之，如果结好异族，攻伐宗亲，则"民乃携离，各以利退，上求不暨，是其外利也", 必将导致周族内部离心离德, 各顾自己的私利, 谁也不顾周天子的利益了。在这里, 富辰所说的"义"在内涵上代表了周族宗亲的共同利益和周天子的根本利益。而"各以利退"的"利", 则是与周族共同利益相对立的各自的私利。伐郑有损于周族宗亲的共同利益和周天子的根本利益, 故认为是不义之举。又如《国语·晋语》载, 晋献公欲黜太子申生而立庶子奚齐。大夫里克、邳郑和荀息私下相议, 邳郑说:"民之有君, 以治义也。义以生利, 利以丰民, 若之何其民之与处而弃之也? 必立太子。"认为太子深得人心, 立太子利国利民, 合乎义, 反之则为不义。这里的"义"是指国家的根本利益。晋献公死后, 大夫里克与邳郑合谋杀庶子奚齐。邳郑欲乘国内无君之机, 专权谋私利, 里克反对说:"不可, 克闻之, 夫义者, 利之足也, 贪者, 怨之本也, 废义则利不立, 厚贪则怨生……今杀君而赖其富, 贪且反义。贪则民怨, 反义则富不为赖。"这里的"义", 在内涵上也是指国家的根本利益, 即公利, 而"利"则是指邳郑个人的私利。里克认为, 必须把个人的利益立足于国家的根本利益基础上, 否则就是不义, 不义而富, 将是有害的。又如齐国大夫陈氏、鲍氏与栾氏、高氏争强交战, 栾氏、高氏败走, 陈氏、鲍氏瓜分了他们的家产。晏婴劝陈桓子把瓜分的家产交归公室, 理由是:"凡有血气, 皆有争心, 故利不可强, 思义为愈。义, 利之本也, 蕴利生孽。"(《国语·周语下》) 意思是说, 争利之心, 固人皆有之, 但利终究是不可强取的, 还是应见利思义, 义是利的根本, 贪求财利必然招来祸害。晏婴认为, 大夫之间争夺家产是违反公室利益的, 因为大夫的家产受之于公室, 大夫亡走, 家产理应归于公室而不应私分。这里所说的"义", 在内涵上代表了公室的利益, 而"利"则是大夫各自的私利。此外, 如周简王卿士单襄公所说的"利制能义"(《国语·周语下》）；晋大夫白季说的"义以导利，利以阜姓"（《国语·晋语》）；晋大夫赵衰说的"德义，利之本也"（《左传·僖公二十七年》）；楚大夫申叔时说的"义以建利"（《左传·成公十六年》）；鲁穆姜说的"利，义之和也……利物足以和义"（《左传·襄公九年》），凡此种种，见之于春秋时代有关义利关系的论述，实质上都是就公利与私利的关系而言的。在周代，公利与私利，有它特定的社会含义，这就是：在整个周王朝统治区域内，周族的和以周天子为代表的周王室的利益为最高利益，在这个范围内，它就是公利，与此相对的都是私利。在诸侯国内，以国君为代表的公室的利益为最高利益，在这个范围内，它就是公利，与此相对的都是私利。在大夫封邑内，家室的利益为最高利益，在这个范围内，它就是公利，与此相对的都是私利。对于庶民来说，上述诸利都是公利，而自己切身的利益则是私利。所谓以义制利，即以公利制约私利，是处理这些多层次利益关系的基本原则，其实质就是要求在处理统治阶级与被统治阶级之间的利益关系时，被统治阶级的利益须服从于统治阶级的利益；在处理统治阶级内部的利益关系时，下级的利益须服从于上级的利益。这是见诸春秋时代义利思想内涵的一个方面；同时，另一个方面，即君利须受制于民利，统治阶级目前的或局部的利益，须受制于长远的和整体的利益。合乎此种目的的行为称为义，反之为不义。义利思想的这种内涵，发端于西周，所谓"天视自我民视，天听自我民听"（《周书·泰誓中》），"民之所欲，天必从之"（《周书·泰誓上》），从重视民在国家兴亡中的重要作用，进而提出"皇天无亲，惟德是辅，民心无常，惟惠之怀"（《周书·蔡仲之命》），强调了重视民的切身利益，对于统治者巩固统治的重要意义。到了春秋时代，由于战争的需要和统治者生活的侈靡，对民的剥削也越来越严酷，从而大大激化了阶级矛盾，许多思想家从缓和阶级矛盾，维护统治阶级的长远利益和根本利益出发，提出了反对横征暴敛，减轻剥削，重视民利的思想。如周惠王时内史过说，"其君贪冒、辟邪、淫佚、荒怠、粗秽、暴虐"就必然使"百姓携离"，"民有远志"，是"国之将亡"的征兆（《国语·周语上》）。周厉王任用荣夷公好专利，大夫芮良夫说，统治者好专利，损害了民利，必然引起民的反抗，周王室将由此而衰败，这是违反周王室根本利益的。周宣王时卿士虢文公批评宣王不藉千亩是"困民之财"（《国语·周语上》），亦是把维护民利视为周王室的根本利益所在。周简王卿士单襄公认为，统治者侵害民利是"乘人不义"的行为，而"不义则民叛之"，只有以民利为先，才符合统治阶级的长远利益和根本利益，所以他说："王天下者必先诸民，然后庇焉，则能长利。"（《国语·周语中》）周景王卿士单穆公批评用铸大钱的办法加重对民的剥削，是"厚取于民，民不给，将有远志，是离民也"（《国语·周语下》）。楚灵王筑章华台，伍举批评说，这是"敛民利以成其私欲"，"私欲弘侈，则德义鲜少，德义不行，则迩者骚离而远者距违……楚其殆矣"（《国语·楚语上》）。楚大夫斗且说，令尹子常"蓄聚积实，如饿豺狼焉"，而楚民十分贫困，"四境盈垒，道殣相望，盗贼司目，民无所放，是之不恤，而蓄聚不厌，其速怨于民多矣，积货滋多，蓄怨滋厚，不亡何待"（《左传·昭公十年》）。在春秋时代，统治者因私欲贪利，残酷压榨，导致民的反叛而国破家亡者，比比皆是。反之，凡统治者比较能约束自己的私欲，以民利为先者，就往往能缓和国内的阶级矛盾，并在争霸中取胜。如越王勾践"舍其恶令，轻其征赋，施民所善，去民所恶，身自约也，裕其众庶，其民殷众，以多甲兵"（《国语·吴语》），结果反败为胜，实现了灭吴称霸的事业。正反两个方面的许多实例，使人们认识到统治者在对待取利的问题上，必须遵循的又一个重要行为准则是：以民利制约君利，以长远的根本的利益制约眼前的局部的利益。凡符合于这个行为准则的为义，反之为不义。上述义利思想内涵的两个方面结合起来，构成了义利思想的完整的理论内涵。弄清义利及义利思想的内涵实质，对于我们正确辨析历史上出现的各种义利观点是必要的前提。

二　对先秦各家义利思想的辨正

在我国历史上，义利之辨出现在春秋战国时代。那时整个社会经济关系正处于急剧的动荡变革中，人们间固有的利益关系面临着严重的挑战，如何正确看待和处理这些利益关系，已成为实际生活中提出的亟待解答的重大课题，因而义利之辨就成了思想家们所普遍关心的一个具有重要现实意义的理论问题。当时的儒、墨、道、法各派思想家，都从各自不同的立场和不同的角度，阐述了各自的义利观。他们的丰富的论述，为嗣后两千多年中义利思想的发展，奠定了理论基础。对于先秦时代各家的义利观，我国学术界比较流行的看法是：儒家重义轻利，法家重利轻义，墨家义利并重，道家则义利俱弃。对于秦汉以后的各种义利思想，大体上归结为重义轻利与重利轻义的斗争。我认为这些概括仅及表象而未及本质，无论在理论和史实上，都是值得商榷的。因此，需要重新作一番考察和辨正。

（一）儒家的义利思想

孔丘是儒家学派的创始人，他的义利观是儒家传统义利思想的理论基础。他自称"述而不作"，以承继传统思想文化为己任，事实上他的义利思想是既有继承，也有发展。在财富和欲利关系上，他是重视求富逐利的。他说："小人喻于利"（《论语·里仁》），小人是唯利是喻的；对于君子，他说："邦有道，贫且贱焉，耻也"（《论语·泰伯》），如果国家有道，君子就应该去求取富贵。无论君子小人，都有求富之心，所以他说："富与贵是人之所欲也"，"贫与贱是人之所恶也"（《论语·里仁》），喜富恶贫，人同此心，概莫能外。他甚至公然声称："富而可求也，虽执鞭之士吾亦为之。"（《论语·述而》）其强烈的求富之心，溢于言表！许多论者，往往批判孔丘崇尚道德教条而反对求利，这只是一种表象的认识。孔丘确是说过"富贵与我如浮云"和批评"放于利而行"等淡于富贵和批判求利的话，但这里说的，并不是不要求利，而是如何求利的问题，即不是求利本身而是就利与义的关系而言的。对于求利本身，如前所述，他的观点很明确，是肯定的，但是对于如何求利的问题，他认为不是任何一种利和任何求利的行为都是可取的，求利必须有正当的范围、途径和方式，合乎此要求的为义，反之为不义。"不义而富且贵，与我如浮云"（《论语·述而》），"放于利而行，多怨"（《论语·里仁》），都是就求利行为是否正当，即求利是否合乎义而言的。他坚决主张"见利思义"，"义然后取"（《论语·宪问》），在利与义的关系上，必须是先义后利，以义制利，而不能相反。他的这个义利关系的观点，基本上是继承了传统的义利观。如前所述，传统的义利观认为，利生于义，义为利本。在义利关系上，要求私利服从于公利，局部的暂时的利益服从于整体的长远的利益；君子要受制于民利。这些也都是孔丘义利观的内涵。如他说：为政者"毋见小利……见小利则大事不成"（《论语·子路》），所谓小利，即是统治阶级局部的暂时的或个人的利益，相对于这种小利的是全局的和长远的阶级利益，亦即是"义"。孔丘认为，"义"体现了统治阶级的根本利益，是至高无上的，所谓"君子义以为上"（《论语·阳货》），所有统治阶级的成员，都必须把它放在首位，并无条件地服从它。作为君子，尤其是统治阶级的代表人物，必须懂得如何维护统治阶级的这种最高利益，而不惑于小利。所以他说："君子喻于义"，君子是应该喻于义，也必须喻于义的。古今许多论者，往往把孔丘的"君子喻于义"释为君子是天生懂得义的，其实不然。孔丘生活的时代，正是天子式微，诸侯争霸，大夫擅权，甚至陪臣执国命，统治阶级之间进行着剧烈的兼并争斗；同时，统治阶级日益苛重的徭役赋税，加剧了阶级矛盾的尖锐化。孔丘认为，正是统治阶级的贪婪私欲，侵夺聚敛，造成了统治阶级的不稳定，导致了国家的分裂和动乱，从根本上危害了统治阶级的统治。因此，孔丘认为，为了维护统治者自己和本阶级的长远利益和根本利益，统治者必须克制自己的私欲，在统治阶级内部停止争夺，发扬"富而好礼"（《论语·学而》）的精神。在对待同被统治阶级的关系上，强调"见得思义"（《论语·子张》），不与民争利，每个统治者都应懂得"百姓足，君孰与不足；百姓不足，君孰与足"的道理，把君利建立在民利的基础上，实行"博施济众"（《论语·雍也》），"施取其厚，事举其中，敛从其薄"（《左传·哀公十一年》）的政策。总之，要求统治者把暂时的、局部的和个人的利益，服从于整体的、长远的根本利益，使君利受制于民利。孔丘的许多宣扬重视民利，反对统治者与民争利的言论，恰恰表明，在孔丘看来，当时的君子们只是一味贪冒私利，置义于不顾，而绝不是天生就懂得义的。弄清孔丘义利思想的内涵，对于正确理解他的"罕言利"的真实含义是必要的。在孔丘的言论中，所谓"利"，往往指的是个人利益或暂时的局部的利益，即私利和小利，而与"利"相对的"义"，则是指整体的长远的根本利益，即公利和长利。对前者，他慎戒、罕言；

对后者，则褒美、宣扬。如他批评的"放于利而行"，即是对前者而言的；他倡导的"因民之所利而利之"（《论语·尧曰》），则指的是后者。实际上，在合乎义的情况下，孔丘不仅不反对求富逐利，相反却认为不求富贵才是可耻的。因此，把孔丘的罕言利说成是讳言一切财利，从而把孔丘描绘成似乎是不食人间烟火的"圣人"，无疑是后儒的一种既不真实，也不合乎逻辑的浅见。

孔丘认为，以义制利只是确立了一般的理论原则，但要使这个原则成为社会实践中的行动准则，还必须使"义"的概念具体化、制度化，成为可以具体依循的准则，这个准则在孔丘看来便是"礼"。

礼是人们在各种社会活动中制度化了的行为准则。它几乎包括了人们生产、生活的一切方面，通过成文或不成文的形式制约着人们的行为。在全部礼制中，反映经济生活的礼制是它的重要组成部分。礼的首要内容，是确定各阶级各等级间的利益范围。所谓"明等级以导之礼"（《国语·楚语上》），"礼者，贵贱有等，长幼有差，贫富轻重皆有称者也"（《荀子·富国》）。孔丘把礼看作是义的制度化，是实践义的标准。凡合于礼的行为谓之义，合乎义的利，才是君子所求的利。孔丘把义利关系与礼相结合，提出了礼、义、利三者统一的观点。他说："礼以行义，义以生利，利以平民，政之大节也。"（《左传·成公二年》）礼为人们规定了各自的利益范围，人人循礼而行，就能各得其宜，是为行义。人人据义求利，则人人能求得自己应得的利益，从而侵夺不生，动乱不起，达到国治民安，这是治政之至要。孔丘的礼义利统一的观点，正是他对义利思想的发展和创新的一面，他的这一观点是为着维护现有的等级礼制所体现的阶级利益服务的。

战国时代，儒家学派的主要后继者孟轲与荀况，对儒家的义利思想作了进一步阐发。

　　孟轲继承了先儒关于把君利建立在民利基础上，使君利受制于民利的思想，提出了一系列薄敛富民的主张。他批判统治者的贪利暴敛说："庖有肥肉，厩有肥马，民有饥色，野有饿莩"（《孟子·梁惠王上》），"民之憔悴于虐政，未有甚于此时者也"（《公孙丑上》）。又说："有布缕之征，粟米之征，力役之征。君子用其一，缓其二；用其二而民有殍，用其三而父子离。"（《尽心下》）而当时的统治者却"安其弊而乐其所以亡"（《离娄上》），只顾眼前私利，忘了统治阶级的长远利益和根本利益。所以他强调施仁政："省刑罚，薄赋敛，深耕易耨"（《梁惠王上》），"关市讥而不征，泽梁无禁"（《梁惠王下》），以减轻剥削，促进民利。认为使百姓得到实利，是统治者得民心最重要的手段，而得民心则是得天下的根本条件："得天下有道，得其民斯得天下矣；得其民有道，得其心斯得民矣；得其心有道，所欲与之聚之，所恶勿施尔也"（《离娄上》）。归根到底，在一定程度上满足民的物质要求，是得民心得天下的决定性条件，亦是统治阶级的根本利益和长远利益所在。所以孟轲突出强调他的富民政策："易其田畴，薄其税敛，民可使富也。"（《尽心上》）他把孔丘的惠民思想，进一步发展为仁政富民思想。他站在比前人更加鲜明的重视民利的立场上，提出了"民为贵"的著名论点，这在先秦思想家中是仅见的。他提出的许多重视民利的论点，在实质上都是为了维护统治阶级的长远利益和根本利益。但是他的民利重于君利、高于君利的言论，对于当时的许多统治者来说，是无法理解和接受的。《孟子》开卷有一段众所周知的对话："孟子见梁惠王，王曰：叟不远千里而来，亦将有以利吾国乎？孟子对曰：王何必曰利，亦有仁义而已矣。王曰何以利吾国，大夫曰何以利吾家，士庶人曰何以利吾身。上下交征利，而国危矣。万乘之国，弑其君者，必千乘之家，千乘之国，弑其君者，必百乘之家。万取千焉，千取百焉，不为不多矣，苟为后义而先利，不夺不餍。未有仁而遗其亲者也，未有义而后其君者也。王亦曰仁义而已矣，何必曰利。"（《梁惠王上》）在这里孟轲把义与利的关系表述得十分明确，即上自国君、大夫，下至士、庶人，他们的个人利益都必须服从于统治阶级的和国家的根本利益，这就是先义后利的原则。如果违反了这个原则，"上下交征利"，人人都争于私利，则统治阶级的国家就危险了。显然，孟轲此处所说的"利"，仅指各人的私利，特别是明确说"王何必曰利"，指的是统治者的私利，并非是反对一切求利行为。但后人却有断句取义者，截取"何必曰利"句，断言孟轲反对一切物质利益，特别是反对劳动人民的物质利益，可说是罪在莫须有了。其实孟轲对劳动人民的切身利益倒是说得不少的，如"五亩之宅，树之以桑，五十者可以衣帛矣；鸡豚狗彘之畜，无失其时，七十者可以食肉矣；百亩之田，勿夺其时，数口之家，可以无饥矣。谨庠序之教，申之以孝悌之义，颁白者不负戴于道路矣。七十者衣帛食肉，黎民不饥不寒，然而不王者，未之有也"。又说："明君制民之产，必使仰足以事父母，俯足以畜妻子，乐岁终身饱，凶年免于死亡"，"是使民养生丧死无憾也，养生丧死无憾，王道之始也"（均见《梁惠王上》），等等。只是孟轲这些重视民利的言论是从维护统治阶级的根本利益着眼，把它作为统治者实现王天下这个最大利益的最重要的手段而已。为了实现王天下这个目标，一方面要重视民利，另一方面则要节制统治者的私欲，使之少取于民。否则，"暴其民甚，则身弑国亡，不甚，则身危国削"（《离娄上》）。孟轲所反复论证的，即是要以统治阶级的根本利益制约统治者个人的私利，这同孔丘所说的"君子喻于义"，君子"义以为上"的观点是完全一致的。

对于个人的求利，孟轲完全遵循了孔丘的取利必须合乎义的原则。他说："非其有而取之，非义也"（《尽心上》），"非其有而取之者盗也"（《万章下》）。这与"见利思义"、"义然后取"的意义相同。又说："非其义也，非其道也，禄之以天下弗顾也"（《万章下》），"非其道则一箪食不受于人，如其道则舜受尧之天下不以为泰"（《滕文公下》）。"万钟则不辨礼义而受之，万钟于我何加焉。"（《告子上》）这亦与孔丘的"不义而富且贵，与我如浮云"，"富与贵不以其道得之，不处也"，如出一辙。在义与利发生矛盾时，孟轲亦主张为维护整体的、长远的利益而牺牲个人或局部的利益，甚至不惜牺牲个人的一切："生亦我所欲也，义亦我所欲也，二者不可得兼，舍生而取义者也。"（《告子上》）这与孔丘的"杀身成仁"观点亦是一脉相承的。但孟轲在坚持原则的同时，较孔丘有更多的灵活性。他认为对于利的大小轻重是可以灵活权衡取舍的。他说："今有场师，舍其梧槚，养其樲棘，则为贱场师焉。养其一指而失其肩背"（《告子上》），都是取小利而弃大利，都是错误的。他又说："取食之重者与礼之轻者而比之，奚翅食重。"（《告子下》）在原则上是礼重于食，但以食之重者与礼之轻者相比，则可以是食重于礼的。孟轲提出权衡轻重，灵活取舍的论点，补充和发展了孔丘的理论。

荀况是战国后期在理论上最有成就的儒学大师，他十分推崇孔丘的思想，并批判地吸收了诸子各家的观点，从而把儒家的学说推进到了先秦时代的高峰。他的义利思想是对先秦时代儒家义利观的最全面最深刻的阐发和总结。

首先，他进一步肯定和论证了好利合乎人的本性的论点。他说："今人之性，生而有好利焉"，"夫好利而欲得者，此人之情性也"，"夫目好色，耳好声，口好味，心好利，骨体肤理好愉佚，是皆生于人之情性者也"（《荀子·性恶》），而且这种本性，无论对于君子或小人都是一样生来就有的："好荣恶辱，好利恶害，是君子小人之所同也"，"凡人有所一同，饥而欲食，寒而欲暖，劳而欲息，好利而恶害，是人之所生而有也，是无待而然者也"（《荀子·荣辱》）。但是，对于这种生来就有的好利本性，荀况认为正是人性恶的表现，如任其发展，则"行私而无祸，纵欲而不穷"，势必引起争夺，因为人们对获取财利的欲望是无穷的，而客观上财富总是有限的，"欲多而物寡，寡则必争矣"（《富国》），这种争利的斗争，行之于家内，就会出现"兄弟相拂夺"（《性恶》），行之于社会，就会导致"强者害弱而夺之，众者暴寡而哗之，天下之悖乱而相亡，不待顷矣"（《性恶》），结果必然天下大乱。既然好利是人的本性，是无法消灭的，但又不能任其发展，唯一可能的办法是对它加以约束和限制。一方面承认它在一定范围内的合理存在，另一方面又不允许它超越既定的范围去侵犯他人和社会的利益。以他人的和社会的利益，作为制约个人利益的界范，这种制约关系，用理论来表述，即是以义制利。荀况认为，以义制利是为了矫饰人的性恶。他说："古者圣王以人之性恶，以为偏险而不正，悖乱而不治，是以为之起礼义，制法度，以矫饰人之性情而正之，以扰化人之情性而导之也，使皆出于治，合于道者也。"（《性恶》）因此，以义制利是与人性恶相对立的，是为了协调人们间不同的利益关系而产生的一种社会机制，它是人类社会所特有的现象。他说："水火有气而无生，草木有生而无知，禽兽有知而无义。人有气、有生、有知，亦且有义，故最为天下贵也。人力不若牛，走不若马，而牛马为用，何也？曰：人能群，彼不能群也。人何以能群？曰：分。分何以能行？曰：义。故义以分则和，和则一，一则多力，多力则强，强则胜物。"（《王制》）人类所以能战胜禽兽而居万物之首，就是依靠和运用了人类群体的社会力量，而人类所以能结合成群体并发挥其社会的力量，是因为人们能认识到彼此间的共同利益，并根据共同利益的要求，用等级名分来划分各自不同的利益范围，协调人们相互间的关系，从而能集中统一形成强大的力量去战胜万物。因此，对所有的人来说，维护这种把人们结合起来的共同利益是最为重要的。所以说"有义"是"最为天下贵"。但是，对于这种体现了共同利益的最为可贵的"义"，并不是人人都能认识到，更不是人人都能在行动上关心和维护它的，为此，就必须制定出能据以规范人们行动的制度和法规。在儒家的传统观念中，这便是"礼"，荀况有时亦称之为"礼法"。"礼"或"礼法"就是制度化了的"义"。荀况说："行义以礼，然后义也。"（《大略》）行义必须根据礼，才是真正的义。这与孔丘的"礼以行义"的论点是完全一致的。荀况写了《礼论》专篇，对礼的起源、意义和作用等理论问题，作了比所有前辈儒者更为深入的探讨。他说："礼起于何也？曰：人生而有欲，欲而不得，则不能无求，求而无度量分界，则不能不争，争则乱，乱则穷，先王恶其乱也，故制礼义以分之，以养人之欲，给人之求，使欲必不穷于物，物必不屈于欲，两者相持而长，是礼之所以起也。故礼者养也。"他从人的欲望，从对物质财富的供给与需求的矛盾来说明礼的起源，揭示了礼的基础是人们间的利益关系，从根本上说是为了处理人们的生活问题，即"养"也。但是，由于"欲多而物寡"，对于不同身份地位的人，他们的"养"是不可能一样的，这就需要区别对待。所谓"礼者，贵贱有等，长幼有差，贫富轻重皆有称者也"。它表明礼的作用就在于明确贵贱贫富之间的差别。这种按等级名分来划分人们不同利益范围的办法，荀况称之为"分"。他认为，有了"义"，还必须有"分"，"分"是人类结合成社会力量的关键所在："人何以能群，曰：分"，相反，"群而无分则争，争则乱，乱则离，离则弱，弱则不能胜物"（《王制》）。只有把人们按贫富贵贱的地位身份区分开来，明确他们各自的利益范围，使各得其宜，各不相侵，才能保证社会的和谐与一致，才能去战胜万物。因此，明分有使天下人都得益的巨大作用，它正确体现了"义"的要求，所以行义就必须明分，而明分即是为了行义，义与分是明君治国所不可少的，所以说："圣王在上，分义行乎下"（《君子》）。荀况的明分思想是他极力推崇的等级礼制的灵魂，也是他对儒家崇礼思想的新发展。明分的理论意义在于指出了必须把社会的共同利益寓于各自的个人利益之中，从而协调彼此间的利益关系，用荀况的话来说，就是"性伪合"，性是个人好利的本性，伪就是为矫饰人之性情而提出的礼义。治理国家必须使两者结合，"性伪合而天下治"（《礼论》）。荀况一方面提出"性伪合"的理论，论述了社会的共同利益与个人利益的一致性的一面，同时，他认识到，两者除了一致性的一面外，还有另一面，即两者的差异性和矛盾。在现实生活中，人们间的许多争斗，正是这种差异和矛盾的反映。因此，如何正确说明和处理这个矛盾，就成为他的义利论的主要内容。荀况继承了前辈儒家关于义利内涵的概念，把"义"作为社会共同利益的体现。他说："汤武者，循其道，行其义，兴天下同利。"（《王制》）行义就是兴天下人的共同利益。它是至大至公，任何局部的个人的利益与之相比，都不能不居次位。在这里，荀况把实质上是统治阶级的利益，说成是天下人的共同利益，甚至是人类社会的共同利益，这是他的阶级局限性。正是由于他把这种共同利益置于至高至上的地位，使得他在义利关系上，就不能不是重义轻利论者。在这一点上，他比他的任何前辈儒者表现得都更加鲜明而坚定。他十分明确地提出"重义轻利"（《成相》）、"先义而后利"（《王霸》）、"先义而后利者荣，先利而后义者辱"（《荣辱》）。他认为先义后利或重义轻利的原则，对于君子和小人，统治者和民众，一概都是必要的。他说："尧舜尚贤身辞让，许由善卷，重义轻利行显明"（《成相》），褒扬重义轻利乃是圣贤之行。反之，"保利弃义，谓之至贼"（《修身》），为维护私利而抛弃公义是最大的罪恶。因此，在义与利发生矛盾时，如何抉择，对每个人都是一个重大的原则问题。他说："好荣恶辱，好利恶害，是君子小人与之所同也，若其所以求之之道则异矣。"（《荣辱》）欲同而求异，正是区分君子小人的分水岭。他说："君子之能以公义胜私欲也"（《修身》），"义之所在，不倾于权，不顾其利……重死持义而不桡，是士君子之勇也"（《荣辱》）。君子能以公义胜私利，甚至能为维护公义不惜牺牲个人的一切，反之，"言无常信，行无常贞，唯利所在，无所不倾，若是则可谓小人矣"（《不苟》）。又说："为事利，无货财，无辞让，果敢而振，猛贪而戾，恈恈然唯利之见，是贾盗之勇也"，"争饮食，无廉耻，不知是非，不辟死伤，不畏众彊，恈恈然唯利饮食之见，是狗彘之勇也"（《荣辱》）。这实质上是孔丘的"君子喻于义，小人喻于利"观点的进一步阐发。荀况坚决反对唯利是图，见利忘义的行为，认为统治者应把以义制利作为治国的指导思想。他说："义与利者，人之所两有也，虽尧舜不能去民之欲利，然而能使其欲利不克其好义也；虽桀纣亦不能去民之好义，然而能使其好义不胜其欲利也。故义胜利者为治世，利克义者为乱世。"（《大略》）这是一段纲领性的以义制利的治国思想。然而古今不少论者，竟截取"义与利者，人之所两有也"句，把它说成是义利并列，不使利服从于义的所谓义利并重论，认为是一种与孔孟很不相同的义利观，同时却对荀况在许多地方提出的"重义轻利"、"先义后利"的观点，只得解释为未能摆脱孔孟窠臼。在这些论者看来，荀况的义利理论是自相矛盾的，其实自相矛盾的倒是论者而非荀况。荀况并非是义利并重论者，所谓"两有"，并非是并重，而是"义"（共同利益）与"利"（个人利益）这两者对于任何人都是同时存在的。因为人之所以能胜万物，就是依靠了群体的社会力量，从而决定了人与人之间必然有共同利益的一面，但同时各人又有各自的利益。人们既要维护公共的利益，又要维护各自的利益，问题在于当两者不一致时，是以前者去制约后者，还是以后者去损害前者？回答是肯定的："用国者义立而王"（《王霸》），治理国家必须是立足于义而决不能立足于利。荀况认为，当圣贤在位，就能使人们服从公义，制约私利；相反，贪暴者在上，则人们就各为私利而不顾公义了。所以说"义胜利者为治世，利克义者为乱世"，其关键就在于统治者自身："上重义则义克利，上重利则利克义。"（《大略》）所以荀况主张自士以上各级统治者都应重义轻利，勇于好义而羞于言利："故天子不言多少，诸侯不言利害，大夫不言得丧，士不通货财，有国之君，不息牛羊，错质之臣，不息鸡豚，冢卿不修币，大夫不为场园。从士以上皆羞利而不与民争业，乐分施而耻积藏。"（《大略》）这是对于孔丘的"罕言利"和"君子义以为上"观点作出的精辟的理论说明。荀况的义利论，在理论上不是背离而是深化和发展了孔丘的观点。

其次，荀况还继承和发展了前辈儒家关于君利受制于民利，民利为君利根本的思想。他说："故仁人在上，百姓贵之如帝，亲之如父母，为之出死断亡而愉者，无它故焉，其所是焉诚美，其所得焉诚大，其所利焉诚多也。"（《富国》）统治者给民的利愈多，就愈能得到民的拥护，从而愈能巩固自己的统治，这是统治者最大的最根本的利益所在。所以他极力反对统治者好利聚敛，主张施利于民。他说："上好功则国贫，上好利则国贫"

（《富国》），统治者贪功好利，必然要过度剥削和役使百姓，从而陷百姓于贫困。同时，"上好贪利，则臣下百吏乘是而后丰取刻与，以无度取于民"（《君道》），统治者贪利会造成整个统治集团对百姓的残酷压榨。推而广之，将会造成举国贪鄙之风："挈国以呼功利，不务张其义，齐其信，唯利之求，内则不惮诈其民，而求小利焉，外则不惮诈其与，而求大利焉。内不修正其所以有，然常欲人之有，如是则臣下百姓莫不以诈心待其上矣，上诈其下，下诈其上，则是上下析也。如是则敌国轻之，与国疑之，权谋日行，而国不免危削，綦之而亡。"（《王霸》）这也就是孟轲所说的"上下交征利，而国危矣"的局面。统治阶级的贪利聚敛，必然使百姓贫困日深，而"民贫则田瘠以秽，田瘠以秽则出实不半，上虽好取侵夺，犹将寡获也"（《富国》）。由于百姓贫困，生产凋敝，导致统治者的财源枯竭。不仅如此，统治者的横征暴敛，使"田野荒而仓廪实，百姓虚而府库满，夫是之谓国蹶，伐其本，竭其源，而并之其末，然而主相不知恶也，则其倾覆灭亡可立而待也，以国持之而不足以容其身，夫是之谓至贪，是愚主之极也。将以求富而丧其国，将以求利而危其身"（《富国》）。在历史上人君贪利丧国危身的，比比皆是，桀纣便是前鉴："夫桀纣，圣王之后子孙也……土地之大，封内千里，人之众，数以亿万，俄而天下倜然，举去桀纣而奔汤武……何也？曰：汙漫争夺贪利是也"（《强国》）。在现实生活中，更是不乏其例："厚刀布之敛以夺之财，重田野之税以夺之食，苛关市之征以难其事，不然而已矣，有掎挈伺诈，权谋倾覆，以相颠倒，以靡敝之，百姓晓然皆知其汙漫暴乱而将大危亡也，是以臣或弒其君，下或杀其上，粥其城，倍其节，而不死其事者，无它故焉，人主自取之"（《富国》）。他总结历史教训说："古有万国，今无十数焉，是无它故焉，其所以失之一也。君人者，亦可以觉矣。"(《富国》)古往今来，所有亡国之君，有一个共同点，即背义贪利。因此，他告诫统治者，为了自身的和统治阶级的长远利益和根本利益，必须以民利为先，把君利立足于民利的基础上，使君利受制于民利。自古一切圣王明君都是重义轻利，以民利为先的。他说："汤以亳，武王以鄗，皆百里之地也，天下为一，诸侯为臣，通达之属莫不从服，无它故焉，以济义焉，是谓义立而王也。"(《王霸》)所谓义立，即"兴天下同利"，王者是以兴利天下之民为义的。利民是王政的重要内容，政治明暗的程度，取决于统治者对待民利的态度。他说："不利而利之，不如利而后利之之利也。不爱而用之，不如爱而后用之之功也。利而后利之，不如利而不利者之利也。爱而后用之，不如爱而不用者之功也。利而不利也，爱而不用也者，取天下者也。利而后利之，爱而后用之者，保社稷者也。不利而利之，不爱而用之者，危国家者也。"(《富国》)意思是说，不给百姓利益而却要从百姓那里索取利益，不如先给百姓利益，然后再从百姓那里索取利益，更为有利。不爱百姓而却要役使百姓，不如先爱百姓，然后再役使百姓，功效更大。先给百姓利益，然后从他们那里索取利益，不如既给百姓利益，又不从他们那里索取利益，更为有利。先爱百姓，然后再去役使他们，不如既爱百姓又不去役使他们，功效更大。既给百姓利益，又不从他们那里索取利益、既爱百姓又不役使他们的君主，是夺取天下的君主。先给百姓利益，然后再从他们那里索取利益，先爱百姓，然后再役使他们的君主，是能保住社稷的君主。不给百姓利益，而却要从他们那里索取利益，不去爱百姓而却要役使他们的君主，是使国家危亡的君主。荀况反复论述了利民与实现王天下之间的关系，鲜明地表现了他的儒家思想特点。他在这里提出的"利而不利"和"利而后利"的观点，正是对孔丘的"博施济众"和"因民之所利

而利之"观点的直接继承和发展。利民思想是儒家传统的民本
思想的重要内容。荀况在继承这一传统思想的基础上，进一步提
出了他的裕民富民主张，他把裕民富民作为利民的中心内容。他
认为统治者应采取各种正确的政策措施，使民趋富。他说："轻
田野之税，平关市之征，省商贾之数，罕兴力役，无夺农时，如
是则国富矣。夫是之谓以政裕民。""裕民则国富，民富则田肥
以易，田肥以易则出实百倍。上以法取焉，而下以礼节用之，余
若丘山，不时焚烧，无所藏之。"（《富国》）一国的百姓富裕了，
整个国家也就富足，从而国君的财政必然充裕。他说："下贫则
上贫，下富则上富。故田野县鄙者，财之本也，垣窌仓廪者财之
末也，百姓时和，事业得叙者，货之源也，等赋府库者货之流
也。故明主必谨养其和，节其流，开其源，而时斟酌焉，潢然使
天下必有余，而上不忧不足。如是，则上下俱富，交无所藏之，
是知国计之极也。"（《富国》）荀况的"上下俱富"理论，是对
前辈儒家"百姓足，君孰与不足；百姓不足，君孰与足"观点
的发展，它使民富与国富在理论上统一了起来。荀况写的《富
国》篇，深入阐发了他的民富与国富相互关系的理论。他认为，
民富是国富的基础，民富应先于国富，国富必须建立在民富的基
础上。他纵观历史，得出结论说："王者富民，霸者富士，仅存
之国富大夫，亡国富筐箧、实府库。筐箧已富、府库已实，而百
姓贫。夫是之谓上溢而下漏；入不可以守，出不可以战，则倾覆
灭亡可立而待也。……聚敛者，召寇、肥敌、亡国、危身之道
也。"（《王制》）荀况像他的前辈儒家一样，在利益关系上，不
主张把君主的利益等同于国家利益，更反对把君主利益高于一
切，而是主张君利必须受制于民利。他对统治者蔽于功利的行为
持批判态度。他说："大国之主也，而好见小利，是伤国……大
国之主也，不隆本行，不敬旧法，而好诈故，若是则夫朝廷群

臣，亦从而成俗于不隆礼义而好倾覆也，朝廷群臣之俗若是，则大众庶百姓，亦从而成俗于不隆礼义而好贪利矣。君臣上下之俗莫不若是，则地虽广，权必轻，人虽众，兵必弱……夫是之谓危国。"（《王制》）又说："以遂功而忘民……皆奸道也。"（《富国》）他反对统治者急功近利，主张追求功利必须以义为前提。他坚信儒家的以义制利、先义后利是唯一正确处理义利关系的原则，认为坚持这个原则，才能建立真正的功利。所以他说："故儒术诚行，则天下大而富，使而功。"（《富国》）荀况的义利论是先秦儒家义利思想的总结和理论的高峰。

（二）法家的义利思想

先秦法家，无论是以管仲学派为代表的齐法家，或以商鞅、韩非为代表的秦晋法家，他们都以宣扬法制，实行法治，与儒家的颂扬礼制，实行礼治的理论相对立。在义利思想上，历来论者亦都认为两者是完全对立的，儒家重义轻利，法家则重利轻义。他们崇尚功利，贬斥仁义。如《商君书·开塞》说，"利者，义之本也"，一反儒家义为利本，义以生利的观点。又如《韩非子》说："偃王行仁义而徐亡，子贡辩智而鲁削。夫仁义辩智非所以持国也。"（《五蠹》）又说："言先王之仁义，无益于治"（《显学》），"故有道之主，远仁义，去智能，服之以法"（《说疑》）。这些言论，用来说明法家崇尚功利，贬斥仁义是不错的，但若因此而说在义利关系上，法家提出了与儒家相反的重利轻义或先利后义的理论，却并非事实，而是论者惑于表象所作的逻辑推断。对此，需要作一番辨正。

首先，关于《商君书·开塞篇》的一段行文："利者，义之本也"句中"利"字应为"刑"字，形近而误。历来校注本多有指正，只要不是断句取义，通连上下文，则文义不难自明：

"故以刑治则民威，民威则无奸，无奸则民安其所乐；以义教则民纵，民纵则乱，乱则民伤其所恶。吾所谓刑（文中误为'利'）者，义之本也；而世所谓义者，暴之道也。"统观全文，这里讲的是"刑治"和"义教"两种相对立的治国之道。"刑"代表了商鞅所力主的"法治"，"义"则代表了儒家所主张的"礼治"。商鞅力陈刑治（即法治）的必要和义教（即礼治）的不可取。他认为刑治使民不敢为奸，故能达到国治民安，而义教不具有法的强制性，不仅不足以有效地制止民之为奸，且在客观上还起着纵民为暴的作用，所以说"义者，暴之道也"。从义教本身来说，也只有依靠法的力量，才能真正起作用。所以说"刑者，义之本也"。这些明白无误的论述，原意与义利思想毫不相涉。由于一字之误，并采取截句取义的方法，把它论断为法家的义利观，是根本不能成立的。

其次，法家贬斥仁义，只是在反对儒家所宣扬的礼治，要求以法治取代礼治的意义上才是这样，并不是在任何意义上都是如此。不仅《管子》把礼义廉耻称为"国之四维"，强调"四维不张，国乃灭亡"（《牧民》），"不礼不胜天下，不义不胜人"（《七法》），"民无礼义则上下乱而贵贱争"（《版法解》），"尊贤授德则帝，身仁行义，服志用信则王"（《幼官》）。而且《商君书·靳令》亦说："力生强，强生威，威生德，德生于力。圣君独有之，故能述仁义于天下。"认为能述仁义于天下的是圣君。《韩非子》亦说："故明王励廉耻，招仁义"（《用人》），"倒义则事之所以败也，逆德则怨之所以聚也"（《难四》）。也认为仁义是明主所需而不可逆反的。其实儒家的礼和法家的法，虽在适应时代的需要和代表不同统治集团的利益上，有所不同，但作为封建统治的工具，其义则一。在儒家的礼制概念中，也包含着作为强制性的法的意义在内，荀况在理论中，已是明确以

"礼法"并用。而法家为了推行中央集权的封建君主专制统治的需要，强烈主张以法治取代礼治，但法家并非要求取消礼义本身，只是把礼义从属于法这个权威而已。《管子·任法》说："所谓仁义礼乐者，皆出于法。"把仁义礼乐看作是由法所派生，并决定于法的。《商君书·画策》说："所谓义者，为人臣忠，为人子孝，少长有礼，男女有别；非其义也，饿不苟食，死不苟生，此乃有法之常也，圣王者不贵义而贵法。"认为义的这些作用，是依靠了法的存在，离开了法，义就失去根据，所以法比义更重要。在法与义的关系上，法高于义。但是，在义与利的关系上，法家没有提出利重于义的理论，相反，他们也都认为义是高于、大于、重于利的。他们同儒家一样，把义利的内涵，归结为实质上是公利与私利的关系。公利重于私利，同样是法家坚持的原则。只是法家为适应君主专制主义的需要，突出强调了君主的利益及君主从事的富国强兵的事业，把它视为最高的利益。凡符合这种利益的为义，或称为公义，与此相对立的是臣吏百姓的个人利益，是为私利，或称私心、私义。韩非说："君臣之利异……故臣利立而主利灭"（《韩非子·内储下》），认为君臣的利益是对立的，在两者发生矛盾时，臣利就必须服从于君利。"人臣有私心，有公义，修身洁白而行公正，居官无私，人臣之公义也；汙行从欲，安身利家，人臣之私心也。明主在上，则人臣去私心，行公义；乱主在上，则人臣去公义，行私心。"（《韩非子·饰邪》）《管子》亦说："善为政者，田畴垦而国邑实，朝廷闲而官府治，公法行而私曲止，仓库实而囹圄空，贤人进而奸民退。其君子上中正而下谄谀，其士民贵武勇而贱得利。"（《五辅》）所谓善政，就是使一国的臣吏百姓，皆守法奉公，一心效力于君主的利益，而贱于各人的私利。如果不这样，"上下交引而不和同……小者兵挫而地削，大者身死而国亡"（《五辅》）。

如果所有的人都各为私利，则国家就危险了，这也就是孟轲所说的"上下交征利，而国危矣"。所以《管子·禁藏》强烈反对臣民只顾私利："民多私利者，其国贫。"《慎子》说："法之功，莫大使私不行。"《商君书·说民》说得更明白："力多而不用则志穷，志穷则有私，有私则有弱……故曰王者国不蓄力，家不积粟，国不蓄力，下用也，家不积粟，上藏也。"就是说百姓的全部人力、物力都应服务于国君的利益。这就是法家所极力倡导的公义。不过，法家的公义是以法的形式出现的，是以法制为准则的，而儒家的义则是以礼制为准则，两者的区别，仅在于此。《管子·法禁》说："君不能审立其法，以为下制，则百姓之立私理而径行于利者必众矣。"意思是说，君主如果不确立法制去制约百姓的私利，则百姓就必然会泛于私利了。法家只讲以法制利，而不讲以义制利，其实两者依据的理论原则是一样的。所以《慎子》说："法制礼籍，所以立公义也。凡立公，所以弃私也。"这就是说无论是儒家的礼籍或法家的法制，说到底都是为了保证统治者的利益，都是以统治者的利益为公利、为公义的，而为了统治者的利益，臣民就得牺牲个人的私利。因此，法家的法与儒家的礼，在义利关系上异曲而同工，其张公义、抑私利的原则是相同的。由此可见，法家与儒家一样，也是义重于利的，所不同的是，法家要求以立足于法的义，取代儒家立足于礼的义，而决不是反对重义轻利的原则。在法家著作中，重义轻利的理论并不少见，如《管子》说："贵义与德"（《势》），"是故圣人上（尚）德而下功，遵道而贱物"（《戒》），这是鲜明的贵义贱利论。又说："见利不诱"（《内业》），"非吾道，虽利勿取"（《白心》），"有义胜无义"（《事语》）。这与儒家的"见利思义"，"不义而富且贵，与我如浮云"极为相似。《管子》一书作为齐法家的作品，它的义利思想，有许多与儒家观点极为接近，如它也很强调通过利民富民去争取民心："政之所兴，在顺民心；政之所废，在逆民心。民恶忧劳，我佚乐之，民恶贫贱，我富贵之，民恶危坠，我安存之"（《牧民》），"夫争天下者，必先争人……得天下之众者王，得其半者霸"（《霸言》）。"古者三王五霸皆人主之利天下者也……故明王之功作虽异，其利民同也"（《形势解》），"与天下同利者，天下持之；擅天下之利者，天下谋之"（《版法解》），"凡治国之道，必先富民"（《治国》）。同时它也强烈反对君主的贪欲好利，要求君利受制于民利。如说："不择人而取之，谓之好利"（《侈靡》），"上好利则毁誉之士在侧"（《七臣七主》），"赋敛厚则下怨上矣，民力竭则令不行矣"（《修权》），"王者藏于民，霸者藏于大夫，残国亡家藏于箧"（《山至数》）。这些论点，与儒家如出一辙。而秦晋法家则突出强调君利，很少言民利。虽然他们有时也反对君主的贪利，如说："乱世之君臣，区区然皆擅一国之利，而管一官之重，以便其私，此国之所以危也"（《商君书·修权》），"贪愎喜利则灭国杀身之本也"（《韩非子·十过》）。但这主要是戒君主之奢淫误国，而并非是要限制君利。有时他们也谈到民利："夫利者，所以得民也"（《韩非子·诡使》），"苟可以利民，不循其礼"（《商君书·更法》），但这只是为了利用臣民趋利的本性，服务于君主取天下的目的而已，因为"霸王者，人主之大利也"（《韩非子·六反》）。他们更多的是强调为了实现君主取天下的大利，必须限制和反对臣民的私利。如韩非说："君臣之利异"，君主为了自己的利益，就必须限制和反对群臣的利益。他举例说："晋之分也，齐之夺也，皆以群臣之太富也。夫燕宋之所以弑其君者，皆以类也。"（《韩非子·爱臣》）人臣的私心表现在："百虑私家之便，不一图主公国……家务相益，不务厚国"（《有度》），甚至"毁国之厚以利其家"（《有度》）。因此，君主必须制裁人臣的私心，使之为君主利益而行公义。同时，君主与百姓的利益也是对立的："匹夫有私便，人主有公利"，"匹夫之私毁，人主之公利也"（《八说》），毁抑民利，正是君主"公利"的需要。韩非认为，正确的君臣、君民关系，应该是臣民的利益完全服从于君主的利益。他说："明君使人无私……忠臣尽忠于公，民士竭力于家，百官精尅于上"，所有臣民都要"力尽于事，归利于上"（《难三》），"故大臣有利则尊君，百姓有功则利上，此之谓有道之国也"（《八经》）。

秦晋法家不讲君利受制于民利，只讲君利高于一切，以君利为大利、公利、公义，君利即是义，一切臣民的私利都必须服从于它。不难看出，秦晋法家恰恰是极端的贵义贱利论者，而绝不是相反。秦晋法家是中国封建君主专制主义的理论家，在政治上他们极力宣扬君主对臣民的严酷统治："能制天下者，必先制其民者也；能胜强敌者，必先胜其民者也。故胜民之本在制民。"（《商君书·画策》）与他们的政治理论相一致，他们的义利观正是封建君主专制主义的义利观。

（三）墨家的义利思想

墨家理论的核心是兼相爱、交相利，所谓兼相爱，即人与人之间无差别的普遍互爱；交相利，即人与人之间无差别的普遍互利。兼爱与交利两者相辅相成，互为条件。墨家认为，只要人人都相爱相利，就能避免相侵相害之祸，达到国富民安，天下大治。所以《墨子》说："兼相爱、交相利……此圣王之道，而万民之大利也。"（《兼爱下》）又说："交兼者果生天下之大利者。"（《兼爱下》）由于兼爱交利体现了天下人的最大利益，追求并实现天下之大利，就成为墨家的最高理想。《孟子·告子下》说："墨子兼爱，摩顶放踵利天下为之。"墨家把他们利天下的信念，在理论上概括为"义"。义是墨家经济思想的灵魂，他们崇义贵义，言必称义，把义视为天下之良宝："所谓贵良宝者，可以利民也，而义可以利人，故曰义，天下之良宝也。"（《墨子·耕柱》）义不仅能利民利人，还能有利于天地鬼神。他说："义者，正也。……义正者若何；曰：大不攻小也，强不侮弱也，众不贼寡也，诈不欺愚也，贵不骄贱也，富不骄贫也，壮不夺老也。是以天下之庶国，莫以水火毒药兵刃以相害。若事上利天，中利鬼，下利人，三利而无所不利。"（《墨子·天志下》）义具有利天利鬼利人的作用，是世上一切事物都不能与之比拟的，所以《墨子》说："万事莫贵于义。"（《贵义》）天下一切事物中，义独为贵。墨家把义的内涵不仅视作是体现一切人的利益，而且扩大为包括天地鬼神在内，无所不包的至大至公至上的利益。因此，维护义，既是一切人共同利益的要求，也符合于天地鬼神的愿望："天欲义而恶不义。"（《天志上》）在理论上，义是上合天意，下顺人心的，但在现实生活中，却是"今天下莫为义"（《贵义》）。《墨子》认为，其原因就在于人们的自私自利，为自己的利益而不顾他人的利益："子自爱不爱父，故亏父而自利；弟自爱不爱兄，故亏兄而自利；臣自爱不爱君，故亏君而自利。此所以乱也"，"父自爱也不爱子，故亏子而自利；兄自爱也不爱弟，故亏弟而自利；君自爱也不爱臣，故亏臣而自利"，"虽至天下之为盗贼者亦然，盗爱其室，不爱其异室，故窃异室以利其室，贼爱其身，不爱人，故贼人以利其身"，"大夫各爱其家，不爱异家，故乱异家以利其家。诸侯各爱其国，不爱异国，故攻异国以利其国"（《兼爱上》）。天下一切祸乱，皆源于自私自利。他又说："今有一人，入人园圃，窃其桃李，众闻则非之，上为政者得则罚之，此何也，以亏人自利也，至攘人犬豕鸡豚者，其不义又甚入人园圃窃桃李，是何故也，以亏人愈多。……至入人栏厩，取人马牛者，其不义又甚攘人犬豕鸡豚，此何故也，以其亏人愈多。……至杀不辜人也，拖其衣裘，取戈剑者，其不义又甚入人栏厩，取人牛马，此何故也，以其亏人愈多。"（《非攻上》）在墨子看来，亏人自利就是不义，亏人愈多，私利愈甚，就愈为不义，不义是与私利相联系的。墨家对待公利与私利的矛盾，亦是以公利为义，以私利为不义的。他们崇公利、斥私利的鲜明立场表明，他们在义利关系上，同样是贵义贱利论者。历来许多论者，以《墨经上》"义，利也"为据，把墨家的义利观说成是义利并重的义利一体论，是与儒家以义制利、义为利本的观点相对立的理论。其实墨家只是在义与利的具体内涵上，与其他各家有所不同，而在义与利的关系上，同样是主张义重于利、贵于利的。墨家的兼爱论，鼓吹的是超阶级的人类之爱，他们主张爱一切人，实行人与人之间无差别的爱，所以孟轲说墨家是无父无君。同样，在利益关系上，墨家的交利论主张一切人之间实行互利，这种互利，舍象了阶级利益的对立，是抽象的人类的共同利益，墨家把它称为"义"，正是在这个意义上，并且也只是在这个意义上，墨家认为义与利的内涵是互通的，所以说："义，利也"，义就是利（公利），就是人类共同的最大的利益。但是，不能反过来说："利，义也"，因为不是所有的利都是符合义的。利还有一种，即是各人的私利，它是与义相对立的。先秦思想家所讲义利关系中的利，都是就这一种利而言的，墨家亦是如此。有一种普遍的误解，说儒家罕言利，而墨家则大谈其利。其实墨家谈的利，是利人利民，利他主义的利，是公利，也就是义，而与此相对立的个人的私利，尤其是不正当的私利，所谓亏人以自利，墨家是持强烈批判态度的。即使对于正当的个人利益，墨家认为，也是应该服从于义的。《墨子·天志中》说:"有财相分。"这里的"有财",是一般意义上的私有财产,并不就是不义之财,但是为了爱人利人,这种私有财产必须要用来"相分",即为了他人的利益而牺牲个人的私利。墨家认为,这样做了,当自己遇到困难时,也就会得到他人同样的帮助。对于彼此来说,都是以个人的私利服从于人们的共同利益,而这恰恰是符合于各人自己利益的。因此,在墨家理论中,作为私利,无论是正当的或不正当的,都必须服从于义。先义后利、贵义贱利,同样是墨家义利观的基本原则。

(四) 道家的义利思想

道家思想,以自然为法,以无为为本。其理论富于哲理,长于思辨而短于经济功利之术。对义利关系的论述,尤为阙如。故历来研究道家思想,重于哲学而疏于经济,对义利思想,更少涉足。从《老子》所言:"绝仁弃义","绝巧弃利"来看,既言弃义,又言弃利,似是一种既轻义又贱利的义利两弃的特殊观点,其实不然。在道家著作中,对义利关系虽缺少正面的专论,但在某些论述中,反映出他们对于公义与私利,对于取利行为的正当性,却是有其独特见解的。《老子》对于人们贪求私利,特别是统治者的贪欲好利,持强烈的批判态度。他说:"朝甚除,田甚芜,仓甚虚,服文彩,带利剑,厌饮食,财货有余,是谓盗夸。"(《老子·第五十三章》)把统治者因嗜欲好利,而致民贫国弱,斥为盗魁。又说:"民之饥,以其上食税之多,是以饥。""民之轻死,以其上求生之厚,是以轻死。"(《第七十五章》)"天之道,损有余补不足;人之道,损不足以奉有余。"(《第七十七章》)有力地抨击了厉民自养的统治者。《老子》认为,有道的统治者与此相反,"圣人为腹不为目"(《第十二章》),"圣人去甚去奢去泰"（《第二十九章》），"见素抱朴，少私寡欲"
（《第十九章》），"圣人欲不欲，不贵难得之货"（《第六十四
章》）。圣人是淡于私欲私利的，他像天道一样，大公无私："天
道无亲，常与善人"（《第七十九章》），"知常容，容乃公，公
乃王，王乃天，天乃道，道乃久"（《第十六章》）。因此，有道
的统治者，不是以天下奉一己，而是以余奉天下，他利于民而不
与民争利："孰能有余以奉天下？唯有道者"（《第七十七章》），
"圣人无常心，以百姓心为心"（《第四十九章》），"圣人常善救
人，故无弃人"（《第二十九章》）。又说："圣人之道，为而不
争"（《第八十一章》），"功遂身退，天之道"（《第九章》）。
《老子》所称述的这些圣人之道，都是要求统治者寡于私欲，薄
于私利，以厚利于天下百姓。它以统治者的贪欲好利为不义，以
为民兴利除害为大义。这与儒家的仁政，墨家的义政，在义利关
系的内涵方面，有许多共通之处。只是在《老子》看来，儒墨
所鼓吹的仁义，不仅达不到治世的目的，而且恰恰相反，"绝圣
弃智，民利百倍，绝仁弃义，民复孝慈，绝巧弃利，盗贼无有"
（《第十九章》）。只有抛弃儒墨的圣智仁义和巧利，才能真正实
现"民利百倍"，"民复孝慈"和"盗贼无有"。在这里，《老
子》对儒墨的圣智仁义，表现了强烈的批判态度。但是，需要
指出，《老子》批判儒墨的圣人，但并不是否定圣人。《老子》
一书绝口不提尧舜禹汤文武等儒墨的圣人，而在全书有二十余
处，提出了道家自己的圣人。如"圣人不行而知，不见而名，
不为而成"（《第四十七章》），"圣人方而不割，廉而不刿，直
而不肆，光而不耀"（《第三十八章》），"圣人无为故无败"
（《第六十四章》），等等。《老子》否定了儒墨的仁义，但是对
仁义的内涵并未一概否定，只是不称为仁义，而名之为"上
德"，相对地把儒墨的仁义称为"下德"。他说："上德不德，是

以有德，下德不失德，是以无德。上德无为而无以为，下德为之而有以为。"（《第三十八章》）道家的上德，其核心是无为，儒墨的下德，其核心是有为。《老子》认为，儒墨的仁义，都出于有为："上仁为之而无以为，上义为之而有以为，上礼为之而莫之应，乃攘臂而扔之。"（《第三十八章》）仁、义、礼之所以无德，就在于有为，而道家的"上德"所以有德，就在于无为。圣人所以能大公无私，淡于私利，就因为圣人之道，取法于天地自然："人法地，地法天，天法道，道法自然"（《第二十五章》），所谓取法自然，即是无为："道常无为而无不为"（《第三十七章》）。无为是最好的治天下之道："吾是以知无为之有益，不言之教，无为之益，天下希及之。"（《第四十三章》）而要无为，就须无欲："无欲以静，天下将自定"（《第三十七章》），"故圣人云：我无为而民自化，我好静而民自正，我无事而民自富，我无欲而民自朴"（《第五十七章》）。圣人唯因无为，故能不争不贪，寡欲利民，使天下长治久安。故无为就是利民利天下，也就是公利，是最大利益所在。《老子》以无为而治与儒墨的仁义治天下相对立。儒墨以义为最高利益的体现，凡符合于义的求利活动，就是适宜的、合理的，所以义是一切求利活动所应遵循的行为规范。《老子》则以无为作为最高利益的体现，凡求利符合于无为原则的，便是适宜的、合理的。因此，无为是一切求利活动所应遵循的行为规范。《老子》说："圣人处无为之事，行不言之教，万物作焉而不辞。"（《第二章》）圣人对于包括求利活动在内的一切活动，都遵循无为这一原则，即因顺其自然。他说："道生之，德育之，长之育之，亭之毒之，养之覆之，生而不有，为而不恃，长而不宰，是谓元德。"（《第五十一章》）生、畜、育、长一切因顺自然，是最为适宜的、合理的求利之方，它与一味追求物欲是相反的："元德深矣远矣，与物反

矣，然后乃至大顺。"（《第六十五章》）元德就在于一切因顺自
然，也就是无为。而惑于物欲，求于有为的行为，都是有害无利
的："甚爱必大费，多藏必厚亡。"（《第四十四章》）它们都违
反了无为这一求利的行为规范。由此可见，无为既是最高利益的
体现，也是求利必须遵循的行为规范，无为即是《老子》的
"义"。它必然是高于利、大于利、重于利的。《老子》在义利关
系上，仍然是重义轻利，绝非是义利两弃。

　　《庄子》与《老子》一样，是强烈批判儒墨的圣贤仁义的。
他说："黄帝不能致德，与蚩尤战于涿鹿之野，流血百里。尧舜
作，立群臣，汤放其主，武王杀纣。自是之后，以强凌弱，以
众暴寡，汤武以来，皆乱人之徒也。……世之所高，莫若黄帝，
黄帝尚不能全德而战涿鹿之野，流血百里，尧不慈，舜不孝，
禹偏枯，汤放其主，武王伐纣，文王拘羑里，此六子者……皆
以利惑其真而强反其情性，其行乃甚可羞也。"（《庄子·盗
跖》）又说："及至圣人，蹩躠为仁，踶跂为义，而天下始疑
矣，澶漫为乐，摘僻为礼，而天下始分矣……道德不废，安取
仁义，性情不离，安用礼乐……毁道德以为仁义，圣人之过
也。"（《马蹄》）激烈批判和嘲弄了儒墨所崇奉的尧舜禹汤文武
等圣贤及其仁义。但是，《庄子》在对待义利关系上，同样是肯
定义重于利的原则。他说："爱利出乎仁义，捐仁义者寡，利仁
义者众"（《庄子·徐无鬼》），认为利出于义，义为利之本。然
而《庄子》对义的内涵，却有自己独特的见解。它一方面与
《老子》一样，反对追求私欲私利，他说："民之于利甚勤，子
有杀父，臣有杀君"（《庚桑楚》），认为一味追求利欲，会导致
子杀父，臣杀君的恶果，"是故大人之行……动不为利……货财
弗争"（《秋水》），所以君子应淡于财利："不利货财，不近富
贵……不拘一世之利以为己私分"（《天地》）。只有小人，才徇

私好利："小人则以身殉利"（《骈拇》）。另一方面，它不像
《老子》那样把利民利天下视为公利，而是以重生贵己作为最高
利益。这是《庄子》与《老子》义利思想的重大区别。《老子》
从批判统治者"求生之厚"出发，提出"夫唯无以为生者，是
贤于贵生"（《第七十五章》），反对统治者的贵生，而《庄子》
把个人的重生贵己作为最高利益，而鄙夷对财利的追求，认为
追求财利是"以利自累"（《让王》），使生命受财利的奴役，是
愚蠢的，不值得的。他说："人死有时"，人的生命是有限的，
人生若骐骥之过隙，以短短的一生，去追逐无穷的财利，而
"不能说其意志，养其寿命者，皆非通道者也"（《盗跖》）。他
嘲笑那些逐财利的人是"贪财而取慰，贪权而取询"，"财积而
无用，服膺而不舍，满心戚醮，求益而不止，可谓忧矣"（《盗
跖》）。《庄子》认为，只有生命是最可贵的，"能尊生者，虽富
贵，不以养伤身；虽贫贱，不以利累形。今世之人，居高官尊
爵者，皆重失之。见利轻亡其身，岂不惑哉！"（《让王》）又
说："今世俗之君子，多为身弃生以殉物，岂不悲哉！"（《让
王》）而通道之人则相反，"重生则利轻"（《让王》），"养志者
忘形，养形者忘利，致道者忘心"（《让王》）。财利乃身外之
物，为了重生养性，一切财利都是可轻可忘的，甚至为了保全
生命，可以委曲求全："人皆求福，己独曲全，曰：苟免于
咎……常宽容于物，不削于人，可谓至极。关尹老聃乎，古之
博大真人哉！"（《天下》）《庄子》把牺牲身外之物，委曲求全，
以保生命，视为最高尚的行为，只有关尹、老聃这样的博大真
人才能做到。《庄子》把重生贵己看作是人们处世最适宜的行为
准则，从而也是一切取利行为的准则，凡不合于重生贵己的利
是不取的。在这个意义上，重生贵己即是《庄子》的义。《庄
子》亦是重义轻利的。

（五）《吕氏春秋》的义利思想

《吕氏春秋》一书包含了儒墨道法等各家的观点，它的义利思想则主要是阐发儒道两家的观点，其中儒家的义利观，主要见于《贵公》《去私》《爱类》《无义》《上德》《高义》诸篇。如说："昔圣王之治天下也，必先公，公则天下平矣，平得于公……天下非一人之天下也天下之天下也……周公曰：利而勿利也"（《贵公》），"置君，非以阿君也，置天子，非以阿天子也，置长官，非以阿长官也。德衰世乱，然后天子利天下，国君利国，官长利官"（《恃君览》）。又说："天无私覆也，地无私载也，日月无私烛也，四时无私行也，行其德而万物得遂长焉。"（《去私》）宣扬统治者应以天下为公，而不谋私利，特别是宣扬儒家的利民观点："古之君民者，仁义以治之，爱利以安之，忠信以导之，务除其灾，思致其福"（《适威》），"若夫舜汤……以爱利为本，以万民为义"，"忧民之利，除民之害"，"人主有能以民为务者，则天下归之矣"，"圣王通士，不出于利民者无有"（《爱类》）。在义利关系上，宣传义重于利，义为利本的思想："为天下及国，莫如以德，莫如行义。以德以义，不赏而民劝，不罚而邪止。……故义之为利博矣"（《上德》），"故义者，百事之始也，万利之本也"（《无义》）。对于个人取利的行为准则，它说："非其义，不受其利"（《离俗览》），"君子之自行也，动必缘义，行必诚义，俗虽谓之穷，通也。……赏不当，虽与之，必辞"（《离义》）。这与"义然后取"的论点是相同的。又如："使不肖以赏罚，使贤以义"（《恃君览》），"君子计行虑义，小人计行其利"（《慎行》），这是"君子喻于义，小人喻于利"的复述。又如："士之为人，当理不避其难，临患忘利，遗生行义"（《士节》），则合于儒家舍身取义之意。此外，作者还以儒家的义利观批判法家的观点："利行乎天下，而民不识，岂必以严罚厚赏哉！严罚厚赏，此衰世之政也。"（《上德》）《吕氏春秋》对儒家的义利观点虽阐述较多，但并无新意，而对道家的义利思想则阐发较深。书中比较集中阐发道家思想的有《本生》《重己》《贵生》《情欲》《先己》诸篇。《庄子》有生命重于物欲的思想，《吕氏春秋》对此在理论上作了进一步的阐发。如说："今吾生之为我有，而利我亦大矣。论其贵贱，爵为天子，不足以比焉；论其轻重，富有天下，不可以易之。……凡生之长也，顺之也，使生不胜者，欲也。故圣人必先适欲。……是故先王不处大室，不为高台，味不众珍，衣不燀热。……圣王之所以养性也，非好俭而恶费也，节乎性也。"（《重己》）又说："物也者，所以养性也，非所以性养也。今世之人惑者，多以性养物，则不知轻重也。……是故圣人之于声色滋味也，利于性则取之，害于性则舍之，此全性之道。世之贵富者，其于声色滋味也多惑者，日夜求，幸而得之，则循焉。循焉，性安得不伤。……故圣人之制万物也，以全其天也。……古之人有不肯贵富者矣，由重生故也。"（《本生》）它指出，养性就是最大的利我，利我是世上一切富贵都不能与之比拟的，它比爵为天子、富有天下更重要，它是至高无上的，一切物利的取舍都要视是否利于我的养性，"利于性则取之，害于性则舍之"，这样明确的取舍准则，在《庄子》中还没有提出。不仅如此，它还把《庄子》中包含在重生贵己与物利关系中的义利思想，作了明确的表述和论证。它说："圣人深虑天下，莫贵于生，夫耳目鼻口，生之役也，耳虽欲声，目虽欲色，鼻虽欲芬香，口虽欲滋味，害性则止。在四官者，不欲利于生者则弗为。由此视之，耳目鼻口不得擅行，必有所制。譬之若官职，不得擅为，必有所制，此贵生之术也。"（《贵生》）又说："全生为上，亏生次之，死次之，迫生为下。故所谓尊生者，全

生之谓，所谓全生者，六欲皆得其宜也，所谓亏生者，六欲分得
其宜也。……所谓死者，无有所以知，复其未生也。所谓迫生
者，六欲莫得其宜也……辱莫大于不义，故不义迫生也，而迫生
非独不义也。故曰：迫生不若死。"（《贵生》）它指出，欲利不
得擅行，必有所制约，那么制约欲利的是什么？它说："由贵生
动则得其情矣，不由贵生动，则失其情矣。此二者死生存亡之本
也。俗主亏情……德义之缓，邪利之急，身以困穷，虽后悔之，
尚将奚及。"（《情欲》）就是说根据贵生的原则去行动，就能
"六欲皆得其宜"，即得其情，就是所谓全生、尊生。反之，违反
贵生的原则去行动，则"六欲莫得其宜"，即失其情、亏情，就
是所谓迫生，而迫生亦即不义。反过来说，尊生、全生就是义。
所以它又说："义曰利身，君曰勿身。勿身督听，利身平静。"
（《先己》）义就是利身，利身也就是贵生、尊生、全生。换言
之，在义利关系中，贵生就是义，以贵生制约欲利，也就是以义
制利。这就把《庄子》中一些没有说清楚的义利思想，作了明确
清晰的阐发。但这里说的"君曰勿身"，主张为君者在于利民，
而勿自利身，这却应是《老子》的观点。《吕氏春秋》一书，集
有各家之言，驳然杂陈，但其所述道家义利思想，实际上是以
《庄子》为主。

从以上春秋战国时代各家各派思想家所阐述的义利观中可以
看出，一方面，思想家们都承认在人们获取个人的物质利益时，
必须要有一定的行为规范，这种制约个人取利的行为规范，必须
是代表了某种高于个人物质利益的更高级的利益，在思想界一般
把它概括为"义"，有的虽不用"义"这个概念，但实质上是一
样的，只是理论表述上的差异。另一方面，由于不同思想家的立
场观点的不同，他们对义利内涵的理解是不一致的。如墨家以抽
象的人类共同利益为义，儒家以统治阶级的长远利益和根本利益

为义，法家以专制君主的利益为义，而道家的《庄子》则以重生贵己为义。各派思想家由于不同义利观所产生的义利之辨，实质上是对于义利内涵的不同理解。他们各有自己的"义"，以自己一家一派之"义"，攻击和否定别家别派之"义"。虽然不同思想家对于"利"的重视程度有所不同，但在义与利的关系上，归根到底是义重于利的。弄清这一点，对于正确理解中国历史上两千多年来义利之辨的实质是重要的前提和基础。

三　对学术界批判义利思想的辨正

解放以来，我国学术界对于古代的义利思想进行了许多分析批判，见仁见智。对讨论中存在的一些普遍性的理论认识问题，我认为有必要作一番辨正。

首先，理论界普遍认为，"利"具有物质利益的内涵，因而属于经济基础。而"义"是道德观念，似乎就不具有物质利益的内涵，因而属于上层建筑。我认为把义与利视为分别属于上层建筑与经济基础的看法是不对的。其实，所有的道德观念，都是经济关系的产物，归根到底都是由物质利益关系决定的。"义"作为一种道德规范，正是某种特定利益的观念反映，而与"义"相对立的"利"，同样也是某种特定利益的观念反映。它们之间的矛盾与对立，乃是反映在意识形态领域里的人们不同利益之间的矛盾和对立，并非是上层建筑与经济基础的矛盾与对立。

其次，理论界常常把重义轻利的思想说成是唯心论，而以为重利轻义则是唯物论。这种说法，在理论上是双重的混乱。如前所述，先秦各派思想家，在实质上都是重义轻利的，只是各家各有自己所倡导的"义"。虽然他们在重视"利"的程度上有所不同，但根本说不上是唯心论与唯物论的差别。在哲学上，唯心论与唯物论的区别，仅仅指的是精神与物质谁是第一性的问题，凡承认物质第一性、精神第二性的为唯物论，反之为唯心论。区别仅限于此。至于在现实生活中，精神与物质谁更重要，则是属于另一个问题，它并不说明唯心论与唯物论的区别。在自然界中，派生的东西，可能比原生的东西更重要，如说人类比变形虫更重要，这是事实，是唯物论不是唯心论。大家知道，列宁曾说过"政治与经济相比，不能不居首位"，毛泽东也有"政治挂帅"的论断。马克思主义经典作家对于上层建筑在一定条件下的决定作用，以及强调意识形态重要性的论述是很多的，能否认为这些都是上层建筑决定论，都是唯心论呢？当然不能。强调政治比经济重要，强调上层建筑和意识形态的重要性，与承认精神第一性、物质第二性是两个不同的问题，绝不能混为一谈。在先秦，思想家对于物质与精神相互关系的观点，并不表现为义利思想。例如管仲说"仓廪实而知礼节，衣食足而知荣辱"；孔丘的"富而后教"；孟轲的"唯救死而恐不赡，岂暇治礼义哉！"都把物质生活视为精神生活的基础，在理论上具有物质第一性，精神第二性的意思。这同他们强调义重于利是两个不同的问题。

此外，一些论者还认为，在历史上，凡属于重义轻利的思想家是保守的，或反动的，而属于重利轻义的思想家则是进步的，这种说法，也是不能成立的。确实，我国自两汉以后，尤其是唐宋以来，不断出现一些思想家提出言利的正当性和重要性，批判讳于言利的思想。这是因为，自两汉以来，儒学逐步居于统治地位，在思想界逐渐产生了经院化的倾向，把先秦儒家倡导的先义后利、以义制利的思想片面化、教条化，变先义后利为存义去利，所谓存天理，灭私欲；把反对统治者的贪利聚敛，变为鄙于为国理财；以讳言利，尚空谈，不理财，来掩饰士大夫的理财无才、治国无能。这与先秦儒家倡导的先义后利、以义制利的精神是相背离的。先秦儒学并非是经院式的清谈出世主义者，而是积极干政的入世主义者。学习为儒的目的就是要"干禄"，他们必须学习掌握一套礼仪、文学、语言、理财乃至军事等技艺和才能，以便得到统治者的赏识和任用。如孔丘的弟子冉求，就多才多艺，包括具有杰出的理财才能。孔丘传授的六艺中，就有一门数学，主要是理财学。王安石曾指出："一部《周礼》，理财居其半，周公岂为利哉"（《王临川集》卷七十三，《答曾公立书》）。但自两汉以来，随着儒学统治地位的日益巩固，逐渐产生了教条化、经院化的倾向。这种状况，不独儒学为然，古今中外思想史上，当某种思想理论一旦居于统治地位，成为统治阶级的御用思想理论后，就往往会随之发生僵化、教条化和经院化的倾向。儒家义利思想发展的这种倾向，引起了历代有识之士的反对。但这种批判并不是为了推翻先秦儒家关于先义后利、以义制利的原则，恰恰相反，毋宁说是对后儒歪曲这些原则的批判。唐末白居易就说过："圣人非不好利也，利在于利万民；非不好富也，富在于富天下。"（《白香山集》卷四十六，《策朴》二）重申了圣人所好的是利万民、富天下的公利，也即是先秦儒家以民利为先的原则。北宋李觏说："焉有仁义而不利者乎。"（《李觏集》，第326页）重申了义与利所具有的共性，而不是绝对的对立。王安石亦强调"以义理天下之财"（《王临川集》卷七十，《乞制置三司条例司》）。苏洵反对宋儒的言义不及利，以"徒义加天下"，主张"义利、利义相为用"（《嘉祐集》卷八，《利者义之和论》），陈亮提出"义利双行"说，都认为义与利两者是密不可分的，没有了利的义，就成了虚无缥缈的东西，所以叶适说："既无功利，道义乃无用之虚语耳。"（《水心学案》，《习家记言》二十三）本来先秦义利思想是把义与利视作一对矛盾统一体的，义是相对于利而存在的，公利是相对于私利而存在的，取消了私利，也就无所谓公利，没有了"利"，也就无所谓"义"。宋儒提出存天理，灭私欲，去利存义的观点，是从根本上违反理论逻辑的，它恰恰是对先秦义利思想的反动。思想界对他们批判的着眼点也正在于此。叶适说："古之人未有不善理财而为圣君、贤臣者也。"（《叶适集》第3册，第658页）李贽亦说："谓圣人不欲富贵，未之有也。"（《李氏文集》卷十八，《明灯道古录》卷上）这实际上是对所谓圣人讳言利进行辟谣。他们认为，圣人是言利的，而且还是善于理财的，只是圣人言利是以私利服从于公利，圣人理财是为国为民，为天下人理财，这样的理财是符合于义的，所以王安石说："理财乃所谓义也。"（《王临川集》卷七十三）近代人薛福成说得更明白："圣人正不讳言利……后世儒者不明此义，凡一言利，不问其为公为私，概斥之言利小人，于是利国利民之术，废而不讲久矣。"（《庸庵文别集》卷六）这表明，历来批判者所强调的"利"，是利国利民之利，即公利，实质上也就是先秦儒家所强调的"义"。所以王安石明确说："理天下之财，不可以无义。"（《王临川集》卷七十）叶适亦说："富而义。"（《水心学案》，《习学记言》二十三）他们都是重义而不是轻义的。在历史上，所谓"重利轻义"的理论，实际上是不存在的，从来没有任何一位思想家在理论上认为取利是可以不受任何行为规范的制约、见利是可以忘义的。即使是被压迫阶级在反抗统治剥削阶级的"义"时，他们也是用维护被压迫阶级的"义"去批判统治剥削阶级的"义"，而不是宣扬什么重利轻义的。《水浒传》中梁山泊义士公孙胜对晁盖说："蔡京生辰纲是不义之财，取之何碍？"他们首先认定生辰纲是贪官的不义之财，而夺取不义之财是合乎义的义举。他们也是以取利合乎义作为行为准则的。所以他们把议事的地方称做"聚义厅"，并不称"聚利厅"，他们高举的义帜是"替天行道"，而不是追求利欲，他们也是把义看得重于利的。只是他们的"义"与统治剥削阶级的义是根本对立的。因此，无论从理论和史实上看，把批判者的批判说成是重利轻义思想，是既不符合义利关系的理论逻辑，也不符合批判者的思想实际的。批判者只是批判了那些讳于言利、鄙于理财，完全否定个人利益的错误观点，而同时却一再重申了公利重于私利、民利先于君利、取利必须合乎义等先义后利、以义制利的原则。这些批判者的进步历史意义并不在于他们有重利轻义思想，而是在于他们向儒学教条化、经院化倾向进行了斗争，批判了后儒错误的义利思想。

弄清历史上义利之辨的实质，对于我们今天正确处理不同人们的利益关系，也有着重要的理论意义和实际意义。在我国社会主义社会里，社会主义的公利与个人的私利之间，国家利益、集体利益与个人利益之间，长远的、根本的利益与暂时的、局部的利益之间，依然存在着各种矛盾，从而在各种不同的利益关系上，同样也存在着义与利的矛盾。只是它的性质与以往社会的有所不同而已。在社会主义社会里，在对待物质利益的关系上，是见利想义还是见利忘义，仍然是每个人在处理利益关系时所必须作出的抉择。为了正确处理社会主义条件下人们的利益关系，一方面，要坚持贯彻按劳取酬、多劳多得的物质利益原则；同时，另一方面，要坚持贯彻国家、集体、个人三者利益中，以小利服从大利，个人利益服从国家利益的原则，以社会主义国家和全社会的长远利益、根本利益，去制约个人的或暂时的、局部的利益，也即是坚持先义后利、以义制利的原则。实现这个原则，不仅需要有健全的社会主义法制，而且还必须在思想意识领域里普遍树立起维护公利的道德观念和行为规范，没有这种道德观念和行为规范的普遍建立，就不可能建设具有高度精神文明和高度物质文明的社会主义社会。因此，建立社会主义的新的义利观，是建设新社会的需要。最近梁漱溟指出，中国的传统文化是"伦理本位，互以对方为重"，而西方是"个人本位，自我中心"。我国历史上丰富的义利思想，也是体现我国民族传统文化观念的一个方面，我们应该批判地利用、改造，发扬先义后利、义重于利的义利思想，褒扬人们为全国人民的利益，为社会主义的大义，为共产主义的伟大理想，无私地贡献一切这样一种新的道德观念和崇高精神，批判那些以权谋私，损人利己，唯利是图，一切向钱看的经济动物式的行为准则，用法制和道德的力量，去开辟一个精神文明的新纪元。现在理论界应该是抛弃那种把先义后利、以义制利思想当成上层建筑决定论和唯心论观点来批判的时候了。

（《中国经济史研究》1987 年第 2 期）

《致富论》序

　　义利是中国传统经济思想中一个十分重要的经济伦理范畴。"义"在广义上是对人们一切社会行为的正当性、合理性的理论概括和抽象，它为规范和评价人们各种社会行为的是非善恶提供了道德的标准。如在君臣之间，有君臣之义；在父子之间，有父子之义；在夫妇之间，有夫妇之义；在朋友之间，有朋友之义，等等。把这种广义的行为规范的道德准则，与人们具体的利益关系（经济的物质的利益或归根到底是经济的物质的利益）相结合，形成对经济利益的获取与其行为规范的道德准则之间的关系，即义利关系。在义利这个范畴中，义作为行为规范的道德准则，实质上是以观念形态表现的与具体的个人利益相对立的社会共同利益。马克思指出："个人利益总是违反个人的意志而发展为阶级利益，发展为共同利益，后者脱离单独的个人而获得独立性，并在独立化过程中取得普遍利益的形式，作为普遍利益又与真正的个人发生矛盾。而在这个矛盾中既然被确定为普遍利益，就可以由意识想象成为理想的，甚至是宗教的、神圣的利益"，这是因为"在个人利益变为阶级利益而获得独立存在的这个过程中，个人的行为不可避免地受到物化、异化，同时又表现为不依赖于个人的、通过交往而形成的力量，从而个人的行为转化为社会关系，转化为某些力量，决定着和管制着个人，因此这些力量在观念中就成为'神圣的'力量"①。这就是说，在人们共同的社会生活中所形成的某种社会关系，必然会产生一种与个别人的个人利益相对立并独立于个人利益之外，以普遍利益形式表现出来的共同利益，它以观念形态的"神圣力量"决定着、制约着人们的取利行为，用中国传统的经济伦理思想来表述，这便是"以义制利"。在义利范畴中，"义"与"利"是一对相互对立而又相互依存的矛盾统一体。它们之所以相互矛盾和对立，是因为两者体现的是各自不同的利益；它们之所以有同一性，并构成一个矛盾统一体，是因为两者有着相互依存的关系。义利关系所体现的这种个别与一般、局部与整体、目前与长远之间的利益的矛盾，是一切社会普遍存在的社会现象，古今中外概莫能外。只是由于中国与西方各自社会历史条件的不同，以及在此基础上形成的观念形态的差异，形成了对义利关系的理论认识上的种种差异和特点。在西方，古希腊思想家亚里士多德，就曾对生财之道的正义性进行过分析。他提出有两种致富方式，一种是与家庭管理相联系的农牧业生产，另一种是从事商业买卖。其中前一种是合乎自然的，因此是正当的、合乎正义的；后一种是违反自然的，尤其高利贷是最不合乎自然的，因此都是非正义的。而从战争中掠取财物，他认为是合乎正义的，因为战争就像狩猎一样，只是狩猎的对象是禽兽，而战争的对象是人，其性质都是合乎自然的。它鲜明地反映了奴隶主阶级的道德观、义利观。亚里士多德还分析了个人与国家的利益关系，他说国家是自然的产物，以国家为代表的整体利益，比任何局部的、个人的利益更重要。因

---

①　《马克思恩格斯全集》第 3 卷，人民出版社 1965 年版，第 273 页。

此遵守国家的礼法是维护社会秩序的基础。一个人如果缺乏道德观念，就会脱离礼法和正义，沦为动物中之最卑劣者。他通过对个人利益与整体利益的矛盾的分析，论述了正义的必要性。但所有这些具体的和理论的分析，都没能从中抽象出类似"义利"这样的理论概念来。

在中世纪的欧洲，教会拥有巨大的权力，宗教在社会生活中居于支配的地位。所有的思想家几乎都是从宗教伦理的角度探讨经济问题的。他们根据教义和教会的信条去规范人们的行为（包括经济行为）。所以欧洲中世纪的经济学说，亦即是封建的教会的学说。他们继承古希腊亚里士多德的思想，反对商业和高利贷的牟利行为。著名的哲学家、神学家阿奎那认为，如果经商的动机和目的是为了维持一己或家庭的生计，或赚钱是为了赈济穷人、举办公益事业等高尚目的，则可以认为是符合教义规范的。他发展了亚里士多德的思想，把是否有利于他人和社会，作为经商行为是否符合正义的准则。但是阿奎那的学说，不论是关于商业和高利贷的观点，还是他的公平价格的理论，都始终囿于宗教伦理的范围，而不是立论于社会经济的关系，因而也就不可能产生出"义利"这样的经济伦理范畴来。

直到17、18世纪，随着近代工业资产阶级的兴起，"利益被提升为人的统治者"，"财产、物成了世界的统治者"[1]，人与人之间的一切关系都变成了赤裸裸的利益关系。在这一新的社会历史条件下，资产阶级的思想家为了争取和维护资产阶级的利益，开始撕碎蒙在利益关系上的封建的宗教的面纱，从利己主义立场出发，对个人利益与社会利益、伦理道德与取利行为之间的关系展开了广泛的探讨。其中最为突出的是功利主义学派。17世纪

---

① 《马克思恩格斯全集》第1卷，人民出版社1956年版，第674页。

英国的唯物主义思想家霍布斯和洛克是功利主义思想的先驱。他们认为人的天性是利己的，为了实现利己的目的，是可以不择手段的。但当人人都这样做时，就会陷入自相残杀的混战之中。为了和平，就必须同等地放弃某些权利，限制某些行为自由，于是产生契约，契约产生公道，公道又产生道德。道德的作用就在于约束和制约人的行为。因此他们的箴言是："我要求别人尊重我的权益，我就得尊重别人的权益。"其出发点是防止别人侵害自己，而不是为了有益他人。这种赤裸裸的利己主义为后来的爱尔维修和费尔巴哈的"合理利己主义"所修正。他们认为共同利益是保证个人利益的重要条件，人必须在公共利益之下利己，即富于同情心的利己主义，使个人利益与公共利益一致起来。19世纪后期，英国伦理学家边沁明确提出功利主义原则，成为资产阶级的功利主义思想的代表。他提出以人的行为使人获得快乐和幸福的功效为道德准则。他把爱尔维修的公共福利原则换成"最大多数的最大幸福"作为道德评价的标准，断言个人利益是唯一现实的利益，社会利益只是一种抽象，它不过是个人利益的总和。其后约翰·穆勒集功利主义学说之大成，在边沁功利主义思想基础上，进一步强调公共利益，主张把利己主义原则同良心、义务、尊重法规、实施个人慈善事业等联系起来，提倡"己所欲者，施之于人，爱邻如己是功利主义道德完善的理想"。穆勒提倡的是一种建立在比较温和的利己主义基础上的利他主义。

　　虽然西方功利主义在不同历史时期有不同的学派，其理论观点也不尽相同。但就根本而言，都是从利己主义立论的。这与中国古代建立在利他主义道德观基础上的功利主义有很大不同。中国古代的墨家，对功利的界定是："功，利民也。"其行为准则是："利人乎，即为；不利人乎，即止。""摩顶放踵，利天下为之。"宋代事功学派把功利界定为："以利与人而不自居其功。"他们都以利他人、利社会、利天下而不自居其功为功利主义的行为准则和道德标准。即便是宣扬人性好利、趋利避害是人的天性的法家学派，也强调"人行事施予，以利之为心，则越人易和；以害之为心，则父子离且怨"，主张以互利精神处理利益关系，并不主张绝对的利己主义。尤其是强调所有的臣民都要"欲利而身，先利而君"，"大臣有利则尊君，百姓有功则利上"，要求任何个人的利益，都必须绝对服从君主的利益（公利）。他们的功利论都不是立论于利己主义基础上的。明代的李贽认为，人们之所以维护道义（公利），终究是因为知道这样做会给自己带来巨大利益。他把利他的动因归之于利己，这与霍布斯的功利观倒是很相似的。这种以个人利己主义立论的功利观，是在明代以后随着资本主义因素的出现而产生的，且为数不多。这是中国功利思想的特点。

西方的以个人利己主义立论的功利观，一方面是起因于资本主义的兴起。正如马克思所说："我们第一次在边沁的学说里看到：一切现存的关系都完全从属于功利关系，而这种功利关系被无条件地推崇为其他一切关系的唯一的内容；边沁认为，在法国革命和大工业发展以后，资产阶级已经不是一个特殊的阶级，而已成为这样一个阶级，即它的生存条件就是整个社会的生存条件。"① 因此在他们看来，凡是有利于资产者的，也就是有利于全社会的；社会利益也就是个人利益的总和；个人利益是社会利益的基础，利己主义是利他主义的基础。另一方面，西方的利己主义的功利观的形成，也与其历史的传统的哲学思维方式有关。我们知道，以边沁和穆勒为代表的功利主义，其理论的核心是快

① 《马克思恩格斯全集》第3卷，人民出版社1965年版，第483页。

乐主义的目的论，认为求乐避苦是人的本性，追求快乐是人生的目的。边沁说："统治着人类的两个主人是苦与乐，它指导着人们应该做些什么和决定着人们怎样去做。一切有助于产生快乐的行为和事物就是好的，反之，则是坏的。这便是功利的原则。所以当我们对任何一个行为予以赞成或不赞成的时候，我们是看该行为是增多还是减少当事者的幸福。"他们从快乐论引出幸福论，把从快乐幸福中所感受到的功用，作为道德准则。因此对功利主义者来说，功用即道德，无功用也就无道德可言。近代西方这种以快乐主义的目的论为核心的功利思想，其哲学思维渊源于古希腊居勒尼学派和伊壁鸠鲁主义。他们最早倡导快乐主义，把追求快乐作为人生的目的，认为道德不过是求快乐的工具，德行之所以为人们所遵从，就在于它能确保人们获得快乐，德行正是追求快乐的最佳方式。这种快乐主义的功利观，一开始就是从个人出发，以个人获取肉体和精神的快感为基础的。其后英国的霍布斯、洛克、斯宾塞，荷兰的斯宾诺莎，法国的爱尔维修、霍尔巴赫、狄德罗，德国的施蒂纳、费尔巴哈等，他们的快乐论也都是以追求和满足个人的快乐幸福作为利己主义的立论基础的。这种以个人本位为道德思维出发点的哲学思维方式，正是形成西方功利主义伦理思想的理论基础。因此在西方功利思想中的一个普遍的理论命题是：功利是目的，道德是工具和手段，道德产生于功利。这个命题，用中国的经济伦理来表述，即"利以生义"，这与中国古代义利思想的基本命题"义以生利"是相反的。

正由于西方功利思想的核心是快乐论的目的论，而快乐只是一种肉体和精神的感受，这就使得西方对功利主义的探讨，往往脱离了人们的经济和利益关系，成为一种对良心、正义、善与恶、好与坏等抽象的精神关系的把握及道德评价。如边沁为了探讨衡量快乐程度的标准，提出了快乐的强烈程度、快乐的持续性、确定性、远近性、繁殖性、广延性、纯洁性等，这些标准都是从个人的主观感受出发，离开了人们的社会关系和经济利益关系。穆勒在批判边沁只注重快乐享受的量而忽视享受的质时，提出用"良心说"来弥补其功利论的缺陷。但是所有这些离开了人们的社会经济关系和利益关系，从心理的、精神的因素去解释个人与社会的道德关系，就连道德本身也是无法说明的。黑格尔说："如果感觉、愉快和不愉快可以作为衡量正义、善良、真理的标准，可以作为衡量什么应当是人生的目的的标准，那么真正说来，道德学就被取消，或者说，道德的原则事实上也就成了一个不道德的原则了——我们相信，如果这样，一切任意妄为都将可以通行无阻。"[①] 的确，居勒尼学派就是认定快乐是唯一目的，对获取快乐的行为是没有任何规范的，因此获取快乐是可以不择手段的。这就是说道德被取消了。正如马克思所说："真正道德与利益的关系，既不是从那情感的形式，也不是从那夸张的思想形式去领会这个对立，而是在于揭示这个对立的物质根源。"[②] 这里所说的物质根源，就是社会经济关系中个人利益与社会利益之间的矛盾与对立。对此，我国古代的儒学大师荀子作出过深刻的分析。他说人的本性是好利的，欲望是无穷的，而客观的财富是有限的，这就必然要引起争夺，导致社会动乱。既然好利是人的本性，是无法消灭的，但又不能任其发展，这就需要一方面承认它在一定范围内的合理存在，另一方面不允许它超越既定的利益范围去侵犯他人和社会的利益。以他人和社会的利益作为制约个人利益的界范。这种制约关系，用理论来表述，即是以义制利。它是为了协调人们间不同利益关系而产生的一种社会机制，

---

① 黑格尔：《哲学史讲演集》第 3 卷，三联书店 1959 年版，第 771 页。
② 《马克思恩格斯全集》第 3 卷，人民出版社 1965 年版，第 275 页。

是人类社会特有的现象。人类所以能结合成群体，并发挥其社群的力量，就是因为人们能认识到彼此间的共同利益，并根据这种共同利益的要求去划分各自不同的利益范围。遵循和维护这种共同利益，是协调人们相互关系的基础。荀子把这种使人们能结合起来的社会共同利益，在理论上概括为"义"，它体现着社会整体的、长远的利益；与此相对立的"利"则是体现了个人的或局部的、暂时的利益。荀子认为，义与利、共同利益与个人利益的矛盾，对于任何个人和社会都是同时存在的："义与利者，人之所两有也。"这与马克思所说的"在历史上表现出来的两个方面，即个别人的私人利益和所谓普遍利益，总是相互伴随着的"①，意思是一样的。问题在于当两者发生矛盾时，应该谁先谁后、孰轻孰重？荀子认为必须是义先于和重于利，个人的、局部的、暂时的利益，必须从属于社会的、整体的、长远的利益，这就是先义后利、重义轻利的原则。他既反对唯利是图、见利忘义的利己主义行为，也反对统治者的急功近利，主张追求功利必须以义为前提。他认为以义制利、先义后利是唯一正确处理义利关系的原则，坚持这个原则，才能做到"天下大而富，使而功"，建立真正的功利。荀子的义利论既不是从个人的感觉感情出发，也不是以正义、良心立论，而是立论于经济利益关系的分析，深入揭示了义与利、共同利益与个人利益之间的同一性与矛盾对立的关系，对义利这一经济伦理范畴，作出了深刻的理论分析。而西方的功利主义思想，由于其传统哲学思维的特点和方法论上的缺陷，始终未能真正找出揭示个人利益与社会共同利益关系的物质根源，从而也就不可能在理论上概括出两种不同利益相互依存又相互矛盾对立的统一体——义利范畴。我国古代思想家

---

① 《马克思恩格斯全集》第 3 卷，人民出版社 1965 年版，第 272—273 页。

对义利范畴的提出和对这一范畴的分析论证，大大丰富了经济伦理思想，在经济思想史上是一个杰出的贡献。

但是在我国学术界，对义利思想的研究相对还比较薄弱。由于义利思想是古代经济思想的基础理论，是一种理论的抽象，历来的经济实践家少有论涉，而秦汉以后的理论家又大多是在逻辑推理上三言两语，流于空泛，因此直接的史料不多，有深度的论述更少，也很少有人对传统义利思想作历史的、系统的研究。张跃博士这部专著，对我国的传统义利思想，进行了系统的整理、发掘和条理分析，多少弥补了这方面研究不足的缺憾，对进一步推展我国古代经济范畴史的研究有积极的意义。同时书中还对中国传统义利思想对日本义利观的影响作了一些考察，特别是介绍和分析了号称日本企业之父的涩泽荣一的"义利合一"思想在日本发展工商业、振兴国民经济中的重要作用，这对我们在经济工作中如何正确对待传统经济思想也有很好的借鉴和启迪意义。全面系统地研究义利思想是一个大课题，万事开头难，这部专著算是开了个头，无论是对中国传统的义利思想，还是中日义利思想的比较研究，都还有很大的空间，需要花大力气继续进行研究，希望今后有更多更好的研究成果来充实这个空间，促进中国经济思想史研究的更大发展。

（《致富论》，中国社会科学出版社 2001 年）

中国富民思想的历史考察

中国的富民思想，历史悠久，内容丰富，是世界经济思想史上所仅见的。自先秦至近代两千多年间，富民思想在我国一直是有深远影响的传统思想之一。考察富民思想在我国不同时代的内容、作用及其所反映的阶级特点，对于了解和研究中国经济思想史的发展及其理论斗争的意义，都是很有必要的。

一 先秦时代的富民思想

我国富民思想的渊源极早，在《尚书》中就有"裕民"、"惠民"的思想。《周书·康诰》："乃由裕民"，"用康乂民"。《周书·洛诰》："彼裕我民，无远用戾。"《周书·无逸》："能保惠于庶民，不敢侮鳏寡"，"怀保小民，惠鲜鳏寡"。《大克鼎》："惠于万民。"这些为西周统治者所大力宣扬的"裕民"、"惠民"政策，就其经济内容来说，即是要求对民的物质利益，给予某种关心和允诺。《周书·无逸》："相小人，厥父母勤劳稼穑。"《周书·酒诰》："纯其艺黍稷，奔走厥考厥长，肇牵车牛，远服贾，用孝养厥父母。"西周的统治者，重视并鼓励民从事农业、工商业的牟利活动，把充裕民的物质财富，作为实现治国安民的一项重要政策。这种思想在商代的文献资料中是见不到的。可以认为，中国的富民思想，最早当渊源于西周。西周是开创我国三千年封建社会之始，周族灭商是我国古代社会发展中的一次历史性变革。反映在思想意识上，西周统治者不同于商王朝的一个突出特点，是对民的重视，产生了周代特有的"敬德保民"思想。在《周书·召诰》中，召公对成王说："王其疾敬德"，"王敬作所，不可不敬德"。他一再告诫成王要"敬德"，并以历史为镜鉴说："我不可不监于有夏，亦不可不监于有殷……有夏服命……惟不敬厥德，乃早坠厥命。有殷受天命……惟不敬厥德，乃早坠厥命。"意思是说，夏商二代统治者都受命于天，但由于他们不能敬德，终于坠命而亡。因此，他要求成王十分注意敬德。在《周书·康诰》中，也一再告诫康叔要"用保乂民"，"用康保民"，"应保殷民"，"若保赤子"。郭沫若指出，这种敬德保民思想，"在周初的几篇文章中，就像同一个母题的和奏曲一样，翻来覆去地重复着，这的确是周人所独有的思想"[1]。这个敬德保民思想，正是西周统治者处理与作为被统治阶级的民的关系的基本指导思想。而裕民、惠民政策，则是这一基本思想在经济上的体现。

　　敬德保民思想是西周统治者在总结夏商二代亡国教训的基础上产生的。周人亡殷是以小族胜大族，小国灭大国。西周统治者说这是由于上帝把天命授予了文王："皇王上帝，改厥元子兹大国殷之命"，"天乃大命文王，殪戎殷，诞受厥命"[2]。其实西周统治者深知他们并不是靠了什么天命，而是由于民心的向背。商

---

①　郭沫若：《青铜时代》，科学出版社1957年版，第21页。

②　《周书·康诰》。

纣王说："我生不有命在天。"他自恃天命，苛虐于民，结果国破身亡。《周书·武成》说："今商王受（纣）无道，暴殄天物，害虐烝民。"《周书·泰誓》说："今商王受（纣）自绝于天，结怨于民。"商亡的历史事实告诉周族的统治者，商并非亡于天命，实亡于民怨。因此周人对天的权威已不很虔信。《周书·君奭》说："天不可信。"《周书·康诰》说："惟命不于常"，又说："敬哉！天畏棐忱，民情大可见，小人难保。"他们一再地指出天命的靠不住和重视民情的重要性，甚至说："天视自我民视，天听自我民听"①，"民之所欲，天必从之"②，把民的意志看作大于天，这种思想是前所未有的。西周的统治者一方面认识到民在国家兴亡中的重要作用，如《周书·酒诰》中，周公对康叔说："人无于水监，当于民监。今惟殷坠厥命，我其可不大监抚于是？"另一方面，他们也认识到民最关心的是自己的切身利益。《周书·文侯之命》说："柔远能迩，惠康小民。"《周书·蔡仲之命》说："民心无常，惟惠之怀。"只有关注民的切身利益，才能赢得民心，从而才能有效地巩固自己的统治。正是基于对民的这种认识，产生了不是以鞭子而是用怀柔的手段去统治民的思想，即敬德保民思想，其实质即是用关心并满足民的某些物质利益的方法，达到安定民心，巩固周王朝的统治。正如《周书·蔡仲之命》所说："皇天无亲，惟德是辅，民心无常，惟惠之怀。"敬德保民思想的出现，无疑是当时意识形态领域里的一个重要变化，它实质上是生产关系变化的反映，说明在西周，统治者对民的关系已不同于殷商。他们更多地强调以施惠于

①　《周书·泰誓中》。
②　《周书·泰誓上》。

民的方法，而不是像商王那样："予则孥戮汝，罔有攸赦"①，我乃"剿殄灭之，无遗育"②，一唯以刑杀为手段。周穆王时卿士祭公谋父说："先王之于民也，懋正其德而厚其性，阜其财求而利其器用，明利害之乡，以文修之，使务利而避害，怀德而畏威，故能保世以滋大。"③ 他阐述了西周统治者为使民服从其统治，对民采取"阜其财求而利其器用"的方针，引导人民生财求富，使人民感恩戴德，趋利避害，不生叛逆之心，从而达到长治久安的目的。这是对敬德保民思想作出的十分清晰而又本质的说明。

及至春秋战国时代，随着社会的发展和现实斗争的需要，传统的裕民惠民思想从单纯鼓吹施惠于民的怀柔政策思想，逐步发展为探讨代表统治阶级的国家与广大被统治阶级的人民之间物质财富的占有和分配关系的理论。它在继承惠民思想的基础上，进一步探讨了一国的财富，主要应散藏于民间或聚敛于国库，即所谓富民或富国的问题。主张藏富于民而民富先于国富者，形成为富民思想；与此相反，主张聚富于国、国富先于民富者，形成为富国思想。富民与富国思想的产生，是我国古代经济思想史上一个具有重要历史意义的发展。

春秋战国时代是我国古代社会经济及阶级关系剧烈变动的历史时期，反映在思想意识领域里，出现了儒、墨、道、法等各学派的思想家。他们有各自的阶级立场及政治需要，因而在富民问题上，也各自有不同的观点。但是，由于他们都是从如何有利于治国安民的战略高度立论的，这就必然要涉及一国财富的生产、

---

① 《商书·汤誓》。
② 《商书·盘庚》。
③ 《国语·周语上》。

分配和消费各个领域的问题，从而他们的探讨和辩论，也就必然要在更加广阔的理论范围内展开。

儒家学派的创始人孔丘是富民思想的最早倡导者。他承袭了传统的裕民惠民思想，十分重视民对国家兴亡的作用。他说："民无信不立"①，认为统治者若得不到民的信任，就难以维持其统治，而要取得民的拥戴和信任，就不能忽视民的切身利益。他承认民是最关心自己的利益的："小人怀土"②，"小人怀惠"③，"小人喻于利"④，因此他主张统治者应"博施于民而能济众"⑤，即施惠于民，给民以实际的经济利益，使民"足食"⑥、"富之"⑦。在民"富"、"足"的基础上，才能使民接受统治阶级的教化，从而才能有效地驱使人民。这便是孔丘的"富而后教"思想。为了实现他的富民主张，孔丘提出了"因民之所利而利之"⑧，即对民实行宽惠的经济政策，包括"使民以时"⑨，"废山泽之禁"⑩，"关讯市廛皆不收赋"⑪ 等有利于发展农副业生产和商品流通的政策。自西周以来，土地及山泽等自然资源和财富，均为各级贵族领主所有，他们是财富的垄断者，孔丘的富民政策，要求因顺民情，打破这种垄断。在财政方针上，孔丘反对统治者厚作敛于民，认为苛征暴敛只能使民穷财尽，导致财源枯

---

① 《论语·颜渊》。
② 《论语·里仁》。
③ 同上。
④ 同上。
⑤ 《论语·雍也》。
⑥ 《论语·颜渊》。
⑦ 《论语·子路》。
⑧ 《论语·尧曰》。
⑨ 《论语·学而》。
⑩ 《孔子家语·五仪解第七》。
⑪ 《孔子家语》卷1。

竭，从根本上危害统治者赖以生存的物质基础。因此他主张轻徭薄赋，要求统治者节用薄敛，取于民有制，以利于民的富足，人民富足了，国家也就有了充裕的财源。这就是著名的"百姓足，君孰与不足；百姓不足，君孰与足"① 的财政思想，它的基本精神是要求民富先于国富，把国富建立在民富的基础上。孔丘的这一民富与国富关系的基本思想，在我国漫长的封建社会里，一直作为传统的教条，产生着深远的影响。

战国时期，儒家学派的主要后继者孟轲与荀况，对富民思想作了进一步的阐发。孟轲首创"民贵君轻"之说，他是先秦思想史上最突出的重民论思想家，也是富民论的积极鼓吹者。他把富民视为实现治国王天下的一个最基本的必要条件。他说："圣人治天下，使有菽粟如水火，菽粟如水火，而民焉有不仁者乎?"② 反之，人民若是"乐岁终身苦，凶年不免于死亡，此惟救死而恐不赡，奚暇治礼义哉!"③ 这同孔丘的"富而后教"思想是一脉相承的。他认为不仅治国要富民，而且实现一统天下的王业，也要靠富民。他说："得天下有道，得其民，斯得天下矣。得其民有道，得其心，斯得民矣，得其心有道，所欲与之聚之，所恶勿施尔也。"④ 这里所说的满足人民的需要，主要是指保证人民的基本物质生活，所谓"老者衣帛食肉，黎民不饥不寒，然而不王者，未之有也"⑤。关于富民的方法，孟轲提出："易其田畴，薄其税敛，民可使富也。"⑥ 即包括发展生产和减轻

---

① 《论语·颜渊》。
② 《孟子·尽心上》。
③ 《孟子·梁惠王上》。
④ 《孟子·离娄上》。
⑤ 《孟子·梁惠王上》。
⑥ 《孟子·尽心上》。

赋税两个方面。为了发展生产，他又提出调整生产关系的某些方面，如制恒产，兴井田，使每户农民拥有五亩宅、百亩田，给农民以发展生产所需的最基本的物质条件，使民能够"仰足以事父母，俯足以畜妻子，乐岁终身饱，凶年免于死亡"[1]。此外，他还提出"泽梁无禁"[2]，主张开放被贵族领主所垄断的山泽资源，以有利于人民牟财取富。关于薄赋敛，他提出的具体办法是："市廛而不征，法而不廛"，"关讥而不征"，"耕者助而不税"，"廛无夫里之布"[3]，即是商舍不税，也不征货物税、房地税和无职业者的人头税，而只征单一的农业税（相当于农民收获的九分之一的劳动地租）。孟轲认为，实行了他的这些富民政策，就能做到家给人足，国治民安，进而成就王天下的伟业。

荀况写了《富国篇》，进一步从理论上阐发了富民的必要性和富国必先富民的意义，以及富民与富国的关系。他说："仁人在上，百姓贵之如帝，亲之如父母，为之出死断亡而愉者，无它故焉，其所是焉诚美，其所得焉诚大，其所利焉诚多。"[4] 统治者能否得到人民的拥戴，归根结柢，取决于人民得到实利的多少。人民得利愈多，统治者的统治也就愈巩固。因此，统治者必须"以政裕民"[5]，把富民作为自己的国策。荀况认为，是否实行富民政策，是关涉到国家兴亡盛衰的大事。他说："王者富民，霸者富士，仅存之国富大夫，亡国富筐箧、实府库。"[6] 富士、富大夫、富国库都是不足取的，只有富民才能实现王业。因

---

① 《孟子·梁惠王上》。
② 《孟子·梁惠王下》。
③ 《孟子·公孙丑上》。
④ 《荀子·富国》。
⑤ 同上。
⑥ 《荀子·王制》。

此，他告诫统治者绝不要与民争利。他说，统治者好利聚敛，是"府库已实而百姓贫"①。结果是"民贫则田瘠以秽，田瘠以秽则出实不半，上虽好取侵夺，犹将寡获也"②。苛征暴敛必将使人民贫困，国家财源枯竭，从而使国家陷于更加贫穷。所以说："上好利则国贫。"③ 关于具体的富民措施，荀况与孟轲略同，即包括发展生产和减轻赋税两个方面。他说："家五亩宅，百亩田，务其业而勿夺其时，所以富之也。"④ 又说："轻田野之税，平关市之征，省商贾之数，罕兴力役，无夺农时，如是则国富矣，夫是之谓以政裕民。"⑤ 但荀况对于如何发展生产，较孟轲有更周详的论述。他还进一步论述了发展生产与富民两者间的辩证关系："裕民则民富，民富则田肥以易，田肥以易则出实百倍"⑥，他认为发展生产能促进民富，而民富反过来又促进生产的更大发展，其结果"事成功立，上下俱富"⑦。在民富的基础上国家也随之愈益富裕起来，从而实现民与国两富。荀况把民富与国富从理论上统一起来，对儒家的富民思想作了充分的具有总结性的阐发。

墨家则是从小生产者力求维护自身的权益，不受统治剥削阶级任意侵害的愿望出发，要求在承认并维护现存的各种所有权的条件下，求得自己的生存和发展。因此，墨家反对亏人自利，主张在互爱互利中求富。墨家十分重视劳动，认为人类生存靠劳动，致富也要靠自己努力劳动："强必富，不强必贫，强必饱，

① 《荀子·王制》。
② 《荀子·富国》。
③ 同上。
④ 《荀子·大略》。
⑤ 《荀子·富国》。
⑥ 同上。
⑦ 同上。

不强必饥"、"强必暖，不强必寒"①。但是墨家也承认，事实上劳动者虽然"蚤出暮入，强乎耕稼树艺"，"夙兴夜寐，强乎纺绩织纴"，拼命劳动，"不敢怠倦"②，但结果还是"民财不足，冻饿死者，不可胜数也"③。其原因就在于统治者"厚作敛于百姓，暴夺民衣食之财"④。虽然墨家对于正常的征役，认为是"民劳而不伤"，"费而不病"⑤，是可以接受的，但认为过重的剥削，使民贫困破产，则是必须反对的。而统治者所以横征暴敛，墨家认为其根源在于统治者的奢侈浪费。因此，必须要求统治者厉行节约，减轻人民的负担，才能实现"民富国治"⑥。为了使统治者接受节用薄敛的主张，墨家提出对统治者采取劝导和恫吓的方法。他们劝导统治者要"为明君于天下"⑦，替天下万民着想，使饥者得食，寒者得衣。如果统治者不听劝导，就以鬼神进行恫吓，说"鬼神能赏贤而罚暴"⑧，"天子为善，天能赏之；天子为暴，天能罚之"⑨。这充分表现了小生产者在统治者的苛征暴敛面前，无可奈何的软弱性。在对待富民与富国的关系上。墨家与儒家藏富于民的观点截然相反，主张"官府实而财不散"⑩，要求聚富于国。认为只有国家的"府库充实"，才能

---

① 《墨子·非命卜》。
② 同上。
③ 《墨子·节用上》。
④ 《墨子·辞过》。
⑤ 同上。
⑥ 同上。
⑦ 《墨子·兼爱下》。
⑧ 《墨子·明鬼下》。
⑨ 《墨子·天志中》。
⑩ 《墨子·非乐上》。

"有以食饥息劳，将养其万民"①。把国家"仓有备粟"②，看作是对人民生活的有力保障。基于这种认识，墨家积极赞同"敛关市山林泽梁之利，以实官府"③。并把官府的充实，看作是人民幸福之源："官府实则万民富。"④ 他们把国富作为民富的根本，这种认识并不是出于为统治阶级的利益作谋划，而是由于不懂得国家仅仅是统治剥削阶级的国家，幻想国家能超越于各阶级之上，成为包括小生产者在内的各阶级利益的代表，小生产者在承认并拥护国家利益的同时，能使自己的利益也得到保障。他们把自己的幸福，寄托于王公大人的雨露阳光，恳求并幻想统治者能节用去侈，"爱利万民"⑤，"加于民利"⑥，给人民以安居乐业的条件。墨家的民富与国富的思想，突出反映了小生产者经济思想的特点。

道家以无为为本，一切因顺自然。对于人民牟利求富的活动，亦主张任其自由："我无事而民自富"⑦，反对统治者干涉人民的经济活动。但是在如何对待民富与国富的问题上，道家与儒、墨均不相同。道家既不主张藏富于民，也不主张聚富于国。从根本上说，道家是反对人们追逐财利的。《老子》说："多藏必厚亡"⑧，认为财富愈多，取祸愈甚。只有"绝巧弃利"，才能"盗贼无有"⑨。因此，在道家看来，追逐财利，无论对于统治阶

① 《墨子·尚贤中》。
② 《墨子·七患》。
③ 《墨子·非乐上》。
④ 《墨子·尚贤中》。
⑤ 《墨子·尚贤下》。
⑥ 《墨子·节用中》。
⑦ 《老子》第 57 章。
⑧ 《老子》第 44 章。
⑨ 《老子》第 19 章。

级还是被统治阶级来说，都是有害的。统治者追逐财利，必然要苛征暴敛，"损不足以奉有余"①，结果是民不聊生："民之饥，以其上食税之多，是以饥。"② 民饥则乱，就会危及统治阶级的统治。小人追逐财利，"驰其形性，潜之万物，终身不反，悲夫"③! 小人为财，终身累形劳神，甚至为盗为贼，"以身殉财"④。结局是可悲的。为此，道家告诫统治者要"见素抱朴，少私寡欲"⑤，不要追求过高的物质享受："五色令人目盲，五音令人耳聋，五味令人口爽，驰骋畋猎令人心发狂，难得之货令人行妨。"⑥ 要求统治者遵循去奢崇俭的原则："圣人去甚去奢去泰"⑦，"治人事天莫如啬"⑧。对于被统治者则主张"常使民无知无欲"⑨，使他们满足于极端俭朴的原始生活。道家认为，虽然人人都不去追求财富，也不去生产更多的财富，但只要人们主观上感到满足，即使客观上财富不多，也算得是富足，即所谓"知足者富"⑩，"富莫大于知足"⑪，"无欲而天下足"⑫。道家既然要求人们无欲和以极端俭朴的原始生活为满足，则他们所谓的民富，实际上乃是在生产极端落后状态下的普遍贫穷。

　　法家以富国立论，与儒家的富民论相对立。但早期法家亦多

---

① 《老子》第 77 章。
② 《老子》第 75 章。
③ 《庄子·待天鬼》《庄子·骈拇》。
④ 同上。
⑤ 《老子》第 19 章。
⑥ 《老子》第 12 章。
⑦ 《老子》第 29 章。
⑧ 《老子》第 59 章。
⑨ 《老子》第 3 章。
⑩ 《老子》第 33 章。
⑪ 稽康：《养生论》引《老子》语。
⑫ 《庄子·天地》。

重视富民。如管仲说："仓廪实而知礼节，衣食足而知荣辱"①，是富国与富民兼重。《管子》说："凡治国之道，必先富民。"②而完全以富国立论则始自商鞅。虽然商鞅也有"令贫者富"③，"民壹务，其家必富"④，"民壹则朴，朴则农，农则易勤，勤则富"⑤ 等一些富民言论，但这仅仅是在他的富国理论中涉及国与民的关系时所提出的一些具体策略思想，从根本上说，商鞅阐发的是富国强兵之术，富民并不是其理论所要探讨的任务，也不是他所关心的现实所要解决的问题。在商鞅看来，民只是国君用以实现其政治、军事、经济目的的一种工具和物质力量，民的一切活动都必须为国君实现其目的服务。因此，商鞅所要解决的理论和现实问题，是富国而非富民。他所提出的"国富者王"⑥，"国富而治，王之道也"⑦，在理论上是与孟轲的"保民而王"，荀况的"王者富民"论相对立的。及至韩非，虽偶尔亦有"使民以力得富"，"力而俭者富"之说，⑧ 但他认为，就治国的根本要求而言，富民既非必要，也非有利于统治者，因而他提出"足民何以为治"⑨ 的论点，从理论上对富民论作出了否定。但是在法家为富国而涉及到富民问题的限度内，对富民的途径，也作了一些探讨，其主张与儒家略同，即一方面倡导发展生产，另一方面则减轻某些赋税。特别是对于发展农业生产，法家十分重视：

---

① 《史记·管晏列传》。
② 《管子·治国》。
③ 《商君书·去强》。
④ 《商君书·壹言》。
⑤ 同上。
⑥ 《商君书·去强》。
⑦ 《商君书·农战》。
⑧ 《韩非子·六反》。
⑨ 同上。

"务五谷，则食足，养桑麻，育六畜则民富。"① 甚至为了加速农业的发展，主张把一切妨害农业的末事均予禁绝："强本事，去无用，然后民可使富。"② 但法家重农的目的与儒家不同，儒家重农，偏重于解决人民的生计；法家重农，是为充实府库，实现富国强兵、征战拓地的目的。在具体发展农业的方法上，法家也与儒家相反，主张由国家全面控制经济，不许农民自由迁徙，不准农民家藏和出售余粮，并要求封禁山泽等自然资源。法家在财政思想上，也有国富以民富为基础的思想："民富君无与贫，民贫君无与富"③，"田野充则民财足，民财足则君赋敛焉不穷"④。类似儒家"百姓足，君孰与不足；百姓不足，君孰与足"的论点，因此，法家也有类似儒家的节用薄敛的主张。但法家主张减轻某些赋役，同儒家的薄赋敛思想的出发点全然不同。儒家的薄赋敛，强调的是统治者施惠于民，而法家则是反对施惠于民的。韩非曾批评政府救济贫民是"征敛于富人，以布施于贫家，是夺力俭而与侈惰也"⑤。他甚至认为在灾荒年，国君也不应把园子里的蔬菜瓜果去救济饥民，认为这会使"无功者得赏"⑥，是违反刑赏原则的。因此，法家提出减轻某些赋役，只是出于政策需要，绝非是施惠于民的思想。由于法家不重富民，所以在财政思想方面，对节用薄敛的论述是极其次要的。法家财政思想中最突出的特点，是强调通过专利政策等经济手段聚敛财富，"见予之形，无见夺之理"⑦，达到富国而不扰民。整个说来，法家有

① 《管子·牧民》。
② 《管子·五辅》。
③ 《管子·山至数》。
④ 《管子·揆度》。
⑤ 《韩非子·显学》。
⑥ 《韩非子·奸劫弑臣》。
⑦ 《管子·轻重乙》。

关富民的言论，在其理论体系中，只是枝节而已，法家仅在这一点上承认富民的必要性："民富则易治也，民贫则难治也。"① 即温饱的人民比饥饿的人民易于统治。人民过于贫穷，就不免要犯上作乱，这是各派思想家共同的认识，因此，法家也认为要让人民有适当的富足。但是，人民富足了，对巩固统治者的统治，也有不利："夫民富则不可以禄使也"②，"甚富不可使"③，人民太富了，也难以统治，甚至富民比贫民更不听话。因此法家认为："民富则不如贫"④，"故有道之国，务在弱民"⑤。从本质上说，法家并不认为富民是可取的。只是当民贫国弱，难以统治时，才需要采取"令贫者富"的方针，但当民富而难使时，则又需采取措施，使"富者贫"。使民富或民贫，完全以是否有利于统治者的统治为转移。其办法是："贫者益之以刑则富，富者损之赏则贫。"⑥ 对于贫民，以刑罚驱之力农，"农则易勤，勤则富"，使之"力俭而富"。一旦富裕起来，就迫使他们以粮财买爵，所谓"富者废之以爵"⑦，使富民弄成"家不积粟，上藏也"⑧，把粮食财富都集中到国君手里，从而使"富者贫"。法家是不允许有掌握很多物质财富的真正的富民存在的。法家心目中的富民，只是"所谓富者，入多而出寡。衣服有制，饮食有节，则出寡矣；女事尽于内，男事尽于外，则入多矣"⑨。男女终年勤劳，

---

① 《管子·治国》。
② 《管子·国蓄》。
③ 《管子·侈靡》。
④ 《管子·山权数》。
⑤ 《商君书·弱民》。
⑥ 《商君书·说民》。
⑦ 《商君书·壹言》。
⑧ 《商君书·说民》。
⑨ 《商君书·画策》。

节衣缩食，略有盈余。这同孟轲鼓吹的"五十者可以衣帛，七十者可以食肉"，"乐岁终身饱，凶年免于死亡"①那样的王者之民，大体相若。这便是战国时代思想家认为合乎理想的富民了。正如列宁指出的："工役制的必要条件和它所要求的正是中等农民，他们既不十分富裕（否则他们不会忍受工役制的盘剥），但也不是无产者（采用工役制就必须有自己的农具，必须是稍微有点'财产'的业主）。"②这种不甚贫亦不甚富的农民，既不会犯上作乱，又有进一步发展生产、改善生活的愿望，是为封建统治者提供财源和兵源的最好基础。因此，儒家的富民论，强调要关心他们；法家的富国论，强调要最有效地驱使他们；墨家的交利论，要求使他们的生活条件得到充分的保障；道家的无为论，则主张任其自然，统治者不要去伤害他们。实际上，在这里各派思想家从不同的角度，探究了当时现实生活中的一个重大经济问题，即如何正确观察和处理统治阶级的国家与被统治阶级人民之间的物质利益关系问题。

战国时代，兼并战争空前激烈，战争规模空前扩大："争地以战，杀人盈野；争城以战，杀人盈城。"③由于战争的需要和满足统治阶级日益侈靡的需求，各国都普遍强化了对人民的剥削和压迫，兵役、力役、赋税迅速加重："有布缕之征，粟米之征，力役之征"④，苛重的征役，使"民有殍"，"父子离"⑤，"老弱转乎沟壑，壮者散而之四方"⑥。人民的贫困与统治阶级的

---

① 《孟子·梁惠王上》。
② 《列宁全集》第 3 卷，人民出版社 1984 年版，第 155 页。
③ 《孟子·离娄上》。
④ 《孟子·尽心下》。
⑤ 同上。
⑥ 《孟子·梁惠王下》。

侈靡形成极为鲜明的对照:"庖有肥肉,厩有肥马,民有饥色,野有饿莩"①,孟轲为之慨叹:"民之憔悴于虐政,未有甚于此时者也。"② 墨家也说:"饥者不得食,寒者不得衣,劳者不得息,三者民之巨患也。"③ 道家亦认为:"民之饥,以其上食税之多。"儒墨道各家都从各自的立场,谴责了统治者的苛征,法家虽没有谴责苛征,但也并非主张苛征,这是因为法家也懂得"民贫难治"的道理。必须让人民能够活下去,并且有活得更好一点的希望,才能有效地驱使人民去为统治者出力。但是法家认为,绝不应让人民有更大的富裕:"民……弱则尊官,贫则重赏。……富则轻赏。"④ 民富了,统治者所掌握的统治手段刑赏二柄,就会失去作用,统治者就无所用其技了。因此,必须让民立足于贫:"夫民之情……穷则生知而权利……权利则畏罚而易苦,易苦则地力尽。"⑤ 人民穷则思变,统治者则应利用人民要求改变贫穷的心理,去驱使人民为统治者创造更多的财富,从而达到国家的富足。在法家看来,财富是必须充分掌握在代表国家的国君手里,成为统治者实现其政治、军事、经济目的的可靠物质力量。法家的富国论为中央集权的封建君主专制主义全面控制人民的经济生活,创立了强有力的思想理论基础。它深刻地反映了一种独特的时代需要,即适应兼并战争的发展,完成大一统的历史任务。

富民论与富国论的出现,是春秋战国时代代表统治阶级的国家与广大被统治人民之间在物质财富的占有和分配关系上的尖锐

---

① 《孟子·梁惠王上》。
② 《孟子·公孙丑上》。
③ 《墨子·非乐》。
④ 《商君书·弱民》。
⑤ 《商君书·算地》。

矛盾的产物，而它的理论上的成就和影响，却远远超出了战国时代，给了秦汉以来两千多年的思想理论界以持续的深远的影响。

二　汉代至近代的富民思想

自汉代以来，富民思想基本上是先秦各派观点的继承与发展。凡持富民论者，多宗述儒家思想，而持富国论者，则多承袭法家理论；亦有的兼采儒法各家旨要，综合富民富国之说。但其出发点，往往为探讨解决当时的社会经济问题，因而它所反映的阶级内容及其考察问题的具体方法，都具有各自鲜明的时代特点。

汉初的统治者，总结了秦王朝覆亡的历史教训，认识到秦"弱天下之民"，"赋敛无当"，"百姓穷困而主弗恤"，"刑戮相望于道而天下苦之"，因而导致"百姓怨望而海内叛矣"①。同时鉴于大战之后，万民凋罢，百业待兴，民心思安思业的时势，采取了省刑薄敛，与民休息的方针，着力推行富民的政策。但汉初富民政策的思想理论基础主要不是儒学，而是黄老之学。黄老之学渊源于战国，而盛行于汉初。它以战国时代的道家思想为主体，兼采儒法各家思想，形成一种适合于汉初时代需要的独特的治国思想。近年从汉墓出土了《经法》《十大经》《称》《道原》等著作，从中展示了黄老之学所包含的富民思想内容。它提出了一系列节用爱民、轻徭薄敛和使民以时等富民主张。如"吾爱民而民不亡，吾爱地而地不荒"②，"节民力以使则财生，赋敛有

---

① 贾谊：《过秦论》。
② 《十大经·立命》。

度则民富"①。又说："一年从其俗，二年用其德，三年而民有得"，所谓民有得，即是"三年无赋敛，则民有得"、"有得者，发禁、驰关市之征也"②。它要求广开山泽之禁，让"百姓斩木艾薪而各取富焉"③，表达了要求因顺民情，任民自富的思想。同时它告诫统治者："黄金珠玉藏积，怨之本也，女乐玩好燔财，乱之基也。守怨之本，养乱之基，虽有圣人，不能为谋。"④强调统治者要俭以自养，少取民财，使百姓能广开生路，振兴各业，从而"五谷溜熟，民乃蕃滋，君臣上下，交得其志"⑤。它继承了道家因民自富的观念，又不同于道家的消极无为思想；它汲取了儒家轻徭薄赋、节用爱民的观点，又不同于儒家的仁政礼治思想；它汲取了法家刑赏二柄的观点，又不同于法家聚富于国的思想。黄老的富民思想，是在先秦富民思想基础上的综合和发展。成书于西汉时期的《淮南子》也十分重视富民，它说，"治国有常而利民为本"；"为治之本，务在于安民，安民之本，在于足用"⑥。"食者民之本也，民者国之本也，国者君之本也。"⑦"故有仁君明王，其取下有节，自养有度。"⑧它主要强调了富民思想的节用爱民方面。贾谊在总结历朝兴衰的历史教训基础上，指出富民对于治国的重要意义："民不足而可治者，自古及今未之尝闻。"⑨但贾谊并非单纯强调富民，他提出国家和人民都需

①　《经法·君正》。
②　同上。
③　《称》。
④　《经法·四度》。
⑤　《十大经·观》。
⑥　《淮南子·诠言训》。
⑦　《淮南子·主术训》。
⑧　同上。
⑨　《汉书·食货志》。

积贮的理论，是综合了富国与富民的观点。汉武帝时，董仲舒继承发展先秦儒学，创天人感应之说，假天意为富民立论。他说："天虽不言，其欲赡足之意可见。古之圣人见天意之厚于人也，故南面而君天下，必以兼利之。"① 他把人民求富之心，说成是天意所在，人君则应顺合天意，不与民争利。为此他要求取消盐铁官营，使"盐铁皆归于民"②。他鉴于当时官僚地主大量兼并农民，造成"富者田连阡陌，贫者无立锥之地"，贫富悬殊日甚的现实，提出要以义制利，反对富者"忘义而徇利"，并主张"限民名田，以澹不足，塞并兼之路"③。他认为这样做就能使"利可均布而民可家足"④，从而"使富者足以示贵而不至于强，贫者足以养生而不至于忧，以此为度而调均之"⑤。董仲舒的均富思想，是他对富民思想的新发展。武帝时，由于对外大规模用兵及统治者生活奢侈靡费，国家府库耗虚，财政十分困难，于是适应国家敛财的需要，出现了以桑弘羊为代表的富国思想，与汉初以来的富民思想相对立。桑弘羊继承发展了管商关于国家全面控制经济的思想，批判了传统的"财散民聚，财聚民散"的观点，指出："山海之利，广泽之畜，天地之藏也，皆宜属少府。"⑥ 认为山海等自然资源的利益，都应归国家所有。而且只有利归国家，才有益于人民："山海有禁而民不倾。"⑦ 君主对人民经济生活的全面控制，正是人民得以富足的保障："人主积其食，守其用，制其有余，调其不足，禁溢羡，厄利涂，然后百姓

① 《春秋繁露·诸侯》。
② 《汉书·食货志》。
③ 同上。
④ 《汉书·董仲舒传》。
⑤ 《春秋繁露·度制》。
⑥ 《盐铁论·复古》。
⑦ 《盐铁论·禁耕》。

可家给人足也。"① 桑弘羊还继承了管商关于富民不利于统治的观点: "民大富则不可以禄使也", "民饶则僭侈, 富则骄奢"②。他不仅反对富民, 并也反对统治者济贫恤困、施惠于民。他说: "独以贫穷, 非惰则奢也……今日施惠悦乐……则是闵无行之人, 而养惰奢之民也。故妄予不为惠, 惠恶不为仁。"③ 桑弘羊反对富民、主张富国的理论, 基本上是袭自先秦法家, 但他的具体的富国措施, "兴盐铁, 设酒榷, 置均输, 蓄货长财"④, 却是为国理财的杰出创造, 收到了 "民不益赋而天下用饶"⑤ 的功效, 为武帝一代文治武功提供了必要的财政基础。与桑弘羊相对立, 贤良文学在盐铁会议上全面阐发了儒家的富民思想。他们坚持儒家关于民富先于国富的观点, 主张 "富民者, 先厚其业而后求其赡"⑥, "民用给则国富"⑦。宣扬 "王者不畜聚, 下藏于民"⑧ 的传统教条, 抨击官营 "盐铁、酒榷、均输, 与民争利"⑨, 要求 "罢利官"⑩, 把 "工商市井之利", "一归之于民"⑪。他们从富民的立场出发, 要求统治者 "上取有量, 自养有度"⑫, 实行节用薄敛政策, 以促进民富: "赋敛省而农不失

---

① 《盐铁论·错币》。

② 《盐铁论·授时》。

③ 同上。

④ 《盐铁论·本议》。

⑤ 《史记·平准书》。

⑥ 《盐铁论·未通》。

⑦ 《盐铁论·禁耕》。

⑧ 同上。

⑨ 《盐铁论·本议》。

⑩ 《盐铁论·能言》。

⑪ 《盐铁论·相刺》。

⑫ 《盐铁论·取下》。

时，则百姓足"①，"寡功节用，则民自富"②。盐铁会议上民富与国富之争，实质上反映了当时统治阶级的国家与广大人民之间在经济利益上日益尖锐的矛盾。汉代著名史学之父司马迁，在经济思想上，也反对统治者与民争利。但他的观点是立论于黄老思想而非儒学。他说："善者因之，其次利导之，其次教诲之，其次整齐之，最下者与之争。"③ 他主张顺因人民自由求富的愿望，国家不予干涉，使农工商虞各业发展兴旺，从而"上则富国，下则富家"④，做到国与民两富。在民富与国富的关系上，司马迁接近于荀况的"上下俱富"，即民富与国富统一的观点。关于富民的途径，司马迁把它归结为三类：以农致富为本富，以工商致富为末富，以非法犯禁致富为奸富。三者以"本富为上，末富次之，奸富最下"⑤。司马迁三分富民的论点，对于统治阶级正确推行富民政策，具有理论上的指导意义。武帝在位时，一方面因内外财政的需要，起用了桑弘羊等理财家，推行富国的政策；另一方面，在思想领域里，则崇尚儒术，采取了外儒内法、王霸杂用的方针。因此，在推行富国政策的同时，富民思想亦并存而不悖。武帝死后，桑弘羊被杀，富国论遂不为官方所宣扬。直至东汉魏晋以降，思想界一直以富民思想为重。

东汉初期的思想家王充在《论衡》中说："礼义之行在足谷也。"班固的《食货志》说："食足通货，然后国实民富而教化成。"王符亦说："礼义生于富足。"⑥ 西晋时傅玄说："天下足

---

① 《盐铁论·执务》。
② 《盐铁论·水旱》。
③ 《史记·货殖列传》。
④ 同上。
⑤ 同上。
⑥ 《潜夫论·爱日第十八》。

食，则仁义之术可不令而行也。"① 这些说法，与管仲的"衣食足则知荣辱"，孔丘的"富而后教"相雷同，在理论上没有什么新发展。但王符的农工商本业富民的理论，却是对富民思想的一种创新。他说："夫富民者以农桑为本，以游业为末；百工者以致用为本，以巧饰为末；商贾者以通货为本，以鬻奇为末。三者守本离末则民富，离本守末则民贫。"② 他批判了传统的农本工商末的教条，认为农工商三业均各有本末，若各守本业则均可富民，若离本而务末，则个人虽能致富，但并不因此增加整个国民的财富，因而整个国家财富却是贫穷的。他把民富与国富理解为整个国民财富而非个别农工商者的财富和国家的财政收入，这是发前人所未发的卓越思想。东汉末年荀悦对于把薄赋敛作为富民政策内容的传统观念进行了批判。他说："官家之惠，优于三代，豪强之暴，酷于亡秦，是上惠不通，威福分于豪强也。文帝不正其本，而务除租税，适足以资豪强也。"③ 历来人们对"文景之治"，以轻赋薄敛富惠于民，倍加称颂，荀悦第一次揭露了这个富民政策的实质，是富豪民而非农民。这也表明，在东汉末年，富民的阶级内容，乃是豪强地主。

自魏晋隋唐到明清，中国封建地主制经济经历了由鼎盛而衰败的过程，随之，阶级关系也有了新的变化，富民的阶级内容，除官僚大地主之外，也包括了中小地主及富裕工商业者。因此，富民思想的内容，主要是更具体地反映了不同富民阶级、阶层的要求。

西晋傅玄提出"至平"、"趣公"、"有常"征课赋税的三条原则，目的在于减轻中小地主的负担。有唐一代思想界则更是以

---

① 《晋书·傅玄传》。
② 《潜夫论·务本第三》。
③ 《文献通考》卷1，《田赋一》引荀悦语。

减轻租赋作为富民政策的主要内容。如唐初魏征就力主实行
"薄赋敛，轻租税"的政策，[①] 杨炎倡两税法，其中户税以资产
多寡作为征课对象，亦意在减轻贫者的负担。杜佑则从"理财
之先，在乎行教化，教化之本，在乎足衣食"[②] 的传统观点出
发，申述了厚敛使民流亡，民亡则国家财源枯竭，唯有轻赋才能
富民安国的论点。李翱著《平赋书》，提出"轻敛则人乐其
业……地有余利，人日益富"，亦认为唯轻赋才能富民。白居易
说："圣人非不好富也，富在于富天下。"[③] 而欲富民，就必须减
轻租赋："利散于下，则人逸而富；利壅于上，则人劳而贫。"[④]
"利归于人，政之上也，利归于国，政之次也。"[⑤] 唐代的思想家
几乎无不以反对重租厚敛作为实现民富的主要问题，正是反映了
当时重敛困民之严重。北宋时李觏以《周礼》为据，认为富民
的根本途径是实行一夫百亩田制，因为井田制能使"人无遗力，
地无遗利……谷出多而民用富"[⑥]。同时他还认为，要使民富，
作为政府就应采取措施，防止自然灾害，并教育人民改进生产工
具和耕作方法，以促进生产的发展。在生产发展的基础上，达到
民富国实。王安石亦以《周礼》为据，力主打击大地主、富工、
豪贾的兼并活动，为中小地主及工商富裕阶层的利益辩护。他创
立均输、青苗、免役、市易等新法，作为实现"省劳费，去重
敛，宽农民"[⑦]，"摧抑兼并，均济贫乏"[⑧] 的措施。而以司马光

---

① 《贞观政要·君道第一》。
② 《通典·序言》。
③ 《白香山集》卷46，《策林二》。
④ 同上。
⑤ 同上。
⑥ 《李直讲文集》卷6，《国用第四》。
⑦ 《王临川集》卷70。
⑧ 《宋史·纪事本末》卷37。

为代表的反对派，指责王安石行新法是"夺民"①，是"破富民以惠贫民"②。实际上他们所称的富民，主要是大地主及工商豪富。随着商品经济的发展，北宋以后的思想界，出现了更多的为富民辩护的理论。如郑伯谦在其《太平经国之书》中说：富民"占山林数泽之利，殖货累巨万而富比封君，隐民皆取给焉"③。叶适则完全否定王安石的抑兼并政策的必要性，并极力为富人歌颂。他说："小民之无田者，假田于富人。得田而无以为耕，借资于富人。岁时有急，求于富人。其甚者庸作奴婢，归于富人。游手末作，俳优伎艺，传食于富人，而又上有官输，杂出无数，吏常有非时之责，无以应上命，常取具于富人。然则富人者，州县之本，上下之所赖也。"④ 他把富民说成简直是贫民的救星。至明代，为富民辩护的思想更为突出。如丘浚说："富家巨室，小民之所依赖，国家所以富藏于民者也。"⑤ 吕坤说："富民者，贫民依以为命者也。"⑥ 李雯说："富民者，贫民之母也。"⑦ 为了保护富人的利益，徐如珂强调要"不使富者因贫者而倾家"⑧。顾炎武主张使"贫者渐富，而富者不至于贫"⑨。一方面，要使贫者能渐富，另一方面，要求不触动富者的利益。徐贞明则公开为富豪辩护，他说："豪右之利，亦国家之利也，何必夺之。"⑩

---

① 《宋史·本传》。
② 《栾城集》三集，卷8。
③ 《太平经国之书》卷4，《保治》。
④ 《水心别集》卷2，《民事下》。
⑤ 《大学衍义补》卷13。
⑥ 《去危斋集》卷1。
⑦ 《蓼斋集》卷43。
⑧ 《徐念阳公集》卷7。
⑨ 《菰中随笔》卷2上。
⑩ 《潞水客谈》。

王夫之认为损富济贫，"犹割肥人之肉，置瘠人之身，瘠者不能受之以肥，而肥者毙矣"①。他强调"大贾富民者，国之司命也"②，如果"国无富人，民不足以殖"③。因此，他要求给富民以保障，惩处逼迫富民的官吏："惩墨吏，纾富民，而后国可得而息也"④。明代许多士大夫公然全力为大贾富民辩护，反映了当时随着商品经济的进一步发展，大贾富民在社会经济生活中的重要性更为突出了。关于民富与国富的关系，明代以来的思想界，普遍强调民富，而对敛财富国则往往持批判态度，如丘浚说："为天下王者，惟省力役、薄赋敛、平物价，使富者安其富，贫者不至于贫，各安其分。"⑤他指责刘晏的理财是"知利国之利，而不知利民之为大利"⑥。他尤其反对国家垄断专利："天生物以养人，非专为君也，而君专其利，已违天意矣"⑦。他完全赞同民富先于国富，国富必须以民富为基础的观点，他说："民用足，则国用有余矣。"⑧"民之富，即君之富也"⑨，"民贫，则君安能独富哉！"⑩所以他主张"善于富国者，必先理民之财，而为国理财者次之"⑪。王夫之亦极力抨击为国敛财："聚钱布金银于上者，其民贫，其国危；聚五谷于上者，其民死，其国速

① 《宋论》卷12。
② 《黄书》大正第6。
③ 《读通鉴论》卷2。
④ 《黄书》大正第6。
⑤ 《大学衍义补》卷25。
⑥ 同上。
⑦ 同上。
⑧ 《大学衍义补》卷20。
⑨ 同上。
⑩ 同上。
⑪ 同上。

亡。"① 关于富民的方法，基本上是重农思想的复述。如丘浚说："田里无不耕之夫，室家无不织之女，人人有业，家家务本"，这样就能"家给而人足，盗息而讼简。民所以为生者益固，国所以藏富者益厚矣"②。在清代，特别是鸦片战争前后，尖锐的民族矛盾与阶级矛盾交织在一起，反映在富民思想上，地主阶级的思想家，不论开明的或保守的，都十分强调保护富民，只是对富民的阶级内容，前者主张包括工商富民，而后者则限于地主。他们保护富民的理论根据，不外是"富民养活了贫民"。如谢阶树说："富民者所以助君相养民者也……富教之道，皆富民先之，故保富重也。"③ 关于保护富民的方法。一是要求轻税，反对国家重敛。如唐甄提出：如能轻税薄敛，使民厚养生息，则"三年可就，五年可足，十年可富"④。二是要求大力发展农业和工商业。如颜元提出为"将以七字富天下：垦田、均田、兴水利"⑤；包世臣提出"本末皆富"论；⑥ 冯桂芬则主张由私人开矿等。在民富与国富的关系上，主要是承袭传统的"王者富民"论。如唐甄说："夫富在编户，不在府库。若编户空虚，虽府库之财积如丘山，实为贫国。"⑦ 魏源亦说："土富无户则国贫。"⑧ 包世臣甚至认为，只要百姓富了，"仓府空虚，非天下之公患也"⑨。他们一般都强调必须民富，才能有国治："夫富者先王所

① 《读通鉴论》卷 19。
② 《大学衍义补》卷 15。
③ 《约书》卷 8。
④ 《潜书》下篇上。
⑤ 《习斋先生年谱》卷下。
⑥ 《庚辰杂著二》。
⑦ 《古微堂内集》卷 3。
⑧ 《中衢一勺》卷 7 下。
⑨ 吴键：《因时论》。

以长治久安之道也。一家富而一家治，一国富而一国治，天下无一人不富而天下治。"① 太平天国颁布的《资政新篇》提出依靠富民的力量建立新式生产、流通事业的方案，其所谓富民，已是向资本主义转化的商人和地主。嗣后资产阶级改良派则更着力于宣扬扶持新式工商业的必要性。如王韬主张国家必须"先富而后强"②，要强国就必须先富民。国家要依靠"富民出其赀"③发展新式生产事业，"使权利归我，而国不强，民不富者，未之有也"④。陈炽则提出商富即国富的论点，把资产阶级的富，说成是符合全民的利益。他们往往很重视机器对于致富的作用。如薛福成著《用机器殖财养民说》，谭嗣同大力鼓吹机器生产能"日愈益省，货愈益饶，民愈益富"⑤。梁启超宣称发展新式制造业，必须大兴"民业"，反对官办和官督商办。张謇提出："富民治国之本实在于工"⑥，"致富之法，亦惟实业"⑦。他们的富民思想，具有强烈的发展民族资本主义的愿望。而地主阶级顽固派，则鼓吹"以保富民为本"⑧，他们所说的富民，即地主阶级。他们死守"务本知俭"的教条，反对兴资本主义工商业，目的为维护在落后生产方式基础上的地主阶级的利益。资产阶级民主派的杰出代表孙中山，提出民生主义作为解决中国国计民生问题的根本理论和政策。他说实行民生主义，就是使"全国的个个人都有便宜饭吃"，"人人都可以得到需要的衣服"，"人人皆为

① 吴键：《因时论》。
② 《弢园文录外编》。
③ 同上。
④ 《弢园尺牍》。
⑤ 《谭嗣同全集》，第40—46页。
⑥ 《张季子九录》卷1。
⑦ 《张季子九录》卷5。
⑧ 《瓠庵集》卷13。

生产之分子"，也就是"家给人足"，"丰衣足食"①。而要达到这个目标，就"一定要发达资本，振兴实业……用机器来生产"②，即用国民经济现代化的办法，开发中国的资源，"能如是，则民富矣。民富即国富，既富即强"③。但是孙中山对西方资本主义制度所造成的经济危机及阶级矛盾深以为鉴。因此，他又提出民生主义要以"平均地权"、"节制资本"为纲领，使"发达资本所得的利益归人民大家所有……不致受财产分配不均的痛苦"④。他宣称"我们的民生主义目的是在打破资本制度"⑤，"使富者不能以专制剥削民财，贫者乃能以竞争分沾利益……俾全国之人，无一贫者，同享安乐之幸福"⑥。孙中山的富民思想代表了中国资产阶级富民思想的最高阶段。

三　中国富民思想的历史特点及其意义

富民思想是我国古代经济思想史上一种独特的经济思想。在欧洲直至十八世纪，才由重农学派提出"农民穷困则政府穷困，政府穷困则国君穷困"的论点，表达了国富基于民富，民富先于国富的富民思想。同时，德国官房学派则提出欲求国强民富，必须先使君富，君富而后民亦富的观点，表达了国富先于民富的富国思想。但这些已是到了进入资本主义的时代，后于我国两千多年，而且在思想内容上，也远不及我国的丰富和深刻。欧洲古

---

① 《孙中山选集》，人民出版社 1981 年版，第 808 页。

② 同上书，第 838 页。

③ 《孙中山全集》，中华书局 1981 年版，第 341 页。

④ 《孙中山选集》，第 808 页。

⑤ 同上书，第 821 页。

⑥ 《孙中山全集》，第 340 页。

代不曾有富民思想，这是由古希腊罗马奴隶制社会的特点决定的，在古希腊罗马，作为被统治被剥削的广大直接生产者，是既无人格，亦无财产的奴隶，他们自身被视为物而不是物的占有者。按照亚里士多德的说法，奴隶是主人的一种财物，他们供主人役使，如同牲畜一样没有自由意志。因此，对于奴隶是不存在致富问题的。而自由民阶级则同奴隶主一起同属于统治阶级，他们都是私有者，可以自由求富而不必受制于其他统治阶级。自由民与奴隶主作为统治阶级，其根本利益是一致的，他们之间不存在作为统治剥削阶级的国家与广大被统治被剥削阶级在物质财富的占有和分配上的矛盾和对立，因而也就不会产生民富与国富的思想矛盾和斗争。但是，在我国古代，自西周以来，民作为社会中最广大的直接生产者，是最主要的基本的被统治被剥削阶级，而他们却与奴隶不同，是具有某种人格和意志的人。如《诗经》说："民各有心"，"民之秉彝，好是懿德"①。孔丘说："三军可夺帅也，匹夫不可夺志也。"② 民的这种人格和意志，还可以从统治者和统治阶级思想家对待民的观念中反映出来。如周成王说："若稽夫，予曷敢不终朕亩?"③ 周敬王说："余一人无日忘之，闵闵焉如农夫之望岁。"④ 孔丘亦说："吾不如老农"，"吾不如老圃"⑤。他们都自比于民而毫不以为辱。而且当统治者遇有大事时，往往还要"谋及庶人"⑥，"国将兴，听于民，将亡，

① 《诗·大雅》。
② 《论语·子罕》。
③ 《周书·大诰》。
④ 《左传·昭公三十二年》。
⑤ 《论语·子路》。
⑥ 《周书·洪范》。

听于神"①。并认为"民，神之主也"②，甚至说统治者也要"媚于庶人"③。这表明了民的人格和意志，在理论和观念上，是为人们所确认的。同时，表现在对待财富的关系上，民有求富逐利的权利，它也为统治阶级所认可："民之恶死而欲富贵以长没也，与我同。"④ 这些与奴隶社会中把奴隶视为与牲畜同列的观念，是截然不同的。在经济上，西周以来的民是一夫百亩土地制度下的份地占有者，他们拥有自己的财富："问庶人之富，数畜以对。"⑤ 统治者对于民的财富，在理论和道义上是不能任意侵夺的，所谓"从政者以庇民也"⑥。理想的圣王明君应该是"施民所欲，去民所恶"⑦，使"民生有财用，而死有所葬"⑧，"老者衣帛食肉，黎民不饥不寒"。如果统治者过多地侵害了民的利益，在理论和道义上是要受到谴责的："民莫不谷，我独何害?"⑨ "勤民以自封也，死无日矣"⑩，"民有饥色，野有饿莩……恶在其为民父母也"⑪! 甚至认为，对横征暴敛、无道于民的国君，统治阶级也应给以惩处："凡君不道于其民，诸侯讨而执之。"⑫ 这同奴隶社会里奴隶主对待剥削奴隶的态度，也是极不相同的。在古希腊罗马，奴隶主阶级思想家宣扬的是对奴隶

---

① 《左传·庄公三十二年》。
② 《左传·桓公六年》。
③ 《诗·大雅》。
④ 《国语·楚语下》。
⑤ 《礼记·曲记》。
⑥ 《国语·楚语下》。
⑦ 同上。
⑧ 《国语·周语下》。
⑨ 《诗·小雅》。
⑩ 《国语·楚语下》。
⑪ 《孟子·梁惠王上》。
⑫ 《左传·成公十五年》。

进行赤裸裸的残酷压榨。如加图的《农业志》、瓦禄的《论农业》等著作，都是讲述如何经营管理奴隶制经济，采取最有效的方法，用最少的耗费，在最短时间里，从奴隶身上压榨出最多的财富。当奴隶老病，不能给奴隶主带来财富时，就应该设法卖掉，或弃置荒岛，任其饿死。这些理论，在奴隶主阶级看来，是"天下之通义"。不仅在哲学和经济学著作中是如此，而且在文学和史学著作中也是如此，普遍是对奴隶制度的讴歌，绝无为维护奴隶利益而抨击奴隶主剥削的思想和理论。而中国自西周以来就存在民本主义思想，甚至出现"民贵君轻"理论，公然标榜对被剥削阶级的某种同情，这在奴隶社会里是根本不可能有的。在世界历史上，未曾有过任何一个奴隶主思想家提出过"奴贵主轻"的思想理论来。诚然，我国古代的许多剥削阶级思想家，所以鼓吹包括"富民"在内的民本主义思想，绝不是要否定封建剥削制度本身，恰恰相反，而是为了从根本上维护和巩固统治剥削阶级的利益。因此，在本质上说，这只能是剥削阶级的一种伪善。但是，这种伪善对于唤起人们的同情，抵抑统治剥削者的某些苛征暴敛，在一定的历史条件下，争取在某种程度上改善劳动者的处境，亦不是毫无意义的。而且这种伪善本身也是历史进步的反映。恩格斯指出："文明时代愈是向前进展，它就愈是不得不给它所必然产生的坏事披上爱的外衣，不得不粉饰它们，或者否认它们——一句话实行习惯性的伪善。这种伪善，无论在较早的那些社会形式下，还是在文明时代的第一阶段都是没有的。"[①] 这里所谓较早的社会形式，指的是文明时代以前，即原始时代，而文明时代的第一阶段，则是奴隶社会。在原始社会

[①]　恩格斯：《家庭私有制和国家的起源》，《马克思恩格斯选集》第 4 卷，人民出版社 1972 年版，第 174 页。

里，没有剥削和压迫，伪善无由产生；在奴隶社会里，奴隶主视奴隶为牲畜，实行赤裸裸的暴力统治和剥削，也就无需伪善。只是当文明进展到封建时代，被统治的直接生产者，已被承认是有某种人格和意志的人，对他们已不能像驱使牲畜一样只靠鞭子，而是需要运用政治的、经济的和思想道德的力量，这样，统治剥削阶级才不得不用伪善去粉饰其剥削阶级的本质。因此，伪善作为一种统治剥削阶级对被统治被剥削阶级所特有的普遍的社会观念来说，它起源于封建社会。我国自西周以来所出现的"富民"、"爱民"以及王道仁政等普遍性的伪善理论和说教，正是思想意识形态领域里的封建主义表现。

在西周封建领主制度下，一方面以剥削农民的徭役劳动和租赋为基础，构成贵族领主经济；另一方面以占有一定数量份地、拥有某些生产条件和物质财富，并相对独立地经营自己的经济为基础，构成农民经济。但农民经济的存在，首先不是为了保证农民，而是为了保证贵族领主经济所必需的人力、物力和财力。农民经济的发展，直接成为贵族领主财富增长的可靠源泉。封建领主制经济关系的这种特点，使得剥削阶级的思想家，很早以来，就认识到富民（即维护农民再生产所必要的物质条件，使之在正常情况下略有盈余）对于贵族领主阶级巩固其政治经济统治的重要意义，并从理论上概括为富民思想。

到了春秋战国时代，由于大小贵族领主之间兼并战争的迅速扩大和贵族阶级生活的日益侈靡，使得统治阶级对财富的需求也迅速增长。统治者迫切需要把财富集中到国家手里，以适应富国强兵的需要，从而在思想理论界产生了与传统的富民思想相对立的富国思想。

富民与富国的思想理论斗争，实际上反映了作为统治阶级的国家与被统治阶级的广大人民之间在物质财富的占有和分配上的矛盾。这个矛盾在阶级对抗的社会里，是阶级利益根本对立基础上的矛盾，是无法根本解决的。只有在消灭了剥削阶级的社会主义社会里，国家真正成了广大人民意志的代表，从而民富与国富已不再反映阶级利益的对抗，而是体现着根本利益的一致。人民富裕了，就会更加热爱社会主义，进一步激发建设社会主义祖国的积极性；而人民富裕的过程，本身也就是为社会增加财富，为国家多做贡献，促进国家繁荣富强的过程。同样，国家富裕了，就会有更多的财力物力造福于人民，成为民富的强有力的保证。因此，在社会主义社会里，民富与国富是互为基础，相互促进的。但是，在社会主义社会里，民富与国富在根本利益一致的基础上，也会出现一些非对抗性的矛盾，如国家在处理国民经济的积累和消费的比例关系时，积累过高或过低，都会使国家利益与人民利益之间，长远利益与眼前利益之间出现矛盾。而人民群众在致富过程中，对国家、集体和个人三者间的利益关系如果处理不当，同样也会产生矛盾。"国家要建设，人民要吃饭"，这就是矛盾，但又是相辅相成的。正确处理好民富与国富在根本利益一致基础上的矛盾，仍然是社会主义经济建设中的一个重要的理论和实际问题。用马克思主义观点批判地总结我国历史上两千多年来富民与富国思想的丰富遗产，借以鉴古启新，古为今用，使我国的社会主义经济建设更加符合我国现实和历史的特点，这对于走具有中国特色的建设社会主义道路，也是有现实意义的。

（《平准学刊》第 3 辑，中国商业出版社 1987 年）

20 年代以来中国社会变革
过程中的均富思想

一

　　人类社会自从出现了贫富阶级差别以后，贫者与富者之间的矛盾和斗争，就成为贯穿于人类文明史中的一根主线。为了寻求解决贫富矛盾的方案，几千年来，均富思想一直是经济思想史探讨的一个永恒的主题。历代思想家为解决贫富不均，尤其是以土地占有不均为中心的贫富对立，提出了种种均贫富的主张。这些传统的均贫富思想，对于近代中国均富思想的形成和发展，在思想渊源和理论基础上，都具有深刻的影响。

二

　　近百年来中国社会经历了前所未有的动荡与变革，尤其是20 世纪 20 年代以来的 70 多年间，政治、经济和思想意识的变革，尤为急剧和深刻。对此，人们可以从不同的立场、不同角度和不同层面去分析、探究其变革的动因、过程和得失，评价其历史的、理论的和现实的意义。在这里我仅从经济思想史的角度，对贯穿于这个变革过程中的一个重要论题——均富思想，作一些考察和分析，以便作出相应的评价。

20 年代以来，中国（大陆）社会变革的历史进程，大致可划分为三个历史阶段，即自 1919 年五四运动至 1949 年中华人民共和国成立，为新民主主义革命时期；自 1949 年至 1978 年为社会主义计划经济时期；1978 年以后为向社会主义市场经济过渡的改革开放时期，在这三个不同历史时期里，均富思想的发展具有各自不同的特点。

（一）新民主主义革命时期（1919—1949 年）

近代中国自 1840 年鸦片战争后，在资本列强的侵略压迫下，沦为半殖民地半封建社会，直到 1919 年五四运动前的 80 年间，经历了太平天国、洋务运动、戊戌维新、辛亥革命四个重要历史发展阶段，它们以不同的方式，在不同程度上提出了革除弊政、振兴国力，改变中国长期积弱积贫的要求。其中影响最大的是太平天国和辛亥革命。太平天国提出的"有田同耕，有饭同吃，有衣同穿，有钱同使，无处不均匀，无人不饱暖"的主张，集中代表了传统农民小生产者的均贫富思想。与此不同，孙中山民生主义中提出的"平均地权和节制资本"的主张，已不是平均主义的均贫富思想，而是具有现代意义的均富思想。

以 1919 年五四运动为契机，马克思主义传入中国，1921 年中国共产党成立，直至 1949 年中华人民共和国成立，在几十年的武装革命斗争中，形成了中国共产党的具有军事共产主义色彩的均富思想。

上述体现在孙中山民生主义中的均富思想和体现在中国共产

党革命战争时期的理论和实践中的均富思想，构成了近代中国整个新民主主义时期均富思想的两大体系。

1. 孙中山民生主义中的均富思想。

第一，均富的目标模式：同富共享。孙中山出身贫苦农家，对农民的贫困有切身的体验。他在檀香山读书时就产生了"必使我国人人皆无苦难，皆享福乐而后快"的愿望，萌发了"改良祖国，拯救同群"的思想，把自己的理想追求与国家命运联系在一起，1895 年广州起义失败后，孙中山留居伦敦，考察西方社会，见欧洲富裕各国，因贫富悬殊而面临社会革命。为此，他努力寻求一种能在政治革命成功后，避免两极分化，防止社会革命于未然的理论模式。他从当时各种社会主义学说中，吸取了亨利·乔治的理论，同时从中国古代井田制到太平天国的天朝田亩制度等历史借鉴中，形成了他的以"平均地权"和"节制资本"为主要内容的主张，作为他解决贫富分化的基本理论构想。1905 年在《同盟会宣言》和《民报》发刊词中，孙中山提出民生主义的宗旨是"文明的福祉，国民平等以享之"，"一切平等无有贵贱之差，贫富之别"。此后在多次演说中，他一再说明民生主义是要"人人有平等的地位去谋生活"，"弄到人人生计上经济上平等"，使"天下人之利权，为天下人所共享"，达到"富则同富，乐则同乐"，全国人民同享富裕生活的目的。所以他又说："民生即民享也。"由此可见，孙中山的民生主义是他根据当时中国国情的实际，考察了西方社会贫富分化的现实和各种社会主义理论，吸取了中国历史上包括农民革命的均贫富思想在内的历史经验，糅合了古今中外的均富思想所形成的独特的中国式的均富目标模式，即同富共享，有时他也把这种目标模式称作社会主义和共产主义。当然这不是马克思主义意义上的社会主义和共产主义，而是中国式的。如果用适合于中国的传统观念来表达，则可称之为"大同主义"。孙中山自己就说过，民生主义的"目标就是要全国人民都可以得安乐……这就是孔子所希望的大同世界"。

第二，均富的制度模式：在国有经济指导下的自由经济制度——公私经济并存的多元经济制度。孙中山把西方社会在资本主义自由经济制度下，土地和大企业为少数人垄断，造成社会贫富极端悬殊的现象，称为"文明的恶果"。为了避免这种恶果，他提出了土地和大企业由国家经营的主张。但是他并不反对农民小私有经济和中小企业的存在和发展。他主张在农村实行"耕者有其田"。对工商业则主张"凡大事物之可以委诸个人或其较国家经营为适宜者，应任个人为之"，"至其不能委诸个人及有独占性质者，应由国家经营之"。即是有关国家经济命脉的大企业，如铁路、航运、邮电及大工业、大矿业、大商业等归国家所有，由国家有计划地进行经营管理，国家成为最大企业主，使这些巨额资财，不是造成大富者，而是造富于全国人民。由此可见，孙中山设想的经济制度模式，既不同于西方的自由经济制度，也不同于苏联式的社会主义计划经济制度，而是在国有经济主导下的自由经济制度，即公私经济并存的，以公经济为主导的多元经济制度。孙中山认为，只有这种经济制度模式，最适合于中国实现均富社会。

第三，均富的原则与途径：以发展生产求富，以经济平等求均——高度发展生产，以公平分配为条件，公平分配以高度发展生产为基础。孙中山认为，中国社会与西方不同。西方社会生产发达，社会富裕，但因分配不均，贫富悬殊。所以西方社会不是患贫，而是患不均。而中国因生产不发达，国民普遍贫穷，虽然有贫富差别，但与发达国家相比，不过大贫小贫而已，因此在中国则是患贫而不是患不均。中国的首要问题是要大力发展生产以求富，在发展生产的同时，注意采取措施，防止分配不公，使中国成为既富且均的社会。他说："要使中国像英国美国一样富足，所得富足的利益，归大多数人，大家都可以平均受益"，"民生主义并非是均贫富之主义"，而是"由国家为人民造产，使大家都变成富人"。他的均富原则，是在富的基础上求均。他说："贫则宜开发富源以富之，唯富而不均，则仍不免相争，故宜谋社会经济之均等发展。"这是一种使"富"和"均"相济相成的均富途径。

第四，均富的方法：孙中山认为世界各国的国情不同，资本发达的程度不同，解决贫富问题的方法也不应相同。他根据中国的实际情况，提出实现均富方法的四个方面，即平均地权、节制资本、振兴实业、普及教育。

（1）平均地权与耕者有其田。孙中山在考察西方社会时就指出："欧美为什么不能解决社会问题，因为没有解决土地问题。"中国如不及时解决土地问题，随着城市工业的兴起，地价日涨，也会造成"富者日富，贫者日贫"。因此他指出："若能将平均地权做到，那么社会革命已成七八分了。"为实现平均地权，他根据中国的国情，在吸取亨利·乔治的理论和中国历史上的各种土地思想的基础上，提出"规定地价，限价征税，照价收买，涨价归公"的办法。他认为实行这种办法，既有利于国家和人民大众，也不损害地主的利益，简单易行，适合中国的国情。孙中山认为，在以平均地权的办法解决城市土地问题的同时，还必须妥善解决农民的土地问题。因为在中国农村，农民大多租种地主的土地，自己没有土地。"劳动得来的粮食，被地主夺去大半，自己得到手的，几乎不能自养"，造成农民与地主严重的贫富对立，为此他指出："我们要解决农民的痛苦，归结是要耕者有其田。"关于实行耕者有其田的方法，孙中山反对以暴力革命没收地主土地，分配给农民的办法，而是主张由国家收买地主的土地，然后授田给无地少地农民，或租给农民耕种。以和平方式解决土地问题。

（2）节制私人资本，发达国家资本。孙中山认为，欧美富裕各国，私人资本发达，造成贫富悬殊，劳资对立。中国在发展经济的同时，应避免重蹈欧美覆辙。其办法即节制私人资本。节制私人资本的办法，一是限制私人企业经营的范围，即允许私人资本经营规模较小、无独占性的企业。二是多征资本家的所得税和遗产税。三是政府法律保障劳工利益。所谓发达国家资本，即是"凡天然之富源，如煤铁水利矿油等，及社会之恩惠，如城市之土地，交通之要点等，与夫一切垄断性质之事业，悉当归国家经营，以所获利益，归之国家公用。以国家实业所获之利，归之国民共享"。通过节制私人资本和发达国家资本，既避免贫富分化悬殊，亦不致损富益贫，贫富拉平，而是使"富者愈富，贫者亦富也"。

（3）振兴实业。孙中山认为，"兴实业为救贫之药剂"，要救贫求富，就"一定要发达资本，振兴实业"。"欲谋实业之发达者，非谋其一端之成效也，必也万端齐发，始能收效。"即是要全面实现国民经济现代化。为此，他深思熟虑，制定了一个《实业计划》，指出："农工商矿，繁然待举而不能偏废。"提出了发展农业、矿业、交通、工业、商业等国民经济各部门的详尽计划，以及实施这些计划所必须解决的资本、人才、政策等问题，集中体现了孙中山发展生产以求富的富国富民思想。

（4）普及教育。孙中山认为，在文化科学落后的国家里，是难以建设富强国家的，也无法实现均富的理想。因此要使国民经济现代化，就必须大力发展文教事业。他说："学问为立国根本"，"非学问，无以建设"。"欲图中国实业之发展者，所当注

重之问题，资本与人才而已"，尤其在文化科学落后的中国，
"培养人才，实为当今急务"。要"建设一个新的地方，首先在
办教育"。为了大力发展教育，培养人才，他主张教育平等，普
及教育，"凡为社会之人，无论贫贱，皆可入公共学校，不特不
取学膳等费，即衣履书籍，公家任其费用，尽其聪明才力，各分
专科。即资质不能受高等教育者，亦按其性之所近，授以农工商
技艺，使有独立谋生之材"。这样，使"庠序学校，遍布国中，
人无贵贱，皆奋于学"。他还大力推行新式教育制度，进行课程
改革，为提高国民的文化教育水平而奔走呼吁。

贯穿于孙中山民生主义中的均富思想，是吸取了古今中外人
类的理想和智慧，创造性地反映了 20 年代中国人民寻求社会发
展，国家富强，人民幸福的崇高理想，是中国近代最杰出的民主
主义思想。但由于孙中山不久逝世，中国陷于长期内忧外患的灾
难之中，他的民生主义的均富理想，始终未能在中国付诸实行。

2. 中国共产党在革命战争时期（1924—1949 年）的均富
思想。

中国共产党在夺取全国政权以前，长期处于艰苦的战争环
境。为了保证支援战争的需要，在土地政策和革命队伍内部的收
入分配关系上，都存在着绝对平均主义的倾向。第一，土地政
策。在 20 年代早期的革命根据地内，例如 1928 年在湘赣边区的
地区法中规定："没收一切土地，按所有乡村中男女老幼一律平
分"的政策。后在 1929 年兴国县土地法中，改为"没收公共土
地及地主阶级土地"，分配给无地少地农民的政策。第二，革命
队伍内部在收入分配上的绝对平均主义及军事共产主义的分配方
式：供给制。20 年代的红色根据地，由于受到封锁和包围，军
民的日用必需品及现金都十分缺乏，食盐、布匹、药材等十分昂
贵，红军每人每天五分钱的伙食费都很困难。在物资极度匮乏的

情况下，为了维持生存的最低需要，在革命队伍内部，采取了军事共产主义的分配方式——供给制。这种分配方式，又进一步加剧了绝对平均主义的思想。毛泽东曾指出，红军中存在着严重的绝对平均主义，如发给伤兵用费，反对分轻伤重伤，要求平均发给，认为长官骑马是不平等制度。背米不问大人小孩，体强体弱，要平均背。住房子要分得一样平，甚至在一副担架两个伤兵的情况下，宁愿大家抬不成，不愿把一个人抬了去，等等。这种绝对平均主义思想，与红军成员大多来自农民小生产者有关，他们深受传统的绝对平均主义思想的影响。

由于不同时期的革命形势和经济状况不同，在红色根据地及解放区，实行的是多种分配制度，如在军队和机关内部，实行的是供给制，企业则有的实行供给制，有的实行混合工资制（部分供给制，部分工资制），也有实行工资制的。总的来说，供给制是主要的。实行供给制的人员，在第二次国内战争时期（1927—1937 年）有几十万人，抗日战争时期（1937—1945 年）至第三次国内战争时期（1945—1949 年），从一百多万人扩大到几百万人。

第一，军队和机关实行的供给制。在长期战争环境下，由于根据地被分割，所以不同的地区和不同时期，供给制的范围和标准是不同的，有时高些，有时低些。在领导干部与一般人员之间，有时划分若干等级，有时物质待遇大体相同。

（1）第二次国内战争时期（1924—1937 年）。红军建立之初，经费主要是靠打土豪，部分靠税收和群众捐助。虽然在后方也搞一些种菜、挖矿、烧炭等生产，但为数极少。因此红军早期，供给艰难。一般是每人每天口粮 625 克，有时连口粮也不能保证。1930 年建立以瑞金为中心的中央根据地，成立工农民主政府后，统一规定了供给标准：伙食费每人每天大洋 1 角，零用费不定，指挥员与战斗员相同，技术人员（医生、电务和机修人员等）津贴每月最高不超过大洋 10 元。地方工作人员的供给标准，略低于军队，如口粮，作战部队每人每天 687.5 克，后方部队及民工 562.5 克，地方工作人员 500 克。菜金每人每天都是3 分钱。

（2）抗日战争时期（1937—1945 年）。此时经费来源，除缴获敌财和没收汉奸财产外，主要靠征粮、收税和生产自给。供给状况有所改善。如 1937 年中华苏维埃政府西北办事处规定，省、县、区、乡各级政府工作人员的供给标准，一律每人每月3.9 元（粮食 2 元，菜钱 9 角，津贴 1 元）。1938 年陕甘宁特区规定津贴标准略有提高，分为 4 元、2.5 元、2 元、1.5 元四等。1939 年八路军后方各机关部队的供给标准提高为：菜金每人每天 4 分、5 分、7 分、1 角四种；粮食每人每天 750 克和 625 克两种；每月津贴，部长以上 5 元，科长团营级 4 元，科员连级 3元，文书排级 2 元，勤杂战士 1 元。1940—1941 年由于封锁及自然灾害，解放区的财政经济极端困难，通过开展生产自救运动，克服了物资缺乏的困难，保证了供给，并较过去有所提高。1944 年晋绥边区规定的供给标准为：每人每天口粮，军队 750克，政、民系统 687.5 克；菜金：大灶肉 1 公斤，油 468.75 克，盐 0.5 公斤，菜 22.5 公斤，炭 22.3 公斤；小灶肉 2 公斤，油750 克，盐 1 公斤，菜 22.5 公斤，炭 37.5 公斤。

（3）第三次国内战争时期（1945—1949 年）。抗日战争胜利后，军队和机关的供给标准有所提高。如在原有的大灶小灶外，增加了中灶待遇（即油、肉较大灶多一些，细粮比重大一些）。1946 年解放战争开始后，为了全力支援战争，各解放区的供给标准都有所降低。1948 年中央军委制定了统一的供给标准（每人每天）：

	小米	菜	肉	油	盐
野战军	875 克	0.5 千克	15.625 克	15.625 克	15.625 克
地方军	812.5 克	0.5 千克	12.5 克	12.5 克	15.625 克
后方机关	750 克	0.5 千克	9.375 克	9.375 克	15.625 克
中灶	812.5 克	0.5 千克	62.5 克	15.625 克	15.625 克

被服：每人每年单衣 2 套，棉衣 1 套，单帽棉帽各 1 顶，鞋 7 双，袜 2 双，毛巾 2 条，被子 3 年 1 床。

第二，公营企业的分配制度。革命根据地的公营企业是直接为战争服务的，其分配方式有供给制、混合工资制和工资制。

第二次国内战争时期的公营企业，主要有兵工、修械、被服、制药、银行、商贸等。工人和职员主要从军队和机关调来，少数招聘当地或外地人。从军队和机关调来人员，一般实行供给制，有的工人实行工资制，聘来的少数技术工人实行工资制。在经济形势较好，物资条件有保证的情况下，实行工资制的多些，反之，则实行供给制的多些。

抗日战争时期，由于战争环境和生产条件不同，具体办法和供给标准也有所差别。如陕甘宁边区在 1944 年以前，多数企业工人实行混合工资制，部分工人是供给制加技术津贴，部分工人实行货币工资制，有的企业则实行以小米为计算基础的货币支付的工资制。混合工资制由供给与工资两部分构成。供给部分根据当时的可能和本人的需要，定量供给，工资部分则根据当时的可能与劳动数量质量确定。在公营工厂中，可以同时实行几种不同的工资制度。总的原则是不同工人之间（普通工与技术工，新工人与老工人），工资差别不应过大，要相互照顾，但不搞绝对平均主义。公营企业的职员，大多实行供给制或混合工资制。实行混合工资制的职员（厂长、科长、科员等），其供给部分与工人同，工资部分最高不超过工人平均中等工资。技术人员工资，最高不超过工人最高工资。外聘的高级技术人员，不受此限。

解放战争时期，公营企业的物质条件有了较大改善，老解放区企业，开始由混合工资制向工资制转变。1946 年时混合工资制改为以"自造"的"饻"为计算单位的工资制。"饻"是由"食"和"衣"两字组成，其意为有饭吃，有衣穿。每个"饻"含量为小米 0.5 公斤、麦子 0.5 公斤、土布 0.111 平方米。

下表中三等三级工人的工资 100 饻，是根据当时生活水平确定的一个工人和一个家属所需生活费用的总和，每个"饻"的含量为小米 0.69 公斤，麦子 0.69 公斤，土布 0.00555 平方米。

1947 年晋冀鲁豫边区军工企业工人工资等级表　单位：饻

	一级	二级	三级
特级	200	190	181
一等	172	163	154
二等	145	136	127
三等	118	109	100
见习工	81	77	73
学徒	69	65	62

不同的公营工业企业，工资标准也有所差别，一般是军工高于重工，重工高于轻工。

以上几种工资制度，都具有军事共产主义和战时的特征，也包含一些按劳分配的因素，其总的原则是：大体平均，略有差别。

第三，新解放区的工资政策。随着全国相继解放，对新解放区的城市工商业，制定了新的工资政策。如私人工商企业实行劳资两利政策，对接收的官僚资本企业，一般实行原职原薪，对显著不合理的，作个别调整。对留用的公教人员和国民党军政人员，采取包下来的政策。如 1949 年 9 月太原市军事管制委员会制定的新工资标准：重工业工人每月 66 饨（折合小米 150 公斤）至 70.4 饨（折合小米 160 公斤）；轻工业工人每月 59.4 饨（折合小米 135 公斤）至 62.7 饨（折合小米 142.5 公斤）。1948 年 3 月东北行政委员会制定的工资标准，按"工薪分"计算月工资：一般重工业工人最高 100 分，中等 70 分；一般轻工业工人最高 90 分，中等 63 分。技术工人、井下矿工、有损健康的化学工人，最高 110 分，中等 77 分，大学校长、教授及文化专门技术人员，最高 110 分；中学校长、教员、县府科长以上及相当职员，最高 90 分。公营企业、机关、学校的最低工薪不得少于 40 分。学徒工最低不得少于 30 分。每个"工薪分"含量为：二等高粱米 0.8 公斤，解放布 0.2 米，豆油 12.5 克，精盐 12.5 克，中等大米 1.7 公斤。

1949 年东北行政委员会又规定，公务人员实行 13 等 39 级工资制，公营企业职工也执行这一工资制，从而统一了各类人员的工资差别，为建国后全国工资改革提供了经验。

上述情况表明，在长期革命战争时期，主要实行的是供给制，其特点是大体平均，略有差别。这种差别是建立在保证低水平的生存需要基础上的差别，它本身既不是贫富的分化，也不构成贫富分化的基础。供给制是战时环境的产物，它十分适应广大小生产者的传统均贫富思想。只是到了 40 年代末，随着全国的解放，这种供给制才逐步为等级工资制所取代。

（二）社会主义计划经济时期（1949—1978 年）

建国后，党和政府一直把防止贫富两极分化作为一项重要的政治经济政策，贯穿于农村和城市的经济工作中。

1. 农村。

（1）均富的目标模式：在集体化基础上，逐步拉平农民间的经济条件和生活水平。在土地改革中，农村按人口平分土地，使农民的土地占有大体平均。但原来的中农与贫农之间的经济条件，仍有差别，许多贫农因生产资料不足与天灾人祸等原因，仍处于贫困地位，而富裕中农则力求变为富农，农村中出卖和出租土地的现象发展起来。毛泽东指出，土改后农村中的两极分化严重起来。为了避免两极分化，党和政府采取了农业合作化和人民公社化的办法，把农民组织到集体经济中，使农民原有的经济条件（土地、耕畜、农具等生产资料的占有）的差别逐步消失，从而不同农户间的经济收入水平和生活水平趋于均等化。在合作社和人民公社中每个农业人口的年平均收入约 50 多元至 70 多元。在这样低水平收入的基础上，为了保证生存的需要，就不能拉开收入的差距。因此自 50 年代初至 70 年代末的 20 多年中，农业集体经济所实行的是在拉平农民间经济条件和生活水平基础上的均富模式。

（2）均富的原则：指导思想——一大二公。本来农村集体化的目标是走共同富裕的道路，但由于指导思想上急于求成，把集体组织规模大和公有化程度高的优越性绝对化、夸大化，在实践中，"一大二公"的指导思想演变成越大越公越好的错误思想，造成全国性农村"并大社"、"穷过渡"之风，在农户之间、乡村之间、地区之间，出现了更大范围内的贫富拉平现象。

（3）均富的方法：一平二调与供给制。在人民公社化过程中，一些农村急于向共产主义过渡，如河南省修武县把 245 个合作社合并，成为全县一个公社。生产资料归公，由公社统一调配，统一收支，农副产品、工业和手工业产品等，也统一调拨，生活资料与日常消费品由公社统一供给，形成"一平二调"（贫富拉平、平均分配、将生产队财产上调公社）。有的地方对农民实行供给制方式的"十包"或"十六包"（衣、食、住、行、生、老、病、死、学、育、乐、婚、理发、洗澡、缝纫、电费等，均由公社供给）。这些均富方法，是上述均富原则的具体化。虽然后来在实践中得到了纠正，但从意识形态深层考察，它正是传统均贫富思想所表现的更加剧烈的方式。

2. 城市。

（1）低工资、多就业、低消费型的均富模式：在城市，紧随农村合作化运动，在相同的时间里，于 1956 年完成了消灭私有经济的工商业社会主义改造。从此，在全面公有制经济的基础上，有效地实施了高度集中统一的社会主义计划经济。在计划经济体制下，对城市职工采取了低工资、多就业、低消费型的均富模式。

全民所有制单位职工年平均工资　　　　单位：元

1952	1957	1962	1965	1970	1975
446	637	592	652	609	613

第一，低工资制。中国实行低工资制是由具体国情决定的，即生产力水平低，经济建设需要更多的资金积累，每年新增的大量劳动力要就业。周恩来于 1957 年 9 月党的八届三中全会上指出，我国的劳动工资政策，要从统筹兼顾全国人民首先是工农生活和城乡关系出发，实行合理的低工资制，尽量使大家有饭吃，并在生产发展基础上，使工农生活能逐步改善。1978 年邓小平

说，我国实行的低工资政策，是一个相当长时期的政策。所以从 50 年代初至 70 年代末计划经济体制下的 30 年，职工的实际工资水平低，且增长很慢。

全民所有制单位职工平均工资年平均增长速度

	货币工资增长%	实际工资增长%
"一五"（1953—1957）期间	7.4	5.4
"二五"（1958—1962）期间	－1.4	－1.2
"三五"（1966—1970）期间	－1.4	－1.2
"四五"（1971—1975）期间	0.1	－0.1
"五五"（1976—1980）期间	5.5	2.9

职工年平均工资低与中低工资职工所占比重大有关。同时，工资级别之间的差距小。据广东省 1978 年调查，城镇八级工资制职工中，四级以下的占 80%，八级工资间，每级级差为 12%—18%，最高与最低相差 2.5—3 倍。但国家机关工作人员的工资差别，显著大于企业职工。如 1951 年中央颁发的《暂行工资标准》规定，自国家主席到勤杂人员，分为 29 级，最高月工资 403 元，最低 21 元，相差 19 倍。1951 年调整后，扩大到 22.64 倍，1955 年又扩大到 31.1 倍。1956 年工资改革，扩大了直接物质生产部门与非直接物质生产部门及非物质生产部门的工资差别。如重工业部门增加 15.6%，轻工业部门增加 12%，非工业部门增加 10.9%，国家机关增加 10% 等。同时缩小了高级技工与初级技工的工资差别。1958—1960 年间，由于刮共产风，急于向共产主义过渡，取消计件工资制和奖励制度，要求破除资产阶级法权，否定按劳分配，试行半供给半工资制等，搞"大平均，小差别"，加剧了平均主义倾向，1961 年颁发了《国营工

业企业工作条例》，强调按劳分配，克服平均主义，恢复计件工资和奖励制度。自 1958—1965 年共三次为部分职工升级，调整了工资标准偏低职工的工资。1977 年工资偏低的 3100 万人（占职工总数的 50%）平均增加工资 5.56 元。从历次工资改革的总趋向反映出的指导思想是，在实行低工资的前提下，既要克服平均主义，又反对差别过大。

第二，多就业。建国后，政府对于劳动就业的方针是：一切有劳动能力的人，都应参加劳动，"不劳动者不得食"，成为社会主义的根本原则。因此消灭失业，实现普遍就业，成为政府政策的重要目标之一。建国初年，对旧政权留下的人员实行"包下来"的政策，对社会上的失业者，采取"三个人的饭，五个人吃"的办法，把他们安置到各种工作岗位上，同时大力动员和安排妇女参加社会劳动，就业人数和就业面空前扩大，因而在第一个五年计划期间，中国基本消灭了失业现象。但是在生产力水平较低的情况下，要保证普遍就业，人人有饭吃，就只能实行低工资制，而由于低工资制，单个职工的工资收入，难以维持一家的生活，多就业就成为必要的条件。所以多就业是与低工资制相联系的。

第三，低消费。低工资制决定了职工消费水平的低下，反映在职工的总消费基金中，生存基金（吃、穿、住、用等）占 80%，发展基金（文教卫生等）占 15%，享受基金（娱乐、体育、旅游等）占 5%。但是在社会主义制度下，职工的消费水平，不只取决于个人的工资收入，国家还通过举办集体福利设施和建立补贴制度，提高职工的物质文化生活水平，它实际上是消费基金的另一种分配形式。职工福利事业是社会福利事业的一部分，大体分为三类：一类是为方便职工生活，减少职工家务而举办的集体福利设施，如食堂、托儿所、幼儿园、浴室等。一类是为解决职工不同的需要，减轻职工生活负担而建立的福利补贴制度，如生活困难补助，上下班交通费补贴等。第三类是为丰富职工生活建立的文化福利设施和组织的活动，如文化宫、俱乐部、图书馆、阅览室以及开展各种文娱体育活动等。这些社会福利保障制度，基本上是为全体职工平等享受的，因此在一定意义上它是普遍提高职工生活消费水平的一种方式。

（2）均富的原则：指导思想——政治挂帅。低工资、多就业、低消费型的均富模式，造成了人浮于事和普遍的低效率、低效益，而要提高效益，提高劳动者的生产积极性，就必须反对平均主义，贯彻按劳分配原则，推行计件工资制和奖励制度，从而拉开职工的收入差距。这种物质激励原则，又必然要与平均主义的均富思想相冲突。因此在 50 年代的"大跃进"和 60 年代的"文化大革命"中，不断受到来自"左"的干扰和批判，其理论根据和指导思想是"政治挂帅"：强调以高尚的政治情操，无私奉献的精神，取代个人对物质欲望和经济利益的追求。指责按劳分配是资产阶级法权，计件工资和奖励制度是"钞票挂帅"，因而一度被取消。直到 1975 年邓小平主持国务院工作，才重新恢复按劳分配原则，但又遭到"四人帮"的反对，他们在"政治挂帅"旗号下，提出：反对物质刺激；缩小收入差距；取消工资制、恢复供给制；重生产、轻生活，高积累、低分配等主张，突出反映了在分配上平均主义的均富原则。

（3）均富的方法：大锅饭。"大锅饭"是计划经济体制下，平均主义均富方法的集中体现。在国家与企业的关系上，企业吃国家的大锅饭；在企业与职工的关系上，职工吃企业的大锅饭。第一，企业吃国家的大锅饭：在计划经济体制下，国民经济各部门各单位之间的物资供需关系是统一由国家按计划进行分配调拨的，它以实物形态的分配调拨关系，取代了价值形态的商品交换关系，从而否定了相互间等价交换的原则，否定了不同部门、企业之间的经济利益的差别。企业没有经营自主权，也就不可能自负盈亏，国家理所当然要对企业实行产品统购统销、经营统负盈亏、财政统收统支，从而必然形成企业吃国家的大锅饭。第二，职工吃企业的大锅饭：企业对职工就像国家对企业一样，负有全责，职工的就业、工资、福利、住房、医疗、退休等，全面依靠企业，因而对职工来说，机会与风险、动力与压力，一齐消失了，干多干少、干好干坏一个样，这就必然造成职工吃企业的大锅饭。

上述情况表明，在计划经济时期的 30 年中，总的指导思想是为避免因收入差距过大而产生贫富两极分化，因而在城市和农村，都倾向于采取"拉平"的方式。虽然根据按劳分配原则，在分配政策上，也不断提出反对平均主义，但由于"左"的政治干扰，平均主义大锅饭现象，一直普遍存在。虽然 30 年来，在生产发展的基础上，城乡人民的生活水平，确实有了不同程度的提高，但由于总的生产水平较低，在低水平基础上的"均"，实际上是"均贫"而不是"均富"。

（三）改革开放、向社会主义市场经济过渡时期（1978— ）

高度集中统一的计划经济体制，在建国后 30 年中，曾起过积极的作用，但由于权力过分集中，忽视价值规律，排斥市场机制的作用，生产的发展和人民生活的提高都较缓慢，未能很好实现共同富裕的均富目标。中共十一届三中全会提出了改革开放的政策，使高度集中统一的计划经济体制向市场经济体制转型，在加速经济发展的基础上，逐步实现共同富裕的目标。

1. 均富的目标模式：共同富裕基础上的均富模式。社会主义共同富裕目标的实现，要以生产的迅速发展和按劳分配原则为基础。因为按劳分配所体现的个人物质利益，是与社会整体利益一致的，只有实行按劳分配，才能使劳动者从物质利益上关心生产成果，使个人利益与整体利益紧密结合起来。因此它是社会主义阶段最能促进生产发展的分配方式，也是反对平均主义的有力武器。防止贫富两极分化，不能仅着眼于分配，把现有的贫富"拉平"，只能是"均贫"而不是"均富"。只有大力发展经济，具有了雄厚的物质基础，采取富帮穷，使贫者脱贫致富，贫富差距缩小，在"富"的基础上"均"，才是真正的均富——共同富裕。

2. 均富的原则与途径："解放生产力，发展生产力，消灭剥削，消除两极分化，最终达到共同富裕"（邓小平语）。清除"四人帮"后，邓小平一再申述了在发展生产力基础上实现共同富裕的均富原则。根据这个原则，实现均富的途径就是：（1）以提高效率和效益为中心，打破大锅饭、铁饭碗的传统经济关系，进一步解放生产力，发展生产力。（2）发展多元经济。（3）允许一部分地区、一部分人先富起来。（4）采取积极措施，防止贫富两极分化，以积极扶持贫困人民的方式，消灭贫困，实现共同富裕。

3. 均富的方法：首先是要解放生产力，发展生产力，为此必须以提高效率和效益为中心，改革企业制度，打破平均主义大锅饭的生产和分配关系。同时改革国家管理体制，实行政企分开，使企业成为有经营自主权，自负盈亏的经营单位，建立起一套适应市场经济的机制。其次是要发展多元经济，除国营经济外，允许集体经济、个体经济及外资合资企业等各种经济形式的存在和发展。尽可能快地加速经济的发展和实现国民经济现代化。第三是进一步建立和完善市场经济体制，消除社会分配不公的体制上的根源。只有健全的完善的市场经济环境，才能实现机会均等原则、效率原则和多劳多得原则，从而为一些地区，一些人通过公平竞争，先富起来，创造条件。第四是在大力发展经济，积极致富的过程中，采取各种措施，防止收入悬殊造成贫富两极分化。如改革工资制度，规定最低工资标准和工资等级的合理差距，对不同的经济收入，征收不同的所得税和高额累进税、遗产税等，健全法制，保护合法收益，打击非法经营，制止暴利，对于不同地区间因经济发达程度不同造成的贫富差距，采取有计划有步骤的扶贫措施，逐步缩小差距，消灭贫困，达到共同富裕。

在国家主持下，大规模的扶持贫困地区和贫困人民，使之脱贫致富的反贫困政策，是中国改革开放政策中的一项具有中国特色的创举。人民政府一贯重视对穷人的帮助。自 1980 年起，在国家财政预算内，就专门设立了"支援经济不发达地区发展资金"。但是把反贫困作为一项战略性决策，则是在 1984 年提出来的，它是根据邓小平"先富共富"的战略思想作出的。目的是要解决那些贫困人口特别集中，靠一般发展政策，难以脱贫地区的脱贫致富问题。它从根本上改变过去对穷人单纯实行生活救济的方式，而是与区域经济发展联系起来，通过发展生产，扩大就业，增加收入，增强贫者自身的"造血机能"，达到脱贫致富。此项反贫困政策的主要内容包括：（1）建立专门的扶贫机构。国务院成立贫困地区经济开发领导小组，负责组织有关贫困地区的调查研究，制定方针政策和规划，并设立贫困地区干部培训中心和贫困地区发展基金会。（2）设立专项基金用于贫困地区经济开发。其中一类是财政拨款，约占基金总额的 1/4；另一类是银行低息、贴息贷款，占基金总额的 3/4。此外各省也建立用于省定贫困县的专项资金。（3）对贫困地区实行优惠政策。如政府以低价提供各种农业生产资料和贫困户口粮，减免农业税等。

（4）划定贫困标准。划定贫困区以县为单位，称为贫困县，以全县农民人均纯收入为标准，1985 年人均纯收入在 150 元以下的为贫困县。老革命根据地可定为 200 元以下，特殊困难的少数民族地区可定为 200—300 元以下。根据上述标准，全国定为贫困县的共 328 个。另外由各省自定的由省资金扶持的贫困县共 371 个。两项合计全国贫困县有 699 个。

从 1980 年至 1994 年的 15 年内，国家支援不发达地区扶贫资金达 100 多亿元，加上各方面配套资金，累计 161.4 亿元，共扶持 1410 个县 9876 个乡镇企业。兴建水库 7066 座，增蓄水量 31 亿立方米。造林 873 万亩，种草 182 万亩，繁殖良种畜、耕畜 3.6 亿头，养鱼 119 亿尾，植茶 79 万亩，果树 285 万亩，修公路 17.6 万公里，建桥 1.5 万公里，建小水电站 1.6 万座，增机容量 104 万千瓦，建文化站 8458 个，校舍 14.5 万栋，卫生院 4.55 万个，广播站 2 万多个，建饮水工程 14 万处，解决 1.2 亿人和 1.98 亿头牲畜饮水问题等。通过扶贫政策的实施，中国的贫困人口，已从 1985 年的 1.25 亿人，下降到 1992 年的 8000 万人。据国家统计局对 30 个省、直辖市、自治区农村抽样调查，1994 年贫困人口已下降到 7000 万人。全国农村人均纯收入已达 1220 元。为了更有效地实施反贫困战略，1994 年国家制定了《八七扶贫攻坚计划》，即从 1994 年到 2000 年的七年中，使绝大部分贫困人口脱贫，解决温饱问题。1999 年贫困人口已下降到 4000 万人。实践表明，中国的反贫困政策，已经并正在取得积极的成效。

冷战结束后，世界上富裕的发达国家与不发达的贫困国家之间的矛盾，和一国内部贫富悬殊的矛盾，日益成为突出的社会矛盾和国际矛盾。1995 年 3 月在哥本哈根召开的联合国社会发展世界首脑会议表明，世界性的贫富两极分化正在加剧，解决世界性的贫富不均问题，已成为全世界面临的重大课题。中国政府在邓小平建设有中国特色社会主义思想指导下开展的反贫困行动，为解决一国内部贫富不均的问题，提供了一种有益的思路。它体现了中国社会主义的均富思想的特色。

（《中国经济史研究》2000 年第 3 期）

轮船招商局早期的经营思想

轮船招商局是洋务派官僚创办的我国最早的一家具有资本主义性质的官督商办民营企业。这是一种以封建官僚为首，借助于封建国家的力量，以开辟财源，巩固封建统治为首要目的，而有组织地利用控制国内某些商人资本，从事资本主义性质经营的企业。它是在中国逐渐沦为半封建半殖民地社会的特定历史条件下产生的独特的企业形式，既有别于我国历史上曾存在过的一切封建官营类型的企业，也有别于资本主义国家的自由资本主义类型的企业。这种独特的历史条件及其企业形式，决定了它在经营思想上的特点。

一 收回利权的思想

轮船招商局创办于第二次鸦片战争之后，当时"中国内江外海之利，几被洋人占尽"[①]。洋务派要建立和发展自己的航运业，就必然要发生从外国侵略者手中收回某些利权的问题，因此它一开始就不单单是个理财求富的问题。洋务派乃至清廷朝野，对此

[①] 《李文忠公全书》奏稿，卷25，第4—5页。

认识都是明确的。如光绪三年（1877 年）署江海关刘瑞芬在信中指出："泰西洋人来中国通商后，中国江海载运之利，俱被洋船揽夺。自同治十一年奉宪台奏设轮船招商局，创中国千古未有之举，为渐收利权之计。"① 光绪六年（1880 年）上谕说："设立招商局，原所以收利权而裕税课。"② 光绪十三年（1887 年）李鸿章奏称："约计创设招商局以来，中国商民得减价之益，而水脚少入洋商之手者，奚止数千万，此实收加利权之大端。"③ 招商局早期的总办唐廷枢、会办徐润亦指出："自置轮船揽运货物，以收利权，此正富国便商之要务也。"④ 当然这里所说的"收回利权"，并不是亦不可能是收复被资本列强横加侵夺而遭丧失的中国领水主权与江海航运权，而是要"略分洋商之利"⑤，即从已被洋人占尽的利益中，分取一点。正如奕䜣所奏称："在议立招商局后，从前洋商专擅之利权，中国商人得分取，而尚未收回也。"⑥ 由此可见，洋务派创办招商局所提出收回利权的思想，是近代中国在外国资本列强侵略下，逐渐沦为半封建半殖民地社会的特定条件下产生的，具有鲜明的时代特征的经营思想。

二 企业经营中处理官商关系的思想

洋务派创办近代企业是从军火工业开始的，这是一种完全由

① 《中国近代航运史资料》第 1 辑，下册，上海人民出版社 1984 年版，第 937 页。

② 《李文忠公全书》奏稿，卷 36，第 35—36 页。

③ 《李文忠公全书》奏稿，卷 59，第 39 页。

④ 《交通史航政编》第 1 册，交通、铁道部交通史编纂委员会 1931 年版，第 147—148 页。

⑤ 《李文忠公全书》奏稿，卷 25，第 5 页。

⑥ 《洋务运动》（一），第 169 页。

国家拨款，政府包揽一切的官办企业。由于它的巨额资金耗费，使国家财政陷于严重困境，洋务派曾为此遭到清政权中顽固派的激烈攻击。到 70 年代初，洋务派开始创办民用企业时，面临无法克服的资金困难，不得不采取招徕私人资本的方式，作为解决资金困难的途径，其办法是：由官方垫借部分官款，指定与官方有联系的商人出面，向社会发行股票，物色股东，以股份公司的形式，筹集企业资金，然后陆续归还官款。这种官为主持，商为招徕的企业，即所谓官督商办企业。它具有官与商双重身份，是官和商两种不同利益在一定条件下的结合。它们间既有相互需要的一面，也有相互矛盾的一面。洋务派需要利用商人资本为清政府及其自身的利益服务，商人资本则在当时历史条件下，需要依靠清政府在政治、经济上的庇护与扶持，以求得自身的发展。但是，在企业的经营管理和利益的分配上，官与商之间又存在着种种矛盾。在这种特定历史条件下形成的官商关系，反映在企业经营中，形成这类企业所特有的官商关系的思想。

李鸿章在创建招商局时，曾对企业中的官商关系，有过概要的说明："官督商办，由官总其大纲，察其利病，而听该商董等自立条议，悦服众商。"① 这就是说，企业经营的大政方针决策权与监督权，操于官手，企业的具体经营管理权，由商自任，官不包揽一切。给商以一定的经营自主权，是为了"悦服众商"，借以取信于商，争取更多的商人资本。同时也是为了避免因官僚经营，不谙商情，而承担亏蚀的责任。此外，企业由商人出面经营，在涉外关系中，与洋商发生纠葛时，官方可处于比较灵活的地位。对此，他在 1880 年奏折中有过进一步的说明："查轮船招商局之设，系由各商集股作本，按照贸易规程，自行经理。已于同治十一年十一月创

---

① 《李文忠公全书》译署，函稿，卷1，第39—40页。

办之初，奏明盈亏全归商认，与官无涉。诚以商务应由商任之，不能由官任之。轮船商务牵涉洋务，更不便由官任之也。"① 但是在招商局的实际经营中，李鸿章并未真正放手把具体的经营权交给商人。因此，当有人把李鸿章所说的"盈亏归商，与官无涉"和"商务由商任之"，理解为"局务归商不归官"之意时，李鸿章解释说："生意盈亏，在商不在官……盖专指生意盈亏而言，非谓局务即不归官也。"② 1881 年刘坤一在查议招商局员奏折中进一步说明："生意盈亏，在商不在官……盖官帑还清后，局本全系商资，即有亏折，无碍官帑。并无局务归商不归官之意。……只以揽载贸易，未便由官出场与商争利，且揽载必与华洋商人交涉，一作官局，诸多掣肘，兼之招股则众商必不踊跃，揽载则市面亦不乐从，不得不以商局出名，其实员董由官用舍，帐目由官稽查，仍属商为承办，而官为维持也。"③ 可见李鸿章的所谓"商务由商任之"，只不过是一种装门面的说辞而已。这种表里不一的态度，往往使外界难以确认官商关系的实质。1887 年 3 月 5 日《申报》说："夫所谓维持之者，乃官为之助，而非官为之主也。局中督办、总办皆系道员，则官也而非商也。然其办事接众，与商周旋，未尝以官之面目向人，未尝以官之事例绳人，则仍商也而非官也。盖介于商与官之间，而通其隔阂也。"人们见到的是似官非官，似商非商，又官又商，这样一种特殊的官商关系企业。对于这种官商关系，当时的股商投资者，既有肯定和愿意接受的一面，也有不满的一面。在招商局成立之初，由于资金不足，洋商又极力挤压，处境十分艰难，几乎到了无法维持的境地。以李鸿章为首的洋务派，利用清政府的力

---

① 《李文忠公全书》奏稿，卷 36，第 35 页。
② 《李文忠公全书》奏稿，卷 40，第 22 页。
③ 《刘坤一选集》第 2 册，第 602—605 页。

量，从资金、政策、人员等各方面给予了大力扶持。如准予缓缴官款利息 3 年，而商股利息仍照发。同时加拨漕粮运输任务，减免其税金，增开运输口岸等。仅增拨漕运一项，每年招商局增收水脚运费数十万两。同时官方还在资金上给予大力支援。据招商局第四届（1876 年 7 月—1877 年 6 月）帐略："今年春夏，南荒北旱，货物不获畅行，洋船复减价竞争，又值上海银拆极大，金融益难周转……李鸿章虑其势将不支……赶紧筹拨官款五十万……招商局气力为之一舒。"① 又据 1890 年 4 月 21 日《申报》载："光绪二年（1876 年）华洋轮船跌价争衡，南北洋拨助官款 170 万两，赖以不弊。"正是官方所给予的种种优惠政策和大力扶持，使招商局得以渡过初创期的种种困难，并稳步发展起来。到 1882 年，股本达 200 万两，每百两股票面值从 1876 年的四五十两，升值到 200 两以上，出现了商人资本"争相附股"的景象。1882 年《北华捷报》说："几年前预料很快就会垮台的招商局，一直在克服巨大困难中稳步前进，现今已达到几乎是坚不可摧的地步。我们相信，这家公司将成为比它初成立时的设想要庞大得多的企业核心。"② 招商局的发展，特别是在其初创时期，借助于官方的扶持是十分重要的。因此，历届招商局的经营者，对李鸿章等人是深怀感激的。招商局早期的总办唐廷枢、会办徐润在第八届帐略中说："李傅相创设此局……拨运漕米，拨借官帑，以固其根，是官维持，可谓无微不至矣。"③ 曾任招商局总办的郑观应，直至甲午战争前，对官督商办形式，一直持赞成态度。他说："全恃官办，则巨费难筹，兼集商资，则众擎易举。全归商办，则土棍或至阻挠，兼倚官威，则

---

① 《国民政府清查整理招商局委员会报告书》下册，第 23 页。

② N. C. H. 1882. 11. 1.

③ 《交通史航政编》第 1 册，交通、铁道部交通史编纂委员会 1931 年版，第 152 页。

吏役又多需索。必官督商办，各有责成：商招股以兴工，不得有心隐漏，官稽查以征税，亦不得分外殊求，则上下相维，二弊俱去。"① 盛宣怀更是全盘予以肯定："此等有益富强之举，创始不易，持久尤难，倘非官为维持，无以创始，若非商为经营，无以持久。"② 所以"非商办不能谋其利，非官督不能防其弊"③。实行官督商办，使"商受其利而官操其权，实为颠扑不破之道"④。但是由于官督商办企业中，官与商两者的地位不是平等的，官方处于主导地位，大权独揽，企业的一切经营活动都须听命取决于官方，由官府委派的督办或总办一人说了算，从而导致滥用权力，经营腐败，积弊丛生。郑观应指出："我国创一厂，设一局，动称官办，既有督，又有总，更有会办、提调诸名目，岁用正款以数百万计。其中浮支冒领，供挥霍者不少，肥私囊者尤多。"⑤ 由于企业大权为政府委派的官员所把持，他们"有亲戚故旧之相随，显官达官之函托，每督办一处，或挂名坐食，资本虚糜，或舞弊侵吞，利权中饱"⑥。而一般商股，"虽经入股，不啻路人，而岁终分利，亦无非仰他人鼻息，而局费之当裁与否，司事之当用与否，皆不得过问"⑦。招商局中官权太重太滥，是其经营腐败的根本原因。官权对招商局侵害的另一表现是名目繁多的官派和勒索。如为政府运送

---

① 《盛世危言》初编，卷5，《开矿》，《郑观应集》，上海人民出版社1982年版，第3页。

② 盛档：《评定大略章程二十条》，光绪七年。

③ 《交通史航政篇》第1册，交通、铁道部交通史编纂委员会1931年版，第156页。

④ 盛档：《评定大略章程二十条》，光绪七年。

⑤ 《盛世危言》新编14卷本，《纺织编》。

⑥ 陈真编：《中国近代工业史资料》第3辑，三联书店1957年版，第20页。

⑦ 杨松、邓力群等编：《中国近代史资料选辑》，三联书店1954年版，第278页。

军队、军火，其运费"均照定数七八折或五六折"①，往往不敷成本。而"赈米"、"赈衣"等的运费更低，甚至免费。自1891年起，清政府又令招商局每年缴银10万两，作为"预备赈济之用"。此后，清政府常以"报效"为名，对招商局大肆勒索。1894年慈禧生日，令招商局"报效"银55000两。1896年南北洋公学成立后，令招商局提供常年经费8万两外，每年再"报效"北洋兵轮经费6万两，"并规定以后按年提盈余二成报效，如局船余利达70万两，照数加捐，如亏折敷商船官利，此项报效展至下年分摊补缴"②。清政府对招商局的种种勒索，严重影响了资本积累，阻碍了企业的正常发展。因此，早期对招商局中官商关系持肯定态度的郑观应，后来转为批评态度。他在致盛宣怀的信中说："中国尚无商律，亦无宪法，专制之下，各股东无如之何。华商相信洋商，不信官督商办之局，职此故也。"③ 他把官权的存在，看作是企业发展的重大阻力。他说："中国工商业之一大阻力，即在官场矣!"④因此他要求把官督商办企业的"官督"除去，改为完全商办："全以商贾之道引之，绝不拘以官场体统。"⑤ 郑观应对官督商办企业所持态度的变化，具有典型的现实意义，它反映了官督商办企业中官商关系存在和发展的现实。开始时，招商局采用股份公司的形式，把商人资本引入近代产业部门，加速了资金的集聚，促进了近代企业的发展。同时，清政府在减税、免税、贷款、缓息和专利等经济政策上，给以有力的扶持，表现了官权推动企业发展的一面。

---

① 《洋务运动》（六），上海人民出版社1973年版，第73页。

② 夏东元、杨晓敏：《论清季轮船招商局的性质》，《历史研究》1980年第4期。

③ 《盛世危言》卷12，第4页。

④ 《盛世危言》卷7，第33页。

⑤ 《盛世危言》卷3，第8—9页。

但是，由于封建官权对企业的控制和不受制约地滥用权力，严重干扰、束缚乃至破坏了企业正常发展的途径，而这种破坏作用，随着官权在企业中日益膨胀而愈益严重。正如恩格斯所指出的："国家权力对于经济发展的反作用可能有三种：它可以沿着同一方向起作用。在这种情况下就会发展得比较快；它可以沿着相反的方向起作用。在这种情况下它现在在每个大民族中经过一定的时期就都要遭到崩溃；或者是它可以阻碍经济发展沿着某些方向走，而推动它沿着另一种方向走，这第三种情况归根到底还是归结为前两种情况中的一种。但是很明显在第二和第三种情况下，政治权力能给经济发展造成巨大的损害，并能引起大量的人力和物力的浪费。"① 轮船招商局中的官商关系及人们对这种关系的认识过程，从理论高度看，在一定意义上，对于今天我们正确认识政权力量在企业经营中的作用问题，也还是很有启迪意义的。

三　企业经营中竞争与垄断的思想

轮船招商局的成立，打破了洋商垄断中国航运业的局面。但是，中国轮船公司要想在称霸中国江海航线上的洋轮公司间插足，并站稳脚跟，就必然要面对洋轮公司的激烈竞争，事实也是如此。当招商局的轮船一出现，英国太古轮船公司立即向上级报告说："中国人的公司给我们添了不少麻烦，我们在他们轮船预定启航的当天，把运费减半。"② 接着太古洋行上海分行经理在给伦敦的信中说："我们和旗昌洋行正在共同研究对付中国公司的办法。

---

① 《马克思恩格斯选集》第 4 卷，人民出版社 1972 年版，第 483 页。
② 转引自《中国近代航运史资料》第 1 辑，下册，上海人民出版社 1984 年版，第 1164 页。

我们希望这样做的结果是使它仅能维持生计。"① 英美两大洋行，原是中国领水中的竞争对手，此时却联合起来，共同对付中国轮船公司了。当然他们这样做，并不只是要中国轮船公司"仅能维持生计"，而是力图挤垮它，使之不能维持生计。这种生死竞争，对于中国过去任何官营经济的经营者来说，都是从未遇到过的。他们处在全然没有平等的市场竞争条件下，根本不会有自由竞争的经济观念。而轮船招商局从它一开始就置身于资本主义洋商的市场竞争条件下。它的经营负责人，大多是买办出身，或买办化的商人，他们熟悉"洋务"，懂得资本主义的经营管理，具有明确的市场竞争观念。如招商局早期的总办唐廷枢、会办徐润，面对洋商的激烈竞争，提出与洋商竞争的三项策略，即独揽漕运，撙节开支和取信客户，并且作出了展开竞争的战略分析："洋商远涉数万里，原系谋利而来，若肯以已得之利，不患折阅与我抗衡，是亦商贾之利也，何必拒之？况我船少，彼船多，我货多，彼货少，我第运三月漕粮，将及一年费用，即使货物全被揽去，水脚全行放低，亦何不可相敌之有？……枢润不虑资本之未充，亦不虑洋商之放价，惟盼各帮联络，共襄大局，使各口转运之利，尽归中土……此事固创千古未有之局，亦为万世可行之利。"② 虽然唐、徐所言是过于乐观了，但作为登上竞技场上的创业者那种满怀信心的竞争意识，却是表露无遗的。当时洋人对招商局经营者的竞争意识和能力，是怀有高度警惕的。他们说，唐廷枢是"在东方一家第一流的外国公司（指怡和洋行）任职时获得了丰富而广阔的经验，他正在运用这个经验去损伤这些外国公司"③。

---

①　转引自《中国近代航运史资料》第 1 辑，下册，上海人民出版社 1984 年版，第 1164 页。

②　同上书，第 849 页。

③　《洋务运动》（八），第 402 页。

他们由此对竞争的前景作出估计说："在目前，它（指英国船队）还安然地占着绝对优势，但肯定无疑的是，到时候人们将会从中国人方面发现不可忽视的竞争，因为中国船队管理有方，指挥精明。"① 当然洋人的估计也是过高了的。但招商局之能够在与洋商的激烈竞争中生存下来，并得以发展，则是与早期招商局经营者强烈的竞争意识和经营能力分不开的。正如郑观应总括他的商战思想说："初则学商战于外人，继则与外人商战，欲挽利权，以塞漏卮。"② 商战思想的实质即是发展中国的资本主义商业，通过市场竞争去战胜外国资本主义的经济侵略。早期招商局的主要经营者，自觉不自觉地企图通过市场竞争去战胜外国对手的思想，反映了中国近代企业及其经营者思想的资本主义性质。

　　但是招商局的竞争对手，实际上只限于洋商轮船公司，对于国内，就不存在这种竞争。洋务派凭借封建政府所赋予的特权，对国内航运业是实行垄断经营的。李鸿章在创立招商局后就规定"五十年内只许华商附股"③，不准民间创立新的轮船公司。不仅对长江及远洋航运业实行垄断，连内河航运业亦要利权独擅。1882年宁波商人请求组织轮船公司时，李鸿章批驳说："不准独树一帜。"④ 这里洋务派所奉行的垄断，是依靠封建政权，实行强制性的垄断，它与历史上历来封建王朝对官营经济实行特权垄断经营的思想，是一脉相承的，它与资本主义的垄断（通过竞争达成垄断，并由此而导致更激烈的竞争），有着本质的不同，乃是一种封建性的垄断思想。可见在招商局的经营思想中，既存

① 转引自《中国近代航运史资料》第1辑，下册，上海人民出版社1984年版，第1244页。
② 《盛世危言》后编卷8，第42—43页。
③ 麦仲华：《皇朝经文新编》卷13上，第15页。
④ 《交通史航政篇》第1册，第222页。

在有资本主义性质的竞争思想，也存在有封建性的垄断思想，前者有利于企业改进经营管理，提高效益，而后者则相反。招商局经营思想中资本主义的竞争思想和封建性的垄断思想并存的特点，本质地反映出官督商办企业的半封建半殖民地的社会特性。

四　要求改革封建性经营机制的思想

招商局在洋务派封建官僚的控制下，其许多经营机制都具有封建性。如在企业的人事制度方面，招商局虽名为股份公司，但所有的督办、总办、会办等企业领导人的任免，均由代表清政府的洋务派封建官僚决定，企业的商董根本无权过问。这种封建性的用人机制，导致了滥用私人，裙带风盛行等腐败现象，它极大地阻碍并破坏了作为资本主义企业所必要的自由经营制。对此，一些有识之士，不断发出要求改革的呼声。郑观应说：企业负责人都由"大宪札饬"，"皆二三品大员，颁给官防，要以剞副，全以官派行之"①，使企业充满了官场习气，如同封建衙门一般。他认为这种封建性用人机制必须改革。他说："救弊必变法，法不徒行，贵在得人。"② 他提出的"改革局务十六条"方案中第一条就是要改革用人制度，即要求公司负责人由股东公举，各部门总管由总协理选派，并向董事会负责。钟天纬在他的"剔弊持久策"中③更是要求全面仿照西方公司制度，改革用人制度。他们的这些改革建议和要求，目的在于建立一套适合于资本主义企业经营需要的用人机制，以取代在受制约的官权下形成的封建

---

① 《盛世危言》新编14卷本，《商务二》。
② 转引自《中国近代航运史资料》第1辑，下册，上海人民出版社1984年版，第1071页。
③ 同上书，第1076页。

式的用人机制。

在决策机制方面，封建性的用人机制决定了企业的决策机制必然缺乏民主性。局内事无巨细，均由官方的代表督办或总办专断一切，而督办总办则直接秉承李鸿章的旨意办事。这种决策机制，使许多正确的建议和主张得不到采纳，而对于重大决策失误所造成的严重损失，人们亦无可奈何。因此有识之士，一再提出要求减轻总办权力，实行民主管理。钟天纬提出："凡会议之从违，以董事大半为断"的民主决策方式。① 但这种企业管理民主化的要求，对于当权的封建官僚来说，是根本不能接受的。

在资金运用和利润分配机制方面，洋务派官僚为了尽量从招商局榨取丰厚的利润，他们牢牢控制着招商局的财权，大至企业整个资金的运用，小到局员的花红分配，无不取决于李鸿章及其代理人的旨意，而商股除了取得规定的股息外，对财务与资金的运用，全然无权过问。洋务派各级官僚，利用权力，通过巧取豪夺，贪污舞弊，挪用公款，乃至公开的封建性"报效"和摊派勒索，直接间接地大量攫夺招商局的经营利润。随着官权在招商局中的膨胀，招商局几乎被视同官僚们的私产，任意动用企业的资金。如 1880 年李鸿章办北洋海军，购买铁甲兵船时，从招商局调支 100 万两，1883 年李鸿章不顾当年上海金融恐慌对招商局资金的不利影响，指令招商局贷给当时的朝鲜政府 25 万两。1888 年设立台湾商务总局，李鸿章电令招商局向台湾商务局投资 2 万两，不久该局裁撤，招商局的 2 万两便无着落，最后"只得作为报效"了结。1890 年李鸿章为缓和上海机器织布局资金困难，又令招商局向该厂投资 10 万两。1894 年中日战争爆发，

---

①　转引自《中国近代航运史资料》第 1 辑，下册，上海人民出版社 1984 年版，第 1079 页。

户部军费不足，竟也动用招商局库平银 375000 两（合规银 411000 两）。至于招商局根据洋务派官僚的旨意，对开平等矿局、上海织布局、华盛纱厂等随时给以资金上的接济，更是司空见惯。洋务派官僚利用官权，任意支配动用招商局的资金，侵占攫夺招商局赢利的情况，表明了封建性的资金运用与利润分配机制，对企业经营的严重影响。为了进行防范，早在招商局成立之初，朱其昂草拟的《条例》中就提出"所有官厂习气，概行除却"的主张。① 随后在其《条例》中又规定："局中银两，无论何项人等，均不准挪移分文，倘有私相措借，即行革辞。"② 在唐廷枢、徐润任职时期，又拟定了《局规十四条》，其中规定："弗得偏执己见，擅动公款"，"毋论商总董司事人等，均不得借口营私，任意侵挪"③。1888 年盛宣怀奉命厘定招商局章程时，又规定"自督会办以迄各局董事司事人等，于应得薪水花红外，不准丝毫挂欠"④。很明显，这些建议和条规企图从规章制度上限制封建官权对资金运用和分配机制的干预。但是实际上不过是一纸具文而已。对此，郑观应在《商务叹》中批评说："国家维持报效多"，"官夺商权难自主"，"不阐岁举查帐员，股息多少任所予"，"名为保商实剥商，官督商办势如虎"。他曾多次给李鸿章条陈建议，具体而详地提出加强成本核算，改进人、财、物管理，杜绝浪费等措施，要求改革封建性官权对企业资金运用和分配机制的干预。他十分强调按"商律"（即资本主义经济规律）办企业，但是在封建官僚始终牢牢统治着的招商局里，任

---

① 转引自《中国近代航运史资料》第 1 辑，下册，上海人民出版社 1984 年版，第 771 页。
② 同上书，第 777 页。
③ 同上书，第 845 页。
④ 同上书，第 889 页。

何较为彻底的资本主义性质的改革，都是不可能的，洋务派官僚以封建主义的指导思想去经营近代的资本主义性质的企业，其最终走向失败，乃是必然的。

（《轮船招商局与中国近现代化》，

广东人民出版社 1994 年）

当前转型期传统经济观念的更新

一 转型期传统经济观念更新的普遍意义

马克思说："随着每次社会制度的巨大历史变革，人们的观点和观念也会发生变革。"① 而随着观点和观念的变革、新的思想理论的形成，也会对推进社会的变革发生巨大的作用。历史地看，当社会处于转型时期，传统观念尤其是传统经济观念的更新，是社会经济发展进程的必然现象，具有普遍的意义。例如我国历史上殷周之际是奴隶社会向封建社会变革的历史转型时期，与此相适应，在思想意识领域里，发生了一系列深刻的观念变革，产生了商代所没有的重民思想及其最初的民本主义观念，在此基础上，形成了等级土地财富占有观念及一系列惠民裕民的政治经济观念及政策。这些新的经济观念和政策，大大调动了直接生产者的生产积极性，促进了社会经济的发展。

又如春秋战国时代是我国历史上领主制经济向地主制经济过渡的又一重要转型时期。由于直接生产者对共耕公田这种劳役地

---

① 《马克思恩格斯全集》第 7 卷，人民出版社 1965 年版，第 240 页。

租剥削方式的不满和反抗，公田生产日益凋敝。因此批判旧制度，更新传统的经济观念，变劳役地租为实物地租，变共耕公田为个体分耕，就成为改革者大力宣扬的新的经济观点。当时管仲、李悝、商鞅等都是根据这种新的经济观念进行改革的，从而促进了经济的发展。

再如近代中国，自鸦片战争后，逐渐沦为半封建半殖民地社会，这是中国封建社会走向解体的又一重大转型时期。尖锐的社会矛盾和斗争，导致思想意识领域里的深刻变革。几千年来在封建小农经济基础上形成的"以农立国"、"重农轻商"、"农本工商末"的传统经济观念，在强大的西方资本主义思潮的猛烈冲击下，趋向崩溃。从包世臣的"本末皆富"，王韬的"恃商为国本"，薛福成的"工商为先"，郑观应的"以商立国"，到康有为的"定为工国"，逐渐形成旨在大力发展工商业以改革整个国民经济落后面貌，实现国家富强的新的国民经济观念。它对于探索改造旧中国，实现经济现代化的道路，起到了思想先行的历史性作用。

当前我国社会正处在又一个重要转型时期，即从传统的社会主义计划经济体制向社会主义市场经济体制过渡的时期。这一转变，不仅在我国而且在世界社会主义发展史上都将具有开创性的历史意义。十几年来，随着经济改革的逐步深入，已经并正在引起一系列传统经济观念的更新，而新的经济观念与理论的形成，必将有力地推进我国社会经济变革的进一步深化。

二　传统经济观念的界定

传统是一个历史范畴，它是在不同生存环境，不同历史时期，不同生产方式和社会制度条件下形成的被人们普遍接受的思想行为规范和准则。随着时间的推移，上一历史时期的某些思想行为规范和准则，被下一历史时期的人们自觉或不自觉地遵循着，它反作用于现实社会，产生积极或消极的影响。因此，传统并非是一成不变的。随着社会条件的变化，一些能适应现实生存环境的被保存下来，而某些不适应的则被淘汰。在漫长的历史进程中，传统的形成有早有晚，它对现实社会的影响作用有小有大。一般来说，传统形成的时期离现今越近，它对现实社会的影响作用越大。因此，这里所说的传统经济观念，界定是在1949年新中国成立后至70年代末实行改革开放以前这30年中所形成的对现实经济生活起着支配作用的经济观念，而不是泛指几千年来在封建经济条件下形成的古老的传统经济观念。虽然古老的传统经济观念，作为民族文化意识的深层积淀，会渗溶到现实经济观念中，起着某种潜意识的作用，但它不能亦不可能成为起主导作用的经济观念。因为毕竟产生它的时代，离现实生活已很遥远了。在当前来说，对现实经济生活影响最大的传统经济观念，是30年来在计划经济制度模式下形成的一系列传统经济观念，主要是产品经济观、计划经济观、平均主义大锅饭经济观、贫富观和价值观。这些传统经济观念的更新，对当前我国转型期的经济发展来说，是至关重要的。

三　传统的产品经济观念的更新

新中国成立后，我国的经济制度，在总体上是仿照苏联的计划经济制度模式，经济理论也是从苏联输入的，即认为社会主义经济是与资本主义的商品经济相对立的产品经济。其理论根据是恩格斯的《反杜林论》："一旦社会占有了生产资料，商品生产就将被消除。"① 马克思在《哥达纲领批判》中说：在未来的社会里，"生产者并不交换自己的产品，耗费在产品生产上的劳动，在这里也不表现为这些产品的价值"②。这就是说，个人劳动成了直接的社会劳动，劳动产品成了直接的社会产品。因此，这里的产品不再转化为商品。列宁在《国家与革命》中也认为在社会主义条件下，整个社会即是一个辛迪加，所有社会成员都是这个辛迪加的雇员，因而商品关系不再存在。在斯大林时代，指导苏联的经济理论，一直是产品经济观。在斯大林晚年发表的《苏联社会主义经济问题》一书中，承认了两种公有制之间的商品关系，但不承认全民所有制内部存在商品关系，并一再强调要限制商品生产，尽快使商品交换向产品交换过渡。我国在改革开放前的 30 年中，主导的经济思想也是这种产品经济观。它的一个基本论点是，商品经济的基本特征是私有制和生产无计划性，它的本质是资本主义的；产品经济的基本特征是公有制和生产有计划性，它的本质是社会主义的。因此，尽管经济界有时也强调要发展商品生产，重视价值规律，但这主要是着眼于现实经济生活中存在的供需失调和"共产风"等实际问题，并没有在思想理论上改变产品经济观。所以毛泽东晚年提出社会主义社会的商品货币制度与旧社会没有多少差别，只能在无产阶级专政下加以限制的说法。其基本思路仍然是产品经济观。30 年来，这种视产品经济为社会主义，商品经济为资本主义的观点，实质上是"恐资病"在商品经济观念上的反映，它对人们思想的束缚十分普遍而牢固，成为现实经济生活中广泛起作用的指导思想，严重地阻碍了我国商品经济的发展。70 年代末 80 年代初，虽然当时

---

① 《马克思恩格斯选集》第 3 卷，人民出版社 1972 年版，第 323 页。
② 马克思：《哥达纲领批判》，人民出版社 1971 年版。

理论界已开始提出并论证社会主义经济仍然具有商品经济的性质，但 30 年来已经形成的牢固的传统经济观念，仍是无法突破的。1979 年 11 月邓小平首先指出："社会主义也可以搞市场经济。"① 1984 年 10 月中共十二届三中全会正式确认："要突破把计划经济同商品经济对立起来的传统观念，明确认识社会主义计划经济必须自觉依靠和运用价值规律，是在公有制基础上的有计划的商品经济。商品经济的充分发展，是社会发展不可逾越的阶段，是实现我国经济现代化的必要条件。"② 对于这一经济观念的突破，邓小平称赞它讲了一些"我们老祖宗没有说过的话"③。在中央的大力倡导、支持和推动下，商品经济观念日益为人们所接受，传统的产品经济观逐步退出历史舞台。随着传统产品经济观念的更新和商品经济观念的确立，在中华大地上第一次出现了空前的经商热潮，商品经济观念已成为现实经济生活中不可逆转的潮流。

四　传统的计划经济观念的更新

计划经济观是在苏联十月革命后创立的计划经济模式下，作为与资本主义市场经济模式下形成的市场经济观念相对立的经济观念提出来的。它也是我国解放后 30 年中一贯遵循的最重要最根本的传统经济观念。它的理论根据是马克思主义创始人的"一旦社会占有了生产资料……社会内部的无政府状态将为有计

---

① 1979 年 11 月 26 日邓小平会见《美国不列颠百科全书》出版公司副总裁弗兰克等人时的谈话。

② 中共十二届三中全会：《中共中央关于经济体制改革的决定》。

③ 《建设有中国特色的社会主义》（增订本），人民出版社 1987 年版，第 78 页。

划经济的自觉的组织所代替"①。无产阶级把"社会化生产资料变为公共财产"后，就"使生产资料摆脱了它们迄今具有的资本属性，给它们的社会性以充分发展的自由。从此按照预定计划进行的社会生产就成为可能的了"②。这个思想，斯大林把它表述为"国民经济有计划（按比例）发展规律"，并认定这个规律是"通过计划机关""去正确地计划社会生产"③来实现的。一切经济活动，都由一个统一集中的计划机关来指挥，国民经济各单位间的产品交换是通过国家对物资的统一分配和调拨来实现的。因而在社会主义社会里不存在流通过程。这就是计划经济观念中十分流行的"无流通论"，它的思想基础是"自然经济观"。所谓"自然经济观"即是把社会主义经济看作是一种封闭型的自给自足的与商品经济相对立的自然经济，把整个国民经济看成是一个大工厂，把国民经济各部门各单位间的社会分工，等同于一个工厂内部的技术分工，它们之间的商品交换关系，为物资的分配调拨关系所取代。我国 30 年来的计划经济思想即是以这种"自然经济观"为基础的。

我国的"自然经济观"除了受苏联的影响外，还有其自身深厚的社会历史根源。几千年来我国一直是以农立国，小农经济居于统治地位。直至 1949 年现代工业只占 10%，而小农业与手工业占 90%，与农业社会自给自足的家长制经济管理相适应的是根深蒂固的自然经济观。它一方面轻视工商业，排斥商品经济观念，另一方面却极易接受苏联那种高度集中的计划经济模式。因此 30 年来，尽管计划经济体制暴露出了种种弊端，

---

① 《马克思恩格斯选集》第 3 卷，人民出版社 1972 年版，第 323 页。
② 同上书，第 443 页。
③ 斯大林：《苏联社会主义经济问题》，人民出版社 1972 年版，第 6 页。

并逐渐意识到实行市场经济的必要性，但要突破传统的计划经济观念，却是十分困难的，甚至比突破传统的产品经济观念更加困难。这是因为，一方面受着理论化了的自然经济观的束缚，另一方面受着来自意识形态的束缚。传统的社会主义经济理论总是把社会主义经济等同于计划经济，批评计划经济制度就无异于否定社会主义。虽然 1978 年党的十一届三中全会后，理论界开始提出"社会主义商品经济"、"计划调节与市场调节统一"等观点，但直到 80 年代初，这种观点仍不断受到指责和批评。1984 年 10 月中共中央关于《经济体制改革的决定》中，确认了社会主义经济是有计划的商品经济，给排斥商品经济的传统计划经济观打开了一个缺口，但《决定》同时又强调社会主义是计划经济，不是市场经济。市场经济仍然被视为是资本主义的。在公开报刊上，往往把"市场经济"改为"市场调节"，市场经济本身仍是被否定的。1985 年 10 月邓小平提出"应该把计划经济与市场经济结合起来"[1]，有力地支持了社会主义市场经济观，才开始突破传统的计划经济观。1989 年"六四"风波后，由于意识形态的强化，重新出现了坚持计划经济观批判市场经济观的态势。直到 1992 年邓小平南巡讲话，指出："计划经济不等于社会主义，资本主义也有计划，市场经济不等于资本主义，社会主义也有市场。计划和市场都是手段，计划多一点还是市场多一点，不是社会主义与资本主义的本质区别。"从而结束了市场经济"姓社姓资"的长期争论。至此才从根本上更新了传统的计划经济观念。这就大大解放了人们的思想，加速促进了市场经济的发展。

---

① 1985 年 10 月 24 日《人民日报》。

五　传统的平均主义大锅饭经济观念的更新

在传统的计划经济体制下，国民经济各部门各单位间的物资供需关系，是按国家计划进行分配调拨的，它以实物形态的分配调拨关系，取代了价值形态的商品交换关系，从而否定了等价交换的原则，否定了不同部门、企业和社会、集体、个人经济利益的差别，否定了企业经营成果与职工经济利益相联系的必要性，企业也就不可能自负盈亏，国家理所当然要对企业实行产品统购统销、经营统负盈亏和财政统收统支。其结果必然形成企业吃国家的大锅饭。同时，企业对职工的就业、工资、住房、医疗、退休等负全责，职工则全面依赖企业，没有失业之忧，从而机会与风险、动力与压力一齐消失了。其结果必然形成职工吃企业的大锅饭。由此可见，传统的计划经济体制本身就具有平均主义大锅饭的内在机制。只要实行这种计划经济体制，就必然要出现平均主义大锅饭的现象，在前苏联和东欧等实行这种计划经济制度的社会主义国家，都毫无例外地存在着平均主义大锅饭的现象。我国30年来在这种计划经济体制下形成的根深蒂固的平均主义大锅饭的经济观念，在现实经济生活中，造成低效率—低效益—低工资的恶性循环，严重阻碍了经济的发展。

我国在几千年的封建社会里，由于严格的封建等级特权，形成财富占有的极端不平等，所谓"富者田连阡陌，贫者无立锥之地"，"朱门酒肉臭，路有冻死骨"。人们为了批判这种不平等现象，往往把"均贫富"作为美好的社会理想。因此在小农经济基础上形成的绝对平均主义思想，在我国有深远的社会根源。毛泽东在《关于纠正党内的错误思想》一文中曾指出红军中存在的严重的绝对平均主义思想："发给伤兵用费，反对分伤轻伤重，要求平均发给"，"分物品要求极端平均"，"背米不问大人小孩体强体弱，要平均背"，"住房子要分得一样平"，"甚至一副担架两个伤兵的情况下，宁愿大家抬不成，不愿把一个人抬了去"①。但是历史上的平均主义思想尽管源远流长，但它始终不过是对现实生活中存在的不平等现象的一种逆反心理而已，从未在全社会作为一种经济制度真正实行过。即便如太平天国，以"有田同耕，有饭同吃，有衣同穿，有钱同使，无处不均匀，无人不饱暖"② 为号召，实际上实行的仍然是等级特权的分配制度。只是在新中国成立后，实行了公有制基础上的计划经济制度，由于其内在的平均主义的经济机制，才使平均主义大锅饭现象在全社会范围内出现。30 年来，其影响之深广，远非历史上任何平均主义思想所可比拟。因此要在现实经济生活中，真正做到多劳多得，少劳少得，不劳不得，树立竞争的观念，以取代平均主义大锅饭的观念是十分艰巨的。十几年来，虽然对分配制度作了种种改革，如实行岗位责任工资制，全额浮动计件工资制，奖金与效益挂钩等，仍难从根本上破除平均主义大锅饭的弊端，相反甚至愈趋严重。如有的企业采取大面积放宽浮动升级面，几乎只要出勤，升级便人人有份，从而使工资分配制度的改革，名存实亡。又如在实行工效挂钩工资制时，大量放宽固定工资比例，使之占到85%以上，使工效挂钩失去实际意义。又如大面积发放各种津贴（岗位津贴、工种津贴、工龄津贴、技术津贴、责任津贴、职务津贴等），几乎人人都有津贴，以此来缩小实际收入差距。凡此种种，使竞争机制失去效应，或不能形成竞争机制，其重要原因在于根深蒂固的平均主义大锅饭观念及其习惯势

① 《毛泽东选集》第 1 卷，人民出版社 1966 年版，第 88 页。
② 见《天朝田亩制度》。

力的影响，总是认为"平均主义就是公平、平等"，"平均主义有利于安定团结"，容易为多数人接受。因此只有深入改革现行的计划经济体制，使企业真正摆脱行政机构附属物的地位，使企业和职工同时走向市场，在市场机制全面起作用的条件下，才能从根本上改变平均主义大锅饭的经济观念。

六　传统的贫富观念的更新

由于中国共产党领导的革命是被剥削被压迫者向剥削压迫者进行的革命，在经济关系上，即是一场穷人对富人的革命。革命的胜利，使无产阶级、贫农成了无可争辩的革命者阶级。而昔日的富人则被判入"另册"。这一历史性的变革，导致了人们思想观念的根本变化，从过去几千年来的"嫌贫爱富"观念，一变而为"怕富"和"穷光荣"的观念。在我国，由于30年来不断的政治运动及反资产阶级思想的斗争，矛头所向，贫与富已不只是经济的差别，而成了政治的分野。所谓"穷则思变"，"富则修"。它极大地强化了人们"怕富"和"穷光荣"的观念。这种贫富观的根本错误在于，把富裕等同于资本主义和资产阶级，而把贫穷视为是社会主义和劳动人民的特征。所谓"宁要穷的社会主义，不要富的资本主义"便是这种思想的典型反映。形成这种贫富观的根源在于政治上"左"的意识形态，使人们怕富，不敢富，而在经济上则是由于计划经济制度所形成的平均主义大锅饭的经济条件，使人们致富无门，想富也不能富。政治上"怕富"，经济上"不能富"，使人们只能在艰苦奋斗的口号下，满足于"安贫乐道"的心态。30年来形成的这种传统的贫富观念，对社会经济的发展，产生了不可忽视的负面效应。而要更新这种贫富观念，就首先要在政治思想上松绑。为此，改革开放以来，邓小平多次指出："社会主义如果老是穷的，它就站不住"①，"社会主义要消灭贫穷，贫穷不是社会主义"②。这就为鼓励人们求富脱贫，树立新的贫富观，创造了政治前提。同时，大力改革传统的计划经济制度，发展市场经济，引进竞争机制，为人们在经济上开辟了宽广的致富门路，从而使人们的贫富观念发生了重大变化。"穷光荣"观念消失了，求富脱贫已成为人们普遍的要求和信念。广大农民一改过去守穷安贫的观念，大力开拓致富门路，发展商品经济，在仅十多年的时间里，涌现出了许多农村万元户，亿元村。贫富观念的更新成为当前转型期人们经济观念变化的最明显的标志。

七　传统价值观念的更新

传统经济观念的深层基础是传统的价值观念。在走向市场经济，更新传统经济观念的转型时期，传统价值观念的更新是必然的，十分必要的。

中国几千年的古老文明，形成了自己固有的传统文化及其价值观念。它与西方文化的价值观念的主要差异在于价值主体观念的不同。"五四"时代李大钊在分析东西方国民性差别时指出："一为消极的，一为积极的；一为依赖的，一为独立的；一为苟安的，一为突进的；一为因袭的，一为创造的；一为保守的，一为进步的。"③ 虽然处于当时形势，其言未免有所偏颇，但就其

---

① 《邓小平文选》（1975—1982 年），人民出版社 1994 年版，第 176 页。

② 《建设有中国特色的社会主义》（增订本），人民出版社 1987 年版，第 53 页。

③ 李大钊：《东西文明之根本》，载《李大钊文集》上，人民出版社 1984 年版，第 262 页。

文化价值观念差异的核心而言，不难看出西方是个人主体价值观，中国则是社群主体价值观，前者个人是主体，是独立的，后者个人是非主体，是依附的。在几千年封建社会里，意识形态中居统治地位的儒家的礼治文化，它从强制的外在规范方面取消、压缩、抑制个人的自我主体意识，所谓"民可使由之，不可使知之"，极力泯灭其个性意识，使其成为动物式的人。在这种传统文化观念中，个性是没有存在必要的，一切都是在"长幼有序"中被给定了的，一切都需听命于作为"家长"的君父的命令，不能自行其是。所谓"凡诸卑幼，事无大小，毋得专行，必咨禀于家长"①。个体被认为永远是不能取得独立人格，永远需要在"家长"的"教""养"下生活的"儿童"。礼治文化便是用来实现这种成人儿童化功能的。李大钊曾指出："东方的道德在个性灭却之维持，西方之道德在个性解放之运动。更观以政治，东方想望英雄，其结果为专制政治。"② 所以陈独秀批判说："是非荣辱，听命他人，不以自身为本位，则个人独立平等之人格，消灭无存。……谓之奴隶，谁曰不宜？"他大声誓言："我有手足，自谋温饱，我有口舌，自陈好恶，我有心思，自崇所信，绝不认他人之越俎"，"一切操行，一切权利，一切信仰，唯有听命各自固有之智能，断无盲从隶属他人之理"③。力图唤起民众的个人主体价值观念。但是"五四"的觉醒，被紧接着的救亡运动所打断，萌芽中的个人主体价值观念始终未能成长起来。解放后，在高度集中统一的政治经济制度下，社会群体观念空前强化，加之连续不断地以阶级斗争为纲的政治运动，把任何

---

① 朱熹：《朱子家礼》。
② 李大钊：《东西文明之根本》，载《李大钊文集》上，人民出版社 1984 年版，第 562 页。
③ 《陈独秀文章选编》上，三联书店 1984 年版，第 153 页。

个人主体的价值趋向，都被等同于个人主义，等同于自私，加以打击、剿灭，而这与中国传统的价值判断，视"私"为绝对的恶分不开的。这与西方价值观念视私为庄严，视个人隐私权为神圣的观念是截然相反的。对中国人来说，隐私权的概念是不存在的。30 年来，个人必须绝对服从群体（及这个群体的代表者）的观念，已成为人们空前一致的认同。从而个人依附于群体，企业依附于国家，就完全是理所当然的。虽然改革开放以来，随着市场经济的逐步发展，人们的自我意识开始增长，个人主体价值观念开始萌发，尤其是年轻一代人，往往愿意独立自主地走向社会，去施展抱负，实现自我，但整个说来，传统的社群主体价值观念的影响依然很深。例如许多在发展商品经济中实现了致富或事业取得了成功的人，几乎毫无例外地要把自己的成功，首先归功于领导，这不能仅仅认为是中国传统的谦虚美德的表现，实质是其深层的社群主体价值观的逻辑反映。又如许多获奖者（包括奥运金牌获得者），往往奖金尚未到手，而已八方伸手，要求分享者大有人在，因此有的得奖者索性把奖金向慈善机构或有关单位一捐了之。这种好事人人有份，不尊重（不承认）个人主体价值的心态，归根结底反映了深层的社群主体价值观念的顽固性，这表明转型期传统价值观念的更新，需要有一个较长的艰难的历程，它有待于市场经济的进一步发展。而价值观念的更新，也将进一步促进市场经济的发展。

（《经济研究》1993 年第 7 期）

传统的权力经济观念的更新

在不同的时代或不同的社会经济制度下，人们的经济思想和观念具有不同的特点。这些不同的经济思想和观念，反作用于现实的经济生活，必然对社会经济的发展，产生促进或阻滞的作用。

当前我国正处在由传统的计划经济向社会主义市场经济转变的重要历史时期，这个转变过程引起了一系列传统经济观念的更新，如传统的产品经济观念、传统的计划经济观念、传统的平均主义"大锅饭"经济观念等的更新，它对于建立和发展社会主义市场经济是十分必要的，具有积极的促进作用。

在传统的计划经济体制下，社会主义经济的基础是社会主义公有制经济。社会主义的国家政权，则是全民所有制经济的唯一代表和所有者。因此，全民所有制经济，通常也称为国有经济。在这里，国家政权既是所有者，又是经济的全权经营管理者，政权与经济权融为一体。传统的计划经济体制，充分体现了高度统一集中的政权与高度统一集中的经济权相结合的政经一体化的制度特点。由于社会主义公有制经济是随着社会主义国家政权的建立而产生的，因此，计划经济的一整套体制及其机制，都是由国家政权所赋予的，它的运作，也完全依靠国家权力的操作，因而计划经济体制具有权力经济的性质和特点。这与资本主义社会的经济依靠市场机制的运作是根本不同的。在资本主义社会，市场是涵盖全社会的，它通过价值规律、供求、价格、竞争等机制的作用，调节和配置资源，起到节约社会劳动，促进技术进步，推动生产力发展的作用。但是市场经济有它自身的缺陷，其自发性和盲目性，往往导致经济秩序的混乱，出现市场机制失灵，资源配置失衡，甚至发生经济危机等等，市场自身无法克服，因而需要国家干预。国家通过经济政策，有计划、有目的的宏观调控，以缓解和纠正市场调节失衡的弊端。但这种干预，并不是要降低、取消或取代市场的作用，恰恰相反，是为了保护竞争，保证市场机制的正常运行，为企业和市场创造正常的有利的发展条件。因此，资本主义的市场经济体制是涵盖全社会的，而国家干预则是服务于市场，为完善市场经济的运作及实现其目标而采取的必要手段。与此不同，传统计划经济体制下的权力运作，绝不是为了保证市场机制的正常运行和为企业与市场创造正常的有利的发展条件而采取的国家干预，相反，它是以自己作为涵盖全社会的经济活动主体的地位，极力限制以至取代市场的作用，并以限制和消除市场经济的存在为自己的目标。因此，传统计划经济体制下的计划与市场，同资本主义社会的计划与市场，两者无论在社会经济中的地位、作用范围和经济运行机制等方面，都极不相同。市场经济运作的基础是商品货币关系，而计划经济运作的基础是国家权力。在传统计划经济体制下，经济活动中是见不到经济人的，见到的只是基于国家权力推动的经济操作。计划经济所具有的这种权力经济的性质，反映在人们的思想观念中，形成人们普遍的权力经济观念，即在经济活动中，人们首先不是考虑遵循客观经济规律，而是习惯于听从权力的支配。而权力这一超经济力量，它的运作，是否符合或在多大程度上符合客观经济规律，则全凭权力操作者的主观判断的正确程度及其操作能力的高低。在权力经济观的支配下，权力操作者往往易流于唯意志论。苏联在十月革命后，尤其是 30 年代以来，经济工作中的唯意志论甚为突出，如苏联著名经济学家斯特鲁米林在他的《苏联计划问题》一书中声称："计划经济按其思想来说，除了技术经济定额、物理化学定律以及诸如此类的决定因素外，是不知道还有任何客观的即不以社会的意志为转移的社会规律的。"这种崇拜权力，否定客观经济规律的唯意志论，甚至达到了认为"苏维埃国家，它的领导人，能废除现存的政治经济学规律，能'制定'新的规律，'创造'新的规律"的程度，以致斯大林晚年不得不在《苏联社会主义经济问题》一书中，把它作为首要问题提出来进行批判。在我国经济建设中，亦曾有大跃进、"洋跃进"、"假大空"、"浮夸风"、"共产风"等现象和做法，把经济建设当作政治运动来搞，力图凭借政治权力去实现主观经济目标，也都是唯意志论的突出表现，它给我国经济建设带来的危害是众所周知的。因此，更新传统体制下的权力经济观，树立依循客观经济规律的社会主义市场经济观，是当前转型期传统经济观念更新中最重要最迫切的任务。

在传统计划经济体制下，权力经济既是滋生唯意志论的土壤，也是滋生腐败的土壤。虽然任何国家的政权，都具有一定的经济职能，需要通过经济政策，对国民经济进行调控，但是，如果国家政权直接介入经济，权力操作者直接从事经营和牟利活动，则往往导致权力的商品化，权力操作者的腐败。如近代清末洋务派凭借国家政权力量，创办新式工商企业，官僚与企业结合，其中贪污腐败之甚，为世人所震惊。当代有识之士，都力主政权不可直接介入经济，反对官僚染指经商活动，并在许多国家中取得共识，悬为禁例。由此可见，政权直接介入经济，权力与金钱结合，就要滋生腐败，古今中外，概莫能外。我国传统的计划经济制度，由于它的权力经济的性质，一旦引入市场，权力与金钱结合，滋生腐败就不可避免。因此在发展市场经济、树立市场经济观念的同时，必须深入改革传统计划经济的权力经济性质，大力更新权力经济观念，使政企分开，从根本上改变政经一体的制度结构，才能有效地防止腐败。但是时至今日，传统计划经济体制的制度结构变革尚未完成，因而急功好利与浮夸造假之风、权力崇拜与权大于法的观念，依然盛行。政企分开，虽早已有令有法，但"知之非艰，行之惟艰"，实行起来，阻难重重。由于"有权就有一切"的观念及其客观条件依然存在，权力操作者就很难轻易放权。于是有虚放实不放者，明放暗收者，或大机关放到小机关，中央放到市县，或从职能部门放到业务主管部门等等，而企业作为行政机关附属物的地位，并无变化。亦有的以单项放权而无配套措施，使企业实际无法用权。对于某些已经下放的自主权，企业往往怕触犯政府部门的利益而不敢用。亦有的行政部门，以转变职能为名，成立公司，形成半行政半企业的"翻牌公司"与"权力公司"，他们利用固有的行政权力，进入市场，从事权钱交易，既端着原有的铁饭碗，又端起新的金饭碗，助长了腐败之风。事实表明，由于传统体制的政经一体化的制度结构，决定了改革不能仅仅限于经济层面，没有政治体制的相应改革，经济体制的改革就不可能深入。只有经济体制改革和政治体制改革齐头并进，才能从根本上改变权力经济的制度结构，扫除体制转型中的关键性障碍，使传统的计划经济体制顺利有序地向社会主义市场经济体制过渡；也才能使人们真正摆脱权力经济观念的桎梏，迅速而有序地步入社会主义市场经济。

（《经济纵横》1995 年第 5 期）

生产资料生产优先增长是适用于社会主义经济的规律吗

　　马克思关于社会生产划分为生产资料的生产与消费资料的生产两大部类，以及这两大部类间的比例关系的原理，揭示了社会总生产过程中，不同生产部门之间实现物质变换的客观经济规律。这一规律对社会主义社会也是适用的。但是，马克思研究的具体对象是资本主义社会，在资本主义社会再生产过程中存在的某些具有资本主义特性的经济现象和规律，对于非资本主义社会就并不具有普遍的意义。正确认识和区分这些经济现象和规律，对于指导我国的社会主义经济建设，有着重要的理论和实践意义。

一

　　马克思在分析资本主义利润率下降趋势时指出："随着资本主义生产方式的发展，可变资本同不变资本相比，从而同被推动的总资本相比，会相对减少，这是资本主义生产方式的规律。""资本主义生产，随着可变资本同不变资本相比的日益相对减少，使总资本的有机构成不断提高。"①随着资本有机构成的提高,资本主义生产存在着生产资料生产增长快于消费资料生产增长的趋势。列宁把这归结为:"在资本主义社会中,生产资料的生产比消费资料的生产增长得更快"②的规律,而斯大林则进一步认为,"在扩大再生产下生产资料生产的增长占优先地位的原理"③,不仅适用于资本主义社会,而且更加适用于社会主义社会,是一个普遍的规律。我认为生产资料生产优先增长并不是社会主义社会的经济规律。

列宁在评论格·勃·克拉辛的《市场问题》一文时指出,所谓第一部类生产增长比第二部类占优势的现象,并不像克拉辛所说是因为在生产资料生产中"积累的进行既不依赖消费品生产的运动,也不依赖任何个人的消费"④,而是在于技术进步。列宁在引用了马克思的扩大再生产公式后指出,从"马克思的公式来看,根本不能得出第一部类比第二部类占优势的结论,因为这两个部类在这里是平行发展的。这个公式未予注意的正是技术进步"。"如果把这种变化纳入公式中,那一定是生产资料比消费品增长得更快。"列宁为了从理论上论证在技术进步的条件下,生产资料生产增长快于消费资料生产增长的规律,把马克思的再生产公式,作了进一步的阐发。在这里为了便于研究问题,我们先把列宁的公式整理后抄引于下:

第一年　Ⅰ　$4000c + 1000v + 1000m = 6000\cdots\cdots c : v = 4 : 1$

　　　　Ⅱ　$1500c + 750v + 750m = 3000\cdots\cdots c : v = 2 : 1$

　　　　Ⅰ　$500m = 450c + 50v\cdots\cdots c : v = 9 : 1$

---

① 马克思:《资本论》第 3 卷,人民出版社 1975 年版,第 236、237 页。

② 列宁:《论所谓市场问题》,《列宁全集》第 1 卷,人民出版社 1955 年版,第 72 页。

③ 斯大林:《苏联社会主义经济问题》,人民出版社 1961 年版,第 64 页。

④ 以上引文和以下表式等,均见列宁《论所谓市场问题》一文(载《列宁全集》第 1 卷)。

Ⅱ $60m = 50c + 10v$ ……$c：v = 5：1$

Ⅰ $4450c + 1050v + (500m) = 6000$

Ⅱ $1550c + 760v + (690m) = 3000$

第二年　Ⅰ $4450c + 1050v + 1050m = 6550$……$c：v = 4.2：1$

　　　　Ⅱ $1550c + 760v + 760m = 3070$……$c：v = 2.04：1$

　　　　Ⅰ $525m = 500c + 25v$……$c：v = 20：1$

　　　　Ⅱ $28m = 25c + 3v$……$c：v = 8.3：1$

　　　　Ⅰ $4950c + 1075v + (525m) = 6550$

　　　　Ⅱ $1600c + 766v + (704m) = 3070$

第三年　Ⅰ $4950c + 1075v + 1075m = 7100$……$c：v = 4.6：1$

　　　　Ⅱ $1600c + 766v + 766m = 3132$……$c：v = 2.09：1$

　　　　Ⅰ $537.5m = 517.5c + 20v$……$c：v = 25.9：1$

　　　　Ⅱ $35.5m = 32.5c + 3v$……$c：v = 10.8：1$

　　　　Ⅰ $5467.5c + 1095v + (537.5m) = 7100$

　　　　Ⅱ $1632.5c + 769v + (730.5m) = 3132$

第四年　Ⅰ $5467.5c + 1095v + 1095m = 7657.5$……$c：v = 5：1$

　　　　Ⅱ $1632.5c + 769v + 769m = 3170.5$……$c：v = 2.12：1$

列宁根据上述公式，把社会产品各部分增长情况的结论，列表比较如下：

	制造生产资料的生产资料 Ⅰ c		制造消费资料的生产资料 Ⅱ c		生产资料总量 Ⅰ (c + v + m)		消费资料总量 Ⅱ (c + v + m)		社会总产品 M	
		%		%		%		%		%
第一年	4000	100	1500	100	6000	100	3000	100	9000	100
第二年	4450	111.25	1550	103.3	6550	109.2	3070	102	9620	107
第三年	4950	123.75	1600	106.7	7100	118.2	3132	104.4	10232	113.7
第四年	5467.5	136.7	1632.5	108.8	7657.5	127.6	3170.5	105.7	10828	120

需要指出，列宁原来表式中的"制造消费资料的生产资料"即是公式中的 I（v＋m），我们这里改用公式中的IIc，这是因为在简单再生产公式中，I（v＋m）＝IIc，而在扩大再生产公式中，两者是不相等的，I（v＋m）＞IIc。在Im中有一部分是用作第一部类本身扩大再生产的，如果把它一起算在"制造消费资料的生产资料"中，是不对的。另外，表式中有全社会的消费资料总量〔II（c＋v＋m）〕，但没有全社会的生产资料总量〔I（c＋v＋m）〕，为了便于作全面的比较，我们也把它补入了。

从上述表式的计算中，列宁得出结论说："这样我们看到，增长最快的是制造生产资料的生产资料生产，其次是制造消费资料的生产资料生产，最慢的是消费资料生产。"

列宁在这里论证的是在既定的生产方式下，技术进步对生产资料生产优先增长的作用，当然是正确的。但是正是在这个公式里，有着两个既定的物质条件的差异是存而不论的：第一，两大部类的有机构成存在着差别，即第一部类的有机构成是4∶1，而第二部类的有机构成是2∶1。第二，两大部类的积累率存在着差异，第一部类每年以 m 的一半用于扩大再生产，积累率为50％，而第二部类的 m，每年用于扩大再生产的，第二年占8％，第三年占7％，第四年占4.6％，而且随着第一部类扩大再生产速度的增长，第二部类 m 中用来扩大再生产的部分，将愈来愈小。不难看出，资金的积累，先进技术的应用，在这里都是愈来愈集中地应用于扩大第一部类的生产，这就不能不促使第一部类的增长速度愈来愈快。因此，正是由于上述两个既定的物质条件，第一部类的增长速度就必然要大大快于第二部类。但是，这两个既定的物质条件，并不是在任何社会中任何时期，都是一成不变的。众所周知，资本主义生产先是在工业中开始的，资本的积聚也首先在工业中形成。随着资本主义生产的发展，在工业中积累起来的资本和生产手段也愈来愈庞大，而农业则由于手工劳动占优势，资本和生产手段的积聚，远远落后于工业，即便在资本已统治了农业以后，农业落后于工业的情况，还长期存在。作为主要的生产资料生产部门的工业，特别是重工业，和作为主要的消费资料生产部门的农业，在资本主义发展过程中，在有机构成上的差异，是历史地形成的。马克思和列宁在其再生产公式中，都假定第一部类有机构成高于第二部类，这是符合历史实际的。但是，马克思和列宁都没有认为这种物质条件是不可改变的。马克思曾指出："工业比农业发展得更快，本来就是资本主义生产方式的特征。不过这是一个历史上的差别，是能够消失的。"① 而要消灭这个差距，必然要以消灭有机构成上的差别为条件。所以马克思又说："农业本身的进步，总是表现在不变资本部分对可变资本部分的相对的增加上。"② 农业以及整个第二部类有机构成的不断提高，也就必然要求增大第二部类的积累。因此第二部类积累率远远低于第一部类的状况，也必然要改变。马克思在《资本论》第二卷中谈到第二部类的积累时，就曾"假定第Ⅱ部类的剩余价值也有一半要积累"③，与第一部类的积累率完全相等。列宁也认为，就资本主义社会发展的一般规律来说，在技术进步的条件下，把资金积累几乎集中地用于扩大第一部类的生产，从而使第二部类的积累率愈来愈小，甚至完全停滞，使社会单纯地依靠第一部类生产的增长，是"不可思议"

---

① 马克思：《剩余价值学说史》第2卷，郭大力译，人民出版社1978年版，第92—93页。
② 马克思：《资本论》第3卷，人民出版社1975年版，第857页。
③ 马克思：《资本论》第2卷，人民出版社1964年版，第572页。

的。① 他说："怎能设想使 v 与 c 之比日益缩小的技术进步只表现在第一部类上，而让第二部类完全停滞不前呢？使第二部类完全不进行积累，是否符合要求每个资本家在破产威胁下扩大企业的资本主义社会的规律呢?"② 因此，把生产资料生产增长占优势绝对化起来，这无论在理论上和事实上，都是不正确的。事实上，随着资本主义的技术进步，第二部类的有机构成也在迅速提高。例如美国现在每个农业工人平均固定资金装备量已超过工业工人。这就是说，农业的有机构成的水平，已高于工业。这表明，在农业中，用来扩大再生产的积累率，不是愈来愈小，而是愈益增大的；也表明，第一部类的积累率并非始终遵循"优先增长"的规律，高于第二部类的。物质条件的这种变化本身，从事实上否定了技术的进步必然导致第一部类优先增长的论点。现在，为了从理论上进一步说明这个问题，我们仍以马克思的再生产公式为例，在物质条件已经改变了的情况下，来考察两大部类生产情况的变化。

第一年　Ⅰ　$4000c + 1000v + 1000m = 6000\cdots\cdots c : v = 4 : 1$

Ⅱ　$1500c + 375v + 375m = 2250\cdots\cdots c : v = 4 : 1$

$$\text{Ⅰ m1000} \begin{cases} \text{积累 412} \begin{bmatrix} 344c \\ 68v \end{bmatrix} \cdots\cdots c : v = 5 : 1 \cdots\cdots \text{积累率} 41.2\% \\ \text{消费 588} \end{cases}$$

$$\text{Ⅱ m375} \begin{cases} \text{积累 187.5} \begin{bmatrix} 156c \\ 31.5v \end{bmatrix} \cdots\cdots c : v = 5 : 1 \cdots\cdots \text{积累率} 50\% \\ \text{消费 187.5} \end{cases}$$

---

　① 列宁：《论所谓市场问题》，《列宁全集》第 1 卷，人民出版社 1955 年版，第 71—72 页。

　② 同上。

I 4344c + 1068v + （588m） = 6000

II 1656c + 406.5v + （187.5m） = 2250

第二年　I 4344c + 1068v + 1068m = 6480

II 1656c + 406.5v + 406.5m = 2469

$$I\ m1068 \begin{cases} \text{积累 } 358 \begin{bmatrix} 306c \\ 52v \end{bmatrix} \cdots c：v = 6：1\cdots\text{积累率} 33.5\% \\ \text{消费 } 710 \end{cases}$$

$$II\ m406.5 \begin{cases} \text{积累 } 203 \begin{bmatrix} 174c \\ 29v \end{bmatrix} \cdots c：v = 6：1\cdots\text{积累率} 50\% \\ \text{消费 } 203.5 \end{cases}$$

I 4650c + 1120v + （710m） = 6480

II 1830c + 435.5v + （203.5m） = 2469

第三年　I 4650c + 1120v + 1120m = 6890

II 1830c + 435.5v + 435.5m = 2701

$$I\ m1120 \begin{cases} \text{积累 } 252 \begin{bmatrix} 220c \\ 32v \end{bmatrix} \cdots c：v = 7：1\cdots\text{积累率} 22.5\% \\ \text{消费 } 868 \end{cases}$$

$$II\ m435.5 \begin{cases} \text{积累 } 217.5 \begin{bmatrix} 190c \\ 27.5v \end{bmatrix} \cdots c：v = 7：1\cdots\text{积累率} 50\% \\ \text{消费 } 218 \end{cases}$$

I 4870c + 1152v + （868m） = 6890

II 2020c + 463v + （218m） = 2701

第四年　I 4870c + 1152v + 1152m = 7174

II 2020c + 463v + 463m = 2946

把上述公式中关于社会产品各部分增长情况的结论，比较如下：

	制造生产资料的生产资料 I c		制造消费资料的生产资料 II c		生产资料总量 I （c＋v＋m）		消费资料总量 II （c＋v＋m）		社会总产品 M	
		%		%		%		%		%
第一年	4000	100	1500	100	6000	100	2250	100	8250	100
第二年	4344	108.6	1656	110.4	6480	108	2469	109.7	8949	108.4
第三年	4650	116.2	1830	122	6890	114.8	2701	120	9591	116.2
第四年	4870	121.75	2020	134.7	7174	119.6	2946	130.9	10121	122.7

在上述表式中，我们改变了列宁公式中既定的物质条件为：
（一）在扩大再生产中，两大部类有机构成的始发点都是4：1。
（二）两大部类对技术进步的应用，具有同等的水平，即都是从
4：1逐年提高为5：1，6：1，7：1。（三）扩大再生产的积累
率，第二部类高于第一部类。这样我们就看到，第二部类的增长
速度快于第一部类。这就从理论上证明：技术的进步，有机构成
的提高，与第一部类的优先增长并无必然的联系。只有当技术的
进步，主要地被应用于有机构成本来就高于第二部类的第一部类
的生产，而资金的积累，又几乎集中地用于扩大第一部类的生产
时，才必然导致第一部类增长快于第二部类。如果改变上述物质
条件，则就像我们在表式中见到的，技术的进步，却导致第二部
类增长快于第一部类。由此可见，生产资料生产优先增长，并非
是技术进步的必然规律，更非扩大再生产的必然条件。

二

毫无疑问，在资本主义的发展中，有着生产资料生产的增长
快于消费资料生产增长的现象，但这并非是物质技术进步所必然
的结果，而是由资本主义生产的特性，资本主义生产方式所固有

的矛盾决定的。

资本主义生产的目的是为了攫取剩余价值。用机器操作取代手工操作，大大提高劳动生产率，是增大剩余价值的最重要的手段。在为争夺利润而相互搏斗的资本主义社会里，竞争迫使每个企业主无限扩大生产。而为了扩大生产，"必须首先生产生产资料，而要做到这一点，就必须扩大制造生产资料的社会生产部门"①。对利润的追逐，从而对生产资料的迫切需求，驱使资本家把更多的积累投向第一部类的生产。同时，先进技术的成果，也主要地被应用于第一部类，而对于消费资料的生产，则只有在保证取得利润这一任务的限度内，才是资本主义所需要的，在这以外，消费问题，对于资本主义就失去意义，人及其需要就从视野中消失。正是资本主义经济的这种特性，决定了"资本发展的规律就是……新形成的资本愈来愈多地转入制造生产资料的社会经济部门"②。在资本主义的发展中，生产资料生产优先增长的规律，就是这样作为一种自发的盲目的规律，强加于生产当事人的。列宁认为，资本主义的这种发展，"是完全符合资本主义的历史'使命'及其特殊的社会结构的"③。

在资本主义发展中，生产资料生产增长占优势的规律本身是由资本主义的生产方式所决定的，但反过来它又进一步加深了资本主义经济所固有的内在矛盾。

首先，由于生产资料生产增长占优势规律的作用，第一部类生产发展的速度愈益快于第二部类，这就必然造成两大生产部类之间的严重脱节，从而加深整个国民经济客观比例关系的失调。

----

① 列宁：《评经济浪漫主义》，《列宁全集》第 2 卷，人民出版社 1959 年版，第 122 页。

② 同上。

③ 同上。

列宁指出："资本主义所造成的社会生产力发展的另一特点，是生产资料（生产消费）的增长，远远超过个人消费的增长：我们曾经多次指出这个现象是如何表现在农业与工业中。这个特点是从资本主义社会中产品实现的一般规律所产生的，是与这个社会的对抗性质完全适应的。"① 农业落后于工业，正是社会生产中消费资料生产远远落后于生产资料生产的现象，在工农业两大生产部门之间的反映，是国民经济各部门间的比例遭到破坏，发生危机和物价高涨的最深刻的原因之一。

其次，由于生产资料生产增长占优势规律的作用，使资本主义社会中生产与消费相脱节的现象进一步加剧。列宁说："资本主义所固有的生产和消费之间的矛盾，在于生产的增长异常迅速，……而消费（个人消费）就算也在增长，那也是极其缓慢的；人民群众的无产阶级状况，使得个人消费不可能迅速增长。"② 资本家一方面要无限地扩大生产，而另一方面又必须极力限制劳动人民的消费水平，这种生产发展的无限性和人民群众生活消费的有限性之间的矛盾，是资本主义生产方式所特有的内在矛盾。愈是生产资料生产的增长占优势，这种生产与消费间的脱节和矛盾就愈是严重。

最后，由于生产资料生产增长占优势规律的作用，破坏了客观上国民经济应有的比例关系，又由于劳动人民生活消费水平的低下，使得资本主义的生产力越发展，它就越和消费关系的狭隘基础发生冲突。其结果，对整个社会再生产的发展，起着延缓和阻滞的作用。

---

① 列宁：《俄国资本主义的发展》，《列宁全集》第 3 卷，人民出版社 1984 年版，第 547—548 页。

② 列宁：《答普·涅日达诺夫先生》，《列宁全集》第 4 卷，人民出版社 1984 年版，第 141 页。

　　由此可见，生产资料生产增长占优势的规律，虽然在一定程度上曾起着促进资本主义生产发展的作用，但同时也进一步加深了资本主义经济的矛盾。随着资本主义的发展，资本主义经济内在矛盾的日益深化，生产资料生产增长占优势规律对整个社会再生产的不利后果，迫使资产阶级不得不采取政府干预的措施，借以缓和矛盾。例如美国、日本以及西欧等许多资本主义国家都采取了对农业实行奖励、补贴等政策，实际上是把第一部类的部分积累转移到第二部类，以加速第二部类的发展。美国在 20 世纪初，农场主用于购买技术装备的费用约占总收入的 12.5%，而在 70 年代增大到 20% 以上。1974 年美国农业中机械拥有量的价值为 1950 年的 362%。农业投资的增长，使农业有机构成迅速提高，赶上并超过了工业。随着科学技术成就在农业中广泛地应用，农业劳动生产率大大提高了。战后美国的农业劳动生产率平均每年增长 6% 左右，因而能在农业生产者不断减少，耕地面积逐步减缩的情况下，农业产量却不断增长。从 1950—1976 年美国农业劳动力由 750.7 万人，减少到 324 万人；耕地面积减少了五亿多亩，而每一农业劳动力的生产品，由可供养 15.5 人提高到 52.4 人。而美国的工业劳动生产率从 1950—1974 年平均每年增长 1.9%。[①] 战后几十年来，在所谓第三次工业革命的影响下，原子能、电子工业等所谓"知识（科技）集约型"新兴部门迅速发展起来，使劳动生产率的提高，不仅节约了单位产品内的活劳动，而且大大节约了单位产品内生产资料的消耗。在过去，生产效率的提高，基本上是通过使用机器取代手工劳动，节约单位产品内的活劳动消耗这一途径，而在现代科学技术进步的条件下，由于"知识集约型"生产的发展，工艺流程的改进，同类产品的日益精巧，生产单位产品所需的生产资料的实物消

---

　　① 见《美国商业》1976 年 1 月 5 日，第 7 页。

耗量大大减少了。如集成电路的出现，使生产电子计算机所需耗用的材料急剧降低。美国自动控制机床系统的价格，近十年来下降了80%，甚至比普通机床的价格还便宜15%—20%。生产资料消耗的大大节约，使所需的资本积累与劳动生产率的提高相比，处于较低的水平，从而使经济的增长，在更大程度上不是依靠固定资本数量上的扩大，而是依靠先进科技在工艺过程中的应用和改善经营管理等等。例如以美国与英国相比：

	美国			英国			说　明
	L	C	F	L	C	F	
1955 年	117	112	91	107	109	102	①以 1950 年 = 100
1960 年	125	125	100	119	126	106	②L 为劳动生产率 C 为积累量
1965 年	147	131	89	135	157	109	F 为固定资本占用量

资料来源：[苏联] 葛罗缅卡：《科技革命与现代资本主义》，莫斯科，1976 年版，第148 页。

美国的劳动生产率的提高快于资本积累，而英国则相反，说明美国对先进技术的应用，从而经济的增长快于英国。

生产技术条件和经济条件的这些变化，不能不影响到两大生产部类间增长速度对比关系的变化。美国农业有机构成的提高和农业劳动生产率的增长快于工业这一事实表明第一部类生产增长占优势的状况已经和正在改变。由此可见，即便在资本主义制度下，随着经济条件的变化，生产资料生产增长占优势的规律，也并非始终起作用的。

三

社会主义经济的性质与资本主义经济有着本质的不同。在资本主义制度下，资本家为了追逐利润，可以不顾社会两大部类生产的平衡和协调，可以不顾广大劳动人民生活消费的需要，把资金积累和技术进步，集中地应用于扩大和发展第一部类的生产，从而使生产资料生产的增长大大快于消费资料生产的增长，它体现了资本主义经济发展的本质要求。但是，社会主义生产的目的，是人及其需要，即满足人的物质和文化的需要。社会主义的基本经济规律决定了社会主义经济的发展，必须与满足整个社会经常增长的物质和文化的需要相联系，而不能像资本主义那样，为了追逐利润，把资金积累和技术进步集中地投向第一部类的生产，而置广大人民群众的生活消费于不顾。同时，社会主义经济是计划经济，在国民经济有计划按比例发展规律的作用下，国民经济各部门之间，从而两大部类之间，通过国民经济计划，把社会总劳动量，按客观所需的比例关系，在两大部类之间进行合理分配，使社会生产各部门取得协调的均衡的高速度的发展，这正是社会主义经济制度优越性所在。它不像资本主义经济那样，使第一部类的发展脱离第二部类，甚至以牺牲第二部类来取得发展自己的优势。这就表明，社会主义的客观经济条件使生产资料生产优先增长规律失去作用。生产资料生产优先增长同社会主义基本经济规律和有计划按比例发展规律在本质上是相矛盾的。如果说在社会主义社会中生产资料生产优先增长是发展社会主义经济的客观规律，那就无异于承认在发展社会主义经济中，也必须把资金积累和技术进步，愈来愈集中地用于扩大和发展第一部类的生产，并使消费资料的生产远远落后于生产资料的生产，在两大生产部类之间，工业与农业之间，生产与消费之间，发生脱节，整个国民经济的平衡和比例关系，遭到破坏。这样，所谓满足人民群众不断增长的物质和文化的需要，所谓国民经济各部门间的平衡和协调，都必将遇到极大的困难，社会主义经济制度的优越性无法体现出来。因此，在社会主义制度下，生产资料生产优先增长作为一种客观经济规律，是不存在的。

虽然生产资料生产增长占优势作为一种经济规律，在社会主义社会是不存在的，但是，在某个特定时期，在某种特定条件下，作为发展国民经济的一种经济政策措施，使生产资料生产优先增长，是可以的，有时甚至是必要的。例如当苏联作为世界上第一个社会主义国家，受到世界帝国主义的包围的情况下，特别是在第二次世界大战前的一段时期，希特勒法西斯的进攻近在眼前，如果苏维埃国家不去大力发展重工业，集中力量建立一定的工业化基础，就会在希特勒的进攻面前，失去抵御的能力。当时，这关系到苏维埃国家的生死存亡问题。因此，把全国的主要经济力量，用来集中地高速度地发展重工业，采取生产资料生产增长占绝对优势的政策，迅速建立起工业化的物质基础，是完全必要的。当然，在生产资料生产增长占绝对优势的情况下，消费资料生产的发展必然很慢，甚至要为此作出牺牲，也是完全必要的。但这丝毫也不是说，这是生产资料生产优先增长的客观经济规律作用的结果，而是为适应国内外形势在一定时期内需要而采取的政策措施。

1956 年，毛泽东同志总结了社会主义经济建设正反两个方面的经验，以苏联为鉴戒，指出："苏联的粮食产量长期达不到革命前最高水平……他们片面地注重重工业，忽视农业和轻工业，因而市场上的货物不够，货币不稳定。"① 一年后，他又说："如果我们的农业能够有更大的发展，使轻工业相应地有更多的发展，这对于整个国民经济会有好处。农业和轻工业发展了，重工业有了市场，有了资金，它就会更快地发展。这样，看起来工

---

① 见毛泽东《论十大关系》（单行本），人民出版社 1976 年版。

业化的速度似乎慢一些，但是实际上不会慢，或者反而可能快一些。"① 这就是说，加快第二部类的发展，使第二部类的生产与第一部类的生产取得相应的协调的发展对整个国民经济的发展，将是有利的。

我们必须认真地实事求是地总结国内外经济建设的经验，正确地理解和应用马克思主义关于社会再生产的理论，以加快我国国民经济的发展。关于"生产资料生产优先增长"这一思想，长期以来都把它作为一条必须遵循的经济规律，但是实践表明，这个论点在理论上是站不住脚的，对社会主义建设是不利的。

（《经济研究》1979 年第 12 期）

---

① 见毛泽东《关于正确处理人民内部矛盾的问题》（单行本），人民出版社 1957 年版。

对马克思《资本主义生产以前的各种形式》一文中几个理论问题的理解

　　马克思的《资本主义生产以前的各种形式》（以下简称《形式》）是一篇比较集中地探讨前资本主义的、主要是公社所有制形态的重要论著，它是马克思于1857—1858年写成的经济学手稿中的一部分，曾于1939年首次在苏联《无产阶级革命》杂志上发表，引起了学术界的极大兴趣和重视。一些苏联学者在马克思的前资本主义形态理论的影响下，开展了对于古代东方社会的研究，写出了一批著作，如斯特鲁威院士的《古代东方社会》（1941年）、阿甫基耶夫教授的《古代东方史》（1948年）等。半个世纪以来，马克思的这篇光辉著作，一直是马克思主义史学界和经济学界研究前资本主义形态所凭依的经典著作之一。但是，由于这篇著作是马克思的一个手稿，其写作的"目的不是为了出版，而是为了自己弄清问题"，它是适应于作者自己的思路，为自己而写作的，因此，有些地方的文义比较难懂，人们在学习和运用时，往往由于理解的不同而导致理论观点上的分歧。例如迄今关于亚细亚生产方式问题的争论，其中有一些争论就包括了对马克思这篇著作的不同理解。因此，认真学习和正确理解马克思的这篇著作，对于开展前资本主义形态的理论研究是很必要的。我通过对这篇著作的学习，觉得对其中的一些理论问题，需要很好地体会马克思写作的思路，才能正确理解它。下面谈谈我学习中的一些体会。

一　《形式》探讨的是公社所有制形式还是社会生产方式?

长期以来，在关于马克思的亚细亚生产方式理论的探讨和古代东方社会史的研究中，人们往往把马克思在《形式》中分析的公社所有制形式与社会生产方式等同起来，把马克思在这里分析的亚细亚所有制形式同马克思在《〈政治经济学批判〉序言》中提出的亚细亚生产方式等同起来，相互引证，视作同一概念。如吴大琨教授在《关于亚细亚生产方式研究的几个问题》中说："根据马克思的遗稿《资本主义生产以前各形态》这一著作来看，马克思是把亚细亚的，即东方的和古典的、日耳曼的生产方式作为平列的生产方式来看待的。在亚细亚的国家里，主要生产者一直是农民，在古典的希腊、罗马生产方式里，主要生产者是奴隶，而在日耳曼的生产方式里，主要生产者是农奴。"[①] 很明显，他是把马克思在《形式》中分析的亚细亚的所有制形式、古代的所有制形式和日耳曼的所有制形式，当成了亚细亚生产方式、奴隶制生产方式和农奴制生产方式，即三种社会生产方式了。持有这种观点的，在国内外学界中大有人在。然而根据我学习的体会，我认为这是对马克思著作的一种误解。在东北师范大学编写的《古代世界史》一书中以及某些讨论亚细亚生产方式问题的论文中，已有人提出不应把亚细亚所有制同亚细亚生产方

---

① 参见《学术研究》1980 年第 1 期。

式等同起来①，我认为指出这一点是对的，但尚须论证。

马克思在《形式》一开头有一段绪言式的文字，我认为这是他写作这篇著作的纲领性的提示。文章一开头说："如果说雇佣劳动的前提和资本的历史条件之一，是自由劳动以及这种自由劳动同货币相交换，……那么，另一个前提就是自由劳动同实现自由劳动的客观条件相分离，即同劳动资料和劳动材料相分离。可见，首要的是，劳动者同他的天然的实验场即土地相脱离，从而自由的小土地所有制解体，以及以东方公社为基础的公共土地所有制解体。"② 在这里马克思提出了形成资本主义生产方式的两个基本前提条件，即自由劳动与货币相交换，以及劳动者与生产资料首先是土地相分离。对于前一个条件（自由劳动与货币相交换），马克思在手稿的前一部分"资本的生产过程"和"资本的原始积累"中已作了考察，在那里他指出，单有活劳动与货币的交换，并不能就构成资本主义的雇佣劳动关系。他说："如果 A 用某一价值或货币，即物化劳动，交换 B 的某种服务，即活劳动，那么这可能属于：（1）简单流通的关系。……他交换来的劳动并不是创造价值的劳动，而是创造效用即使用价值的活动。……（2）……如果说贵族除了自己的农奴，还使用自由劳动者……为他创造了价值，那么这种交换只涉及多余的产品，为了奢侈品的消费而进行的；因而这实际上只是为了把他人劳动用于直接消费或用作使用价值而对这种劳动进行的伪装的购买。"③ 因此，这种"物化劳动同活劳动相交换，一方面还不构

---

① 参见《古代世界史》，高等教育出版社 1958 年版，第 53 页；徐启基：《关于亚细亚生产方式概念的探讨》，《学术研究》1979 年第 11 期；姜洪、江于：《马克思在晚年放弃了"亚细亚生产方式"这一概念了吗?》，《文史哲》1981 年第 5 期。

② 《马克思恩格斯全集》第 46 卷上，人民出版社 1979 年版，第 470—471 页。

③ 同上书，第 463、464、468 页。

成资本，另一方面也还不构成雇佣劳动。整个所谓的服务阶级，从擦皮鞋的到国王，都属于这个范畴。不论在东方公社，还是在由自由土地所有者组成的西方公社，我们到处零散地见到的自由短工也属于这个范畴"①。因此在古代，任何雇佣劳动的形式都不构成资本主义的雇佣关系。以亚洲为例来说："在亚洲社会中，君主是国内剩余产品唯一所有者，他用他的收入同自由人手相交换，……但它同雇佣劳动毫无共同之处。"② 要使雇佣劳动成为资本主义的雇佣关系，就必须使"活劳动能力属于本人自己，并且通过交换才能支配它的力的表现，双方作为人格互相对立。在形式上他们之间的关系是一般交换者之间的平等和自由的关系"③，即解除了任何人身附属关系和脱离了任何生产资料的自由劳动者。因此，马克思把资本形成的历史前提归结为："货币转化为资本，是以劳动客观条件与劳动者相分离、相独立的那个历史过程为前提的。"④ 这就是说，要历史地考察资本主义生产方式的形成，除了考察自由劳动与货币相交换的条件外，还必须考察劳动者与劳动客观条件相分离的过程。马克思在《形式》这一篇里要考察的正是这个前提的历史形态，即自由的小土地所有制和以东方公社为基础的公共土地所有制的解体。文章开宗明义提出了这个主题。紧接着马克思解释了自由小土地所有制和以东方公社为基础的公共土地所有制这两种所有制形式下劳动者与土地的关系。他说："在这两种形式中，劳动者把自己劳动的客观条件当作自己的财产，……个人把自己看作所有者，看作自己

---

① 《马克思恩格斯全集》第 46 卷上，人民出版社 1979 年版，第 463 页。
② 同上书，第 466 页。
③ 同上书，第 462 页。
④ 同上书，第 516 页。

现实条件的主人。"① 然后他进一步解释了这两种土地所有制形式下劳动者劳动的性质。他说："在这两种形式中，各个个人都不是把自己当作劳动者，而是把自己当作所有者和同时也进行劳动的共同体成员。这种劳动的目的不是为了创造价值，……是为了保证各个所有者及其家庭以及整个共同体的生存。"② 最后他指出，从上述劳动者与劳动客观条件相结合的形式，变为资本主义条件下劳动者一无所有的形式，其间有着一个历史发展的过程。他说："个人变为上述一无所有的工人，这本身乃是历史的产物。"③ 这短短几百字的纲领性的提示，清楚地说明了他在这里要研究的主题，乃是劳动者与劳动客观条件之间的关系，其中主要是土地所有制的历史形态，而不是也不可能是社会生产方式的历史形态。

在紧接上文之后，马克思分别考察了亚细亚的、古代的和日耳曼的三种公社所有制形式，比较和分析了这三种所有制形式的内容和特点，指出它们的共同点在于它们都是公社土地所有制，公社成员都是作为土地的所有者同劳动的客观条件相结合；它们的生产目的都是为了谋生，为了自给自足，而不是发财致富。它们之间的差异在于公有制的形式和公有的程度不同。在亚细亚所有制下，土地是完全的公有制，或者说是直接的公有制，公社成员没有私有地；在古代所有制下，公有土地和社员的私有土地是双重并存的，而前者则是后者的前提；在日耳曼所有制下，公有地只是个人财产的补充，公社财产实际上是个人所有者的公共财产，或者说是公共附属物。马克思对三者的特点的归纳是："在

---

① 《马克思恩格斯全集》第 46 卷上，人民出版社 1979 年版，第 471 页。
② 同上。
③ 同上。

所有这些形式中，土地财产和农业构成经济制度的基础，因而经济的目的是生产使用价值，是在个人对公社（个人构成公社的基础）的一定关系中把个人再生产出来——在所有这些形式中，都存在着以下的特点：（1）对劳动的自然条件的占有，……个人把劳动的客观条件简单地看作是自己的东西，……（2）这种把土地当作劳动的个人的财产来看待的关系（……），直接要以个人作为某一公社成员的……作为部落等等成员的自然形成的存在为媒介。……不管这种以公社成员身份为媒介的所有制，究竟是表现为公有制（在这种情况下，单个人只是占有者，决不存在土地的私有制）；还是所有制表现为国家所有同私人所有相并列的双重形式（不过在这种情况下，后者被前者所制约，因而只有国家公民才是并且必定是私有者，但另一方面，作为国家公民，他的所有又同时具有特殊的存在）；最后，还是这种公社所有制仅仅表现为个人所有制的补充（在这种情况下，个人所有制表现为公社所有制的基础，而公社本身，除了存在于公社成员的集会中和他们为公共目的的联合中以外，完全不存在）。"① 马克思的这些分析清楚表明，他在这里考察的是三种土地公有程度不同的公社土地所有制形式，而三者作为公社所有制，并不存在本质的区别。马克思接着在《形式》的第二大部分中，在考察资本主义生产关系的历史过程时，进一步指出了这三种公社所有制的内在关系，他说："这种所有制（即公社所有制——引者注）所表现出来的一切形式，都是以这样一种共同体为前提的，这种共同体的成员彼此间虽然可能有形式上的差异，但作为共同体的成员，他们都是所有者。所以，这种所有制的原始形式本身就是直接的公有制（东方形式，这种形式在斯拉夫人那里有所

---

① 《马克思恩格斯全集》第 46 卷上，人民出版社 1979 年版，第 482—484 页。

变形，直到发展成对立物；但在古代的和日耳曼的所有制中仍然是隐蔽的——尽管是对立的——基础）。"① 这就是说，亚细亚的所有制，即东方形式的直接公有制，是原始的形式，它对于以公私两种所有制并存的古代所有制和以私有制占主导地位的日耳曼所有制来说，仍然是它们的隐蔽的基础。这三种公社所有制反映了公社所有制由公有向私有发展的三个阶梯的三种类型，即完全公有，公私并有，私有为主。在这里马克思自始至终分析的是在不同的公社所有制形式下，劳动者与劳动客观条件（土地）之间的关系，而把这种公社所有制所存在的具体社会的生产方式舍象了。如果我们以《形式》中对古代所有制的论述为例来分析一下，就会看得更加清楚。马克思说：古代公社"是把城市即已经建立起来的农村居民（土地所有者）的居住地（中心地点）作为自己的基础。在这里，耕地表现为城市的领土；……这种由家庭组成的公社首先是按军事方式组织起来的，……住宅集中于城市，是这种军事组织的基础。……公社财产——作为国有财产，公有地——在这里是和私有财产分开的。……公社（作为国家），一方面是这些自由的和平等的私有者间的相互关系，是他们对抗外界的联合；同时也是他们的保障。在这里，公社制度的基础，既在于它的成员是由劳动的土地所有者即拥有小块土地的农民所组成的，也在于拥有小块土地的农民的独立性是由他们作为公社成员的相互关系来维持的，是由确保公有地以满足共同的需要和共同的荣誉等等来维持的。公社成员的身份在这里依旧是占有土地的前提，但作为公社成员，每一个单个的人又是私有者。他把自己的私有财产看作就是土地，同时又看作就是他自己作为公社成员的身份；……为直接消费而从事劳动的小农业；作

① 《马克思恩格斯全集》第46卷上，人民出版社1979年版，第498页。

为妻女家庭副业的那种工业（纺和织），……组成共同体的那些自由而自给自足的农民之间保持平等，以及作为他们财产继续存在的条件的本人劳动。……"①在这里马克思对古代公社所有制形式下劳动者与土地的关系，劳动者与公社的关系，劳动者相互间的关系，劳动者劳动的性质和形式，劳动者的家庭及其经营的副业，乃至居住条件和军事组织等都作了详细的论述，但恰恰没有论及任何奴隶与奴隶主的关系，以及作为奴隶主阶级专政的奴隶制国家等问题。很明显在这里马克思把古代社会中的奴隶制生产方式和奴隶制国家等舍象了。因为他在这里所考察的仅仅是古代公社所有制本身，即纯粹意义上的公社所有制，它与奴隶制生产方式无关。

其实，马克思在《形式》中考察的三种公社所有制都舍象了具体的社会生产方式，而是在纯粹意义上的公社所有制，它的性质是属于原始公有制范畴的生产关系。马克思在这个手稿的"原始积累"部分谈到资产阶级前的各种关系解体的时期时就说过："旧的生产方式，即公社的、家长制的、封建制的生产方式等等就处于解体之中。"②这里的"家长制的生产方式"即是家长制奴隶制。《资本论》第三卷第四十七章中说："我们用不着在这里深入研究真正的奴隶经济（它也要经过各个阶段，从主要为自身需要而从事经营的家长制，一直到为世界市场而从事经营的真正种植园制度）。"③这里指明了家长制是奴隶制生产方式的一个阶段。那么在此以前的"公社的"生产方式，无疑是属于原始的生产方式。马克思还在《政治经济学批判·导言》中

①《马克思恩格斯全集》第46卷上，人民出版社1979年版，第475—476页。
② 同上书，第468页。
③《资本论》第3卷，人民出版社1975年版，第906页。

说："历史却表明，公有制是原始形式（如印度人、斯拉夫人、古克尔特人等等），这种形式在公社所有制形式下还长期起着显著的作用。"① 在《剩余价值理论》中又说："亚洲村社（原始共产主义）。"② 在给查苏利奇的信中谈到俄国农村公社的所有制时，马克思说："俄国的共产主义所有制形式是古代类型的最现代的形式。"③ 又说，在当时俄国公社所有制的被消灭，"是资本主义所有制代替共产主义所有制的问题"④。他还指出："德国的农村公社是从较早的古代类型的公社中产生出来的。在这里，它是自生的发展的产物，而决不是从亚洲现成地输入的东西。"⑤ "俄国的公社就是通常称做农业公社的一种类型，在西方相当于这种公社的是存在时期很短的日耳曼公社。"⑥ "在亚洲，在阿富汗人及其他人中间也有'农村公社'。但是，这些地方的公社都是……古代社会形态的最新形式。"⑦ 马克思晚年对俄国公社所有制的论述说明，他认为公社所有制无论在亚洲或欧洲的古代，都是普遍存在的一种公有制形式，它的性质是共产主义的。恩格斯也说："在实行土地公有制的氏族公社或农村公社中（……），相当平等地分配产品，完全是不言而喻的，如果成员之间在分配方面发生了比较大的不平等，那末，这就已经是公社开始解体的标志了。"⑧ 他接着还指出："在古代的自发的土地公有的公社中，奴隶制或是根本没有出现过，或是只起极其从属的作用。在

① 《马克思恩格斯选集》第2卷，人民出版社1972年版，第90页。
② 《马克思恩格斯全集》第26卷第3册，人民出版社1975年版，第465页。
③ 《马克思恩格斯全集》第19卷，人民出版社1965年版，第444页。
④ 同上书，第445页。
⑤ 同上书，第433—434页。
⑥ 同上书，第448页。
⑦ 同上书，第449页。
⑧ 《马克思恩格斯选集》第3卷，人民出版社1972年版，第187页。

最初的农民城市罗马，情形也是如此。"① 马克思主义创始人一直是明确地把纯粹意义上的公社所有制视作是原始公有制范畴的生产关系的。由此也可以证实《形式》中考察的三种公社所有制形式都属于原始公有制范畴的生产关系。把它们分别当作三种不同性质的社会生产方式是不对的。

二　亚细亚所有制与东方专制制度

既然《形式》考察的三种所有制形式都是公社所有制本身，即舍象了具体社会生产方式在纯粹意义上的公社所有制，那么如何理解在亚细亚所有制形式中提出的"东方专制制度"和"专制君主"？毫无疑问，专制制度与专制君主是阶级社会的产物，它不属于原始公有制范畴的东西。有的同志正是根据这一点，论定专制制度与亚细亚所有制有着本质的联系因而把亚细亚所有制归结为阶级社会（主要是指奴隶社会）的生产方式。他们说："专制国家作为共同体的统一总体恰恰是这种公社公有形式的一个不可缺少的环节。"② 有的同志则相反，认为专制制度与亚细亚所有制形式两者间没有本质的联系，前者属于阶级社会，而后者属于原始生产方式。他们说：亚细亚所有制"本身不能产生专制制度，……这种国家政权不是从公社内部产生，而是由外部强加进去与公社对立，并不断地剥削公社的"③。这两种观点，前者把亚细亚所有制归结为阶级社会（具体指奴隶社会），后者则把亚细亚所有制与原始社会等同起来。另外，也有的同志认为

---

① 《马克思恩格斯选集》第 3 卷，人民出版社 1972 年版，第 200 页。
② 姜洪、江龙：《马克思在晚年放弃了"亚细亚生产方式"这一概念了吗？》，《文史哲》1981 年第 5 期。
③ 于庆和：《关于亚细亚生产方式问题》，《吉林师大学报》1980 年第 1 期。

两者兼而有之。他们说："亚细亚所有制同样反映出是原始社会和奴隶社会合为一体的社会。"① 这些观点虽然结论各不相同，但是在把亚细亚所有制形式等同于亚细亚生产方式这一点上是一致的。他们不理解马克思在这里考察的仅仅是公社所有制本身，而不是这种所有制形式所存在的具体社会生产方式。马克思在分析亚细亚所有制形式时所以要提到专制制度和专制君主，并不是为了说明亚细亚社会的性质，而是由于分析亚细亚所有制，即直接的公有制本身的特点的需要。

马克思把东方形式的直接公有制形式看作是"所有制的原始形式"，认为它也是古代的和日耳曼的公社所有制更早时期的形式。马克思说："财产最初意味着（在亚细亚的、斯拉夫的、古代的、日耳曼的所有制形式中就是这样），劳动的（进行生产的）主体（或再生产自身的主体）把自己的生产或再生产的条件看作是自己的东西。……个人把劳动条件看作是自己的东西（……），这是以个人作为某一部落体或共同体的成员的一定的存在为前提的（他本身在某种程度上就是共同体的财产）。"② 这就是说，无论是斯拉夫的、古代的和日耳曼的所有制形式，在最初也同亚细亚的所有制形式一样，作为共同体的成员，个人都把劳动的客观条件看作是自己的东西，而同时作为共同体的成员，个人本身也就是共同体的财产。这种原始形式的所有制，后来在罗马发展为公有和私有并存的双重所有制形式，而在日耳曼则发展为以私有为主的形式。马克思还在《政治经济学批判》的一个注中指出："仔细研究一下亚细亚的、尤其是印度的公社所有制形式，就会得到证明，从原始的公社所有制的不同形式中，怎

---

① 左文华：《也谈亚细亚生产方式问题》，《思想战线》1981 年第 3 期。
② 《马克思恩格斯全集》第 46 卷上，人民出版社 1979 年版，第 496 页。

样产生出它的解体的各种形式，例如，罗马和日耳曼的私人所有制的各种原型，就可以从印度的公社所有制的各种形式中推出来。"① 这段话也就是对公社所有制形式发展变化的一个说明。但是在东方，在大多数亚细亚的基本形式里，这种直接的公有制并没有发展为公私并有或私有为主的形式，而是在进入阶级社会后，由于"凌驾于所有这一切小的共同体之上的总合的统一体表现为更高的所有者或唯一的所有者，实际的公社却只不过表现为世袭的占有者，……而在这些单个的共同体中，每一个单个的人在事实上失去了财产"②。公社成员始终没有成为私有土地的所有者，土地依然保持了公有制的形式。这就形成了"东方特有的形式"③。恩格斯曾指出："在亚洲雅利安民族和俄罗斯人那里，当国家政权出现的时候，公社的耕地还是共同耕种的，或者只是在一定时间内交给各个家庭使用，因而还没有产生土地私有制。在这样的地方，国家政权便以专制政体而出现。"④ 在欧洲，国家政权是在私有制已经产生的基础上发展起来的，但是，在亚洲，在东方，在出现了专制国家政权以后，直接生产者依然生活在土地公有制形式下。因此，为了继续弄清亚细亚公社所有制形式下劳动者与劳动客观条件之间的关系，马克思进一步考察了在东方专制君主统治下仍然保持了土地公有制的东方公社所有制的特有形式。但是，很明显，他在这里考察的对象，仍然是亚细亚公有制形式下劳动者与劳动客观条件（土地）之间的关系。他要考察和说明的只是这一点，也只限于这一点。至于专制制度和专制君主是什么性质，他们代表了奴隶主阶级还是封建主阶级，

① 马克思：《政治经济学批判》，人民出版社 1976 年版，第 17 页。
② 《马克思恩格斯全集》第 46 卷上，人民出版社 1979 年版，第 473 页。
③ 同上书，第 477 页。
④ 《马克思恩格斯全集》第 19 卷，人民出版社 1965 年版，第 541 页。

与这里的问题无关，这里考察的仅仅是公社所有制本身。因此，马克思只是提到了东方专制制度和专制君主，根本没有去讨论，甚至没有提出它的社会阶级属性的问题。

在东方，专制制度和专制君主是在东方公社的特定条件下产生的。古代的罗马公社是城邦公社，一个城邦国家就是一个公社，它没有凌驾于公社之上的最高的统一体。而在东方，许多小公社结合为一个特殊的共同体，它凌驾于一切小公社之上，成为最高的唯一的所有者，这是东方公社的重大特点。在这种公社形式下，土地作为劳动的客观条件，只有"统一体是实际的所有者"①。它"对这单个的人来说是间接的财产"②。因为这些土地"是由作为这许多共同体之父的专制君主所体现的统一总体，通过这些单个的公社而赐予他的"③。他所以能够使用土地，仅仅因为他是公社成员，而不是土地所有者。单个公社成员不仅不是土地的所有者，而且还同公社的土地一样，"本身直接就是公社财产"④。在东方专制制度下，单个公社成员对土地的直接的私有是不可能的。这就使得在东方公社下劳动者与劳动客观条件之间，形成双重存在的特殊现象：一方面，从总合的统一体看，"共同体是实体，而个人则只不过是实体的附属物"⑤。"每一个单个的人在事实上失去财产"⑥；而另一方面，从各个小公社和单个家庭看，每个公社成员又是"公共财产的共有者"⑦，"作为共同体的成员，他们都

① 《马克思恩格斯全集》第 46 卷上，人民出版社 1979 年版，第 473 页。
② 同上。
③ 同上。
④ 同上。
⑤ 同上书，第 474 页。
⑥ 同上书，第 473 页。
⑦ 同上书，第 478 页。

是所有者"①，在主观上，他们又都"把自己看成所有者或占有者"②。在对客观生产条件的关系上"表现为主体对客体的占有……客体从属于主体的目的"③。这就是东方公社成员在所有制关系上的双重存在：他既是所有者，又不是所有者，既是劳动的主体，又是客体的附属物。所以马克思说："在东方专制制度下以及那里从法律上看似乎并不存在财产的情况下，这种部落的或公社的财产事实上是作为基础而存在的，这种财产大部分是在一个小公社范围内通过手工业和农业相结合而创造出来的。因此，这种公社完全能够独立存在，而且在自身中包含着再生产和扩大生产的一切条件。"④ 这就是说，从总合的统一体来看，单个人的财产是不存在的，而从小公社自身来看，这种财产事实上是存在的。东方公社的成员对于劳动客观条件的关系所以具有这种双重的存在，正是以专制制度的存在为条件的。因此在分析亚细亚公社所有制时，就需要涉及专制制度和专制君主，但这仅仅是在分析亚细亚公社所有制形式下劳动者与劳动客观条件之间关系的双重存在时，作为前提和条件而涉及的，它既不属于公社所有制本身的问题，也就不是马克思在这里所要考察的对象，因此，对于它的性质和特点，就需要舍象，而也确实被舍象了。马克思对亚细亚所有制考察的，始终是公社所有制本身。

可以看出，在《形式》中马克思并未就东方专制制度的社会性质作出任何论断，但是人们在研究和运用马克思的著作时，常常把它理解成东方奴隶制的专制国家，他们说："保存了农村公社形式的国家，在那里没有土地私有制，土地是共有的，或者实际

① 《马克思恩格斯全集》第 46 卷上，人民出版社 1979 年版，第 498 页。
② 同上书，第 472 页。
③ 同上书，第 488 页。
④ 同上书，第 473 页。

上土地是为最高统治者国王所有，这是东方奴隶制的特点之一。"①
有的则论断："古代东方奴隶制的国家形式是君主专制制度"，"农
村公社成员实质上是国王的奴隶"②。如此等等。在我看来，这些
论断与马克思的观点是不符合的。马克思在《资本论》第三卷中
说："土地所有者可以是代表公社的个人，如在亚洲、埃及等地那
样；这种土地所有权，也可以只是某些人对直接生产者人格的所
有权的附属品，如在奴隶制或农奴制度下那样。"③ 马克思在这里
说的这个在亚洲、埃及等地存在的"代表公社的个人"，与《形
式》中所说的"最终作为个人而存在的更高的共同体"④，"共同
体之父的专制君主"应是同一概念的。⑤ 马克思把它同奴隶制、农
奴制明确区分开了，如果他是奴隶制的君主，作这样的区分是没
有必要的。又如《资本论》第3卷第20章中说："在奴隶关系、
农奴关系、贡赋关系（指原始共同体时的贡赋关系）下，只有奴
隶主、封建主、接受贡赋的国家，才是产品的所有者。因而才是
产品的出售者。"⑥ 接着他又说："在以往那些生产方式中，商人
与之做生意的剩余产品的主要占有者，即奴隶主、封建地主、国
家（例如东方专制君主）代表供人享受的财富。"⑦ 这里说得很明
白，"接受贡物的国家"就是东方专制君主，它被明确地列在奴隶
主、封建地主之后，仅从文义上看，东方专制君主决不能是奴隶

---

① 杨志玖：《如何体会经典作家关于东方土地制度的理论》，《光明日报》1961
年 5 月 10 日。

② 孙健：《亚细亚生产方式是古代东方奴隶制》，《经济理论与经济管理》1981
年第 3 期。

③ 《资本论》第 3 卷，人民出版社 1975 年版，第 714 页。

④ 《马克思恩格斯全集》第 46 卷上，人民出版社 1979 年版，第 473 页。

⑤ 同上。

⑥ 《资本论》第 3 卷，人民出版社 1975 年版，第 364 页。

⑦ 同上书，第 370 页。

主，而这个国家也不能是奴隶制国家。又如《资本论》第三卷第四十七章中说："如果不是私有土地的所有者，而像在亚洲那样，国家既作为土地所有者，同时又作为主权者而同直接生产者相对立，那末，地租和赋税就合为一体，……在这里，国家就是最高的地主。在这里，主权就是全国范围内集中的土地所有权，但因此那时也就没有私有土地的所有权，虽然存在着对土地的私人的和共同的占有权和使用权。"①　这里讲的亚洲的土地制度，是建立在农村公社基础上的封建土地国有制，地租是封建地租，国家是封建国家，君主是封建君主。也就没有理由把它说成是亚细亚奴隶制国家。恩格斯对俄国的农村公社和专制制度是这样说的："这种公社所有制，……在大俄罗斯（即俄国本土），它一直保存到今天，……各个公社相互间这种完全隔绝的状态，在全国造成虽然相同但绝非共同的利益，这就是东方专制制度的自然基础。从印度到俄国，凡是这种社会形态占优势的地方，它总是产生这种专制制度，……沙皇专制制度……是俄国社会条件的必然的合乎逻辑的产物。"②　这里说的产生在农村公社基础上的专制制度，正是俄国的封建农奴制国家而不是奴隶制国家。从马克思主义创始人的上述论著中，都不可能得出东方专制制度是奴隶制国家的论断来。因此，把亚细亚所有制说成是东方奴隶制的论点，不能认为是马克思的观点。

三　亚细亚所有制与东方的普遍奴隶制

如果说东方的专制制度不是奴隶制国家，亚细亚所有制也不

---

① 《资本论》第3卷，人民出版社1975年版，第891页。
② 《马克思恩格斯选集》第2卷，人民出版社1972年版，第624页。

是奴隶制生产关系，那么，如何理解马克思在《形式》中提出的"东方的普遍奴隶制"的论点？事实上许多人正是以东方的普遍奴隶制作为理论根据来论证亚细亚所有制是东方式的奴隶制度的。几十年来这种说法在中外学界中，几乎成了一种十分流行的观点。然而我认为这是一种普遍的误解。

首先，需要指出，马克思在《形式》里说的奴隶和奴隶制，一般地是指直接生产者与劳动客观条件之间的关系以及直接生产者所受的奴役，而不是社会经济形态意义上的奴隶和奴隶制度。只要仔细阅读一下就可以发现，马克思在《形式》里常常把奴隶制和农奴制不加区别地相提并论，虽然两者作为社会生产方式是属于不同社会发展阶段的不同性质的社会。例如："在奴隶制关系和农奴制依附关系中，……劳动本身，无论采取的是奴隶的形态，还是农奴的形态，都是作为生产的无机条件与其他自然物同属一类的。"[1] "假如把人本身也作为土地的有机附属物而同土地一起加以夺取，……这样便产生奴隶制和农奴制，而奴隶制和农奴制很快就败坏和改变一切共同体的原始形式。"[2] "奴隶制和农奴制只是这种以部落体为基础的财产的继续发展。它们必然改变部落体的一切形式。"[3] "在奴隶制、农奴制等等之下，劳动者本身表现为服务于某一第三者个人或共同体的自然生产条件之一。"[4] 马克思在所有这些论述中，都把奴隶制和农奴制的所有制关系看作是同一类型的，即劳动者不是像在公社所有制下那样，把"生产的自然前提看作是属于他的，看作是他自己的东

---

① 《马克思恩格斯全集》第 46 卷上，人民出版社 1979 年版，第 488 页。

② 同上书，第 490—491 页。

③ 同上书，第 492 页。

④ 同上书，第 496 页。

西这样一种关系"①，而是"劳动者本身……直接属于生产的客观条件，……作为这种客观条件被人占有，因而成为奴隶或农奴"②。这就是说，从劳动者与劳动的客观条件的关系来看，奴隶制与农奴制是一样的。在《形式》中许多地方说到奴隶制、农奴制，讲的都是劳动者与劳动客观条件的关系，而不是社会经济形态意义上的奴隶制生产方式和农奴制生产方式。因此，决不能一见到这里的"奴隶制"就认为是社会经济形态意义上的奴隶制生产方式。

其次，马克思在《形式》中所说的"普遍奴隶制"一词是对在东方专制制度统治下作为直接生产者的村社农民与劳动客观条件之间的特殊的关系的概括。马克思是这样说的："在奴隶制、农奴制等等之下，劳动者本身表现为服务于某一第三者个人或共同体的自然生产条件之一（这不适用于例如东方的普遍奴隶制，这仅仅是从欧洲的观点来看的）。"③ 为什么说在奴隶制、农奴制下，劳动者所处的关系，从欧洲的观点来看不适用于东方的普遍奴隶制？这是因为在欧洲，在奴隶制度下，奴隶与客观生产条件之间的关系，表现为"与牲畜并列的或者是土地的附属物"④。劳动者本身就成为"某一第三者个人或共同体的自然生产条件之一"。因而"奴隶同自身劳动的客观条件没有任何关系"⑤。但是，在东方专制君主统治下的公社农民则不同，他们与劳动客观条件的关系是双重地存在着的：从最高统一体看，他们都已失去财产，都已不是所有者，因而与奴隶、农奴有共同之

---

① 《马克思恩格斯全集》第46卷上，人民出版社1979年版，第489页。
② 同上书，第499页。
③ 同上书，第496页。
④ 同上书，第488页。
⑤ 同上。

处；但是，从小公社自身来看，他们又是公共财产的共有者，并把自己看作是客观生产条件的所有者和主人，他们与"同自身劳动的客观条件没有任何关系"的奴隶是不一样的。因此，从欧洲的观点，用奴隶制、农奴制的关系去解释东方公社所有制下村社农民与劳动客观条件的关系是不适用的。这里的"普遍奴隶制"一词，主要是对在东方专制制度下公社农民对劳动客观条件的关系，即普遍地失去了财产的那种状况的概括。所以马克思在紧接着"东方的普遍奴隶制"之后，又说了"奴隶制、农奴制等等总是派生的形式，而决不是原始的形式"。按照马克思的提法，"所有制的原始形式本身就是直接的公有制（东方形式）"，则所谓东方的普遍奴隶制，也就是公社所有制的东方形式，是属于所有制的原始形式，它与奴隶制、农奴制不同，后者是由前者派生出来的。因此，根据马克思的思想逻辑来看，所谓东方的普遍奴隶制，并不是社会经济形态意义上的奴隶制度。

但是，马克思在《形式》的另一个地方，曾这样说："在这种财产形式（指亚细亚公社所有制形式——引者注）下，单个人从来不能成为所有者，而只不过是占有者，实质上他本身就是作为公社统一体的体现者的那个人的财产，即奴隶，所以奴隶制在这里并不破坏劳动的条件，也不改变本质的关系。"① 这段话不是可以用来表明马克思是把亚细亚所有制看作是奴隶制生产关系吗？许多人也正是以此为据来论断亚细亚所有制是东方式的奴隶制度的。我认为这也是一种误解。

《形式》一文所探讨的中心问题是劳动者与劳动客观条件之间的关系，马克思的上述一段话，也在于说明这种关系，即在亚细亚所有制形式下，从统一体看，单个人都不拥有任何（土地）

---

① 《马克思恩格斯全集》第 46 卷上，人民出版社 1979 年版，第 493 页。

财产，像奴隶一样，他本身就是生产的客观条件之一。这里所说的"奴隶"，指的就是劳动者已失去财产的那种状况，而非社会经济形态意义上的奴隶。正因为公社农民事实上并不拥有任何（土地）财产，因此当奴隶制生产方式出现时，就不再需要剥夺他们的财产了。所以马克思说："奴隶制在这里并不破坏劳动的条件，也不改变本质的关系。"劳动者与劳动客观条件之间的关系，并没有破坏，也没有本质的改变，与过去一样不拥有任何（土地）财产。很显然，马克思在这里分析的仍然是劳动者与劳动客观条件之间的关系，并没有分析奴隶制生产方式。

由此可见，所谓"东方的普遍奴隶制"，并非是东方特有的一种奴隶制生产方式，而仅仅是对东方公社所有制在东方专制制度下的劳动者与劳动客观条件之间的关系所作的理论概括。

另外，"东方的普遍奴隶制"也是马克思对东方专制制度下公社农民所受奴役的一种形象化的提法。在马克思的著作中，用"奴隶"或"奴隶制度"来形象化地表述直接生产者所受的奴役，是屡见不鲜的。如在《神圣家族》一书中说："在现代世界中每一个人都是奴隶制度的成员，……市民社会的奴隶制恰恰在表面上看来是最大的自由。"① 这里的"奴隶制度"就是资本主义制度。在《共产党宣言》中说："资产阶级不能统治下去了，因为它甚至不能保证自己的奴隶维持奴隶的生活，因为它不得不让自己的奴隶落到不能养活它反而要它来养活的地步。"②《资本论》第一卷第十三章中说："从前工人出卖他作为形式上自由的人所拥有的自身的劳动力，现在他出卖妻子儿女，他成了奴隶贩

---

① 《马克思恩格斯全集》第 2 卷，人民出版社 1957 年版，第 149 页。
② 《马克思恩格斯选集》第 1 卷，人民出版社 1972 年版，第 263 页。

卖者。"① 这里说的奴隶、奴隶贩卖者等，指的都是资本主义制度下的工人。事实上把直接生产者所受的奴役和剥削，称作奴隶和奴隶制度在马克思的时代是相当普遍的。马克思在致恩格斯的信中曾说："美国经济学家凯里出版了一本书《国内外的奴隶制》，这里所说的'奴隶制'是指各种形式的奴役、雇佣奴隶制等等。"② 马克思自己也常常在这个意义上使用"奴隶"和"奴隶制度"，所谓普遍奴隶制，除了在生产关系上用来概括东方公社所有制在专制君主统治下劳动者与劳动客观条件之间的关系外，也是用来形象化地说明专制君主对公社农民的统治，它不具有任何社会经济形态的意义。

（《经济研究所集刊》第 6 集，中国社会科学出版社 1983 年）

---

① 《马克思恩格斯全集》第 23 卷，人民出版社 1972 年版，第 434 页。
② 《马克思恩格斯全集》第 28 卷，人民出版社 1973 年版，第 269 页。

亚细亚生产方式理论与我国
村社制度的探讨

　　亚细亚生产方式作为马克思主义的一个理论问题提出讨论以来，在中外学术界展开了广泛的争论；自 20 世纪 20 年代初到现在，已进行了 60 多年。虽然在理论研究和史料工作方面都取得了某些成果，但争论远未结束，焦点主要在于它的社会性质，但分歧的理论根源则涉及到对马克思主义的人类社会历史发展基本规律的认识问题。如有人提出所谓人类社会历史发展的"双线"或"多线"的理论，实际上就是对马克思主义关于人类社会历史发展的五种社会生产方式理论提出异议。这个观点最早是由普列汉诺夫在为纪念马克思逝世 25 周年而写的《马克思主义的根本问题》一文中提出来的。他认为东方和西方由于不同的地理环境的影响，在氏族组织的腹内孕育出了两种形式间有很大区别的社会制度：在西方是"古代"生产方式，而在东方则是"亚细亚生产方式"。随后，苏联的中国农村经济研究专家马札亚尔和世界经济学家瓦尔加等人支持并进一步阐述了这个观点。他们把"亚细亚生产方式"归纳为具有土地国有、农村公社、专制主义、水利灌溉和地租与赋税合一等社会特点的一种不同于

西方社会历史发展的独特的东方社会。根据这个理论，他们在
20世纪二三十年代关于中国革命性质问题的论战中，认为中国
社会在资本主义入侵以前，不是封建社会，而是独特的"亚细
亚生产方式"，或"东洋社会"，在当代，意大利的梅洛蒂教授
在他所著的《马克思与第三世界》一书中，把亚细亚生产方式
列为第六种生产方式，实质上是这种特殊的东方社会论的继承和
发展。1931年2月在列宁格勒召开的亚细亚生产方式讨论会上，
马札亚尔派的"特殊论"，受到哥德斯等人的批判。哥德斯认
为，所谓亚细亚生产方式，是马克思在读到摩尔根《古代社会》
一书以前提出的一个"假设"，具体来说，亚细亚生产方式不是
别的，乃是"东方封建主义"或"东洋封建主义"的特殊性，
与哥德斯一起批判"特殊论"的杜布洛夫斯基在他的《亚细亚
生产方式、封建制度、农奴制度及商业资本之本质问题》一书
中指出，土地国有、水利灌溉等完全不是亚洲特有的现象，亚细
亚生产方式并非是特殊的生产方式，而是农奴制社会。与此同
时，莫哈罗斯基等人则认为亚细亚生产方式指的是前阶级社会即
原始社会，印度的路易、日本的森谷克己等以及我国的郭沫若、
王亚南等，亦都持此说，而雷哈德则在他的《前资本主义社会
经济史论》一书中提出了另一种观点，即"过渡形态"说。他
认为，亚细亚生产方式是原始公社和古代奴隶制之间的过渡形
态。日本的早川二郎亦持相似的观点，他在《古代社会史》一
书中说，亚细亚生产方式就是"贡纳制"，它是处在从氏族制时
代到奴隶制社会的过渡时期。1932年科瓦列夫在批判哥德斯的
"假设论"时，提出了"变种"说。他认为，亚细亚生产方式有
两种形态，在古代东方是奴隶制的变种，在中世纪东方则是封建
制变种。与此相近的观点是约尔克的"混合"说，他在《论亚
细亚生产方式》一文中说，亚细亚生产方式的内容是奴隶制与

农奴制的混合体。接着苏联史学家斯特鲁威提出了"古代东方奴隶制"的论点，认为古代东方是"原始奴隶制社会"，或"半奴隶制半家长制社会"。至 20 世纪 40 年代中，苏联持这一观点的阿甫基耶夫等人提出奴隶制"两阶段"说，即把古代东方各国看成是"早期的奴隶社会"，而把古典的希腊罗马看作是"发达的奴隶社会"，并认为两者在发展的阶段上有着前后相承的关系。50 年代中，苏联的久梅涅夫提出东西方奴隶社会"并列"说，认为东方的奴隶制与古典世界的奴隶制是迥然不同的、无前后相承关系的两种并列的奴隶制。在整个 50 年代里，把亚细亚生产方式理解为古代东方奴隶制的观点，在苏联及其他一些国家的学术界占据了统治地位。在我国史学界，除某些持"原始社会说"的学者外，翦伯赞、吕振羽、侯外庐等附和了古代东方奴隶制的观点，都认为亚细亚生产方式是不同于古希腊、罗马奴隶制的另一种奴隶制。此后，在五六十年代里，我国史学家童书业、田昌五等对亚细亚生产方式是代表原始生产方式的论点，曾作了进一步的探讨和论证；与此同时，吴泽、日知等则对亚细亚生产方式是代表奴隶制社会的论点，也作了进一步的探讨和论证。自粉碎"四人帮"以来，适应学术空气新高涨的形势和世界范围内探讨第三世界社会发展道路的需要，在我国学术界对亚细亚生产方式问题的理论研究又一次高涨起来。几年来发表了不少有关的研究论文，并于 1981 年 4 月召开了专门的学术讨论会。几年来的讨论表明，在亚细亚生产方式问题的理论研究中，既有对马克思主义理论本身如何认识和理解的问题，也有对具体社会历史的发展如何认识和总结的问题。因此，一方面需要弄清亚细亚生产方式理论本身的一些问题，另一方面也需要联系具体的社会历史实际，进行历史唯物主义的分析和研究。长期以来，许多人一直把马克思的亚细亚生产方式当作评价和衡量东方或古代东方社会的具体社会形态和社会性质的理论，而忽视了亚细亚生产方式的提出本身对于马克思主义历史唯物主义的理论意义，从而阻碍了从马克思主义历史唯物主义理论本身去理解亚细亚生产方式，使得长期以来的讨论，一再陷于具体社会性质的纷争之中。我认为马克思的亚细亚生产方式与东方的具体社会形态并非是同一个概念，前者是生产方式一般，即生产方式的理论抽象，而后者是具体的社会形态，决不能把两者混同起来，否则就既不能正确理解理论概念本身，也不能正确解释具体的社会形态。基于这一认识，本文试图对亚细亚生产方式理论的提出及其对马克思主义历史唯物主义的理论意义，以及这个理论的形成过程，作一番考察，然后，在此基础上，联系我国古代的和我国某些少数民族中现存的村社制度的实际，谈一些自己的看法。

一　亚细亚生产方式是原始生产方式一般

亚细亚生产方式这一概念是马克思在 1859 年 1 月写的《〈政治经济学批判〉序言》（以下简称《序言》）中首次提出来的。为了正确理解它的含义，研究一下《序言》本身是很有必要的。

马克思在《序言》中除了叙述自己从事研究政治经济学的过程外，主要地论述了他研究政治经济学所运用的历史唯物主义原理，并从而得出的科学结论，这就是："人们在自己生活的社会生产中发生一定的、必然的、不以他们的意志为转移的关系，即同他们的物质生产力的一定发展阶段相适合的生产关系。这些生产关系的总和构成社会的经济结构，即有法律和政治的上层建筑竖立其上并有一定的社会意识形式与之相适应的现实基础。物质生活的生产方式制约着整个社会生活、政治生活和精神生活的过程。不是人们的意识决定人们的存在，相反，是人们的社会存在决定人们的意识。社会的物质生产力发展到一定阶段，便同它们一直在其中活动的现存生产关系或财产关系（这只是生产关系的法律用语）发生矛盾。于是这些关系便由生产力的发展形式变成生产力的桎梏。那时社会革命的时代就到来了。随着经济基础的变更，全部庞大的上层建筑也或慢或快地发生变革。"①在对生产力与生产关系，经济基础与上层建筑的关系，作了这些极其精辟扼要的论述以后，接着马克思提出了"大体说来，亚细亚的、古代的、封建的和现代资产阶级的生产方式可以看作是社会经济形态演进的几个时代"这一论点。②据此不难看出，马克思在这里是运用历史唯物主义的原理去考察人类社会历史发展的规律。亚细亚生产方式就是作为人类社会历史发展中代表一个时代的社会经济形态被提出来的，因此它的出发点，绝不是某个特定的具体的东方社会，而是整个人类社会史。恩格斯在评述马克思的《政治经济学批判》一书时指出，它在"本质上是建立在唯物主义历史观的基础上的，后者的要点，在本书的序言中已经作了扼要的阐述"③。列宁也同样明确指出："马克思在《政治经济学批判》一书序言中，对运用到人类社会和人类社会史的唯物主义的基本原理，作了……周密说明。"④可见恩格斯和列宁都认为《序言》所阐述的是历史唯物主义的原理，它所考察的是整个人类社会史。马克思自己在《资本论》第一卷第二版

---

　　① 马克思：《〈政治经济学批判〉序言》，《马克思恩格斯选集》第 2 卷，人民出版社 1972 年版，第 82—83 页。

　　② 同上。

　　③ 恩格斯：《卡尔·马克思〈政治经济学批判〉》，《马克思恩格斯选集》第 2 卷，人民出版社 1972 年版，第 116—117 页。

　　④ 列宁：《卡尔·马克思》，《列宁选集》第 3 卷，人民出版社 1972 年版，第 585 页。

跋中也说："我的《政治经济学批判》序言（在那里我说明了我的方法的唯物主义基础）。"但是，有的同志却无视马克思、恩格斯、列宁对《序言》所作的说明和论断，认为《序言》中提出的社会经济形态演进的几个时代，"决不是对整个人类社会发展规律的高度概括，而是科学地总结了资本主义经济规律形成的历史过程"①。他们认为如果把《序言》看成是阐述人类社会发展的规律，那就是"把亚细亚生产方式当作一个社会形态或当作一个社会发展阶段硬往社会发展史的先后排列次序中去套，把马克思从政治经济学角度揭示的社会经济形态演进的几个时代，与马克思主义关于整个人类社会发展的一般规律混为一谈"②。但这样的论断是很难成立的。因为马克思在《序言》中提出社会经济形态演进的几个时代之后，紧接着说："资产阶级生产关系是社会生产过程的最后一个对抗形式，……人类社会的史前时期就以这种社会形态而告终。"在这里马克思在把资产阶级生产关系看作是社会经济形态演进的一个时代的同时，又把它看作是人类社会史前时期的一个社会形态。能否认为，马克思自己"把两个本来属于不同科学范畴的东西""混为一谈"了呢？当然不能。马克思在《序言》中所说的社会经济形态是作为人类历史上存在的社会生产方式一般提出来的，因而社会经济形态的演进，也就是人类社会形态的演进，只有用历史唯物主义原理去观察历史上人类社会经济形态的演进，才能正确理解整个人类社会史的发展。在马克思主义以前的史学家和社会学家，虽不乏对人类社会史的描述，但由于他们不懂得历史唯物主义，无法正确

---

① 张亚芹、白津夫：《亚细亚生产方式研究的方法论问题》，《学习与探索》1981 年第 1 期。

② 同上。

把握人类社会经济形态演进的规律，因而都不能正确说明整个人类社会史的发展。马克思在《序言》中运用历史唯物主义的原理，正确阐述了生产力与生产关系、经济基础与上层建筑、社会意识与社会存在的关系，由此发现了人类社会经济形态演进的客观规律，从而第一次正确说明了整个人类社会史的发展规律。马克思的这个思想，同他在《资本论》初版序言中说的："我的观点是：社会经济形态的发展是一个自然历史过程"的观点，是完全一致的。因此，《序言》所说明的恰恰是"人类社会和人类社会史的唯物主义原理"，而不是"资本主义经济规律形成的历史过程"。亚细亚生产方式的理论意义就在于它是作为人类历史上生产方式一般，作为人类社会有机体演进过程中的一个时代被提出来的，它只能是人类社会历史初期普遍存在过的原始时代。这是从《序言》所表述的马克思主义历史唯物主义的观点和提出亚细亚生产方式的理论逻辑所必然得出的结论。

　　亚细亚生产方式作为原始生产方式一般的理论概括，正是马克思主义历史唯物主义原理的重要组成部分。

　　马克思主义的历史唯物主义产生于 40 年代。1845—1846 年马克思、恩格斯在《德意志意识形态》一书中，就提出了"不是意识决定生活，而是生活决定意识"的著名唯物主义论断，并指出："人们所达到的生产力总和决定着社会状况"[①]。对生产力决定生产关系的唯物主义论点，作了最初的表述。同时，对历史上几种社会经济形态的相继更替，作了唯物史观的分析，从而为历史唯物主义的创立，奠定了理论基础。1846 年马克思在致安年柯夫的信中，更加明确地阐述了他的唯物史观："人们借以进行生产、消费和交换的经济形式是暂时的和历史性的形式。随

---

① 《马克思恩格斯选集》第 1 卷，人民出版社 1972 年版，第 31、34 页。

着新的生产力的获得，人们便改变自己的生产方式，而随着生产方式的改变，他们便改变所有不过是这一特定生产方式的必然关系的经济关系。"① 1847 年马克思在《雇佣劳动与资本》一书中，对上述历史唯物主义论点，作了相同的论述。② 1848 年马克思、恩格斯在《共产党宣言》中，运用历史唯物主义的原理，生动地论述了资产阶级社会的发生、发展和必然灭亡的过程。但是，在 40 年代，马克思主义唯物史观基本上是建立在对阶级社会特别是对资产阶级社会的理论研究基础上的。因此，对历史唯物主义原理的论述，基本上限于阶级社会。那时并没有提出亚细亚生产方式的理论概念来。在《德意志意识形态》《雇佣劳动与资本》《共产主义原理》和《共产党宣言》等著作中，虽然也谈到了社会历史的发展或相继更替的社会形态，但都没有论及无阶级的原始社会或任何亚细亚生产方式的理论概念。有人举出《德意志意识形态》中提到的"部落所有制"，认为亚细亚生产方式就是这个部落所有制的扩大内容。③ 我认为这是误解。部落是一种共同体，这种共同体的所有制形态，既存在于原始社会，也存在于阶级社会。"部落所有制"既有原始社会的，也有阶级社会的。例如，《家庭、私有制和国家的起源》中谈到易洛魁人的氏族："家庭经济都是由若干家庭按照共产制共同经营的，土地乃是全部落的财产，……大家都是平等、自由的，包括妇女在内。他们还不曾有奴隶，奴役异族部落的事情，照例也是没有的"。这里说的部落所有制，就是属于原始时代的。谈到希腊人的氏族："希腊的各部落在大多数场合已联合成为一些小民族；

---

① 《马克思恩格斯选集》第 4 卷，人民出版社 1972 年版，第 322 页。
② 《马克思恩格斯选集》第 1 卷，人民出版社 1972 年版，第 363 页。
③ 《历史研究》1980 年第 2 期，第 8 页。

在这种小民族内部，氏族、胞族和部落仍然完全保持着它们的独立性。……产生了财产的差别，……内部产生了贵族分子，……以俘虏充作奴隶已成为公认的制度"。谈到罗马的氏族："在各拉丁部落中间，我们看到，土地一部分为部落所有，一部分为氏族所有，一部分为家庭所有，……被释放的奴隶，可以采用他们从前的主人的氏族名称，……"这里所说的希腊、罗马的部落所有制，就是奴隶制时代的。此外，部落所有制也存在于封建社会："在起源于中世纪的民族里，部落所有制先经过了几个不同的阶段——封建地产、同业公会的动产、工场手工业资本——然后才变为由大工业和普遍竞争所产生的现代资本，即变成抛弃了共同体的一切外观并消除了国家对财产发展的任何影响的纯粹私有制。"① 因此不能笼统地把部落所有制与原始生产方式等同起来，而是必须弄清它的具体内容。在《德意志意识形态》中谈到部落所有制时说："第一种所有制形式是部落所有制，……社会结构只局限于家庭的扩大：父权制的酋长，他们所管辖的部落成员以及奴隶。"② 可见这里的部落所有制指的是父权家庭奴隶制时期，③ 而不是奴隶制出现以前的原始时代。正如该书的另一个地方所说："所有制的最初形式无论是古代世界或中世纪都是部落所有制。……"④ 这里的部落所有制是明确属于古代世界和

---

① 《马克思恩格斯选集》第 1 卷，人民出版社 1972 年版，第 69 页。

② 同上书，第 26 页。

③ 所谓父权家庭奴隶制，就是"若干数目的自由人和非自由人在家长的父权之下组织一个家庭"，"罗马的父权支配着妻子、子女和一定数量的奴隶，并且对他们握有生杀之权"（《家庭、私有制和国家的起源》，第 52—53 页）。父权家庭奴隶制与发达的劳动奴隶制不同，前者的奴隶，在生产中只起助手作用，在一定意义上还是家庭成员，且奴隶的数量也很少。而后者的奴隶，被广泛应用于社会各个生产领域，奴隶数量大大超过自由民，奴隶本身已降为会说话的工具。

④ 《马克思恩格斯选集》第 1 卷，第 68 页。

中世纪的，而马克思在这里说的古代世界，也就是奴隶制时代。由此可见，马克思、恩格斯在这里所说的部落所有制，指的是奴隶制时代而非原始时代，它与亚细亚生产方式的概念有着本质的区别。在《德意志意识形态》中说的"第二种所有制形式是古代公社所有制和国家所有制"，这种所有制是"公民和奴隶之间的阶级关系已经充分发展"了的所有制①，即希腊、罗马形式的劳动奴隶制。因此，《德意志意识形态》中所说的第一种所有制和第二种所有制，指的是奴隶制发展的两个阶段的所有制形式，都是属于阶级社会的。

需要指出，把奴隶制划分为父权家庭奴隶制和发达的劳动奴隶制前后两个相继发展阶段的论点，是马克思对奴隶制划分的一贯思想。如《资本论》第 3 卷第 36 章《资本主义以前的状态》中说："在奴隶经济（不是家长制的奴隶经济，而是后来希腊罗马时代那样的奴隶经济）作为致富手段存在的一切形式中……"又如《资本论》第 3 卷第 20 章《关于商人资本的历史考察》中说："在古代世界，商业的影响和商人资本的发展，总是以奴隶经济为其结果，不过由于出发点不同，有时只是使家长制的以生产直接生活资料为目的的奴隶制，转化为以生产剩余价值为目的的奴隶制度。"又如在《资本论》第 1 卷第 11 章《协作》的一个注中说："小农经济和独立的手工业生产，一部分构成封建生产方式的基础，一部分在封建生产方式瓦解以后又和资本主义并存。同时，它们在原始的东方公有制解体以后，奴隶制真正支配生产以前，还构成古典社会全盛时期的经济基础。"这里所说的"奴隶制真正支配生产"，即是指发达的劳动奴隶制，在这以前

① 《马克思恩格斯选集》第 1 卷，人民出版社 1972 年版，第 27 页。古希腊是城邦国家，每个城邦公社就是国家，公社所有制也就是国家所有制。

为家长制家庭奴隶制，这两者一起构成"古典社会"，即奴隶社会。无疑的《德意志意识形态》中所说的部落所有制属于奴隶社会前期，即父权家庭奴隶制时期的所有制形式，它与亚细亚生产方式在本质上是不同的，事实说明，马克思主义创始人在 40 年代还没有亚细亚生产方式这一理论概念。

在 19 世纪 40 年代，人们对史前社会的状况，几乎还完全不知道，马克思主义创始人也不例外。这种社会科学水平的时代局限性，不能不使马克思主义创始人对人类社会的考察，主要地局限在阶级社会范畴内。同时，由于马克思主义理论研究本身是从资产阶级社会开始的，它必须首先以极大的精力去剖析资产阶级社会，正如马克思在《资本论》第一卷初版序中所说："本书的最终目的就是揭示现代社会的经济运动规律。"虽然在研究资产阶级社会经济运动规律时，马克思主义创始人有时也对封建社会以及奴隶社会作一些必要的研究，但在那时，没有也不可能对人类史前社会作深入的研究。所以恩格斯在《反杜林论》中说："到现在为止，我们所掌握的有关经济科学的东西，几乎只限于资本主义生产方式的发生和发展。"[1] 直到将近 40 年代末《共产党宣言》发表时，人类史前时代的无阶级社会几乎还处在马克思主义创始人理论研究的范围以外，这就是为什么在《共产党宣言》中对社会历史的发展，作了如下的理论概括："到目前为止的一切社会历史，都是阶级斗争的历史"，"到目前为止的一切社会都是建立在压迫阶级和被压迫阶级的对立之上的"。这反映了 40 年代马克思主义的历史唯物主义理论所达到的时代高度。有一种意见认为，当时马克思主义创始人没有提无阶级的原始社会是因为"论述文明时代或阶级社会各发展阶段而毋须涉及原

---

[1] 《马克思恩格斯选集》第 3 卷，人民出版社 1972 年版，第 189 页。

始时代时"采取的一种处理方式。① 这是不符合马克思主义理论发展的历史实际的。如果没有提无阶级的原始社会，果真是马克思主义创始人因毋须涉及原始时代，为了"省去原始社会不提"而有意采取的一种处理方式②，那就无法解释为什么到了 80 年代，恩格斯对过去著作中，凡是论述社会发展的历史时，没有提到原始时代的地方，一再进行补充或加注，把原始时代的内容补充进去，如 1880 年在发表《空想社会主义和科学社会主义》一文时，对过去文本中的"以往的全部历史，都是阶级斗争的历史"的提法，作了重要的更正："以往的全部历史，除原始状态外，都是阶级斗争的历史。" 1883 年恩格斯在《共产党宣言》德文版序言中说："《宣言》中始终贯彻的基本思想，即：每一历史时代的经济生产以及必然由此产生的社会结构，是该时代政治的和精神的历史的基础，因此（从原始土地公有制解体以来）全部历史都是阶级斗争的历史。"特意在"全部历史都是阶级斗争的历史"前面，加上了"从原始土地公有制解体以来"的补充语句。1885 年恩格斯在《反杜林论》第三版序言中说："我还想作修改的主要有两点。第一，关于人类原始史，直到 1877 年摩尔根才给我们提供了理解这一历史的关键。"在这以前一年，即 1884 年，恩格斯在《家庭、私有制和国家的起源》第一版序言中说："摩尔根的伟大功绩，就在于他在主要特点上发现和恢复了我们成文历史的这种史前的基础，并且在北美印第安人的血族团体中找到了一把解开古代希腊、罗马和德意志历史上那些极为重要而至今尚未解决的哑谜的钥匙。" 1888 年恩格斯在《共产党宣言》英文版序言中再次写了"人类的历史（从土地公有的

① 《历史研究》1980 年第 2 期，第 6 页。
② 同上。

原始氏族社会解体以来）都是阶级斗争的历史"的语句。而且对正文中"到目前为止的一切社会的历史都是阶级斗争的历史"这一句，加了一个长注："确切地说，这是指有文字记载的历史，在 1847 年，社会的史前状态，全部成文史以前的社会组织，几乎还完全没有人知道。后来，哈克斯特豪森发现了俄国的土地公有制，毛勒证明了这种所有制是一切条顿族的历史发展所由起始的社会基础，而且人们逐渐发现，土地公有的村社是从印度起到爱尔兰止各地社会的原始形态。最后，摩尔根发现了氏族的真正本质及其对部落的关系，这一卓绝发现把这种原始共产主义社会的内部组织的典型形式揭示出来了。随着这种原始公社的解体，社会开始分裂为各个独特的、终于彼此对立的阶级。"恩格斯的这一系列补充和加注清楚地说明，当时马克思主义创始人没有提到史前时代的无阶级社会，是由于当时对史前社会还不甚了解，并不是因为"毋须涉及"或有意省略。

从 19 世纪 50 年代开始，马克思主义创始人在批判资产阶级生产方式的基础上，以极大的注意力和兴趣，致力于前资本主义生产方式的研究。恩格斯说："要对资产阶级经济学全面地进行这样的批判，只知道资本主义的生产、交换和分配的形式是不够的。对于发生在这些形式之前的或者在比较不发达的国家内和这些形式同时并存的那些形式，同样必须加以研究和比较，至少是概括地加以研究和比较，到目前为止，总的说来，只有马克思进行过这种研究和比较。"[①] 马克思主义创始人广泛探讨了古代东方阿拉伯人、希伯莱人等部族国家的历史，深入研究了印度、俄罗斯、日耳曼等的农村公社，特别是对印度等东方社会中残存的村社制度，进行了仔细的研究，认定这是一种比公社所有制更为

---

① 《马克思恩格斯选集》第 3 卷，人民出版社 1972 年版，第 190 页。

原始的公有制形式。马克思在 1857 年写的《〈政治经济学批判〉导言》中说:"历史却表明,公有制是原始形式(如印度人、斯拉夫人、古克尔特人等等)。这种形式在公社所有制形式下还长期起着显著的作用。"① 在这里马克思把印度人等的公有制形式看作比"公社所有制"更为原始的形式。在《导言》的另一个地方,马克思指出:"因为资产阶级社会本身只是发展的一种对抗的形式,所以,那些早期形式的各种关系,在它里面常常只以十分萎缩的或者漫画式的形式出现。公社所有制就是个例子。"② 在马克思看来,公社所有制在本质上与资产阶级社会一样,具有对抗的性质,只是不及资产阶级社会那样发展而已。这里的"公社"指的是希腊、罗马奴隶社会的公社。如古希腊的"巴力斯"(即城邦)公社,就是由城市及其周围城郊地区构成的公社。公社的居民是拥有地产并占有奴隶的、享有充分权利的公民。这种公社所有制与《德意志意识形态》中提到的"第二种所有制形式是古代公社所有制和国家所有制"是一致的。马克思把这种公社所有制同印度人、斯拉夫人、古克尔特人的公有制比较,指出后者是比前者更为原始的形式。接着马克思在《资本主义生产以前的各种形式》中,把上述公有制的原始形态,归结为东方的直接公有制形态:"这种所有制的原始形式本身就是直接的公有制(东方形式,……)"③ 1858 年 4 月 2 日马克思在致恩格斯的信中,更把印度的农村公社称作原始共产主义:"原始共产主义的解体(如印度等)。"④ 正是在概括了亚洲的特别是印度等地的以直接的土地公有制为基础的农村公社的基础

① 《马克思恩格斯选集》第 2 卷,人民出版社 1972 年版,第 90 页。
② 同上书,第 108 页。
③ 《马克思恩格斯全集》第 46 卷上,人民出版社 1979 年版,第 498 页。
④ 《马克思恩格斯全集》第 29 卷,人民出版社 1972 年版,第 300 页。

上，得出了比古代生产方式更为古老的原始生产方式的概念。在《序言》中，马克思第一次把这种原始的生产方式概括为"亚细亚生产方式"，并把它作为人类社会历史初期最早的生产方式，从而在理论上完成了对人类社会发展阶段的唯物史观的全面考察，亚细亚生产方式的理论就成为历史唯物主义理论的一个组成部分，它进一步丰富了历史唯物主义的理论体系。

在 19 世纪 50 年代，当人们对于原始时代还处在零星的甚至是猎奇式的考察时，马克思主义创始人经过自己的研究和科学概括，为原始时代作出了在总体上符合于人类社会发展客观规律的论断，不能不是一个杰出的科学成就，因此，亚细亚生产方式的提出本身，对历史唯物主义的发展有着重大的理论意义。

亚细亚生产方式从理论上说，是马克思对人类原始时代社会经济形态的概括。但是在马克思关于亚细亚形态的论述中，曾多处涉及专制制度、君主、奴隶制、农奴制、租税合一等阶级社会的东西，因此有人就据此否定亚细亚生产方式的原始性质，而认为应属于奴隶社会或兼有奴隶制、农奴制特征的阶级社会，乃至属于封建社会等等，其实这都是由于没有正确理解马克思提出亚细亚生产方式本身的方法论所产生的。

亚细亚生产方式如同奴隶制的、封建制的或资本主义的生产方式一样，是对具体社会经济形态的理论概括，因而是一个抽象的概念，确切地说，它是亚洲、非洲、美洲、欧洲等地具体社会中残存的原始生产关系的理论抽象。为了正确理解这一点，就需要弄懂马克思的理论研究的方法。《资本论》是马克思理论研究方法运用的最好典型。在《资本论》中剖析的对象是资产阶级社会，但却不是任何具体的资产阶级社会。马克思在《资本论》第一卷初版序中说："我要在本书研究的是资本主义生产方式以及和它相适应的生产关系和交换关系"①，而不是任何一个具体的资本主义社会。虽然书中常常提到英国，但这仅是因为"到现在为止，这种生产方式的典型地点是在英国。因此，我在理论阐述上主要用英国作为例证"②。实际上马克思的《资本论》并未分析任何具体社会，连英国也没有，他分析的只是资本主义的生产方式本身。资本主义生产方式是对具体的资本主义社会的理论抽象，它意味着非常真实的但并非纯粹的存在。它真实地存在于所有的具体的资本主义社会中，但任何具体的资本主义社会都不是那样纯粹地存在的，英国的与法国的不同，法国的与德国的不同，德国的又与美国的不同，等等。因此，我们决不能认为马克思在提到英国时，是在分析英国的具体社会。他谈到英国，不过是为了形象地说明资本主义生产方式的（抽象）理论。谁要是不懂得马克思的这种理论研究的方法，谁也就不可能正确理解马克思主义的理论。马克思的这个理论研究方法，无疑的也是研究亚细亚生产方式的方法。在 50 年代初，马克思主义创始人研究原始时代的生产方式，曾取材于亚洲、非洲、美洲、欧洲等地落后民族中残存的原始形态，其中主要是亚洲，尤其是印度现存的村社制度。这种制度，以各种不同的形式存在于上述世界各地。有的保存得相当完整，有的只存残片，有的只是从历史的遗迹中得以追寻。马克思对这些存在于不同条件下的现存的和历史的，以公有制（主要是土地公有制）为基础的社会形态，加以理论概括，从而形成亚细亚生产方式这一理论概念。因此，它所概括的只能是残存于具体阶级社会中的原始生产关系，而决不是各该社会的具体社会形态。十分明显，印度人的村社，或俄罗斯

---

① 《马克思恩格斯全集》第 23 卷，人民出版社 1972 年版，第 8 页。
② 同上。

人的农村公社、德国人的马尔克、克尔特人的克兰等等，它们各
自所处的具体社会历史条件，在马克思研究它们时是各不相同
的。例如，印度的村社处于封建制度下（英国占领后又处于殖
民主义下），而俄国的农村公社则处于资本主义的条件下，如此
等等。把这些处于不同社会历史条件下，不同社会发展阶段上的
具体社会，概括为共同的某种特定的社会生产方式，是完全不可
能的，也是完全违反马克思主义理论常识的。所以就亚细亚生产
方式本身来说，这些农村公社、马尔克、克兰等等是处在专制制
度下，还是民主政体下；是处在奴隶制条件下，还是农奴制条件
下，或资本主义条件下，都是无关紧要的。因此，必须把作为生
产方式一般的亚细亚生产方式与具体的亚洲社会区分开来，如马
克思在《剩余价值理论》中说："亚洲村社（原始共产主义）"，
此处即是作为生产方式一般的亚细亚生产方式。有时对于同样的
印度村社，他又说："在这种村社内部存在着奴隶制和种姓
制"[1]，"这些小小的公社身上带着种姓划分和奴隶制度的标
记"[2]，这里说的是印度的农村公社曾经经历过奴隶社会，因而
不可避免地带有奴隶制的痕迹，绝不是说村社制度本身既是原始
共产主义的，又是奴隶制的。又如在《不列颠在印度统治的未
来结果》中说："英国在印度要完成双重的使命：一个是破坏性
的使命，即消灭旧的亚洲式的社会；另一个是建设性的使命，即
在亚洲为西方式的社会奠定物质基础。"[3] 这里说的亚洲式社会

---

① 马克思：《致恩格斯（1853 年 6 月 14 日）》，《马克思恩格斯全集》第 28 卷，
人民出版社 1973 年版，第 272 页。

② 马克思：《不列颠在印度的统治》，《马克思恩格斯全集》第 9 卷，人民出版
社 1961 年版，第 149 页。

③ 马克思：《不列颠在印度统治的未来结果》，《马克思恩格斯全集》第 9 卷，
第 247 页。

或亚洲社会，即是包括亚细亚生产方式残余在内的具体的印度原有的封建社会；所谓西方式的社会，即是资产阶级社会。又如《资本论》中说："象在亚洲那样，国家既作为土地所有者，同时又作为主权者而同直接生产者对立。那末，地租和赋税就会合为一体。"① 这里的亚洲国家或亚洲社会指的是具体的封建社会。此外，马克思曾多处提到"东方专制制度"，这也是指的东方的具体社会制度，与亚细亚生产方式是不同的概念。必须把作为生产方式一般的亚细亚生产方式与具体的亚洲社会或东方社会区分开来，才能正确理解马克思的亚细亚生产方式理论。但是，有时马克思也把"东方社会"的概念作为生产方式一般来使用，如在《〈政治经济学批判〉导言》中说："资产阶级经济只有在资产阶级社会的自我批判已经开始时，才能理解封建社会、古代社会和东方社会。"② 这里的资产阶级社会、封建社会、古代社会和东方社会，都不是某个特定的具体社会，而是生产方式的理论抽象，即生产方式一般。这与《序言》中说的亚细亚的、古代的、封建的和资产阶级的社会生产方式是完全一致的。因此，这里的"东方社会"就是亚细亚生产方式，因为两者都在相同的意义上代表了生产方式一般。但是我们决不能反过来把作为生产方式一般的亚细亚生产方式同任何具体的东方社会等同起来。

　　为了说明马克思关于亚细亚生产方式的方法论问题，我们还可以援引马克思的《资本主义生产以前的各种形式》这一重要文献。该文所考察的是所有制（主要是土地所有制）的历史形态，而不是具体的社会形态，从理论范畴来说，它与具体的社会形态

---

　　① 马克思：《资本论》第 3 卷，人民出版社 1975 年版，第 891 页。
　　② 马克思：《〈政治经济学批判〉导言》，《马克思恩格斯选集》第 2 卷，人民出版社 1972 年版，第 109 页。

无关。所以马克思常常在文中把奴隶制同农奴制看作是无差别的同一类型的所有制形式而相提并论。虽然两者从社会生产方式的历史发展来说，既不属同一发展阶段，也不是同一性质的社会。例如："在奴隶制关系和农奴制依附关系中，……劳动本身，无论采取的是奴隶的形态，还是农奴的形态，都是作为生产的无机条件与其他自然物同属一类的，是与牲畜并列的，或者是土地的附属物。"① "奴隶制和农奴制只是这种以部落体为基础的财产的继续发展。"② "在奴隶制、农奴制等等之下，劳动者本身表现为服务于某一第三者个人或共同体的自然生产条件之一。……奴隶制、农奴制等等总是派生的形式，而决不是原始的形式，尽管他们是以共同体为基础的和以共同体下的劳动为基础的那种所有制的必然的和当然的结果。"③ 马克思在这里谈的奴隶制、农奴制都是舍弃了具体社会形态，仅仅就所有制形态而言的。正像马克思考察资本主义生产方式时，舍弃了具体的资本主义社会的发展状况一样。"资本主义生产的自然规律引起社会的对抗，这种对抗已经发展到什么程度，更高或者更低，就它本身来说并不是我们这里的问题，这里的问题是各种规律本身。"④ 马克思的理论研究的方法告诉我们，决不能把马克思的理论抽象与具体社会的分析等同起来，否则就必然会造成理论概念上的混乱。

二　亚细亚生产方式理论的形成过程

亚细亚生产方式理论是马克思主义创始人在研究以村社土地

---

① 《马克思恩格斯全集》第 46 卷上，人民出版社 1979 年版，第 488 页。
② 同上书，第 492 页。
③ 同上书，第 496 页。
④ 《资本论》第 1 卷，人民出版社 1963 年版，第 5 页。

公有制为基础的原始生产关系的过程中逐步形成的。如前所述，从 19 世纪 50 年代开始，马克思主义创始人研究原始生产方式曾广泛取材于亚洲、非洲、美洲、欧洲等地现存的和历史的、以土地公有制为基础的共同体形式。但由于受到当时社会科学所达到的广度和深度的限制，他们主要取材于亚洲，尤其是印度，认为在所有这些公有制形式中，以印度公社的公有制形式为最原始、最典型，且保存也最完整。1853 年马克思在《不列颠在印度的统治》一文中说："从很古的时候起，在印度便产生了一种特殊的社会制度，即所谓村社制度。"① 他还在该文中详细摘引了英国下院关于印度事务的一份官方报告中所描述的印度村社的材料，并指出印度村社是一种"半野蛮半文明的公社"②。接着，马克思在 1857—1858 年经济学手稿中，把以印度村社为典型的亚细亚公社所有制形式与古典古代的公社所有制形式及日耳曼公社所有制形式作了深入的比较分析，指出这三种公社所有制形式的共同点在于他们都是公社土地所有制，公社成员都是作为土地的所有者同劳动的客观条件相结合；他们的生产目的都是为了谋生，为了自给自足，而不是发财致富。它们之间的差异在于公有制的形式和公有的程度不同。在亚细亚所有制形式下，土地是完全的公有，或者说是直接的公有制，公社成员没有私有地；在古代所有制形式下，公有土地和社员的私有土地是双重并存的，而前者则是后者的前提；在日耳曼所有制形式下，公有地只是个人财产的补充，公社财产实际上是个人所有者的公共财产，或者说是公共附属物，③ 对于这三种公社所有制形式的内在联系，他说："这种所有

① 《马克思恩格斯全集》第 9 卷，人民出版社 1961 年版，第 147 页。
② 同上书，第 148 页。
③ 参见《马克思恩格斯全集》第 46 卷上，人民出版社 1979 年版，第 482—484 页。

制（即公社所有制——引者注）所表现出来的一切形式，都是以这样一种共同体为前提的，这种共同体的成员彼此间虽然可能有形式上的差异，但作为共同体的成员，他们都是所有者，所以，这种所有制的原始形式本身就是直接的公有制（东方形式，这种形式在斯拉夫人那里有所变形，直到发展成对立物；但在古代的和日耳曼的所有制中仍然是隐蔽的——尽管是对立的——基础）"①，这就是说，亚细亚的所有制，即东方形式的直接公有制是原始的形式，它对于以公私两种所有制并存的古代所有制和以私有制占主导地位的日耳曼所有制来说，仍然是它们的隐蔽的基础，这三种公社所有制反映了公社所有制由公有向私有发展的三个阶梯的三种类型，即完全公有、公私并有和私有为主，马克思认定在所有这些公社所有制中，亚细亚的所有制（即以印度公社为典型的东方形式）是原始的形式，因此他接着在《政治经济学批判》的一个注中指出："近来流行着一种可笑的偏见，认为原始的公社所有制是斯拉夫族特有的形式，甚至只是俄罗斯的形式。这种原始形式我们在罗马人、日耳曼人、赛尔特人那里都可以见到，直到现在我们还能在印度遇到这种形式的一整套图样，虽然其中一部分只留下残迹了。仔细研究一下亚细亚的、尤其是印度的公社所有制形式，就会得到证明，从原始的公社所有制的不同形式中，怎样产生出它的解体的各种形式。例如，罗马和日耳曼的私人所有制的各种原型，就可以从印度的公社所有制的各种形式中推出来。"② 这里所说的一种可笑的偏见，便是由普鲁士军官哈克斯特豪森在俄国发现的农村公社制度，并由赫尔岑到巴枯宁到特卡乔夫之流，把它"当做一种十分奇妙的东西向全世界大肆

---

① 《马克思恩格斯全集》第 46 卷上，人民出版社 1979 年版，第 498 页。
② 马克思：《政治经济学批判》，人民出版社 1976 年版，第 17 页。

吹嘘"①。在马克思主义创始人看来，这种公有制的制度，曾经是一种普遍的制度，并没有什么可奇怪的。"其实，土地公社所有制这种制度，我们在从印度到爱尔兰的一切印欧族人民的低级发展阶段上，甚至在那些受印度影响而发展的马来人中间，例如爪哇，都可以看见。"② 从发展阶段来说，印度公社比俄国的农村公社要原始得多。"俄国农民不是像在印度某些省份里现在还有的情形那样，共同耕种公社土地，以便仅仅把产品拿来分配。相反，在俄国，土地是在各个家长之间定期重新分配，并且每个人都为自己耕种自己的一块土地。这就有可能造成公社各社员间在财富上很大的不平等，而这种不平等现象也确实是存在的。"③ "由此可见，俄国的公社所有制早已度过了它的繁荣的时代，看样子正在趋于解体。"④ 俄国的农村公社已是处于资本主义条件下的解体过程中，而印度公社与之相比，则原始得多，完整得多。因此马克思在当时径直把印度公社的公有制形态，称作原始共产主义。从60年代到70年代，马克思仍然是这样认识的。他在60年代初写作的《剩余价值理论》中说："劳动者和劳动条件之间原始的统一（我们不说奴隶关系，因为当时劳动者自身属于客观的劳动条件）有两种主要形式：亚洲村社（原始共产主义）和这种或那种类型的家庭农业（与此相结合的是家庭工业）。"⑤ 1868年3月14日马克思在致恩格斯的信中说："俄国人在一定时期内（在德国起初是每年）重分土地的习惯，在德国有些地方一直保留到18世纪，甚至

---

① 《马克思恩格斯全集》第18卷，人民出版社1964年版，第617页。
② 同上书，第618页。
③ 《马克思恩格斯选集》第2卷，人民出版社1972年版，第624—625页。
④ 同上。
⑤ 《马克思恩格斯全集》第26卷第3册，人民出版社1975年版，第465—466页。

19 世纪。我提出的欧洲各地的亚细亚的或印度的所有制形式都是原始形式，这个观点在这里再次得到了证实。"① 1870 年 2 月 17 日马克思在致库格曼的信中说："公社所有制起源于蒙古的说法是一种历史的谎言，在像我的著作中多次指出的那样，它起源于印度，因而在欧洲各文明国家发展的初期都可以看到。"② 直到 19 世纪 70 年代后期，恩格斯写《反杜林论》时，仍是这样的认识："在任何时候的原始公社中，例如在最古的德意志的马尔克公社中，甚至在今天的印度，还可以看到。"③ 这里把印度公社与最古的马尔克公社同列为原始公社的范畴。这一切都说明，马克思主义创始人一直把东方或亚洲的，尤其是印度的公有制形态当作公有制的最原始的形态，从而把这种公有制形态概括为人类原始时代生产方式一般，并命名为东方的或亚细亚的生产方式。

但是，到了 19 世纪 80 年代，随着马克思主义创始人对原始生产方式研究的深入，特别是摩尔根《古代社会》一书的发表，以及科瓦列夫斯基的《公社土地占有制，其解体的原因、进程和结果》和其他许多关于马尔克、村社制度的调查研究著作的出版，提供了许多认识原始时代生产方式的新材料。马克思主义创始人运用这些新材料和新成果，通过自己的深入研究，大大发展和丰富了马克思主义关于原始生产方式的理论。他们进一步明确了无论印度或亚洲、东方的村社，都不是公有制的原始形态，它的更古形态是氏族公社。马克思在对科瓦列夫斯基的《公社土地占有制，其解体的原因、进程和结果》一书摘要中，对印度的土地所有制形式进行了详尽的分析，指出印度的土地所有制

---

① 《马克思恩格斯全集》第 32 卷，人民出版社 1974 年版，第 43 页。
② 同上书，第 637 页。
③ 《马克思恩格斯选集》第 3 卷，人民出版社 1972 年版，第 218 页。

是各色各样的，有氏族公社，有农村公社，有定期重分包括住所在内的耕地和草地，有的有公社耕地，有的则只有公社附属地（森林地、牧地等）；有的全体居民都可使用公社土地，有的则限于最古移民的少数家庭。除了这种种公社所有制外还有农民的小所有制和包括整个区邑的大土地所有制。马克思把这些公社依次区分为氏族公社、家庭公社和农村公社，指出农村公社是最晚期的形式。同时指出，在"摩奴法典"（根据反映古代习惯法的印度神话写成，约成书于公元二世纪）中，土地公有制占统治地位，但已发现私有制，只是出让土地需亲邻同意。而在"耶遮尼雅瓦勒基法经"和"那罗陀法经"中（纂集于公元4—6世纪），私人有更大的自由，只需当场公布出让契约。这就在事实上修正了过去所说的东方不存在土地私有的观点。1881年马克思在《答查苏利奇》的信中更明确指出，农村公社是原始公社发展中最晚期的形态。他说："把所有的原始公社混为一谈是错误的，正像地质的形成一样，在这些历史形成中，有一系列原生的、次生的、再次生的等等类型。"① 而"农业公社到处都是古代社会形态的最新类型。由于同样原因，在古代和现代的西欧的历史运动中，农业公社时期是从公有制到私有制，从原生形态到次生形态的过渡时期"②。他还进一步指出了更古类型的公社与农村公社的三点重要区别：即前者是建立在血缘关系基础上的，而后者是建立在地缘关系基础上的；前者连房屋园地都是公有的，而后者则已私有；前者在生产中共同耕作，平均分配，而后者则是个体耕作，私有自己的产品。由于弄清了原始公社相继发展的形式和更古类型的公社与农村公社之间的区别，从而也就弄

---

① 《马克思恩格斯全集》第19卷，人民出版社1965年版，第432页。
② 同上书，第435页。

清了欧洲的公社所有制的起源问题。马克思接着说："德国的农村公社是从较早的古代类型的公社中生产出来的。在这里，它是自生的发展的产物，而决不是从亚洲现成地输入的东西。在那里，在东印度也有这种农村公社，并且往往是古代形态的最后阶段或最后时期。"① 所谓欧洲的公社所有制起源于亚洲（印度）的说法，得到了纠正。由于这一切，过去用亚洲（印度）公有制的概念来概括原始生产方式显然是已经不适合了。而且"亚细亚"本是一个地理概念，用来表示某种生产方式的概念，在严格的科学意义上，也是不够确切的。在习惯上，马克思以前的史学界是按时代来划分的，如古代的、中世纪的、近代的，等等。马克思也经常沿用这种划分来表示奴隶社会、封建社会和资本主义社会的概念。但这种划分主要是从欧洲历史出发的，以西罗马帝国的灭亡作为中世纪的起点，以 17 世纪作为近代资本主义的起点，但这种划分用来概括全世界也是未尽合适的。在严格的科学意义上，社会阶段的划分，应以社会生产方式的性质为准，如分为原始社会、奴隶社会、封建社会、资本主义社会，等等。因此，从 19 世纪 80 年代以来，无论马克思和恩格斯在著作中都不再用"亚细亚生产方式"一词来表示原始生产方式了，而是用"原始土地公有制"或"土地公有的原始氏族社会"，等等。

　　总之，马克思主义理论的形成和发展本身有一个历史过程。在这个过程中，早期使用的一些不太确切的、不太成熟的概念，为后来更确切、更成熟的概念所替代，这是合乎理论发展的规律的。例如，在 19 世纪 40 年代，马克思主义创始人在《德意志意识形态》中对唯物史观作了精辟的论述，为历史唯物主义奠定

---

① 《马克思恩格斯全集》第 19 卷，人民出版社 1965 年版，第 433—434 页。

了理论基础，但是这部早期的马克思主义著作，在某些基本概念的表述上，使用的术语是不太确切的。如生产关系这个概念，在这里是用"交往方式"、"交往形式"、"交往关系"等来表述的。到了 19 世纪 50 年代末，马克思在《〈政治经济学批判〉序言》中，就使用了生产关系、生产力等更确切、更成熟的理论概念。在 19 世纪 50 年代，马克思主义创始人对原始时代生产方式的理论研究，由于受当时社会科学所达到的时代水平的局限，认识还是不够完善和不够成熟的。"亚细亚生产方式"这一理论概念，正是反映了马克思主义创始人在 19 世纪 50 年代对原始生产方式所达到的理论认识，它在总体上是正确的，即它确定了在古代社会（奴隶社会）前有一个以公有制为基础的社会生产方式，从而在理论上丰富和发展了唯物史观。但是，由于当时对这个社会生产方式的内部结构还不清楚，把原始公社的最后形态，即农村公社当作了原始公社的原生形态，因而以这种形态现存的最完整、最典型的亚洲（印度）来命名，产生了"亚细亚生产方式"这一理论概念。这个概念的提出，一方面是对唯物史观的丰富和发展，另一方面也反映了它本身的不成熟、不完善性。因此，那种认为亚细亚生产方式本身根本没有问题，问题都是由误解引起的观点，显然也是片面的。我们应该从马克思主义创始人提出这一理论及其形成发展的过程中，作实事求是的考察。维护马克思主义创始人后来自己已不再使用了的概念，并不等于维护马克思主义理论。如果今天我们不使用原始公社的概念而仍坚持应用亚细亚生产方式的概念来表达原始时代的生产方式，就未免很不合适了。当然，马克思主义创始人在探讨亚细亚生产方式时，对亚细亚和东方的社会曾作过许多精辟的、深刻的论述，这些依然是我们研究亚洲和东方社会所需要的极其宝贵的理论财富。

在我们弄清了亚细亚生产方式这一理论概念本身的意义之后，我们就再也没有必要把精力放在那些由后人不理解或误解而产生的"亚细亚迷宫"之中，而可以更加有效地把马克思主义的这些理论财富应用到现实的研究工作中去了。

三　从亚细亚生产方式理论看村社制度的本质

从上述亚细亚生产方式的提出及其理论的形成过程说明，亚细亚生产方式是马克思把以土地公有制为基础的农村公社的生产关系作为原始生产方式一般进行的理论抽象。因此，村社制度在亚细亚生产方式理论中，在本质上是属于原始生产关系范畴的。我们从马克思、恩格斯的许多论著中，尤其是马克思在晚年对于农村公社及其土地公有制的一系列论述中，可以得到证实。恩格斯早在《反杜林论》中就指出过村社制度在人类历史发展中的普遍意义。他说："我们在所有的文明民族的历史初期所看到的……是土地公有的氏族公社和农村公社，……在所有欧洲和亚洲的文明民族中，都存在过原始的土地公有。"① 又说："俄国的公社……恰如日耳曼的马尔克，克尔特人的克兰，印度人的公社和其他原始共产主义制度的公社一样。"② "公社土地所有制是一种原始时代曾盛行于日耳曼人、克尔特人、印度人，总而言之曾盛行于一切印欧民族之中的占有形式。这种占有形式，在印度至今还存在，……它实际上是所有民族在一定的发展阶段上的共同现象。"③ 马克思在他逝世前两年，在《答查苏利奇》的信中，对农村公社在人类社会历史发展中的地位和意义，

① 《马克思恩格斯选集》第3卷，人民出版社1972年版，第215页。
② 《马克思恩格斯全集》第22卷，人民出版社1965年版，第500页。
③ 同上书，第494页。

作了更充分的论述。他指出，原始公社在人类漫长的历史发展中，曾依次经历了不同的发展阶段，它"有好多种社会结构，这些结构的类型，存在时间的长短，彼此都不相同"①。因此，"把所有的原始公社混为一谈是错误的，正像地质的形成一样，在这些历史的形成中，有一系列原生的、次生的、再次生的等等类型"②。他认为在原生形态的原始社会中，包括了较早时期的以血缘联系为基础的氏族公社和它的最后阶段，即以地缘联系为基础的农村公社，而后者正是由前者发展来的。农村公社之区别于氏族公社，除了血缘与地缘的不同外，在生产关系上，氏族公社不仅耕地是集体所有，而且"生产是共同进行的，只有产品才拿来分配"③。而在农村公社中，"虽然耕地仍归公社所有，但定期在农业公社各个社员之间进行重分，因此，每一个农民用自己的力量来耕种分配给他的田地，并且把生产得来的产品留为己有"④。同时，在农村公社内，"房屋及其附属物——园地，已经是农民的私有财产"⑤。因此，农村公社具有集体所有和私人占有二重性的特点。这种二重性，使得"一方面，公有制以及公有制所造成的各种社会关系，使公社基础稳固，同时，房屋的私有、耕地的小块耕种和产品的私人占有又使个人获得发展"，从而"可能逐渐成为公社解体的根源"⑥。因此，"农业公社时期是从公有制到私有制、从原生形态到次生形态的过渡时期"⑦。而农村公社本身则是属于"古代形态的最后阶段"⑧。这里所说的古代

---

① 《马克思恩格斯全集》第 19 卷，人民出版社 1965 年版，第 448 页。
② 同上书，第 432 页。
③ 同上书，第 434 页。
④ 同上。
⑤ 同上。
⑥ 同上。
⑦ 同上书，第 435 页。
⑧ 同上书，第 450 页。

形态即是原始公社的社会形态。有人认为马克思在这里说的原生形态指的是氏族公社，而次生形态是指农村公社，这是不对的。马克思自己就说得很清楚："农业公社既然是原生的社会形态的最后阶段，所以它同时也是向次生的形态过渡的阶段，即以公有制为基础的社会向以私有制为基础的社会的过渡。不言而喻，次生的形态包括建立在奴隶制上和农奴制上的一系列社会。"① 在这里马克思明确地把农村公社列在原生形态的范畴之内，而把建立在奴隶制、农奴制基础上的阶级社会称为次生的社会形态。马克思的这些论点是在讨论处于 19 世纪资本主义条件下的俄国农村公社时提出来的，他当然完全了解俄国的农村公社 "和资本主义生产是同时代的东西"②，但这丝毫也没有妨碍马克思在纯粹意义上把俄国农村公社称作 "共产主义所有制"，作为原始生产关系来分析。他说：俄国资本主义消灭农村公社的过程，"是资本主义所有制代替共产主义所有制的问题"③。毫无疑问，马克思是把农村公社的生产关系在本质上看作是原始生产方式范畴的。

但是，由于农村公社这种生产方式，在进入阶级社会后，在许多地方，尤其在东方各国，被长期保存了下来，有的经历了奴隶社会、封建社会，有的甚至一直存在到资本主义时代。东方村社制度的这一突出的历史现象，不仅使赫尔岑、巴枯宁、特卡乔夫等无法理解，把它当作一种十分奇妙的东西向全世界大肆吹嘘，而且也使一些马克思主义史学家发生惑惑。他们或是根据农村公社曾存在于奴隶社会的史实，把农村公社与奴隶制度等同起来，进而作出亚细亚生产方式即是东方的奴隶制度的论断；或是

① 《马克思恩格斯全集》第 19 卷，人民出版社 1965 年版，第 450 页。
② 同上书，第 431 页。
③ 同上书，第 443 页。

根据农村公社曾存在于封建社会的史实，把农村公社与封建制度等同起来，进而作出亚细亚生产方式即是东方的封建制度的论断；在我国，郭沫若也认为，我国古代的村社"在奴隶社会里，它的内部结构是由奴隶制生产方式决定的"①。为了肯定奴隶社会里的农村公社也是奴隶制度，他还提出了所谓"集体奴隶制"的论点，认为村社社员统统是"集体奴隶"。而苏联的哥德斯、杜布洛夫斯基等人则以封建社会里的村社制度为根据，认为亚细亚生产方式即是东方的封建制度。我国的某些学者也有相似的观点。我认为这既是对亚细亚生产方式理论的误解，也是对村社制度的本质的误解。

村社制度的性质是不能笼统地以村社存在的社会条件的性质来说明的。我们知道，在阶级社会里任何一种生产关系都不是单一的、纯粹的存在，而是整个社会复合体的一个组成部分。一种生产关系往往在多种社会形态下存在过。如奴隶制生产关系在奴隶社会存在，在封建社会也还存在，但我们决不能说奴隶制生产关系在封建社会里是封建性质的。奴隶制作为一种特定的残存的生产关系，在封建社会里，尽管受到占主导地位的封建生产关系的支配和影响，但它的性质仍然是奴隶制的，而不是封建的。在社会主义社会里，也还有少量个体经济存在，它受到占主导地位的社会主义生产关系的支配和影响，但我们决不能因此就说这些个体经济的性质是社会主义的。事物的性质是由它自身所固有的矛盾的特殊性质所决定的，而不是笼统地取决于外部存在的条件。农村公社的性质，应是由村社成员作为直接生产者在生产中所处的地位及其性质所决定。因此，用村社存在于奴隶社会来证

---

① 郭沫若：《奴隶制时代》，载《郭沫若全集·历史编三》，人民出版社 1984 年版，第 224 页。

明村社的奴隶制性质，在方法论上是不能成立的。

在历史上，奴隶制度是作为村社制度的对立物出现的，它并不是由村社内部的关系转化来的，而是一种非村社的关系，是对村社关系的否定。在村社内部，村社制度本身是成员间平等互助的相互关系的保障，而不是阶级分化的条件。恩格斯指出："在实行土地公有的氏族公社或农村公社中（……），相当平等地分配产品，完全是不言而喻的；如果成员之间在分配方面发生了比较大的不平等，那末，这就已经是公社开始解体的标志了。"①在公社内部，均等地分配土地，保证成员间大体相等的生产条件，是公社通行的基本原则。因此，它不能成为奴役和剥削自己成员的条件。恩格斯在批判杜林的所谓财富总是"对人和物的经济权力"的谬论时指出："古代氏族公社和农村公社的财富，决不是对人的支配。"②恰恰相反，在村社中，"乡里同井，出入相友，守望相助，疾病相扶持"③，村社成员间的互助合作，是直接生产者在生产中所处地位和相互关系的体现。公社内部阶级差别的出现是由于生产力的进步，商品交换的发展，贫富差别的扩大，氏族贵族的出现，才逐渐产生了剥削和奴役的关系。但这种关系首先不是在同族人之间，而是对氏族、部落和公社以外的人。当然，决不能把任何剥削和奴役的关系，都理解为奴隶制的关系。社会经济形态意义上的奴隶制，是一个非常确定的范畴，即奴隶主对奴隶是直接的完全的人身占有，奴隶只是奴隶主的一种有生命的"物"。这种极端的阶级对立，在公社内部是完全没有基础的，因此，它不可能从公社本身产生。恩格斯指出："农

---

① 《马克思恩格斯选集》第 3 卷，人民出版社 1972 年版，第 187 页。
② 同上书，第 225 页。
③ 《孟子·滕文公》。

业家族的自然形成的分工，达到一定的富裕程度时，就有可能吸收一个或几个外面的劳动力到家族里来，在旧的土地公有制已经崩溃或者至少是旧的土地共同耕作制已经让位给各个家族的小块土地耕作制的那些地方，上述情形尤为常见。生产已经发展到这样一种程度：人的劳动力所能生产的东西超过了单纯维持劳动力所需要的数量；维持更多的劳动力的资料已经具备了；使用这些劳动力的资料也已经具备了；劳动力获得了价值。但是公社本身和公社所属的集团还不能提供多余的供自由支配的劳动力。战争却提供了这种劳动力，而战争和相邻的几个公社集团同时存在的现象一样，都是由来已久的。在这以前人们不知道怎样处理战俘，因此就简单地把他们杀掉，在更早的时候甚至把他们吃掉，但是在这时已经达到的'经济情况'的水平上，战俘获得了一定的价值，因此人们就让他们活下来，并且使用他们的劳动。这样，……奴隶制被发现了。"[1] 所以战俘是奴隶的真正起源。奴隶首先产生于战争，产生于公社之外。至于在公社内部，在同族人之间，根据习惯，依然是相互平等的。在原始民主下，利用财富去剥削共同体内其他成员，是不能允许的。相反，富有者却有义务帮助同族人。在我国云南省德宏地区的景颇族农村公社中，生活有困难的村社社员，可以到其他成员家中，甚至到外村同氏族的家中去"吃白饭"，而且还可以向村社头人提出要求接济，而村社头人也有某种义务帮助生活困难户。同样，在我国云南省西双版纳傣族地区的农村公社中，根据传统习惯，村社头人也还有某种接济群众困难的义务。这种遗风说明，村社制度在本质上不是奴役与剥削的关系而是平等与互助的关系。这种关系的残余影响，甚至在漫长的封建社会里还能够见到它的踪迹。恩格斯

---

① 《马克思恩格斯选集》第 3 卷，人民出版社 1972 年版，第 219—220 页。

说："普鲁士在 1906 年和 1907 年战败之后，废除了依附关系，同时还取消了慈悲的领主们照顾贫、病和衰老的依附农的义务，当时农民曾向国王请愿，请求让他们继续处于受奴役的地位——否则在他们遭到不幸的时候，谁来照顾他们呢？"① 恩格斯还用他自己的亲身感受指出："在爱尔兰度过的那几天中，我重新鲜明地意识到那里的乡村居民还是多么厉害地生活在氏族时代的观念中。农民向土地所有者租地耕种，土地所有者在农民的眼中还俨然是一种为了全体的利益而管理土地的克兰的首领；农民以租金的方式向他纳贡，但认为在困难时也应得到他的帮助。在那里还认为，一切比较富裕的人，当自己的比较贫苦的邻居有急需时，必须帮助他们，这种帮助，并不是施舍，而是比较富有的克兰的成员或克兰的首长理所当然地应给予比较贫苦的克兰的成员的。"② 尽管恩格斯所见到的爱尔兰乡村，早已是存在着剥削与被剥削的阶级社会，但是，原始的平等与互助关系的残余影响，还是使人能感到它的浓厚的气息。因此，恩格斯深有感触地说："政治经济学家和法学家们抱怨无法使爱尔兰农民接受现代资产阶级的财产概念，这是可以理解的；只有权利而无义务的财产概念，绝不能灌输到爱尔兰人头脑中去。"③ 马克思在谈到俄国农村公社时也曾指出："造成俄国农民贫困的原因，也就是在路易十四等人统治下造成法国农民贫困的原因，即国税和交给大地主的代役税。公社所有制并没有造成贫困，恰恰相反，只有它才减轻了贫困。"④ 如所周知，在雅典或罗马的民主时期，变成了无产者的公民，把直接或间接依靠富人过活，视为他们的权利，他

---

① 《马克思恩格斯选集》第 3 卷，人民出版社 1972 年版，第 138—139 页。
② 《马克思恩格斯选集》第 4 卷，人民出版社 1972 年版，第 130 页。
③ 同上。
④ 《马克思恩格斯选集》第 32 卷，人民出版社 1974 年版，第 637 页。

们是富人的剥削者，而绝不是富人的奴隶。只是当奴役外族人的现象已比较普遍以后，才逐步施于共同体内的成员，把他们沦为债务奴隶。正如恩格斯所说："奴隶制起初虽然仅限于俘虏，但已经开辟了奴役同部落人甚至同氏族人的前景。"① 但是要使公社成员沦为奴隶，就必须以丧失公社成员的身份为前提。"凡是公社成员作为私有者已经同作为城市公社以及作为城市领土所有者的自身分开的地方，那里也就出现了单个人可能丧失自己的财产的条件，也就是丧失使他既成为平等公民即共同体成员，又成为所有者的那种双重关系。"② 公社的瓦解，平民社员身份的丧失，是把平民沦为债务奴隶的前提，而要使公社瓦解，使平民丧失社员身份，就需要有奴隶制的发展，土地的集中，工业与农业的分离，商品货币关系的发展，等等。马克思说："在古代人那里，……生产劳动的这种发展（即这种劳动作为只是为农业和战争服务的自由人的家庭劳动，或者作为宗教祭祀和共同体服务的工业，如建造房屋、修筑道路、兴建庙宇等等，而从单纯从属于农业的状况中摆脱出来），是必然要完成的，这是由于同外地人交往，由于有奴隶，由于要交换自己的剩余产品等等。这种发展使那种成为共同体的基础的、因而也成为每一个客观的人（即作为罗马人、希腊人等等的个人）的基础的生产方式发生解体。交换也起同样的作用，还有债务等等。"③ "在罗马人那里，奴隶制的发展，土地占有的集中，交换、货币关系、征服等等，正是起着这样的作用。"④ 古典古代世界的债务奴隶，正是在这样的条件下发生的。其前提是社员身份的丧失。但是，这种丧

① 《马克思恩格斯选集》第 4 卷，人民出版社 1972 年版，第 104 页。
② 《马克思恩格斯全集》第 46 卷上，人民出版社 1979 年版，第 494 页。
③ 同上书，第 495 页。
④ 同上书，第 485 页。

失，在东方，在亚细亚形态下，是极不可能的。"在东方的形式中，如果不是由于纯粹外界的影响，这样的丧失几乎是不可能的，因为公社的单个成员对公社从来不处于可能会使他丧失他同公社的联系（客观的、经济的联系）的那种自由的关系之中。他是同公社牢牢地长在一起的。其原因也在于工业和农业的结合，城市（乡村）和土地的结合。"① 因此，只要村社制度存在，只要村社成员的身份存在，他们之间就不可能成为奴隶主与奴隶的关系。而即使在古典古代条件下，出现了把平民沦为债务奴隶的现象，但债务奴隶本身从未形成为社会生产方式的基础，它在奴隶社会中，只是一种从属的关系。作为奴隶社会生产方式基础的是战俘奴隶，只有依靠战争和掠夺，才能迅速地获得大量的廉价的奴隶劳动力，才能大规模地应用于生产，成为社会生产的基础。债务奴隶是随着平民的逐渐破产而产生的，它不可能在短期内集中大批劳动力应用于生产，因此债务奴隶在任何剥削制度的社会中都存在，它从来没有也不可能成为任何社会生产方式的基础。所以古代的奴隶社会是靠战俘奴隶而不是靠债务奴隶建立起来的。奴隶制与战争和掠夺是密不可分的，没有战争和掠夺，就不会有古典的奴隶社会。马克思指出："奴隶市场本身，也是由战争、海上盗劫等等来不断维持商品劳动力的供给。"② 雅典是古希腊文化的高峰，它是在征服了大多数沿海城市，征收赋税以购买大批奴隶的基础上创造出来的，因此它是建立在军事优势的基础之上的。它的黄金时代仅仅保持了半个世纪，到伯罗奔尼撒战争后，军事优势的丧失，导致经济上、政治上的急剧衰落。罗马的奴隶制与雅典一样，也是建立在军事优势基础上的。在共和

---

① 《马克思恩格斯全集》第46卷上，人民出版社1979年版，第494页。
② 《资本论》第2卷，人民出版社1964年版，第530页。

时期，奴隶基本上来源于战俘，到帝国时期，尤其是 2 世纪末叶以后，随着军事优势的丧失，奴隶来源日益困难，而不得不逐步向隶农制发展。因此，无论希腊和罗马，战俘奴隶是古代世界奴隶制的真正基础。马克思说："假如把人本身也作为土地的有机附属物而同土地一起加以夺取，那么，这也就是把他作为生产的条件之一而一并加以夺取，这样便产生奴隶制和农奴制，而奴隶制和农奴制很快就败坏和改变一切共同体的原始形式，并使自己成为它们的基础。"①

　　弄清了奴隶制的起源，由此也就可以正确解释奴隶制生产方式所特有的生产关系的特征：奴隶是可以被屠杀的。在人类历史上，所有的社会经济形态中，唯有奴隶制度下的奴隶是被列为屠杀对象的，这并不在于他的低贱，而是因为他原来是敌人。根据敌人越少越好的原则，战俘本来是必须消灭的，由于生产力的进步，战俘不被杀而供奴役了，但他的身份本来是敌人，所以奴隶仍然是可以被屠杀的。在政治经济学上，把能否被屠杀作为区分奴隶和农奴的主要标志之一，就是因为它反映了奴隶制生产关系所特有的本质特征——它是从敌人转化来的。这一转化的过程是："关于俘虏的处理，经过了和野蛮期的三个阶段相适应的三个连贯的阶段。野蛮期的第一个时期，俘虏被处以火刑；第二个时期，作为供献神灵的牺牲；第三个时期，转变为奴隶。在这三个阶段，俘虏的生命都是由捕获者支配，这一原则根深蒂固地一直保存到所谓文明期的晚期。"② 这就是奴隶所以被列为屠杀对象的根源。但是在公社内部，不论是氏族的或部落的成员之间或

---

　　① 《马克思恩格斯全集》第 46 卷上，人民出版社 1979 年版，第 490—491 页。
　　② 马克思：《摩尔根〈古代社会〉一书摘要》，人民出版社 1965 年版，第 151 页。

贵族与平民之间，他们都是同一共同体成员，都不是敌人，从而也不存在屠杀与被屠杀的关系。恰恰相反，根据氏族固有的习惯法，同族人都有血族复仇的权利和义务。虽然随着生产力的发展，贫富的分化，在他们之间出现了剥削与奴役的关系，但只要共同体还存在，只要社员的身份还存在，他们之间就不可能建立起屠杀与被屠杀的关系、奴隶主和奴隶的关系。

村社制度与奴隶制度是两种本质不同的生产方式，即使村社中出现了富裕户蓄奴的现象，在村社成员之间并不因之转化为主奴关系，村社制度也并不因之成为奴隶制度。在古代不同阶级、不同等级的人，都是有明确身份的，奴隶必定是有明确的奴隶身份者，而不取决于其实际所受剥削和奴役的程度如何。有的奴隶，比如，某些家奴或侍从，在生活和其他待遇上，可能比一般直接的劳动奴隶优越一些，但他的奴隶身份并不因此而改变。东罗马帝国朱斯丁尼大帝的大将纳尔士从宫廷杂役提升为统帅，因赫赫战功而受命治理意大利，但当他被召回宫廷时，皇后以讥笑的口吻叫他回到宫闱里去，这表明他的奴隶身份丝毫未变。在村社制度下，村社农民也受到剥削和奴役，有时这种剥削和奴役是异常沉重的，但他们的身份是社员而非奴隶。用社员受剥削和奴役的程度（例如，一天劳动 18 小时以上，等等）来论证他们的奴隶性质，无论在理论上和史实上都是不正确的。

由于村社制度与奴隶制度各自具有的上述不同的特性，这就决定了村社制度在奴隶社会里的特点：它是处在奴隶制旁，而不是处在奴隶制内的。它可以受到奴隶主政权的剥削和奴役，但他们本身是自由的或不自由的村社农民，并非是奴隶。他们所受剥削和奴役的性质，也不属于奴隶制的范畴。在古希腊城邦中，如帖萨利亚和马其顿，以及罗马的边远省份勒西亚与高卢，那里的自由民也都要为统治者承担各种劳役和赋税，但他们都不是奴隶，他们所受的剥削和奴役，不属于奴隶制范畴，而是封建性的。把奴隶社会里所有的剥削和奴役，统统看作是奴隶制性质是不对的。又如被印加人征服了的秘鲁的一些土著，他们以村社的部分土地为"印加田"、"太阳田"，由村社成员集体耕种，收获物归印加贵族和僧侣，还为印加人开矿、修路和当兵，并贡一些少女给印加人做妾。虽然剥削和奴役是沉重的，但他们是自由公社成员，不是奴隶。把所有身受沉重剥削和奴役的被征服者都看作是奴隶，也是不对的。

但是，在封建社会里，村社制度就往往与封建经济密切相结合，成为封建经济的组成部分，因而在封建社会里，村社不是在封建制旁，而是在封建制内的。如果说村社的生产方式在本质上与奴隶经济相对立，那么对于封建经济来说，却是能够适合的，它比较容易与封建经济相结合，成为封建主义生产的基础。因为村社经济是一种独立的小生产者的经济，它比较适合于作为封建制经济的基础。奴隶制经济所需要的是既无人格，也非独立经营的、人身完全被当作生产条件占有的劳动者，而封建制经济所需要的是有某种独立人格的，在生产上有主动性的，有独立经营能力的人，他不是被完全占有，而是依附于土地的劳动者。因此，只要在统治者篡夺了土地所有权的地方，把公社成员置于土地附属物的地位，在建立起封建依附关系的基础上，公社就被纳入封建经济的体系中去，并成为封建制经济的基础。马克思在谈到波兰和罗马尼亚农奴制关系的产生时指出："农奴制度倒多半是从徭役劳动生产的，罗马尼亚各州的情形就是这样。那里原来的生产方式是建立在公社所有制的基础上的……一部分土地是自由私田，由公社成员各自耕种，另一部分是公田，由公社成员共同耕种。这种共同劳动的产品，一部分作为储备金用于防灾备荒和应付其他意外情况，一部分作为国家储备用于战争和宗教方面的开支以及其他的公用开支。久而久之，军队的和宗教的头面人物，侵占了公社的地产，从而也就侵占了花在公田上的劳动。自由农民在公田上的劳动变成了为公田掠夺者而进行的徭役劳动。于是农奴制关系随着发展起来。"① "古代土地公有制的残余，在过渡到独立的农民经济以后，还在例如波兰和罗马尼亚保留下来，这种残余在那些地方成了实现向比较低级的地租形式过渡的借口，土地一部分属于单个农民，由他们独立耕种，另一部分则共同耕种，形成剩余产品，它部分地用于公社的开支，部分地作为歉收时动用的储备等等。剩余产品的最后这两部分，以及最终全部剩余产品连同生长这个剩余产品的土地，都逐渐为国家官吏和私人所掠夺；原来的自由农民，有义务共同耕种这种土地的土地所有者，这样就变为有义务从事徭役或交纳产品地租的人，而公有地的掠夺者则变为不仅是被掠夺的公有地的所有者，并且也是农民自有土地的所有者。"② 随着村社土地所有制转化为大土地所有制，村社农民就在一定的条件下，转化为依附农和农奴，而村社则转化成为封建生产的基础。在历史上，奴隶制经济的发展，往往要求打破村社制度的硬壳，而封建领主制经济却能够利用现存的村社躯体作为自己的寄生主，而把寄生根深深扎入它的机体内，把它作为自己生存的社会基础。因此，村社制度往往随着奴隶制度的日益发展而被消灭，但却能够长期地存在于封建社会里，这绝不是偶然的。恩格斯指出：由于马尔克制度能够适应"千变万化的耕地占有关系"③，表现出"近乎神奇的适应能力"④，因此，"这种土地制度，……在整个中世纪里，它是一切

① 《马克思恩格斯全集》第23卷，人民出版社1972年版，第265页。
② 《资本论》第3卷，人民出版社1975年版，第905—906页。
③ 同上。
④ 《马克思恩格斯全集》第19卷，人民出版社1965年版，第361页。

社会制度的基础和典范，它浸透了全部的公共生活"①，村社制度的这种适应能力，使它能够与封建经济相结合，并成为它生产的基础，从而能够长期地存在于封建领主制社会里。

马克思主义创始人关于村社制度的理论研究说明，农村公社是原始公社的最后阶段，它虽然残存在奴隶社会和封建社会中，但它的作用与性质是不同的。在奴隶社会里，它与奴隶制并存，但并不构成奴隶制生产方式的基础；而在封建社会里，它往往与封建经济相结合，直接成为封建经济的基础，但是，农村公社的封建化，只能说明已经变化了的性质，它既不能用来证明亚细亚生产方式的性质，也不能用来说明村社制度的本质。关于村社制度的本质，恩格斯曾有清楚的说明："国家是以一种与全体固定成员相脱离的特殊的公共权力为前提的，所以毛勒凭其正确的直觉，确认德意志的马尔克制度是一种纯粹社会的制度，虽然它以后大部分成了国家的基础，但在本质上它是和国家不同的。"②村社制度的这种与国家不同的本质，就是它的原始性。

四　我国的村社制度

马克思主义创始人肯定了村社制度是人类社会历史上普遍存在过的一种社会形式，当然中国也不例外。马克思说："在印度还有建立在土地公有制基础上的村社的形式，这种村社在中国也是原始的形式。"③毫无疑问，在我国古代也曾存在过以土地公有制为基础的农村公社。在我国古代史籍中，关于农村公社土地

---

① 《马克思恩格斯全集》第19卷，人民出版社1965年版，第353页。
② 《马克思恩格斯选集》第4卷，人民出版社1972年版，第91页。
③ 《资本论》第3卷，人民出版社1975年版，第373页。

制度最典型的记述，便是井田制。虽然两千多年来，对井田制本身众说纷纭，怀疑与否定者不乏其人，但从马克思主义观点来看，作为人类社会早期曾经普遍存在过的一种土地公有制的生产关系，它的存在应是毫无异议的，尽管对于它的具体形式和结构，还有许多可争议和需要进一步研讨的地方。

农村公社作为原始社会形态的最后阶段，它的一个重要特点是保留了土地的公有制。马克思在论述俄国农村公社时指出："农村公社……它的一个基本特征，即土地公有制。"① 在村社制度下，"耕地是不准转卖的公共财产"②。恩格斯也曾在《反杜林论》中，特别是在《马尔克》一文中，对村社制度的土地公有制作了详尽的考察。他指出：在马尔克公社内，每个社员都"拥有平等的土地份额和平等的使用权"③。后来，他又在《家庭、私有制和国家的起源》一书中更加广泛地考察了亚洲、非洲、美洲、欧洲等地的氏族制度和村社制度，对氏族公社、家庭公社和农村公社的土地公有制的不同形式与内容及其发展过程，作了深入的探讨，指出农村公社的土地是在"单个农户之间实行分配"的。④ 而在这以前的大家庭公社中，土地则是由包括几代人的"共产制家庭公社共同耕作"的。⑤ 而前者正是在后者的解体中形成的。由于农村公社的耕地采取在单个农户之间实行平等分配的原则，而可分配的耕地在质量上又存在着差异，为了保证每个土地占有者之间不仅在耕地数量上，而且在质量上达到均等，就需要按耕地的自然差别和经济差别，在数量和质量上实行

①　《马克思恩格斯全集》第 19 卷，人民出版社 1965 年版，第 437 页。
②　同上书，第 449 页。
③　同上书，第 359 页。
④　《马克思恩格斯选集》第 4 卷，人民出版社 1972 年版，第 138 页。
⑤　同上书，第 137 页。

均等的分配。马克思指出："农业公社社员并没有学过地租理论课程，可是他们了解在天然肥力和位置不同的土地上消耗等量的农业劳动，会得到不等的收入。为了使自己的劳动机会均等，他们根据土壤的自然差别和经济差别，把土地分成一定数量的地段，然后按农民的人数把这些比较大的地段，再分成小块，然后，每一个人在每一块地中得到一份土地。"① 但在当时生产技术落后，生产力水平低下，耕地不能长期固定使用的情况下，特别是随着人口的增长，已分配的耕地就需要定期进行调整，因而耕地的定期重分就成为必要。恩格斯指出，在马尔克中，起初"分配给这些家庭的耕地，期限也只有一年；每隔一年，又要重新进行分配和更换"② 后来，"虽然不再一年分配一次，但是每隔 3 年、6 年、9 年或 12 年，总要把全部开垦的土地（耕地和草地）合在一起，按照位置和土质，分成若干大块，每一大块，再划分成若干大小相等的狭长带状地块，块数多少，根据公社中有权分地者的人数而定。这些地块，采用抽签的办法，分配给有权分地的人"③。在土地公有的农村公社中，耕地定期重分的制度是普遍存在的现象，它也同样存在于我国古代村社的井田制中。

在我国古籍中，"社"亦写作"土"。《诗经·商颂》："宅殷土茫茫"，在《史记·世表》中引作"宅殷社茫茫"。《诗经·大雅·绵》："乃立冢土。"冢，大也，冢土即大社，亦即邦国之社，是用来祭祀代表邦国领土之神的。这种社神的崇拜起源于村社的土地公有。《诗经·小雅·甫田》："琴瑟击鼓，以御田

---

① 《马克思恩格斯全集》第 19 卷，人民出版社 1965 年版，第 452 页。
② 同上书，第 355 页。
③ 同上。

祖，以祈甘雨，以介我稷黍。"这里的"田祖"即是社神。《周礼·大司徒》："设其社稷之壝而树之田主"，田主即田祖。由于农村公社已是地缘联系的组织，各个氏族、家庭间，已不能有一个共同的祖先崇拜，因此在公社地域范围内的司收获之神（田祖）就成了代表全公社土地上具有最高权威的神，《说文解字》"社，地主也"，它代表了土地之神主。当周天子分封诸侯时，也需把代表土地之神的"社"包括在内，以象征把该领地范围内的所有权交给了诸侯。《左传·定公四年》："分鲁公以……殷民六族，……分之土田陪敦……"这里的"土田"即社田，是祭祀用的公共田；陪敦即堆土为坛，用以设祭。诸侯拥有了主祭邦土社神的权力，也就是拥有了该领地的所有权。因此，在贵族领主制下，上自天子、诸侯，下至卿、大夫，都要在各自领地的范围内设社主祭，它是各级领主拥有土地所有权的象征。在农村公社里，则是村社土地公有的象征。史籍的记载表明，我国古代的村社，如同印度公社、马尔克公社等一样，土地是公共财产，任何村社成员都无权出卖，《礼记·王制》说："田里不粥。"村社土地是不能买卖的。又《礼记·曲礼》说："问庶人之富，数畜以对"，村社成员的主要私有财产是牲畜而非土地。

在我国古代村社中，除森林、牧场、渔场、猎场等为全体成员公用之外，耕地则是按"一夫百亩"的方式在村社成员之间进行分配的。《公羊传·宣公十五年》何休注："圣人制井田之法而口分之，一夫一妇受田百亩。"一夫百亩是西周以来通行的农村公社分配耕地的一种原则。所谓"周人百亩而彻"，"家五亩宅，百亩田"等说法①，均导源于此。在井田制下，每个农民分得的耕地只限于本人使用，不用时须交还公社。"民至二十受

---

① 《孟子·滕文公》《荀子·大略》。

田，六十归田。"① 二十岁作为一个劳动力，分配一份耕地，六十岁丧失劳动能力时，须归还耕地。这表明："财产的每一部分不属于任何单独的成员，而属于作为公社的直接成员的人，也就是说，属于同公社直接统一而不是同公社分开的人。因此，这种单独的人只是占有者，只有公共财产，只有私人占有。"② 由于单个的人对耕地只有暂时的占有和使用权，使得个人与土地之间，缺乏稳定的联系，耕地就经常要在社员之间重新分配。《夏小正》说：正月"农率均田"。每年正月间，村社农民都要相率分配耕地，即把份地重新分配一次。后来随着耕地技术的进步，重分耕地的时间就逐渐延长。《公羊传·宣公十五年》何休注："司空谨别田之善恶，分为三品。上田岁一垦，中田二岁一垦，下田三岁一垦。肥饶不得独乐，墝埆不得独居。故三年一换土易居，财均力平。"从每年重分演变到三年重分一次。至公元前645 年"晋作爰田"，据颜师古注："爰，自在其田，不复易居也。"《汉书·食货志》说是"自爰其处"，即耕地逐渐成为固定占有，不再定期重分了。这同恩格斯在《马尔克》中所述重分耕地的演变情况是极为相似的。

我国古代的村社，也是把耕地分为两个部分，一部分在全体成员间进行分配，另一部分则是不分配的，由全体社员共同耕种，收获物用作祭祀、储备等公共支出。按我国古代的习惯，把前者称为"私田"，后者称为"公田"（亦称"社田"或"籍田"）。《礼记·郊特牲》："唯为社事，单出里，唯为社田，国人毕作。唯社、丘乘共粢盛。"记述了村社成员集体耕种社田的制度。《诗经·大雅·韩奕》："奄受北国，因以其伯，实墉实壑，

---

① 《汉书·食货志》。
② 《马克思恩格斯全集》第 46 卷上，人民出版社 1979 年版，第 478 页。

实亩实籍。"说的是周宣王改封韩侯于北方，韩侯到了封地，就修城筑池，整治公私田亩。这里的"亩"即私田，"籍"即公田。《诗经·小雅·大田》："雨我公田，遂及我私。"《孟子》说："方里而井，井九百亩，其中为公田，八家皆私百亩，同养公田。"《礼记·王制》说："古者公田籍而不税。"等等。在我国古籍中，有关公田、私田的记述是很多的，它正是古代农村公社土地制度的反映。公田在最初曾是全社公共经济生活的基础，但后来这种公田被贵族领主所篡夺，使原来为公社所作的公共劳动，变成了为贵族领主提供的徭役劳动。

农村公社的土地公有是以村社集体占有一定面积的领土为前提的，它的公有性仅限于自身所及的领土之内。在公社的尽头，在不同村社之间，公有制就不复存在。相反，各自为保卫自己的领土而相互处于异己的甚至是敌对的状态之中。因此，农村公社土地制度的另一特点是具有严格的村社土地界线。每个村社都以一定的山、林、河、路等自然标志为界，与其他村社的领土相区别。例如，马尔克公社就是由一定范围的领土构成的："一些包括若干家庭的氏族，又按村的形式定居下来。几个有亲属关系的村构成一个百户，几个百户构成一个区。……而区的范围就是马尔克本身。"[1] 其他一切形式的村社也无不如此。每个村社成员都把保卫村社领土不受侵犯，视作自己神圣的权利和义务。在印度公社中，还有专职的边界守卫员。恩格斯曾以美洲印第安人部落为例说："每一部落除自己实际居住的地方以外，还占有广大的地区供打猎和捕鱼之用。在这个地区之外，还有一块广阔的中立地带，一直延伸到邻近部落的地区边上；……由这种不确定疆界隔开的地区，乃是部落的公有土地，而为相邻部落所承认，并

---

① 《马克思恩格斯全集》第19卷，人民出版社1965年版，第354页。

由部落自己来防卫，以免他人侵占。"① 我国古代的村社也具有严格的村社土地界线的特征：《诗经·小雅·信南山》："我疆我理，南东其亩。"朱熹注："疆者，为之大界也；理者，定其沟涂也。"西周时代，在各级贵族领主的领地之间，都有各自的封疆，其最初导源于村社的土地界线。《孟子》说："夫仁政必自经界始，经界不正，井田不均，谷禄不平。"孟子要求尊重村社固有的土地界线以维护村社的土地制度，作为他实施仁政的基础。因为村社土地界线是村社土地公有制得以存在的重要条件，如果破坏了村社的土地界线，不同村社的成员，彼此可以买卖、占有其他村社的土地，村社的土地公有制就必然要瓦解，从而整个村社制度也就会随之解体。商鞅的变法，就是以"废井田"、"开阡陌封疆"，即破坏村社固有的土地界线，瓦解村社土地制度为其重要内容的。

与上述村社土地制度相适应，农村公社还有自己独特的村社组织。恩格斯说："马尔克社员……他们在马尔克内部在参加立法、管理和裁判方面，都拥有同等的机会。他们定期地或经常地（如有必要）举行露天集会，商定马尔克的事务，审判马尔克中的不法行为和纷争。……也制定法律（虽然在少有的十分必要的情况下），也推举公职人员，也检查公职人员执行职务的情形，但主要还是宣判。主席只能提问题，判决由到会的全体社员决定。"② 这种独特的社会组织，也存在于印度公社："从地理上看，一个村社就是一片占有几百到几千英亩耕地和荒地的地方；从政治上看，它很像一个地方自治体或市镇自治区。它通常设有以下一些官员和职员：帕尔特或村社首脑，一般是总管村社的事

① 《马克思恩格斯选集》第 4 卷，人民出版社 1972 年版，第 87 页。
② 《马克思恩格斯全集》第 19 卷，人民出版社 1965 年版，第 359—360 页。

务，调解居民纠纷，行使警察权力，执行村里的收税职务。……卡尔纳姆负责督察耕种情况，登记一切与耕种有关的事情。还有塔利厄尔和托蒂，前者的职务是搜集关于犯罪和过失的情报，护送从一个村社到另一个村社去的行人；后者的职务范围似乎比较限于本村社，主要是保护庄稼和帮助计算收成。边界守卫员负责保护村社边界。在发生边界争议时提供证据。水库水道管理员负责分配农业用水量。有专门的婆罗门主管村社的祭神事宜。教师教村社的儿童在沙上念书和写字，另外还有管历法的婆罗门或占星师等等。村社的管理机构通常都是由这些官员和职员组成：……从很古的时候起，这个国家的居民就在这种简单的自治制的管理形式下生活着。村社的边界很少变动。……"①

　　这种独特的社会组织也存在于我国古代的村社中。《周礼·地官·司徒下》："五家为邻，五邻为里"，一里二十五家，亦称里社，就是一个村社。② 每个村社有自己的头人——里正。"选其耆老有高德者名曰父老，其有辩护伉健者为里正。"③ 他们有监督生产的职责："田作之时，父老及里正旦开门，坐塾上，晏出后时者不得出，暮不持樵者不得入。"④ 《周礼》中也有"里宰"的职司："掌比其邑之众寡，与其六畜兵器，治其政令，以岁时合耦于锄，以治稼穑，趋其耕耨，行其秩序。"里正和里宰最初曾是村社公务的管理者和领导者，但当他们成为国家的属吏后，他们的组织和监督生产的活动，与先前的性质就不同了。这

----

　　① 《马克思恩格斯全集》第 9 卷，人民出版社 1961 年版，第 147 页。

　　② 实际上组成一个村社的户数是不等的，"十室之邑"是一个小村社。《管子·中篇小匡》："制五家为轨，十轨为里"，一个里社五十家，是一种较大的村社。又《管子·度地》："故百家为里"，一百家为一社，是一种大社。

　　③ 《公羊传·宣公十五年》何休注。

　　④ 同上。

同三老、啬夫等早先的村社领袖后来成为国家基层统治单位的属吏性质是一样的。

在我国古代村社中，村社成员往往也有各种不同的职业分工："一曰稼穑，二曰树艺，三曰作材，四曰阜藩，五曰饬材，六曰通材，七曰化材，八曰敛材，九曰生材，十曰学艺，十有一曰世事，十有二曰服事。"① 这里有种庄稼的，有植园艺的，有采集的，有饲养的，有金属加工的，有做买卖的，有从事巫医的，等等。此外，村社还有自己的军事组织："五人为伍，五伍为两，四两为卒，五卒为旅，五旅为师，五师为军。"② 每个村社都组织自己的公共生活："设为庠序学校以教之。庠者养也，校者教也。序者射也。"③ 它对村社子弟组织教学，还组织群众开展习射活动等。尤其是组织和举办大规模的祭祀等宗教娱乐活动，所有村社成员都要参加。由此可见，我国古代的村社，同样具有组织生产、组织生活的基本特征。

但在我国历史学界也有学者认为，在殷商奴隶制时代，"负起了组织生产的任务的是奴隶主。……农村公社已退居于次要的地位"，而在武王灭殷，周王朝代兴以后，农村公社"已经在经济生活中不起任何作用，而变成了纯粹的信仰中心"④。这是不确实的。由于史料的不足，我们且不说殷商奴隶制时代的村社制度，但自西周以来，有关村社制度的史料是比较丰富的。我国史学界大多也承认西周以来存在着村社制度。只是对它的性质与作用，有着不同的看法。国外史学界大多也肯定西周以来村社的作用。如阿甫基耶夫在《古代东方史》中说："在周朝的时候，保

---

① 《周礼·地官·司徒》。
② 同上。
③ 《孟子·滕文公》。
④ 李亚农：《欣然斋史论集》，人民出版社 1978 年版，第 884、892 页。

存了千百年而不动的古代农村公社，仍然起着巨大的作用。"①
事实上，西周时代，农村公社乃是整个社会组织生产、组织生活
的主要基层单位。

但是，自春秋战国以降，随着井田制的瓦解，农村公社组织
生产、组织生活的特征逐渐消失，以致有人把上述关于村社制度
的种种记述，认作是面壁幻构，但证诸我国某些少数民族地区，
直至近代尚存在的村社制度，对理解我国古代的村社制度，可提
供颇有意义的佐证。

我国云南省德宏景颇族地区，直至解放前仍存在着农村公社
的制度。在景颇族村社内，一般生产资料如农具、牲畜、种子等
以及日常的生活资料，都已是个体家庭私有，唯有土地完全为村
社所公有。景颇族村社通常由一至几个自然村落组成，包括几十
至几百户个体家庭。整个村社范围，景颇语"勐宛"，即村社辖
区。辖区与辖区之间，界限分明，一般以山岭、河流、道路、森
林等自然物为界。如村社间发生越界开荒、伐木等侵犯领土所有
权的行为，都会导致严重的纠纷。

在景颇族村社中，只有居住在辖区之内，并奉祀"能尚"
（社神），从而具有了村社成员身份的人，才有占有土地的权利。
但任何成员对土地都只有占有使用权而无所有权，都不能把土地
作为个人的私产，作任何形式的让渡。每个村社成员都可在辖区
范围内通过"号地"的方式，占有为自己生产所必需的土地。
但在景颇族村社中并无定期重分耕地的制度，这是因为村社成员
所需的土地，可以由辖区所属广阔的可垦地来得到保证，无需通
过在每户间有计划的分配来实现。在整个耕地中，近百年来出现
了少量水田，它能长期而固定地占有，并能世代承继，在此基础

---

①　阿甫基耶夫：《古代东方史》，三联书店1956年版，第719页。

上出现了水田的抵押、典当和租佃等土地关系。但土地的买卖一般仍是不允许的，土地必须被完整地保留在村社辖区之内。

在景颇族村社中，村社成员除了各自耕种自己占有的耕地外，还集体耕种一定数量的公田，景颇语称"施瓦约"（"施瓦"是公共之意，"约"即田）。在解放前，景颇族村社中的公田，实际上都已为山官所篡夺，村社成员在公田上的劳动，已成为给山官提供的贡献。因此，有些地区，群众对在公田上的劳动，径直称之为"出白工"。从这方面来说，它已经不再是公益性的劳动了。但是，另一方面，根据传统的习惯，山官在把公田收获物据为己有的同时，也有所谓"帮助群众过日子"的义务，即接济某些生活困难的户。而在有的地区，当每年公田收获时，出工的群众可以从公田收获的谷子中，取回少量。在这个意义上，它还残留着公益性劳动的痕迹。考察景颇族社的公田劳动，有利于进一步加深对马克思指出的波兰和罗马尼亚公有地被掠夺过程的理解。

与上述土地的村社所有制相适应，景颇族也有自己独特的社会组织。在景颇社会中，根据人们不同的出身和血统，划分为官种（贵族）、百姓（平民）和奴隶三个等级。（但在解放前，景颇社会中的奴隶为数已极少）村社的最高首领是山官，景颇语称"崩杜"，意为"山上的主人"，他必须出身于官种的血统，一般由幼子袭职。山官对外代表村社，对内在生产上领导群众祭"能尚"，委派或撤换各寨头人。每个山官都在自己村社内行使职权，不受其他山官的干涉。各个村社虽有大小之别，力量也有强弱的不同，但都各自为政，互不统属。各个村社都自成独立的军事单位，遇有战事，全体青壮年都是战士，山官是当然的军事首领。有时为了扩大战斗力量，几个具有血缘关系的相邻的村社可以结成临时性的军事联盟，战事结束，联盟即告解散。景颇族村社中，没有常备兵组织，战时全体动员，对不参加战斗的人，只有舆论的谴责，并不处罚。景颇族村社没有成文法，一切纠纷均按习惯法处理。调解社员间的纠纷由山官或村寨头人主持，并请有威望的老人参加。在听取原告和被告的申诉后，由山官、头人与在场的老人共同商议，最后由山官作出判决。[①]

如果说景颇族的农村公社，由于它所处的社会发展阶段较低，因而更多地反映了原始农村公社的土地制度及其社会组织的特点，那么我国云南省西双版纳傣族地区的封建领主制下的农村公社，则是反映了社会发展较高阶段上的农村公社的特点。它与我国古代西周以来的农村公社有着许多共同的特点，是非常值得研究的。

在西双版纳，每个傣族村社也都有自己的领土辖区。据版纳勐海曼真寨调查，该寨在划定地界时，曾绘有地图，并写有文书，由领主的属官波朗收管，视为法定的根据。每个村社对自己的地界管理极严，如发现有外人侵犯领土，村社内任何人都可以干涉并报告头人处理。维护村社领土权利，被视为每个村社成员的神圣责任。虽然由于各村社地界内所占有的领土面积大小不一，拥有的耕地数量多少不同，因而有的村社耕地有余，有的村社则耕地不足，但拥有较多耕地的村社，并不容许外人随意进入辖区耕种，只有在取得村社及其头人的许可，并充分尊重村社固有的领土权利的条件下，才能在指定的地域内进行耕种。它反映了村社农民突出的村社领土观念。

傣族村社内的耕地，一般包括两大部分：一是全社农民共同

---

① 文中所引述有关景颇族资料，参见（1）1956—1963 年全国人大民委办公室编印的《云南省德宏傣族景颇族自治州社会概况：景颇族调查材料之一至之九》；（2）朱家桢：《景颇族农村公社土地制度的历史考察》，《历史研究》1963 年第 6 期。

占有的"寨田",它以份地的形式在村社成员中进行分配;一是领主田,包括土司直属的私庄田以及作为职田封赐给其臣属的波朗田、头人田等。其中寨田酷似我国古籍中所说的"私田",而领主田则有类于"公田"。

在寨田中领取自己应得的一份耕地,是每个村社成员应有的权利和义务。凡村社农民年满16岁至结婚前,分配给1/4至1/2的份地,结婚后至50岁,分配与其他社员相等的一份耕地。50岁以后,丧失劳动能力的,得将份地退回村社。这与我国古代"二十受田,六十归田"的制度,如出一辙。分得的份地,只有占有权和使用权,没有所有权,一般来说,个人无权出租,更不得买卖。在农民的观念中,"地是全寨的,祖先开留的"。出卖土地将是"全寨的耻辱","没脸皮",因而一直为习惯所禁止。当社员迁离村社时,须将耕地交还村社。耕地是必须完整地保留在村社之内的。

在傣族村社中,也有定期分配份地的习惯。在遇到下列情况之一时,就需对份地进行调整或重新分配:

1. 有人分家或外村人来本村上门招赘,新立门户。

2. 经村社同意吸收外来户。

3. 过去因缺乏劳力、畜力或其他原因未种田的户,现在要求分田种。

4. 过去分着坏田的户,提出要求换田。

5. 有人不愿种田或不能种田,把份地交还村社。

6. 有人迁离村社,退回份地。

7. 过去外迁的户,又回来要求分配份地。

重分耕地一般是在春耕前,由村社头人召开分田大会,方式有群众评议或抽签、拈阄,亦可由头人指定。根据需要和习惯,有的采取在原有份地基础上局部调整,有的则采取打乱平分。

从上述傣族村社中的份地分配制度，进一步理解我国古代村社中"一夫百亩"的计口授田制和定期重分耕地的制度，是很有意义的。

领主田（公田）亦称"私庄田"，是土司直属的耕地。一般分散在各个村社，也有的是集中在土司城堡周围，每年征派各村社农民携带自己的耕牛农具，做无偿代耕，其收获物全部上交土司。由于农民对这种无偿劳役常常消极怠工，甚至倒插秧苗等，许多地方的领主田已合并到村社的寨田中，剥削形式也就由无偿代耕改为交纳定额谷物。但无偿代耕的形式在某些地区仍一直存在，它依然是傣族封建领主剥削村社农民的一种形式。

"公田"的另一部分是领主封赐给臣属的封田——"波朗田"。在解放前，这些大小臣属的封田，已变为食禄性质的职田，只在任职期间，根据封田的数额，向村社征取实物地租，去职时，即由领主收回。实际上被封赐者与土地并无直接的联系。但也有少数地区，"波朗田"仍保留了由村社无偿代耕的方式，与无偿代耕领主田的方式一样。

村社农民为领主代耕公田是一种具有自己特点的剥削方式。每当农事季节，傣族农民必须先完成"公田"上的农作，才能开始自己份地上的农事。这确实是"公事毕，然后敢治私事"①，公田未插完秧，私田是不能开始栽插的。因此，村社农民的"雨我公田，遂及我私"的心情是古今同然的。在公田春耕时，傣族的大小领主都要亲临公田，作一次戏剧性的耕田表演，其中一些小领主还要亲自参加一些辅助性劳动，酷似西周天子"率三公、九卿、诸侯、大夫躬耕帝籍田"的情景。② 同时，公田的

---

① 《孟子·滕文公上》。
② 《国语·周语》。

主人，还须略备酒食以享农民。《诗经·小雅·甫田》："我取其陈，食我农人"，领主打开谷仓，取出去年的陈谷，供耕种公田的农民一餐午饭，这种习俗也是古今相似的。

在我国古代，村社农民无偿代耕领主公田的制度被称作"藉"，或称为"助"。《孟子》说："助者藉也。"①籍者借也，从领主来说是"借民力以治田"，故称"藉"，从农民来说是为领主做无偿劳动，故称"助"。这种形式自周宣王不藉千亩以后，就逐渐消失了，至孟子时代，人们已说不太清楚。傣族村社农民代耕公田的制度，却为我们提供了现实的丰富的资料。

傣族村社也有自己独特的社会组织：若干个体家庭组成一个"火很"，若干"火很"组成一个村社。每个村社有自己的"波曼"（意为"寨父"，即村社首领）和"咩曼"（意为"寨母"，系男性，村社的第一副职头人），他们负责管理居民的迁徙，接收新成员，管理村社土地和宗教事务，主持祭祀"灵披曼"（社神），处理婚姻问题，调解争端，并为封建领主征取各种劳役和贡赋等。在村社头人下，有管理武装的"昆悍"，传达命令的"陶格"，有通讯跑腿的"波板"，职掌文书的"昆欠"，管理水利的"板门"，管"社神"的"波摩"，管佛寺的"波沾"。村内还设有银匠、金匠、铁匠、木匠、屠夫、猎手、酒师、商人、医生、兽医、理发师、阴阳家和诗人兼歌手等人员。村社的管理机构是由村社各级头人组成的村社议事会，它处理村社中一切日常工作，有重大事情需讨论决定时，召开村社民众会。这些社会组织和制度，反映了农村公社自给自足的自然经济和一定程度的原始民主精神。

傣族村社也有自己的军事组织，设有专职的武装管理人

---

① 《孟子·滕文公上》。

员——"昆悍"，负责统率和训练全村社的青壮年。遇有军事行动则以三户抽一丁或五户抽一丁的方式征集战士。封建领主为了加强其统治在各村社之上设立了"叭悍"、"鲊悍"的军职，负责统率和指挥各村社的军事组织，使村社的武装力量变成为封建领主服务的工具。

每个傣族村社也组织自己的公共生活。凡傣族儿童，年仅七八岁就须送进佛寺当小和尚，在佛寺中学习傣文、算术、诗歌和历史传说等知识，至成年时还俗。实际上佛寺是傣族村社中的"庠序学校"，它也是群众集会议论时政的地方。在每年栽秧前割谷后，每个村社都要祭祀社神——"灵披曼"，以示祈年和感恩，实际上也是在宗教形式下的全社性娱乐活动。这一切都表明，傣族村社是傣族社会中组织生产、组织生活的基层单位。傣族的封建领主制就是建立在这些农村公社的基础之上的。这同我国古代建立在农村公社基础上的西周封建领主制，有着许多基本的共同点。①

在我国史学界有一种较为流行的观点，认为西周时代的村社具有奴隶制的性质，他们把西周的村社说成"很像劳动集中营"，并进而把村社成员解释为"奴隶主控制下的劳动集中营"中的"集体奴隶"②。我认为这个论点无论在理论上和史实上都是难以成立的。如前所述，村社制度与奴隶制度是两种性质不同的生产方式，村社社员与奴隶都各有明确的身份，不容任意混同。尽管村社社员也受到剥削和奴役，但并不能据此把社员与奴

① 文中所引述西双版纳傣族的资料，参见：（1）1956—1957年人大民委办公室编印的《云南省西双版纳傣族自治州社会概况：傣族调查材料之一至之五》；（2）马曜、缪鸾和：《从西双版纳看西周》，《学术研究》1963年第1、3、5期。

② 郭沫若：《奴隶制时代》，载《郭沫若全集·历史编三》，人民出版社1984年版，第223、224页；《历史研究》1979年第8期，第45页。

隶等同起来。俄国农奴制度下的农奴身受极其沉重的剥削和奴役，列宁说他们同"奴隶的地位没有多大区别"，这种农奴制"同奴隶制并没有什么区别"①，但是，我们并不能因此把俄国的农奴制说成奴隶制，把农奴解释成奴隶。西周的村社即使"很像劳动集中营"，但村社毕竟不是劳动集中营，奴隶主即便"控制"了村社，村社社员也并不就是"集体奴隶"。这里的"集体奴隶"一词，可能是比附于马克思的"普遍奴隶"来的。在学术界，许多人把马克思在《资本主义生产以前的各种形式》（以下简称《形式》）中提到的"东方的普遍奴隶制"一词，当作奴隶社会的一种形态来解释，我认为这是一种误解。如前所述，马克思在该文中只是分析所有制（主要是土地所有制）的历史形态，并不是分析任何具体的社会形态。文中所说的奴隶和奴隶制，一般的是就直接生产者与劳动客观条件之间的关系而言的。马克思的话是这样说的："在奴隶制、农奴制等等之下，劳动者本身表现为服务于某一第三者个人或共同体的自然生产条件之一（这不适用于例如东方的普遍奴隶制，这仅仅是从欧洲的观点来看的）。"② 为什么说从欧洲的观点来看，奴隶制、农奴制不适用于东方的普遍奴隶制？这是因为在欧洲，在奴隶制度下，奴隶与客观生产条件之间的关系，表现为"与牲畜并列的"③，劳动者本身就成为"某一第三者个人或共同体的自然生产条件之一"。因而，"奴隶同自身劳动的客观条件没有任何关系"④。但是，在东方专制君主统治下的公社农民则不同，他们与客观条件的关系是双重地存在着的：一方面，从最高统一体看，他们都已失去财

① 《列宁全集》第 29 卷，人民出版社 1956 年版，第 433、437 页。
② 《马克思恩格斯全集》第 46 卷上，人民出版社 1979 年版，第 496 页。
③ 同上书，第 488 页。
④ 同上。

产，都已不是所有者；另一方面，从小公社自身来看，他们又是
公共财产的共有者，并把自己看作是客观生产条件的所有者和主
人。他们与"同自身劳动的客观条件没有任何关系"的奴隶是
不同的。因此，用欧洲的观点，用奴隶制、农奴制的关系去解释
东方公社所有制下村社农民与劳动客观条件的关系是不适用的。
这里的"普遍奴隶制"一词，主要是对在东方专制制度下公社
农民对劳动客观条件的关系，即普遍地失去了财产的那种状况的
概括。所以马克思紧接着又说："奴隶制、农奴制等等总是派生
的形式，而决不是原始的形式。"而所谓"原始的形式"，马克
思解释说："所有制的原始形式本身就是直接的公有制（东方形
式）。"① 东方形式的公社所有制是原始形式，而奴隶制、农奴制
是由它派生出来的，两者具有不同的性质。

　　马克思把东方形式的公社所有制称作"普遍奴隶制"是他
对东方专制制度下公社农民所受奴役的一种形象化的提法。在马
克思的著作中，用"奴隶"和"奴隶制度"来形象化地表述直
接生产者所受的奴役，是屡见不鲜的。如在《神圣家族》一书
中说："在现代世界中每一个人都是奴隶制度的成员，……市民
社会的奴隶制恰恰在表面上看来是最大的自由。"② 这里说的
"奴隶制度"就是资本主义制度。《共产党宣言》说："资产阶级
不能统治下去了，因为它甚至不能保证自己的奴隶维持奴隶的生
活，因为它不得不让自己的奴隶落到不能养活它反而要它来养活
的地步。"③《资本论》第 1 卷第 13 章中说："从前工人出卖他作
为形式上自由的人所拥有的自身的劳动力，现在他出卖妻子儿

①　《马克思恩格斯全集》第 46 卷上，人民出版社 1979 年版，第 498 页。
②　《马克思恩格斯全集》第 2 卷，人民出版社 1957 年版，第 149 页。
③　《马克思恩格斯选集》第 1 卷，人民出版社 1972 年版，第 263 页。

女，他成了奴隶贩卖者。"① 这里所说的奴隶、奴隶贩卖者等等，指的都是资本主义制度下的工人。事实上把直接生产者所受的奴役和剥削称作奴隶制度，在马克思的时代是相当普遍的。《国际歌》的第一句就是"起来，饥寒交迫的奴隶！"指的是以现代工人阶级为首的劳动者。马克思在致恩格斯的信中说："美国经济学家凯里出版了一本书《国内外的奴隶制》，这里所说的'奴隶制'是指各种形式的奴役、雇佣奴隶制等等。"② 马克思自己也常常在这个意义上使用"奴隶"和"奴隶制度"。所谓"普遍奴隶制"，除了在生产关系上用来概括东方公社所有制在专制君主统治下，劳动者与劳动客观条件之间的关系外，也是用来形象化地说明专制君主对公社农民的统治的，它并不具有任何社会经济形态的意义。如果人们以"普遍奴隶制"作为理论根据，在中国历史上创造出一种特有的奴隶制种类——"集体奴隶制"来，那只能说是出于误解。

国内外史学界一般都承认，在古代东方社会里，奴隶的数量是很少的，社会生产的基础是公社农民。根据马克思主义的原理，一种社会经济形态区别于另一种社会经济形态，是由它特有的占主导地位的生产方式的性质规定的。仅仅少量奴隶，而且在更大程度上是家内奴隶，在社会经济生活中不具有决定的意义，在此基础上是不能构成奴隶社会的。郭老正是感觉到了这一点，因此他说："严格按照马克思的意见来说，只有家内奴隶的社会，是不成其为奴隶社会的。家内奴隶在解放前的汉族和某些少数民族中都还存在，如果太强调了'公社'，认为中国奴隶社会

① 《马克思恩格斯全集》第 23 卷，人民出版社 1972 年版，第 434 页。
② 《马克思恩格斯全集》第 28 卷，人民出版社 1973 年版，第 269 页。

的生产者都是'公社成员'，那中国就会没有奴隶社会。"① 问题不在于人们主观上强调或不强调什么，而是必须严格按照马克思主义的理论和从古史的实际出发，进行实事求是的研究。在中国西周，生产的社会基础是公社，主要的直接生产者是公社社员，这是客观存在的事实，不是任何人"强调"出来的。问题的症结在于："中国奴隶社会的生产者都是公社成员"，既然生产者都是公社成员，则"奴隶社会"的结论又从何得出？他们先有奴隶社会的结论在前，再以创立"集体奴隶"的概念去证明这个结论，然而这既不符马克思主义的理论原则，也不符合中国古代的史实。

国内外史学界也有人在承认古代东方社会中奴隶数量很少，生产的基础是公社这一事实的同时，为了勉强适应其奴隶社会的结论，提出了古代东方是不发达的奴隶制的概念。而我国的"集体奴隶论"者，由于把公社社员统统解释成为"集体奴隶"，从而中国的西周就不只是奴隶社会，而且成了"发达的奴隶制"了。但这在理论上不能不陷入更大的困境。恩格斯在论述罗马奴隶制时说："在波斯战争时期，科林斯地方的奴隶数目达到四十六万，在埃伊纳地方达到四十七万，平均每个自由民有十个奴隶。"② 他在谈到希腊奴隶制时说："到了雅典全盛时代，自由公民的总数，连妇女和儿童在内，约为九万人，而男女奴隶为三十六万五千人，被保护民——外地人和被释放的奴隶为四万五千人。这样，每个成年的男性公民至少有十八个奴隶和两个以上的被保护民。"③ 以我国的西周与之相比，如果西周的公社社员统

---

① 郭沫若：《奴隶制时代》，载《郭沫若全集·历史编三》，人民出版社 1984年版，第 231—232 页。

② 《马克思恩格斯选集》第 3 卷，人民出版社 1972 年版，第 200 页。

③ 《马克思恩格斯选集》第 4 卷，人民出版社 1972 年版，第 115 页。

统成了"集体奴隶",则奴隶数量之多,比重之大,将使上述希腊、罗马全盛时期的发达奴隶制相形见绌,而成为世界上无与伦比的最发达的奴隶社会了。然而这是违反史实的。公社社员无论在理论上和事实上都不是奴隶,奴隶是不可能组成公社的。奴隶自己无权组织公社,奴隶主也不能容许奴隶组织公社的。在被征服民族中,公社组织存在与否,取决于被征服所产生的是奴隶制或农奴制。在历史上,征服既可以产生奴隶制,也可以产生农奴制。马克思说:"一个征服者民族在征服者之间分配土地,因而造成了地产的一定的分配和形式,由此决定了生产。或者,它使被征服的民族成为奴隶,于是使奴隶劳动成为生产的基础。"①这里讲了征服产生的两种生产方式,前者是农奴制的,后者是奴隶制的。恩格斯也曾指出:"毫无疑问,农奴制和依附关系并不是某种特有的中世纪封建形式,在征服者迫使当地居民为其耕种土地的地方,我们到处或者说几乎到处都可以看得到——例如在帖萨利亚很早就有了。"②如果征服者掠走人口和全部土地,把被征服者降为劳动工具,则产生奴隶制;但这样,被征服者就不存在公社了。如果征服者占有的是公社而不是直接占有劳动者个人,因而被征服者的公社依然存在,社员依然耕种自己的土地,每个社员仍有占有生产条件的权利,他独立地进行生产,向征服者缴纳产品,他与征服者之间存在的是附属于土地的依附关系,这样建立起来的便是封建制关系。马克思摘引科瓦列夫斯基的著作说:"在墨西哥、巴拿马地峡和秘鲁联盟整个地区内,征服者部落领袖建立封建地产,即农村居民依旧继续共同占有土地,但须以经济收入的一部分向领主、土地贵族成员缴纳实物税。"并

---

① 《马克思恩格斯选集》第 2 卷,人民出版社 1972 年版,第 98—99 页。
② 《马克思恩格斯全集》第 35 卷,人民出版社 1971 年版,第 131 页。

以印度为例指出：在 8 世纪，印度被穆斯林征服后，土地分赐给有军功的战将为采邑，但所赐土地仍留在先前耕种者手里，而受赐者满足于每年征收一定的实物。农村居民依旧根据公社土地所有权和私人土地所有权占有土地，但占有者已由自由人转变为依附人，由自由地的占有，转变为封建性的占有。[①] 在征服者与被征服者间建立起封建生产关系的例子在历史上是很多的。可以这样说：只要被征服者的公社制度依然存在，它们与征服者之间建立的往往是封建性生产关系，当然决不能说凡是建立起封建生产关系的，必然存在公社制度。

对于封建生产关系，马克思是这样说的："按照假定，直接生产者还占有自己的生产资料，即他实现自己的劳动和生产自己的生活资料所必需的物质的劳动条件：他独立地经营他的农业与农业结合在一起的农村家庭工业。这种独立性，不会因为这些小农（例如在印度）组成一种或多或少带有自发性质的生产公社而消失，因为这里所说的独立性，只是对名义上的地主而言的。在这些条件下，要能够为名义上的地主从小农身上榨取剩余劳动，就只有通过超经济的强制，而不管这种强制是采取什么形式。它和奴隶经济或种植园经济的区别在于，奴隶要用别人的生产条件来劳动，并且不是独立的，所以这里必须有人身的依附关系，必须有不管什么程度的人身不自由和人身作为土地的附属物对土地的依附，必须有真正的依附农制度。如果不是私有土地的所有者，而象在亚洲那样，国家既作为土地所有者，同时又作为主权者而同直接生产者相对立，那末，地租和赋税就会合为一体，或者不如说，不会再有什么同这个地租形式不同的赋税。在

---

① 参见马克思《科瓦列夫斯基〈公社土地占有制，其解体的原因、进程和结果〉一书摘要》，人民出版社 1965 年版。

这种情况下，依附关系在政治方面和经济方面，除了所有臣民对这个国家都有臣属关系以外，不需要更严酷的形式。在这里，国家就是最高的地主，在这里，主权就是在全国范围内集中的土地所有权。但因此那时也就没有私有土地的所有权，虽然存在着对土地的私人的和共同的占有权和使用权。"① 在这里马克思论述了欧洲和亚洲不同土地制度下的封建生产关系。所谓亚洲的"对土地的私人的和共同的占有权和使用权"，也就是村社的土地制度。因此，马克思在这里论述的是亚洲的建立在村社土地制度基础上的封建生产关系。它与我国西周的社会情况是符合的。在西周的村社制度下，村社社员对土地有共同的占有权和使用权，但无所有权。他们独立地经营他的农业和农业相结合的家庭手工业，并向国家缴纳税赋。《周礼》中规定用罚款的办法促使农民耕作："凡宅不毛者有里布，凡田不耕者出屋粟，凡民无职事者出夫家之征。"② 政府用经济手段去干预农民的生产，正说明了农民在生产经营上是独立的。他们根本不是奴隶。

有人常常援用黑劳士来证释西周村社农民为奴隶。其实黑劳士与西周村社农民是很不相同的。黑劳士作为被征服者，已经丧失对土地的全部权利。土地是在斯巴达人中间分配的，黑劳士只是作为劳动力固着在斯巴达人的土地上劳动。在黑劳士中间，根本不存在调整分配土地的问题，从而也不存在村社的组织。斯巴达人作为凶残的奴隶主、征服者，是不容许黑劳士有自己的公社组织的。在阶级社会里，公社组织曾经是村社农民有效地团结自己，进行斗争的力量。恩格斯指出："以马尔克公社的形式保存下来一部分真正的氏族制度，并把它带到封建国家里去，从而使

---

① 马克思：《资本论》第 3 卷，人民出版社 1975 年版，第 890—891 页。
② 《周礼·地官·司徒下》。

被压迫阶级即农民甚至在中世纪农奴制的最残酷条件下，也能有地方性的团结和抵抗的手段，而这两种东西无论在古代的奴隶那里或者在近代的无产阶级那里都没有这样现成。"① 黑劳士既没有自己的公社组织，也不是村社农民，他们与我国西周的村社农民是不能类比的。但是，从黑劳士的被剥削的方式来说，他们不同于一般的直接奴隶，而是与农奴相接近，所以恩格斯还是把黑劳士叫作农奴。②

　　郭沫若也曾用黑劳士来证释西周奴隶制。他把西周的井田制说成"井田只是公家的俸田"，是"公家把土地划成方块授与臣工"。他还把井田制下"一夫受田百亩"的村社土地分配制度，说成只是为了"容易考查奴隶生产的勤惰"。我认为在这里他首先把村社分配土地的制度与国家的土地分封制混同起来了。国家把村社连同土地一起分封给各级臣属，这不仅在中国，而且在欧洲各地封建社会中，都是普遍存在的现象，它丝毫也不能证明是奴隶制度。在西周井田制下的村社农民与黑劳士的根本不同在于，他是土地的直接占有者。"一夫受田百亩"是十分明确地分配给直接生产者，即村社农民的。"夫"是农夫，绝非奴隶主，这是不容置疑的。在世界历史上还没有过奴隶主把土地等量分配给奴隶进行"考勤"的事例。如所周知，奴隶本身是被剥夺了人格的，他不占有任何生产条件，而本身就是生产条件之一。因此他本身被视为物，而不是物的占有者。奴隶是在皮鞭的驱使下从事劳动的，他对劳动毫无兴趣，没有主动性。劳动成果对他既无关系，亦无责任。相反，只要可能，他总是想破坏工具，破坏生产和进行怠工。因此对于奴隶来说，是谈不上建立什么生产责

---

① 《马克思恩格斯选集》第4卷，人民出版社1972年版，第153页。
② 同上书，第59页。

任制的。只是到了隶农时期，已有少量自己的经济，从而对生产有了兴趣，劳动的勤惰直接关系到自己的经济利益的时候，才会使直接生产者真正关心生产本身，而这正是农奴制所以优越于奴隶制并最终取代奴隶制的根本原因。但是在奴隶制度下是不可能有这种生产责任制的，就像不能对牲畜建立生产责任制一样，这是由奴隶制的本质决定的。如果在直接生产者中间建立起生产责任制来，那就意味着生产者是具有自己独立意志的、有人格的人，就不是奴隶的性质了。因此，用国家的土地分封制来否定村社井田制的份地分配，用所谓奴隶的生产责任制来解释一夫百亩的村社农民份地制，都是不能成立的。

恩格斯曾经说韦斯特马尔克用文明时代的婚姻观念去观察原始时代的群婚制，从而把群婚理解成娼妓制。"如果戴着妓院眼镜去观察原始状态，那便不可能对它有任何理解。"[1] 同样，戴着奴隶制眼镜去观察古代的村社制度，也是不可能对它有任何理解的。

我国西周时代的村社农民，一般通称为庶人。在"一夫百亩"的土地制度下，他们是份地占有者，也是主要的农业生产者。他们都拥有自己的财富："问庶人之富，数畜以对。"他们也能祭祀自己的祖先："祭典有之曰：国君有牛享，大夫有羊馈，士有豚犬之奠，庶人有鱼炙之荐，笾豆、脯醢则上下共之。"[2] 他们也与天子一样，对父母有三年的丧期："三年之丧，自天子达于庶人。"[3] 总之，庶人是有人格的人，是独立生产者，绝非奴隶。这里顺便指出，人们常用《礼记·曲礼》中一句：

---

① 《马克思恩格斯选集》第 4 卷，人民出版社 1972 年版，第 31 页。
② 《国语·楚语上》。
③ 《礼记·王制》。

"礼不下庶人"来证明庶人的低贱，无礼制可循。其实礼是区别统治者与庶人的规则，并不是说庶人根本无需礼制。按原文："国君抚式，大夫下之；大夫抚式，士下之：礼不下庶人。"意思是说，国君与大夫相遇，国君在车上凭式作礼，大夫则须下车答礼；大夫与士相遇，大夫在车上凭式作礼，士则须下车答礼。庶人因不乘车，故庶人无下车答礼的规则。在《礼记》中庶人都有婚礼、丧礼、葬礼、祭礼等，怎能说庶人无礼制可循呢？

　　西周的村社，可大别为两种，一是以周族人为主的自由农民的村社。他们有参与某些政治活动、受教育、服兵役和被选拔为官等权利和义务。他们可以自由迁徙，统治者待他们好，则"四方之民，襁负其子而至"①，如不好，则"逝将去汝，适彼乐土"②。这种自由村社农民，称为国人。另一种是以殷族人为主的农奴村社，他们无权参与政治，也无权当正式战士，他们为封建主耕种公田，承担徭役和赋税，是主要的被剥削者，他们没有迁徙自由，"徙于他邑，则从而授之"③。这种固着于土地的村社农奴，称为野人。西周的封建领主经济便是主要地建立在农奴村社的基础之上的。

　　马克思的亚细亚生产方式的理论，不仅对上述我国古代村社和古代社会形态的研究有重要的理论意义，而且对于研究我国和东方的封建社会发展史，也有重要的理论意义。我国以及东方的一些古文明国家，在进入封建社会以后，发展迟缓，长期停滞，其原因之一是与村社制度残余形态的长期的顽强存在有关的。村社制度是在社会分工很不发展的状况下，适应于自给自足的自然

---

　　①　《论语·子路》。
　　②　《诗经·魏风·硕鼠》。
　　③　《周礼·地官·司徒下》。

经济而产生的社会组织。它细小孤立，因循守旧，苟且偷安，缺乏经济变革的内在动力和主动精神。马克思在分析印度村社时指出："这些田园风味的农村公社不管初看起来怎样无害于人，却始终是东方专制制度的牢固基础；它使人们的头脑局限在极小的范围内，成为迷信的驯服工具，成为传统规则的奴隶，表现不出任何伟大，任何历史首创精神。我们不应该忘记那种不开化的人的利己性，他们把自己的全部注意力集中在一块小得可怜的土地上，静静地看着整个帝国的崩溃、各种难以形容的残暴行为和大城市居民的被屠杀，就像观看自然现象那样无动于衷；至于他们自己，只要某个侵略者肯来照顾他们一下，他们就成为这个侵略者的无可奈何的俘虏。我们不应该忘记：这种失掉尊严的、停滞的、苟安的生活，这种消极的生活方式，在另一方面反而产生了野性的，盲目的，放纵的破坏力量，甚至使惨杀在印度斯坦成了宗教仪式。……它们使人屈服于环境，而不是把人提升为环境的主宰。"① "农村公社的最坏的一个特点，即社会分解为许多模样相同而互不联系的原子，……农村公社的孤立状态在印度造成了道路的缺少，而道路的缺少又使公社的孤立状态长久存在下去。在这种情况下，公社就一直处在那种很低的生活水平上，同其他公社几乎没有往来，没有希望社会进步的意向，没有推动社会进步的行动。"② 这种状况同样表现于俄国的村社，"公社受到诅咒的是它的孤立性。公社与公社之间的生活缺乏联系，而这种与世隔绝的小天地，使它至今不能有任何历史创举"③。在我国古代，也有"小国寡民"，"鸡犬之声相闻，民至老死不相往来"的说

---

① 《马克思恩格斯全集》第 9 卷，人民出版社 1961 年版，第 149 页。
② 同上书，第 249 页。
③ 《马克思恩格斯全集》第 19 卷，人民出版社 1965 年版，第 451 页。

法①，就是对我国古代村社生活的写照。与村社制度的这种经济上的细小孤立相适应，政治上就必然产生专制制度。有人认为"就亚细亚的或东方的公社本身来说，它与专制主义无关，它不产生专制主义"②。说亚细亚生产方式本身不是专制主义的，那是对的，但说它根本不产生专制主义就不对了。恩格斯曾指出："各个公社相互间这种完全隔绝的状态。在全国造成虽然相同但绝非共同的利益，这就是东方专制制度的自然基础。从印度到俄国，凡是这种社会形态占优势的地方，它总是产生这种专制制度。"③ 在中国和古代东方一些国家中，在村社基础上，总是矗立着专制制度，特别在中国，进入地主制封建社会以后，形成了高度集中的中央集权的专制制度，它不仅对政治上、思想上的自由发展起着严重的束缚作用，而且在经济上，由于高度的专制垄断，统制了重要的工商业，对民间工商业采取"重本抑末"的政策，加以抑制和打击，严重阻碍了工商业的发展。而在专制政府和皇室所垄断的工商业中，由于它的生产目的是满足统治者自身的需要，而不是商品生产，它取决于统治者的意志，而不是取决于市场和竞争。因此，它不图盈利，也不计耗费，毫不吝惜人力物力的惊人浪费。它在生产上的技术进步，与整个社会的生产和需要并无联系。因此，在我国封建社会里，全部惊人的技术进步，几乎只限于奢侈品工艺方面，而民间的生产力的发展则依然极度滞缓。村社制度在它瓦解以后，由于整个社会生产力进步的滞缓，它的残余影响一直严重存在，成为封建社会里长期背负着的沉重包袱。

---

① 《老子》第十八章。

② 《历史研究》1980 年第 2 期，第 12 页。

③ 《马克思恩格斯选集》第 2 卷，人民出版社 1972 年版，第 624 页。

　　村社制度及其残余影响的长期存在是形成中国和东方的封建社会与西欧封建社会发展之间重大历史性差异的根源之一。今天正在社会主义道路上前进的中国人民，在清除几千年来封建主义残余影响的斗争中，深切感觉到"压迫着我们的还有许多遗留下来的灾难"①。其中也就包括了亚细亚生产方式的残余影响。因此，深入探讨马克思的亚细亚生产方式问题，既有理论的也有现实的意义，把它简单地归之为人们的误解或斥之为故弄玄虚，并不是对待马克思主义理论的慎重态度。我们需要的是认真地研究和实事求是的态度。

（《民族学报》，云南民族出版社 1983 年）

---

　　①　《马克思恩格斯选集》第 2 卷，人民出版社 1972 年版，第 207 页。

《西双版纳份地制与西周井田制比较研究》第二版序

《西双版纳份地制与西周井田制比较研究》（以下简称《比较研究》），于 1989 年出版后，在民族学界和史学界引起了广泛热烈的反响。不仅得到了学术上持赞同观点的学者的好评，也得到了一些持不同学术观点的学者的推崇。这反映了此书在学术上的广泛影响。10 年来作者认真汲取各方面的意见，对有关问题作了进一步的研究。这次再版，对于傣族社会的奴隶制问题和对马克思的亚细亚所有制理论的阐述方面，都作了些修改和补充，进一步完善了全书的基本思想理论观点，也为进一步推展民族学和古代史学的有关理论研究，提供了一些新的思考。

理论研究需要不断有新的观点，新的思考，新的探索，新的发现。如果没有新的见解，新的发现，科学研究就会停滞，失去生命力。但创新必须建立在求实的基础上，必须是实事求是的，才能站得住，才会有说服力。《比较研究》的特点和优点之一，就在于它通过长期深入民族地区进行调查研究，在取得大量第一手资料的基础上，以马克思主义理论为指导，进行整理分析，从而为科学研究提供了一个典型民族相当完整、系统、丰富的民族学资料。它不同于以往某些游记式的，乃至是猎奇式的民族资料的收集；也不同于那种摭拾一些零散的、片断的、孤立的民族学资料，用来作类比论证式的研究。可以说正是这些活生生的、扎实丰富的民族学资料，为《比较研究》奠定了坚实的基础。

在研究方法上，作者继承发展了王国维在古史研究中应用的考古资料与文献资料相结合的"二重证据法"，进一步与民族学研究相结合，形成"三重证据法"，虽然这一研究方法，在20世纪40年代我国学者已有倡导，但真正系统地应用这一研究方法并取得丰硕成果的，当首推《比较研究》一书。综观近代以来西方的人类学研究，从美洲的印第安人到澳洲的土著民族与太平洋的岛屿民族等，对其生产、生活、社会制度、文化习俗、宗教信仰等，进行了广泛的调查研究，但基本上都是横向的、平面的，缺乏纵向的、历史的研究，这就大大限制了理论视野的广度和深度，制约了人们从民族历史发展的多样性中探索对社会历史发展规律性的认识。《比较研究》不仅调查研究了傣族社会现有的政治经济结构及文化宗教意识形态等上层建筑各个方面，而且对民族的族源及其在各个历史时期的社会发展，作了纵向的历史的考察，并把对该民族的历史考察，置于祖国民族大家庭的总体历史发展过程中进行考察，使民族史的研究，与祖国整体社会历史的发展，紧密联系起来，把平面的、横向的研究，与历史的纵向的比较研究结合起来。在此基础上，将傣族社会的封建领主制经济与三千年前西周社会的封建领主制经济进行比较研究，就显得十分自然而无扞格之感。通过对两者的一系列比较研究，解读了我国两千多年来的"井田之谜"的历史悬案。从而在根本上为解决我国古代历史分期问题，找到了一把钥匙。就这一点而言，它与摩尔根《古代社会》一书，通过对北美印第安人部落的研究，"找到了一把解开古代希腊罗马和德意志历史上那些极为重要而至今尚未解决的哑谜的钥匙"（《马克思恩格斯选集》第4卷，第2页）有相似的重要意义。

《比较研究》一书通过对傣族农村公社这一古老社会共同体在现实社会中活生生的遗存的研究，一步步地揭开了建筑在这种社会共同体基础之上的封建领主制社会的全部奥秘。它不仅在史实上丰富了我国乃至世界史上对农村公社这一古老社会共同体的认识，而且在理论上丰富和深化了人们对马克思关于东方公社理论的认识。因此可以认为，《比较研究》一书对农村公社的研究，是它在学术上作出的最有意义的贡献。

自19世纪以来，在人类社会发展史的研究上，农村公社的被发现及其理论的形成，可以说是继摩尔根对氏族社会的伟大发现之后的又一最重要的成果。

恩格斯在1888年《共产党宣言》英文版序的一个长注中指出："在1847年，社会的史前状态，全部成文史以前的社会组织，几乎还完全没有人知道。"这表明在19世纪50年代以前，农村公社这种人类共同体，从科学意义上说，还没有被人们发现。"后来哈克斯特豪森发现了俄国土地公有制，毛勒证明了这种所有制是一切条顿族的历史发展所由起始的社会基础。而且人们逐渐发现，土地公有的村社，是从印度起到爱尔兰至各地社会的原始形态。"当19世纪50年代初，人们对农村公社这种人类史前时期社会共同体的认识，尚处在零星的、好奇的甚至是猎奇式的考察时，马克思主义创始人就从科学的意义上给予了极大的关注。1877年恩格斯在《反杜林论》中指出："要对资产阶级经济学全面地进行这样的批判，只知道资本主义的生产、交换和分配的形式是不够的，对于发生在这些形式之前的或者在比较不发达的国家内和这些形式同时并存的那些形式，同样必须加以研究和比较，至少是概括地加以研究和比较。"因此，自19世纪50年代开始，马克思主义创始人就以很大的精力，致力于前资本主义生产方式的研究。他们广泛探讨了古代东方阿拉伯人、希伯来人等部族国家的历史，深入研究了印度、俄罗斯、日耳曼等各种形态的农村公社。马克思在1857—1858年经济学手稿中，写成了《资本主义生产方式以前的各种形式》一文，从理论上深入探讨了亚细亚的、古代的和日耳曼的三种公社所有制形式。接着又在《政治经济学批判》中，对资产阶级学者在村社制度上的无知、歪曲和吹嘘，进行了批判："近来流传着一种可笑的偏见，认为原始的公社所有制是斯拉夫族特有的形式，甚至只是俄罗斯的形式。这种原始形式我们在罗马人、日耳曼人、赛尔特人那里都可以见到。直到现在我们还能在印度遇到这种形式的一整套图样。"这里说的一种可笑的偏见，便是指普鲁士军官哈克斯特豪森在俄国发现的农村公社制度，被赫尔岑到巴枯宁到特卡乔夫之流"当做一种十分奇妙的东西，向全世界大肆吹嘘"（《马克思恩格斯全集》第18卷，第618页）。马克思、恩格斯通过自己的研究，确认这种公有制曾是一种普遍存在的制度，并没有什么可奇怪的。所以马克思说："其实土地公社所有制这种制度，我们在从印度到爱尔兰的一切印欧族人民的低级发展阶段上，甚至在那些受印度影响而发展的马来人中间，例如爪哇，都可以看见。"恩格斯在《反杜林论》中也指出："我们在所有的文明民族的历史初期所看到的，……是土地公有的氏族公社和农村公社，……在所有欧洲和亚洲的文明民族中，都存在过原始的土地公有。"马克思、恩格斯的这些研究，为科学认识农村公社在人类历史上的普遍意义，奠定了理论基础。

19世纪60年代以后，一批殖民主义者、旅行家、学者，在他们关于统治殖民地的官方报告中，在美洲印第安人部落和太平洋诸岛屿土著民族的游记考察中，都有对各种形态的公社制度所作的大量描述，但是他们都不可能作出科学的、合乎历史唯物主义的分析，而马克思正是在广泛收集利用这些资料的基础上，进行科学研究的第一人。所以恩格斯在《反杜林论》中指出："到目前为止，总的来说，只有马克思进行过这种研究和比较。"随后，1877 年摩尔根的《古代社会》出版。同时，年轻的俄国学者马·柯瓦列夫斯基于 1876 年和 1877 年相继出版了《瑞士沃州公社土地占有制解体史纲》和《公社土地占有制、其解体的原因、进程和结果》，并在出版后，立即将书寄给马克思。马克思对摩尔根和柯瓦列夫斯基的著作十分重视，作了大量的摘录和评注。1881 年马克思在给查苏利奇的信中，对农村公社这一社会共同体的性质、内容及其在人类社会历史发展中的意义与作用，作了科学的论述，从而使村社制度这一人类社会的共同体形态，与氏族制度一起成为科学地解释人类社会发展史的重要科学理论体系中的一个组成部分。

在马克思、恩格斯逝世以后的一个多世纪里，史学界包括马克思主义者和西方资产阶级学者，从不同视角和目的，对农村公社继续进行研究。在西欧，主要是德国的史学界，继承了毛勒重视研究农村公社的传统，曾于 20 世纪 50 年代末，会同一些地理学家、考古学家和语言学家，开展了关于公社问题的大讨论，并于 20 世纪 60—70 年代发表了不少论文和著作。但他们主要是从法权和行政制度方面进行考察，认为古日耳曼人并未存在过农村公社，或认为只有农村团体而无农村公社。他们研究的视角、目的和方法，与马克思主义的村社理论迥异，犹如风马牛，无可类比。自 20 世纪以来，以马克思主义理论研究村社问题的，主要是前苏联史学界。在 20 世纪 20—30 年代关于中国革命性质问题的论战和 1931 年 2 月在列宁格勒召开的亚细亚生产方式讨论会中，都广泛探讨了村社理论问题。此后 50 年代，斯特鲁威、阿甫基耶夫等一批学者，在其古代史、古代东方史论著中，都对马克思的村社理论有所阐述。60—70 年代，聂苏辛、阿拉也夫等苏联学者，对日耳曼公社和印度公社作了专门的研究。但他们或是把有关村社的史料，往马克思村社理论的框框里装，没有新意，或是从自己对史料的不同理解出发，提出不同于马克思主义的村社理论的新观点，甚至与西方学者一样否认农村公社的存在。在中国，在 50 年代以前，对农村公社的研究，基本阙如。50 年代以后，史学界对世界史上的村社问题，主要是追随苏联史学界的观点。对中国历史上的农村公社，则大多持怀疑、回避乃至否定的态度。即使有承认农村公社的存在，也认为不过是某种附属于奴隶制度的组织形式，或已是不具有任何社会经济意义的某种信仰标志而已。因而农村公社问题的研究，在中国一直相当沉闷。总的来说，自马克思、恩格斯逝世后，中外史学界对农村公社问题的研究，无论在理论和史实上都没有出现突破性的进展。这一方面是因已有的文献资料所限，缺乏新材料的发掘；另一方面是由于在理论研究上存在着一个重要的误点，即对农村公社的性质及其在社会历史发展中的意义与作用，缺乏正确的认识。认为农村公社既是一种过渡形态的社会共同体，其性质是由它所存在的社会形态的性质来决定的。因此在亚细亚生产方式的大讨论中，许多学者对亚细亚生产方式（其核心是农村公社的性质）提出了诸如原始的、奴隶制的、封建制的、半家长半封建制的、奴隶制与封建制混合的等等各种不同的观点。其理由归结起来，无非是说农村公社曾存在于多种性质的社会中，所以其性质也就是各种各样的。在我国，郭沫若也认为，我国古代的村社，"在奴隶社会里，它的内部结构是由奴隶制生产方式决定的"（《奴隶制时代》）。其实农村公社的性质，是不能笼统地以它所存在的社会条件的性质来说明的。我们知道，一种生产关系往往可以在多种社会形态下存在。如奴隶制生产关系在奴隶社会存在，在封建社会也还存在，但我们绝不能说奴隶制生产关系在封建社会里是封建性质的。奴隶制作为一种特定的残存的生产关系，在封建社会里，尽管受到占主导地位的封建生产关系的支配和影响，但它的性质仍然是奴隶制的，而不是封建的。事物的性质是由它自身所固有的矛盾的特殊性质所决定的，而不是笼统地取决于外部存在的条件。农村公社的性质，是由其生产资料所有制及其村社成员作为直接生产者在生产中所处的地位的性质决定的。因此，用社会中存在有奴隶制来说明农村公社的奴隶制性质，在方法论上是不正确的。

对农村公社的性质，马克思、恩格斯都有过许多论述。马克思在答查苏利奇的信中指出，农村公社的特点是具有公有与私有的二重性："土地虽然是公有的，但是每个农民则和西方的小农一样，都靠自己的力量来耕种自己的土地。公社所有制和土地的小块耕种相结合。"这种二重性，"能够成为它的强大的生命力的源泉"，"也可能逐渐成为公社解体的根源"。因此，"农业公社时期是从公有制到私有制、从原生形态到次生形态的过渡时期"。而农村公社本身则是属于"古代形态的最后阶段或最后时期"，亦即"古代社会形态的最新类型"。这里所说的"古代形态"、"古代社会形态"即是原始公社。农村公社既是原始社会的最后阶段，则无疑其性质是属于原始社会的。所以马克思又说："俄国的公社……恰如日耳曼人的马尔克、克尔特人的克兰、印度人的公社和其他原始共产主义制度一样。"（《马克思恩格斯全集》第22卷，第500页）马克思所说的农村公社的"共产主义制度"，指的便是村社二重性中由公有制所体现的从氏族公社承继下来的氏族制度的原始性。马克思认为这正是农村公社"能够成为它的强大的生命力的源泉"。他不止一次强调这种"天赋的生命力",指出:"日耳曼人在所有被征服的国家建立的新公社,由于它承袭了原型的特征,所以在整个中世纪内是自由和人民生活的唯一中心。"马克思的这一观点,恩格斯在《家庭、私有制和国家的起源》中有进一步的阐发。他在叙述日耳曼人灭亡罗马帝国后,发展成为封建国家,而"使欧洲返老还童"的原因时指出:"以马尔克公社的形式保存下来一部分真正的氏族制度,并把它带到封建国家里去,从而使被压迫阶级即农民甚至在中世纪农奴制的最残酷条件下,也能有地方性的团结和抵抗的手段,而这两种东西无论在古代的奴隶那里或者在近代的无产阶级那里,都没有这样现成。"他还说:"至少在马尔克公社保存下来了的各个国家——在法国北部,在英国,在德国,在斯堪的那维亚——氏族组织不知不觉地变成了地区组织,因而才能够和国家相适应。但是它仍保存了它那种自然形成而为整个氏族制度所特有的民主性质;甚至在它后来被迫蜕变的时候,也还留下了氏族制度的片断,从而在被压迫者手中留下了一种武器,直到现代还有其生命力。"正是在这个意义上,恩格斯甚至认为"农村公社乃是一种氏族或氏族的分支"。马克思和恩格斯都十分重视以村社形式保存下来的氏族制度的遗存,正是这种遗存,使得村社制度在本质上与奴隶制度相区别。

由于农村公社在从原始社会向阶级社会过渡中,起着独特的历史性作用,因此对其本质需要有正确的认识,否则既不能正确理解奴隶制的发生与发展,也不能正确理解封建制的发生与发展。

一　农村公社与奴隶制

在历史上，奴隶制度是作为村社制度的对立物出现的，它并不是由村社内部关系转化来的，而是一种非村社的关系，是对村社关系的否定。在村社内部，村社制度本身是成员间平等互助的相互关系的保障，而不是阶级分化的条件。恩格斯指出："在实行土地公有的氏族公社或农村公社中，……相当平等地分配产品，完全是不言而喻的；如果成员之间在分配方面发生了比较大的不平等，那末，这就已经是公社开始解体的标志了。"（《反杜林论》）在公社内部，均等地分配土地，保证成员间大体相等的生产条件，是公社通行的基本原则。因此它不能成为奴役和剥削自己成员的条件。恩格斯在批判杜林的所谓财富总是"对人和物的经济权力"的谬论时指出："古代氏族公社和农村公社的财富，决不是对人的支配。"恰恰相反，在村社中，"乡田同井，出入相友，守望相助，疾病相扶持"（《孟子》），村社成员间的互助合作是直接生产者在生产中所处地位和相互关系的体现，也是村社制度的本质特征，而这在奴隶制下是完全没有的。社会经济形态意义上的奴隶制，是一个十分确定的范畴，即奴隶主对奴隶是直接完全的人身占有，奴隶只是奴隶主的一种有生命的"物"。这种极端的阶级对立，在公社内部是完全没有基础的，因此它不可能从公社本身产生。恩格斯指出："农业家族的自然形成的分工，达到一定的富裕程度时，就有可能吸收一个或几个外面的劳动力到家族里来，在旧的土地公有制已经崩溃或者至少是旧的土地共同耕作制已经让位给各个家族的小块土地耕作制的那些地方，上述情形尤为常见。生产已经发展到这样一种程度：人的劳动力所能生产的东西，超过了单纯维持劳动力所需要的数量；维持更多的劳动力的资料已经具备了，使用这些劳动力的资料也已经具备了，劳动力获得了价值。但是公社本身和公社所属的集团还不能提供多余的供自由支配的劳动力，战争却提供了这种劳动力……在这时已经达到的'经济情况'的水平上，战俘获得了一定的价值，因此人们就让他们活下来，并且使用他们的劳动。这样……奴隶制被发现了。"（《反杜林论》）所以战俘是奴隶真正的起源。奴隶首先产生于战争，产生于公社之外。至于在公社内部，在同族人之间，根据习惯，相互间依然是平等的。在原始民主下，利用财富去剥削共同体内其他成员是不允许的。相反，富有者却有义务帮助同族人。考茨基在他的《唯物主义历史观》一书中一再指出，公社是全体成员休戚与共、团结互助的保障。他以爱斯基摩人为例说，在那里谁若占有了多于需用的财产，谁就有义务把他多余的部分给予缺少的人，这乃是财产带来的普遍义务。在我国云南省德宏州的景颇族农村公社中，生活有困难的村社社员，可以到其他成员家中，甚至到外村同氏族的家中去"吃白饭"，而且还可以向村社头人提出要求接济，而村社头人也有某种义务帮助生活困难户。同样，在西双版纳傣族地区的农村公社中，根据传统习惯，村社头人也有某种接济困难群众的义务。这种遗风说明，村社制度在本质上不是奴役与剥削的关系，而是平等互助的关系。这种关系的残余影响，甚至在漫长的封建社会里还能见到它的踪迹。恩格斯说："普鲁士在1906年和1907年战败之后，废除了依附关系，同时还取消了慈悲的领主们照顾贫、病和衰老的依附农的义务。当时农民曾向国王请愿，请求让他们继续处于受奴役的地位——否则在他们遭到不幸的时候，谁来照顾他们呢？"（《反杜林论》）恩格斯还用他自己的亲身感受指出："在爱尔兰度过的那几天中，我重新鲜明地意识到那里的乡村居民还是多么厉害地生活在氏族时代的观念中。

农民向土地所有者租地耕种，土地所有者在农民的眼中还俨然是一种为了全体的利益而管理土地的克兰的首领，农民以租金的方式向他纳贡，但认为在困难时也应得到他的帮助。在那里还认为一切比较富裕的人，当自己的比较贫苦的邻居有急需时，必须帮助他们。这种帮助，并不是施舍，而是比较富有的克兰的成员或克兰的首长理所当然地应给予比较贫苦的克兰的成员的。"（《家庭、私有制和国家的起源》）尽管恩格斯所见到的爱尔兰乡村，早已是阶级社会，但是原始的平等互助关系的残余影响，还是使人能感到它的浓厚的气息。因此恩格斯深有感触地说："政治经济学家和法学家们抱怨无法使爱尔兰农民接受现代资产阶级的财产概念，这是可以理解的；只有权利而无义务的财产概念，绝不能灌输到爱尔兰人头脑中去。"马克思在谈到俄国农村公社时也指出："造成俄国农民贫困的原因，也就是在路易十四等人统治下造成法国农民贫困的原因，即国税和交给大地主的代役税。公社所有制并没有造成贫困，恰恰相反，只有它才减轻了贫困。"（《马克思恩格斯全集》第 32 卷，第 637 页）所有这些都表明公社的本质是以公有制为基础的合作互助的关系，而不是剥削和奴役的关系。所以即便在村社中出现了富裕户蓄奴的现象，在村社成员之间并不因之转化为主奴关系，村社制度也并不因之成为奴隶制度。只有当奴役外族人的现象已较普遍以后，才逐步施于共同体内的成员，把他们沦为债务奴隶。正如恩格斯所说："奴隶制起初虽然仅限于俘虏，但已经开辟了奴役同部落人甚至同氏族人的前景。"（《马克思恩格斯选集》第 4 卷，第 104 页）但是要使公社成员沦为奴隶，就必须以丧失公社成员的身份为前提，而公社的瓦解，平民的破产和社员身份的丧失，就需要有奴隶制的发展，土地的集中，工业与农业的分离，商品货币关系的发展，等等（参阅《马克思恩格斯全集》第 46 卷上，第 494 页）。而这种情况，在东方，在亚细亚形态下，是极不可能的："在东方的形式中，如果不是由于纯粹外界的影响，这样的丧失几乎是不可能的，因为公社的单个成员对公社从来不处于可能会使他丧失他同公社的联系（客观的、经济的联系）的那种自由的关系之中。他是同公社牢牢地长在一起的。其原因也在于工业和农业的结合，城市（乡村）和土地的结合。"（同上）因此，只要村社制度存在，只要村社成员的身份存在，就不可能被沦为奴隶。在东方，正是由于村社制度的顽强存在，极大地阻碍了奴隶制的发展。而在古希腊罗马，由于大量的战俘提供了充裕的奴隶劳动力，大规模应用于生产的结果，挤垮了村社农民，造成农民破产，村社瓦解，从而促进了奴隶制的发展，形成了发达的劳动奴隶制。由此可见，村社的存在，制约并阻碍了奴隶制的发展，而奴隶制的发展则起着瓦解村社的作用。两者的性质、意义与作用是相互对立的。弄清了农村公社与奴隶制各自不同的性质与作用，也就不难理解在村社与奴隶制并存的社会里，两者相互关系的特点：村社是处在奴隶制旁，而不是在奴隶制内的。它可以受到统治剥削者的奴役和剥削，但他们本身是自由或不自由的村社农民，并非是奴隶。他们所受剥削和奴役的性质，也不属于奴隶制范畴。在古希腊城邦中，如帖萨利亚和马其顿，以及罗马的边远省份勒西亚与高卢，那里的自由民也都要为统治者承担各种劳役和赋税，但他们都不是奴隶，他们所受的剥削和奴役，不属于奴隶制范畴，而是封建性的。把奴隶社会里所有的剥削和奴役统统看作是奴隶制性质是不对的。又如被印加人征服了的秘鲁的一些土著，他们以村社的部分土地为"印加田"、"太阳田"，由村社成员集体耕种，收获物归印加贵族和僧侣，还为印加人开矿、修路和当兵，并贡一些少女给印加人做妾。虽然奴役和剥削是沉重的，但他们是自由公社成员，不是奴隶。把所有身受沉重剥削和奴役的被征服者都看成是奴隶，也是不对的。

由于奴隶制度与村社制度是两种性质不同的制度，因此奴隶社会只能建立在奴隶制基础上，而不能建立在农村公社基础上。我国的西周奴隶社会论者似也感悟到了这一点，所以他们说："如果太强调了'公社'，认为中国奴隶社会的生产者都是'公社成员'，那中国就会没有奴隶社会。"（郭沫若：《奴隶制时代》）这倒是说对了。但公社并不是强调出来的，而是客观存在；直接生产者是公社成员，也是实际存在，把村社制度混同于奴隶制度，把农村公社说成是"很像劳动集中营"，把并不具有奴隶身份的村社农民说成是"奴隶主控制下的劳动集中营"中的"集体奴隶"，甚至把村社成员受剥削和奴役的程度（如一天劳动 18 小时等）也作为论证其奴隶性质的论据，这都是不符合理论和史实的。在古代，村社农民与奴隶各有其明确的身份，是不容任意混同的。村社农民虽也受剥削和奴役，但其性质是与奴隶不同的。俄国农奴制下的农奴，身受极其沉重的剥削和奴役，列宁说他们同"奴隶地位没有多大区别"，这种农奴制"同奴隶制并没有什么区别"（《列宁全集》第 29 卷，第 433、437 页）。但是我们并不能因此就把俄国的农奴制说成是奴隶制，把农奴说成是奴隶，把俄国的封建农奴制社会说成是奴隶社会。我国的毛泽东也说过，旧中国的"农民，实际上还是农奴"（《毛泽东选集》第 2 卷，第 587 页），但旧中国的农民，终究已不是农奴身份了，我们也不能据此把旧中国的地主制封建社会，说成是封建农奴制社会。西周的村社即便是"很像劳动集中营"，但村社毕竟不是劳动集中营，村社成员也并非是"集体奴隶"。我国的"集体奴隶"论，可能是从古希腊斯巴达人把黑劳士（希洛人）集体降为奴隶的启示中创造出来的。其实黑劳士与西周村社农民是很不相同的。黑劳士作为被征服者，已经丧失对土地的全部权利。土地是在斯巴达人中间分配的，黑劳士只是作为劳动力固着在斯巴达人分配的土地上劳动。在黑劳士中间，根本不存在调整分配土地的问题，也不存在村社的组织。斯巴达人也不容许黑劳士有自己的公社组织。黑劳士既没有自己的公社组织，也不是村社农民，他们与我国西周的村社农民是不能类比的。用西周村社农民类比黑劳士，既是对西周村社农民的误解，也是对黑劳士的误解。

恩格斯曾经说韦斯特马尔克用文明时代的婚姻观念去观察原始时代群婚制，从而把群婚理解成娼妓制："如果戴着妓院眼镜去观察原始状态，那便不可能对它有任何理解。"（《马克思恩格斯选集》第4卷，第31页）同样，戴着奴隶制眼镜去观察古代的村社制度，也是不可能对它有任何理解的。

如果我们把视野转向世界古代史研究，马上就会发现，这"奴隶制眼镜"正是由前苏联某些史学家发明的。如格拉德舍夫斯基的《古代东方史》一方面承认"在东方各国，奴隶占有制的发展进行得极其缓慢，并长时期在颇大程度上没有超出最古的原始的家庭奴隶的范围"，它甚至还引用马克思的话：在古代东方"基本的生产细胞自古以来一直是原始的农村公社"。但另一方面却毫不犹豫地论断说："我们十分清楚地看到，古代东方社会是奴隶占有制社会"。同样，阿甫基耶夫的《古代东方史》也说："奴隶占有制在古代东方发展得极缓慢，它并没有超出最古老的原始的在很大程度上是家庭奴隶制度的范围"，"古代东方的奴隶制度还不曾遍及于全部的生产"，"古代东方奴隶的数目比较小，奴隶以外还有许多自由的农村公社成员"，"土地实际上是在公社的手里，并且在很大程度上是由自由的公社成员来耕种的"。但是所有这一切，并没有妨碍他作出如下的论断："古代东方各国对于劳动的主要剥削形式是奴隶制的剥削。因此应该认为古代东方的社会是奴隶制社会。"自 20 世纪 50 年代以来，在前苏联史学家的倡导下，把只有少量奴隶（且主要是家内奴隶），以农村公社为社会经济细胞的古代东方社会，定性为"东方奴隶制社会"的观点，成了占统治地位的流行观点。我国史学界深受其影响。如《世界通史》说："在古代东方各国，遭受奴隶制剥削奴役的农民，构成社会生产者的主体。这就是马克思所指出尽人皆是的奴隶制。奴隶数量不多，在生产中并不居主要地位。""奴隶主统治阶级奴役最多的是名为自由人，实与奴隶无别的广大村社农民"，"广大农村公社成员是奴隶主阶级国家的主要剥削对象"，《古代世界史》在论述中亚的奴隶社会时说："这里奴隶劳动并未成为生产的基础，农村公社还广泛存在"，"奴主贵族不但剥削奴隶，而且还剥削贫穷的自由民，这原是东方奴隶制社会的一般特征"。这些论著的观点，归结起来，所谓东方奴隶社会的特点就是奴隶数量很少，社会生产的主体是村社农民，奴隶主剥削的主要对象不是奴隶而是村社农民。这不能不说是理论逻辑上的极大混乱。一方面说剥削的主要对象是作为社会生产主体的村社农民，另一方面又说这种剥削形式是奴隶制剥削。一方面说奴隶数量很少，另一方面又说尽人皆是奴隶。既然尽人皆是奴隶，奴隶数量还少吗？按照马克思主义原理，社会的性质取决于社会中占主导地位的生产方式。如果仅有少量奴隶，奴隶主剥削的主要对象并非奴隶，则怎能构成奴隶社会？对此，连力主西周奴隶社会论的郭沫若也感到莫大的困惑。他说："所谓'古代东方型'的奴隶社会，只有家内奴隶，而生产者则是公社成员。严格按照马克思的意见来说，只有家内奴隶的社会是不成其为奴隶社会的。"（《奴隶制时代》）的确，如何把只有少量奴隶的古代东方社会定性为奴隶社会，在理论逻辑上确是个难题。为此有人说，在古代东方，虽然奴隶的数量不多，奴隶劳动在生产中不占优势，但由于它代表了历史发展的方向和总趋势，它的存在和发展，决定和制约了其他并存的经济关系的发展，在社会发展中起着主导的作用，因此可以把古代东方社会论定为奴隶社会。这种说法在史学界颇不乏其人，但这同样有悖于马克思主义基本原理。如果奴隶人数和奴隶劳动在社会中所占比重很小，它又怎能决定和制约其他经济关系的发展，并在社会中起主导作用？至于说少量奴隶的存在，代表了历史发展的方向和总趋势，因而就能判定其属于奴隶社会的话，那么中国在明代就有了资本主义萌芽，它也代表了历史发展的方向和总趋势，据此就能判定明代是属于资本主义社会了？奴隶人数和奴隶劳动在社会生产中所占比重，绝不是无足轻重的问题。恩格斯指出："雅典奴隶的人数，在科林斯城全盛时代，奴隶的人数达 46 万人，在埃伊纳达 47 万人，这两个地方奴隶的人数都等于自由民的 10 倍。"又说："到了雅典全盛时代，自由公民的总数连妇女儿童在内，约为 9 万人，而男女奴隶 36.5 万人，被保护民——外地人和被释放的奴隶为 4.5 万人。这样每个成年的男性公民至少有 18 个奴隶和 2 个以上的被保护民。"正因为有了如此众多的奴隶，才"出现了作为占统治地位的生产形式的奴隶劳动"，并从而"奴隶的强制性劳动成了整个社会上层建筑赖以建立的基础"（《马克思恩格斯选集》第 4 卷，第 164、115、172 页）。当然，恩格斯在这里说的是古典的发达奴隶制社会，但是，发达与不发达只是相对而言，作为判断社会性质的基本原则是一样的。没有资产阶级与无产阶级构成的资本主义生产方式在社会生产中占优势，就不成其为资本主义社会。虽然这种优势在发达或不发达的资本主义国家中有所差异。但是我们并不能把社会中仅有少量资本主义萌芽而主要是剥削个体农民的社会生产方式，叫作不发达的资本主义社会。只有量变达到一定程度，才会引起质变，这是一条辩证唯物主义原理。西周奴隶社会论和古代东方奴隶社会论的主要缺陷就在于它们或是把注意力集中于在社会中不占主要地位的奴隶制关系，而抛开了大量存在的农村公社这一社会基本生产单位；或是把奴隶制概念强加于村社，把并非奴隶身份的村社农民，说成是农业奴隶。由于他们都没有能正确把握和认识农村公社的性质及其在社会历史发展中的意义与作用，因此就不能正确认识农村公社与奴隶制的相互关系。

二　农村公社与封建制

在封建社会里，村社制度往往与封建经济紧密相结合，成为封建经济的组成部分，因而在封建社会里，村社不是在封建制旁，而是在封建制内的。如果说村社在本质上与奴隶制相对立，那么对于封建经济来说，却是能够适合的。它比较容易与封建经济相结合，成为封建主义生产的基础。因为村社经济是一种独立的小生产者的经济。用马克思的话来说，农村公社的农民"和西方的小农一样，都靠自己的力量来耕种自己的土地"。它比较适合于作为封建制经济的基础。奴隶制经济所需要的是既无人格，也非独立经营的，人身完全被当作生产条件占有的劳动者，而封建制经济所需要的是有某种独立人格的，在生产上有主动性的，有独立经营能力的人，他不是被完全占有，而是依附于土地的劳动者。因此，只要在统治者篡夺了土地所有权的地方，把公社成员置于土地附属物的地位，在建立起封建依附关系的基础上，公社就被纳入封建经济的体系中去，并成为封建经济的基础。马克思在谈到波兰和罗马尼亚农奴制关系的产生时指出："农奴制度倒多半是从徭役劳动产生的，罗马尼亚各州的情形就是这样。那里原来的生产方式是建立在公社所有制的基础上的，……部分土地是自由私田，由公社成员各自耕种，另一部分是公田，由公社成员共同耕种。这种共同劳动的产品，一部分作为储备金用于防灾备荒和应付其他意外情况；一部分作为国家储备用于战争和宗教方面的开支以及其他的公用开支。久而久之，军队的和宗教的头面人物，侵占了公社的地产，从而也就侵占了花在公田上的劳动。自由农民在公田上的劳动变成了为公田掠夺者而进行的徭役劳动。于是农奴制关系随着发展起来。"（《马克思恩格斯全集》第23卷，第265页）"古代土地公有制的残余，在过渡到独立的农民经济以后，还在例如波兰和罗马尼亚保留下来。这种残余在那些地方成了实现向比较低级的地租形式过渡的借口。土地一部分属于单个农民，由他们独立耕种。另一部分则共同耕种，形成剩余产品，它部分地用于公社的开支，部分地作为歉收时动用的储备等等。剩余产品的最后这两部分，以及最终全部剩余产品连同生长这个剩余产品的土地，都逐渐为国家官吏和私人所掠夺，原来的自由农民，有义务共同耕种这种土地的土地所有者，这样就变为有义务从事徭役或交纳产品地租的人，而公有地的掠夺者则变为不仅是被掠夺的公有地的所有者，并且也是农民自有土地的所有者。"（《资本论》第3卷，第905页）随着村社土地被篡夺，转化为大土地所有制，村社农民就在一定条件下，转化为依附农和农奴，而村社则转化成为封建生产的基础。世界历史的发展表明，奴隶制经济的发展，必然要求打破村社制度的硬壳，而封建领主制经济却能够利用现存的村社躯体为自己的寄生主，而把寄生根深深扎入它的机体内，把它作为自己生存的社会基础。因此，村社制度往往随着奴隶制度的日益发展而被消灭，但却能够长期地存在于封建社会里，这绝不是偶然的。恩格斯指出：由于马尔克制度能够"适应千变万化的耕地占有关系"，表现出"近乎神奇的适应能力"，因此，"这种土地制度……在整个中世纪里，它是一切社会制度的基础和典范，它浸透了全部的公共生活"。(《马尔克》) 村社制度的这种适应能力，源于它的小农经济生产方式，使它能够与封建领主经济相结合，并成为它的生产的基础，从而能够长期地存在于封建领主制社会里。因此，农村公社在一定历史条件下转化成为封建领主经济的基础，是一种具有规律性的必然现象。

但是在我国关于世界中世纪史的论著中，却往往忽视了农村公社在形成西欧封建制过程中的这种历史性作用。他们一般只是笼统地说："在西罗马奴隶制瓦解和日耳曼部落原始公社制度解体的基础上，逐渐形成西欧的封建制度。"(《世界通史·中古部分》) 或说："西欧封建制度，一方面是在罗马奴隶社会崩溃的基础上产生的，另一方面是在各日耳曼部落的氏族制度瓦解的基础上产生的。这两个过程的相互作用……完成的。"(《世界古代中世纪史》) 或说："西罗马帝国的灭亡，是西欧由奴隶制向封建制过渡的重要标准，一方面是日耳曼农村公社的瓦解与依附农民的形成；另一方面是封建特权的兴起与世袭领地的建立。……两个方面它们相互依存又相互斗争，构成早期西欧封建社会发展的主要线索。"(《世界史·中世纪史》) 它们都把农村公社在西欧封建制形成过程中的历史性作用，归结为它的"瓦解"。其实农村公社在西欧封建制形成过程中的历史性作用，首先在于它的"建立"而非"瓦解"，这是非常重要的。如所周知，罗马发达的奴隶社会，是建立在依靠大量战俘奴隶所提供的廉价劳动力，从事大规模生产的基础上的。而正是这种大规模奴隶经济把公社的小生产挤垮，使平民破产的。但随着军事优势的丧失，奴隶来源枯竭，奴隶制在经济上失去了存在的合理性。一方面"奴隶制在经济上已经不可能了"，而另一方面，原来的公社小生产则早已被挤垮了。"于是罗马世界便陷入了绝境。"恩格斯指出：

"只有一次彻底革命才能摆脱这种绝境。"(《马克思恩格斯选集》第 4 卷，第 146—147 页）。这个革命终于发生了，这便是日耳曼人的入侵："征服的战争将日耳曼人带进了罗马的领土"(《马尔克》)，"把罗马人从他们自己的国家里解放了出来"。那末"德意志人究竟是用了什么灵丹妙药，给垂死的欧洲注入了新的生命力呢?"(《马克思恩格斯选集》第 4 卷，第 152 页）这不是别的，正是日耳曼人固有的村社制度——马尔克。只有这种以独立小生产方式为基础的村社经济，才能使已经僵死了的罗马社会起死回生。日耳曼人的入侵之所以成了罗马人所盼望的救星，其奥秘就在于此。恩格斯说："他们到处推行他们日耳曼人的马尔克制度，连同森林和牧场的公共占有制，以及马尔克对已分土地的最高统治权。这样做的，不仅有法兰西北部的法兰克人和英格兰的盎格鲁—撒克逊人，而且还有法兰西东部的勃艮人，法兰西南部和西班牙的西哥特人和意大利的东哥特人及伦巴德人。"(《马尔克》) 马克思在答查苏利奇的信中也说到日耳曼人在所有被征服的国家，建立了一种"耕地是农民的私有财产，而森林、牧场、荒地等等仍然是公共财产的新公社"，这种新公社，"由于它承袭了原型的特征，所以在整个中世纪内是自由和人民生活的唯一中心"。由此可见，正是由于日耳曼人在所有征服的地方，普遍建立了以独立小生产方式为基础的村社制度，从而为封建制经济的形成和发展，奠立了必要的基础。这正是农村公社在西欧封建制形成过程中所起的最重要的历史性作用。不仅在封建制形成的早期，而且在公元 9 世纪加洛林王朝实行采邑分封制、形成封建庄园经济后，村社仍然是庄园经济的基础。史学界有一种流行的观点，认为采邑世袭的封建制的确立，村社农民农奴化了，"原先作为法兰克社会细胞的马尔克归于消失，兴起封建庄园"(《世界通史·中古部分》)。这是一种误解。实际上每个封建庄园包括一至几个村，仍是以原马尔克为基础的。庄园的农奴亦是原马尔克村社农民。庄园承袭了原村社的份地制，把农民固着在份地上，以超经济强制迫使农民履行劳役、贡纳、租税等封建义务，使之成为农奴。"农民却从自由的土地占有者变成缴纳代役租、提供徭役的依附农民，甚至农奴"（《马尔克》），但"不管怎样，旧马尔克公社仍然继续存在下去"（《马尔克》）。事实上封建庄园的形成，只是说明村社进一步封建化了，村社农民农奴化了，但并不是村社消失了，也不是村社瓦解了，它是隐藏在封建外衣下保存下来的。马克思说："公有地——和上述国有地完全不同——原是日耳曼族一种古代的制度，后来在封建外衣下延续下来。"（《资本论》第 1 卷，第 799 页）正如恩格斯所说："马尔克制度在整个中世纪时代，都是在和土地贵族的不断的艰苦斗争中生存下来的。但是马尔克制度当时还是非常需要的，在贵族把农民土地攫为己有的地方，受奴役的村社制度依然是马尔克制度。……只要公共马尔克仍然存在，马尔克制度就能适应千变万化的耕地占有关系。"（《马尔克》）可见，在封建庄园制下，村社并未消失，而且仍是它的基础。这种情况，只要看看西双版纳封建领主制下村社的封建化、村社农民的农奴化过程，就十分清楚了。所以那种把农村公社与封建领主制对立起来，认为封建领主制是在村社瓦解的基础上形成的观点是不对的。事实上在整个中世纪，尽管封建制经济在不同时期，不同地区有种种差异，但村社制度一直是封建经济的基础。恩格斯说："马尔克制度在经济上显得落伍，……这事实上是由于近百年来农业的巨大进步使农艺成为一门科学，并采用了全新的经营方式。"（《马尔克》）这就是说，近百年来由于资本主义兴起，封建领主制解体，农村公社才没落的。正如马克思所说："在 17 世纪最后数十年间……农村的工资雇佣劳动者也还是公有地的共有者。大约在

1750 年，小农消灭了。在 18 世纪最后几十年间，农民共有地的最后痕迹也消灭了。"（《资本论》第 1 卷，第 797—798 页）公元 16—17 世纪是西欧资本主义兴起，封建领主制解体时期（英国在 14 世纪农奴制就消失了），村社也是在此时期随着封建领主制的解体而消失的。了解西欧村社制度与封建领主制的关系，对于理解中国历史上的村社制度与封建领主制的关系，同样有重要的意义。

在中国，由于历史发展自身的特点，在两千多年前封建领主制经济开始向封建地主制经济转化，从而农村公社就开始解体。以致在公元前 4 世纪的战国时代，像孟轲这样一位才识渊博的大师，对体现村社形态的井田制度，也只能说个大概而不知其详了。由于村社消失得早，存留下的有关文献资料又不足，因此对中国历史上的井田制与农村公社的确切情况，谁也说不清楚，甚至是否存在过井田制与农村公社也成了问题。两千多年来论者周旋于已有文献资料的训诂、诠释之中，各是其是，各非其非，莫衷一是。尤其在近代疑古派思潮影响下，大多对历史上的井田制与农村公社持怀疑和否定的态度。而否定了井田制与农村公社的存在，也就必然要否定封建领主制的存在，否定了封建领主制的存在，也就只能以奴隶社会来解释封建领主制社会了。虽然有的论者也承认西周是封建领主制社会，但由于他们回避或否定井田制与农村公社的存在，这就使得他们的西周封建论成了无本之木，缺乏坚实的立论基础。中国古史分期问题之所以长期聚讼不决，不能不说是与理论和史实上缺乏对农村公社问题的研究有关。《比较研究》一书完整地、系统地解析了一个民族现存的封建领主制社会，将建立在农村公社基础上的封建领主制社会的政治经济结构及村社封建化的历史过程，生动地展现了出来，这不仅对我国的民族学和史学研究，而且对丰富世界古代史和中世纪史的研究，都有重要的理论意义和史料价值。鉴于此，我很希望学术界能将《比较研究》译成外文，推向世界，为进一步推展马克思主义的民族学和古代史学的研究，作更大的贡献。

（《西双版纳份地制与西周井田制比较研究》，云南
人民出版社 2001 年）

解放前景颇族的社会形态

　　景颇族是我国少数民族之一，人口约八万，主要居住在云南省德宏傣族景颇族自治州的潞西、瑞丽、陇川、盈江、梁河等边沿五县山区，也有少数散居在临沧专区的耿马和思茅专区的澜沧等县。由于社会的和历史的各种原因，不同地区的景颇族，社会发展不平衡。近百年来，帝国主义的侵略，也在某种程度上影响了景颇族经济、文化的发展。这一切使解放前景颇族的社会形态错综复杂。

以农业为主的各物质生产部门的生产

　　景颇族的主要物质生产部门是农业。农业用地有水田、旱地和宅旁园地。农作物以水稻和旱谷为主。铁质农具主要有犁、锄、长刀、镰刀等。据各地调查，铁质农具的普遍应用，还只是近四五十年的事。百年前，景颇族还不会耕种水田，而是经营粗放的旱地农业，用"刀耕火种"的方法种植旱谷和小米等杂粮；使用的主要生产工具是一把长刀，点种、脱粒等所用的工具，都是竹木制的。旱地耕作十分粗放，不翻土，不施肥，不灌溉，也很少除草，没有抵抗自然灾害侵袭的能力，因此产量很低，一般正常年景，收获量不过种子量的 10 倍左右。

景颇族耕种水田是较晚近的时候才从附近汉族、傣族处学得的。解放前，大多数景颇族地区都已经营水田；其面积数量虽还少于旱地，但单位面积产量高，一般为种子量的 30—50 倍（一般每亩下种子五六斤左右），因此水稻产量在谷物总产量中占的比重一般已达 50% 以上，有的地区达 70% 以上。整个边五县，景颇族以种水稻为主的，约占景颇族总户口的 70%；以种旱谷为主的，只占 30% 左右。水田农业基本上已成为景颇族的主要生产部门。随着水田农业的发展，农业生产的技术过程也发生了很大变化，犁、耙、锄等较大的铁质农具已普遍采用。这标志着社会生产力的进一步提高。

铁质大农具的应用，也改进了旱地农业，适合犁耕的缓坡地改成了犁耕地。同时，旱地采取了轮作制，即一年种豆"练地"，次年种旱谷，收成就较好，产量一般可达种子量的 15—20 倍。解放前这种犁耕地已在旱地中占优势，刀耕火种地已大大减少了。

景颇族水田农业的生产水平虽比"刀耕火种"的旱地农业要高得多，但与周围民族相比，仍然是落后的。一般只二犁二耙，翻土深只三四寸，薅草一次或不薅草，也不施肥。某些生产环节还应用较落后的工具，效率很低。如稻谷脱粒是用"甘色"（三叉形的小竹片）敲打，一天一个劳动力仅能脱粒六七十斤。这样，田间的脱粒工作往往从十月间收获起延续到春节前后。劳动力的利用也不充分，一个整劳力每年从事农业劳动的时间不过120—150 天。土地利用率也很低，按这里的土壤、气候条件，年可二熟或两年五熟，但景颇族的水田旱地都只种一造，全未复种。这一切都说明其农业生产水平还是较低的。

　　与农业密切相结合的家庭手工业，在景颇族中还很不发达，更没有独立的手工业。制陶、冶金等重要的手工业都没有。比较普遍的家庭手工业是妇女的纺织和男子的竹木器制造；工具很简单：制造竹木器只用一把长刀；纺线是用一根七八寸长的小竹签，下端坠几个小铜钱，用手边捻边绕；编织是在地上插两根木桩，中架一横木，线串横木上，织者席地而坐，用九根竹签编织。这种纺织技能成年妇女都会。家庭手工业的产品是自给性的，本族内部一般不发生商品交换关系。但与外民族之间的商品交换关系却很普遍。景颇族以自己的农畜产品、山货野菜，以及出卖劳动力，换得货币，然后在集市上买回各种铁质农具和陶器、布匹、毛线、棉纱、盐巴、银饰、枪支等生产生活用品。这种民族间的商品交换关系，一方面对景颇族社会生产力和私有制的发展起了促进作用，另一方面也使景颇族原有技术较低的手工业生产渐趋淘汰，在一定程度上限制了独立的手工业部门的形成。据调查，在盈江县铜壁关、勐典乌帕乡和陇川县邦瓦寨等地，曾有景颇族向汉族学习打铁技术，兼营铁匠的，但后因与兄弟民族间的商品交换日益发展，他们质量低成本高的产品就逐渐被淘汰，到解放前都已停止生产了。这说明民族间所形成的分工关系也限制了景颇族独立的手工业部门的形成。但在这种情况下，不能便认为景颇族还处于第二次社会大分工以前，因为它已与周围民族结成了紧密的经济联系，形成了共同的区域经济。如果离开这种联系，孤立地去考察其内部的社会分工和交换关系，就不可能得到正确的结论。

　　商业在景颇族地区随着交换关系的发展也早已产生。19世纪以来，德宏地区以汉商为主的商品经济有了进一步发展。1885年英帝国主义侵吞缅甸后，其商品经济影响也扩展到德宏地区，因此在边沿邻近交通线地区，产生了某些小商小贩的商业活动，如盈江县邦瓦寨解放前有78%的农民兼营这种小商贩,个别的已成为主要经营。但就整个景颇族地区来说,基本上还没有专业商人。

饲养业是景颇族的一项重要家庭副业。家畜主要有水牛、黄牛和猪,也有骡马。水牛是耕畜,骡马供驮运,黄牛作为一种财产的标志,一般不作任何役使。家禽主要是鸡,每家都养。

解放前,采集还在景颇族的经济生活中占一定地位,采集的野生植物不仅作为蔬菜食用,在青黄不接之时,也用以代替口粮;同时采集的山货野果也是景颇族与兄弟民族进行交换的商品之一。狩猎的作用已很小,主要在农闲时进行。猎获野兽,猎手得兽皮,兽肉与亲邻分享,尚保存平均分配的遗风。

上述概况说明,解放前景颇族基本上已以水田犁耕农业为主,手工业、畜牧和采集等只是从属于农业的家庭副业。其生产力水平已使每个劳动力所创造的农副业产品,除自身消费外,尚可提供一些剩余产品,约为自身消费量的一倍或略多。创造出一定的剩余产品,是一切阶级剥削赖以发生的物质前提。

以农村公社土地所有制为基础的生产关系

在以农业为主的景颇族社会中,土地关系是全部生产关系的基础。虽然在不同地区,由于具体社会历史条件的不同,土地形态的发展有许多差异,但总的来说,都在不同程度上反映了农村公社土地形态的特点。

景颇族的每个山官辖区即是一个村公社,每个村公社包括一至几个村落,每个村落由若干户个体家庭组成。每户家庭都可有自己的私有财产,如房屋、牲畜、农具、种子以及各种用具和衣物等。山官辖区严格,不能逾越;森林和牧地为全村社共有,村社成员对耕地也只有占有和使用权，不能据为私有，这体现了农村公社土地形态的两重性——公社所有和私人占有，这是百余年前景颇族中普遍存在的土地关系。在村社内部，除房屋地基以及宅旁小块园地为个体家庭较长期地占有外，耕地是不固定占有的。每年各户根据生产需要，通过传统的"号地"①方式占有一定数量可开垦的土地耕种，收获后即丢荒。十年八年后，地力恢复，村社的任何一个成员都有权重行开垦、占有，过去曾耕种过这块土地的人没有任何优先权。作为村社首领的山官，与所有的村社成员一样要通过"号地"占有土地，但由于其所处的领袖地位，可以优先占有土质较好的土地；除了某些有家内奴隶的山官外，一般不占有更多的土地。

在这种土地所有制的条件下，有不计报酬的集体劳动的协作习惯，称为"吾戈拢"。在农忙季节，任何一家都可根据农事需要，请本村社的亲邻协助耕作，只需略备酒菜和一餐饭。由于土地的私人占有和各户占有土地数量的不同，在这种互助协作的关系中存在着某种程度的不等量的劳动交换，但毕竟还未成为一种剥削的手段。近百年来，由于生产力和水田农业的发展，村社内部的土地私有制也发展了，各种剥削关系才开始出现。

首先，水稻不仅产量高，而且水田能连续耕种，不像旱地那样需要丢荒休耕。这就有利于使人和土地的关系固定起来，对土地实行比较长期的固定占有。其次，开垦水田需要进行一些水利建设，在每年的生产过程中，也还要进行一些土地加工，因而水田在一定程度上代表了私人劳动的凝结，占有者也就自然地把它视作重要的私人财产。这样，就使水田逐步从一般耕地中分离出

---

① "号地"是景颇族占有荒地的方式，即在荒地上砍一片草，做上些记号，表示这块土地已有"主人"了。

来，成为可以传给自己子孙的私产，排斥了村社其他成员占有的权利，打破了平等占有土地的原则，从而在公社内部出现了有田户与无田户、多田户与少田户的差别。当无田户向有田户要求水田时，就必须付出一笔财物，作为对土地权利转移的报偿。这种报偿实质上是对土地作为私有财产的认可。随着土地私有权的产生，土地的典当关系也出现了，至解放前，不仅在村社内部，而且在村社间和不同民族间都已普遍存在。把土地卖出村社以外，是长期为习惯所禁止的，只在近几十年来，随着商品交换和私有制的进一步发展，才开始出现；在靠近汉区、受汉族影响较深的地区，水田买卖已较多。买卖是村社成员各自进行的，与外民族发生买卖关系时，一般要订立汉文或傣文的契约；在本民族内部，一般要请山官、寨头到场，刻木为凭，由卖方给买方一个矛头或一把刀，表示和土地断绝了关系。土地的买卖虽然还很少，但它的发生和发展，对村社土地公有制，起着瓦解作用。

由此可见，解放前，景颇族的土地所有制正由村社公有制向私有制过渡。由于不同地区的社会历史条件的差异，其过渡的性质，形成了两种类型：

一种是土地的村社所有制向山官所有制发展。在这类地区，旱地依然采取"号地"的方式占有，村社每个成员都有平等占有的权利；森林、牧场是村社的财产，全体成员共同使用；水田可以长期占有并世代承袭。不论旱地、水田都不能买卖，更不能卖出村社以外；占有者迁出村社，即丧失对原占有土地的一切权利。起初，山官以村社首领的身份接收迁走户、绝嗣户留下的土地及与土地有关的财产，并把它们分配给新迁来户；但后来，便窃取了土地的支配权，把接收的水田据为己有；而新迁来户需向山官送礼，才能获得一份水田，实质上是买得耕种权，有的还不得不每年给山官交纳一定的谷物负担。群众典当土地也要取得山官同意。有的山官并借故抽走群众的水田。山官把整个村社土地说成是"我的土地"，这样，村社土地逐渐转化为山官的土地，村社所有制遂向山官所有制发展；加之山官对群众的政治统治、经济剥削和群众对山官的依附关系的逐步加强，于是具有了封建领主所有制的发展趋向，这是解放前大多数景颇族地区的主要发展趋向。

另一种是村社所有制向个体私有制发展。这类地区的水田、园地已为个体家庭所私有，可以租佃、典当、买卖、赠送或陪嫁女儿等，不受任何限制或干涉。山官对土地没有特权。旱地丢荒后别人可以开种，但对土质较好的旱地，需征得原主同意，一般是送些酒与原主协商。由于旱地多，经济意义不大，一般不需出钱买地。山林基本上公有，但较好的成材树都已有主，不能随便砍伐。少数地区连山林旱地也已私有，可以自由买卖。这表明土地的村社公有制已向个体私有制发展。随着私有土地的逐渐集中，基于土地私有制的剥削关系的发生，已具有了较明显的地主富农经济的发展趋向。

景颇族社会中百年前已存在官种、百姓、奴隶三个等级。随着土地私有制的发展，财产占有不平等和阶级分化的加剧，这三个等级之间的阶级关系也发生了变化。首先，景颇族不断受到汉族、傣族的封建影响，对外无法掠取奴隶，内部也由于封建因素的增长排除了产生奴隶的条件。因此，景颇族社会中原有的奴隶制剥削方式，迅速没落了，除个别大山官尚有极少数的家庭奴隶外，奴隶作为一个等级，已濒于绝迹。原来的统治集团——山官、寨头和大"董萨"也发生了分化，其中一部分利用特权和剥削，占有了更多的生产资料，以剥削为生，或主要以剥削为生。"百姓"中，也有少数上升为剥削者。这样，原来三个等级的关系已渐为新的阶级关系所代替。解放前，景颇族中已产生了占总户口 1% 的地主和 2% 的富农，他们占有 20%—30% 的水田，5%—10% 的旱地，20% 的水牛，50% 的黄牛，15%—20% 的大农具。农民中，15% 左右的农户占有部分水田、耕牛，而 80% 以上是无田少田户，并缺乏耕牛、农具。

解放前景颇族地区也不同程度地存在着雇工、地租、牛租、借贷、抵押以及特权剥削、封建负担等剥削关系。

租佃关系主要是在近四五十年来发生在水田上的。水田较多的地区，租佃关系也较普遍。在租佃关系发展较高的地区，租佃的水田，占水田总数的 50% 以上；在发展较低的地区，约占 10%；一般为 15%—30%。地租有定租和分租：定租租额约占产量的 20%—40%，在一些产量较低的地区约占 15%；分租是收获后主佃平分，即租率 50%。两种地租形式中以定租为主，另外也有以劳力抵田租的方式。

在租佃关系发展的同时，牛租也发生了，这是地主富农剥削农民的另一种形式。各地牛租形式不同：有按牛的体力付租，如一等牛能犁三箩种田（12 亩）以上，年租 600 斤至 900 斤谷；二等牛能犁二三箩种田（8 亩至 12 亩），年租 450 斤至 600 斤谷；三等牛能犁一箩种田（4 亩），年租 150 斤至 300 斤谷。也有按牛的耕作量计算的，如每犁一箩种田付租 300 斤至 600 斤谷。另外还有按日论租，以人工抵牛工等形式。租额在各地往往差别很大。

解放前，雇佣剥削在景颇族社会中已较普遍。过去具有互助协作性质的"吾戈拢"，在生产资料占有不平衡的条件下，已不能满足富裕户对劳动力的需要，于是雇佣劳动很快发展起来了。雇工有长工、季工、零工、童工四种。雇长工的人家约占总户数的 1%—2%，雇季工和零工的约占 15%—20%。长工待遇，除供伙食外，每年一套衣服，工资因劳力强弱在 300 斤至 700 斤谷之间。季工是农忙时节到雇主家劳动，工资除劳动时供伙食外，一般耕种一箩种田300斤谷子。零工每天供伙食和7斤半至15斤谷子。雇主用童工牧牛，供衣食，每年工资300斤谷子，或三年给一头小牛。景颇族内部雇佣关系虽已较普遍，但更多是为傣族和汉族的剥削阶级当帮工。给外族帮工，工资一般比本族内部高；同时山区与坝区的农事季节不同，所以不只贫苦农民，就是中等农户也经常下坝卖工，作为一种副业。

解放前，互通有无、不计利息的小额借贷还很普遍。但在汉族、傣族剥削阶级的影响下，有息借贷也已发展，年利率百分之百，只是期限并不很严。借贷的种类有谷子、钱、牛、肉、布和各种日用品，利息也可用各种实物偿付。在杂居区，水田的抵押也已发生。主要是景颇族农民向汉族地主富农借钱，用田做抵押，田仍由原主耕种，每年交付一定的利谷，实际上成了租佃关系。因此，借贷与土地的抵押、买卖和租佃关系互相联系在一起，有力地促进了阶级分化。

同时，山官对群众的特权剥削也进一步加重。原先每户百姓每年要在山官土地上做一天至三天的无偿劳役，至解放前已增至三天至五天；有些地区每户还要给山官交一定数量的"石瓦谷"（当地汉称"官谷"）。山官还利用对土地的支配权，压榨群众；利用调解纠纷、婚丧节庆等，向群众勒索。

傣族的封建土司和国民党反动政府勾结一起，对景颇族人民的压迫剥削也加重了：强迫景颇族交纳山货土产等"贡礼"，征收"官谷"、"官烟"、劳役和各种名目的苛捐杂税。

解放前景颇族内部的阶级剥削程度，随各地区阶级分化程度不同而有差异。分化程度较低的地区，剥削量约占农民年总收入的5%，个别较高的地区达30%，一般约为10%。同时，景颇族与其他民族之间也发生了一定的剥削与被剥削关系，景颇族农民受到傣族和汉族剥削阶级的剥削，而景颇族的统治上层也对其辖区内的其他民族的人民征收"保头税"，以及进行雇工剥削和地租剥削。

综上所述，解放前景颇族的生产关系与土地的村社所有制向私有制过渡相适应，正处在逐渐封建化过程中。

具有等级制特征的政治制度与社会组织

适应于景颇族中村社公有制向封建制的过渡，他们对汉族地区和傣族地区在经济上的依附性，便形成了政治制度和社会组织的过渡性、对汉族地区和傣族地区在社会政治上的依附性。解放前，景颇族在政治上一直受着傣族封建领主——土司的统治，山官成了旧中国地方县政府或傣族土司属下的行政官吏和征收各种封建负担或劳役的代理人。但土司不能调动和撤换山官。以山官为首的一套政治制度，即山官制度（景颇语称为"贡萨"），依然独立存在。

山官制度是在氏族家长制瓦解过程中逐步形成的。它具有等级制的特征，人们按不同的出身被分为官种、百姓和奴隶三个等级。等级间界限严格，所谓"南瓜不能当肉，百姓不能当官"，"女子不嫁奴隶郎，男子莫要女奴隶"。

官种即贵族，景颇族山官只能由官种中木日、勒托、勒排、恩孔、木然五个姓氏的成员担任；不当权的官种，地位也高于百姓，不必向山官交纳任何贡赋或负担。他们取名加有他人不得使用的特定冠词，如"早"、"南"等。

百姓即村社农民。凡经山官同意，参加本辖区供奉同一官庙的人，即成为该山官的百姓，具有村社成员应有的一切权利和义务，可以成为寨头等行政头人或"董萨"等宗教祭司，但不能做山官。

奴隶有本族人也有外族人，且分为两种。一种是家内奴隶，住在主人家，没有财产，以主人姓为姓，称主人为父母，称主人的子女为兄弟姊妹。他们负担农牧业生产劳动，也做家务劳动。他们被看作是主人的财产和工具，可以买卖、赠送、陪嫁甚至杀戮。另一种奴隶，不住在主人家，有自己的家庭和组成家庭经济的一些财产；他们在主人分予的土地上劳动，向主人交纳极其繁重的实物贡赋和负担各种劳役。这种奴隶在解放前已完全不存在了。能干的奴隶，可以成为奴隶主的有力助手，特别是取得山官的信任时，可以有一定的政治地位，成为某种头人或"董萨"，但其奴隶身份不变。

山官制度便是建筑在这种等级关系的基础上的。山官是村社最高的政治和军事首领，对外代表村社，批准村社以外的居民加入本村社或使用本村社的天然资源，代表村社作出战争或媾和的决定；对内在生产上领导群众祭官庙，处理村社内的土地，委派或撤换所辖村寨的头人、调解和处理群众间的纠纷，在诉讼中有最后的裁决权。村社中各个村寨都有管理村寨行政事务的"寨头"。他们原是家族头人，村寨中每个较大的家族，都选出一个头人共同管理村寨事务，没有特权，也无报酬。近百年来，由于生产关系的变化，寨头的性质也有了变化，由选举产生而变为由山官委派（有的地区由土司授意委派），并授予薪俸田，成为山官手下的行政官员，而服务于山官、土司；部分寨头已成为地主富农性质的剥削者。

由于山官制度的等级特征及其实行阶级压迫剥削的实质，在19世纪70年代至20世纪初，德宏西北部的景颇族地区爆发了以百姓为主有部分奴隶参加的反山官的武装斗争，推翻了当地的山官制度，建立了"贡龙"制度（"贡龙"引申之意为革命）。

在"贡龙"制度下，山官的一切特权被取消了，山官辖区也不再存在，各村寨在行政上各自选出自己的寨头为领导，不相统属；寨头没有特权，群众不满意时可加以罢免。等级关系及与等级有关的一切限制，在这里都被废除了。在土地关系上，公有土地被取消了，划归各户所有，从而促进了私有制的发展。

景颇族没有经常性的军事组织。发生军事冲突时，全体动员，每个青壮年都是当然的士兵；各山官各村寨往往因共同的利害关系或姻亲关系而结成暂时的军事联盟。武装冲突中，一方攻入对方村寨往往焚掠一空；但不杀俘虏，双方可以交换或赎回。对牺牲者，由山官出面给其家属两头牛，作为献家鬼和"洗寨子"祭鬼之用，别无抚恤；被焚毁的房屋，由全寨帮助新建。

景颇族没有成文法，一切事件按习惯法处理。财产实行幼子继承制，父母亦由幼子赡养，女子一般无继承权，只有因无子而招赘时，女子才能继承父母的财产。山官职位也是由幼子继承；即使长子在外寨也当了山官，其威望亦不如幼子。

群众纠纷由山官、寨头会同双方有关人员和有威望的长老一起仲裁，并由山官作出最后决定。如纠纷调解无效，不得解决，双方可能发生"拉事"①。"拉事"虽由个人间纠纷引起，但一经发生即成为村寨或辖区间的纠纷，造成对立的紧张关系。早期"拉事"具有血族复仇的性质，到近代已演化为掠取财物的一种形式。随着私有制和剥削关系的产生，山官头人等统治上层已利用这些习惯法来对群众进行剥削。

---

① "拉事"为武装劫牛的意思。如甲寨某人与乙寨某人发生纠纷，实行"拉事"，不论谁的牛马都拉，便扩展成为村寨间纠纷。"拉事"是不能解决纠纷的，仍需通过"讲事"（谈判）和解。

家庭婚姻与宗教迷信观念

一夫一妻制的个体家庭是景颇族社会的基本单位。它包括父子两代或祖孙三代直系亲属，按父系；夫妻在家庭中一般平等，但在社会上妇女地位较低。父母子女间有抚育赡养之责，鳏寡孤独亦能得到亲族照顾，一般没有因失去依靠而沦为乞丐的人。

在等级制度下，实行等级内婚；同时盛行姑舅表婚，即所谓"木育—达玛"，当地汉称"丈人种"和"姑爷种"的制度。在这种婚姻习惯下，舅家女儿被规定是姑家的儿媳，但舅家男子不能娶姑家女子，因此舅家永远是"丈人种"，姑家永远是"姑爷种"。这种婚姻关系至少要有三个姓氏才能构成，事实上婚姻关系是比较广泛的，每个姓氏往往与若干个姓氏建立"丈人种"和"姑爷种"的关系。在姑舅表优先婚配的习惯下，娶舅家女应娶长女；如年龄不合或舅家无女，需娶他家女时，应与舅父磋商；如舅家有女不娶而欲另娶时，必须征得舅家同意，并送礼物。这种舅权表现了母权制的余波。

在家庭婚姻中还表现出了群婚的遗迹，首先在亲属称谓上，男子称自己兄弟的子女或女子称自己姊妹的子女都是"我的孩子"，同样子女称父亲的兄弟为"父亲"，称母亲的姊妹为"母亲"，这反映了历史上曾有过甲氏族的一群男子与乙氏族的一群女子互为夫妻的群婚关系。群婚残余也表现在男女青年婚前性关系自由上。景颇族有一种"公房"制度，各村寨都建有供青年男女"干脱总"（汉称"串姑娘"）的公房，未婚的青年男女可在公房中娱乐谈情，怀孕后可以"指腹认父"，非婚生子女不遭歧视。只是这种"公房"制度严禁同姓的或不能建立婚姻关系的青年男女一起参加，否则要受惩罚。

解放前，景颇族青年男女婚前虽有恋爱自由，但婚姻一般都由父母包办，实行买卖婚姻。妇女实际上是丈夫家族中的一种财产，丈夫死后不能改嫁他姓，只能在夫家转嫁给亡夫的兄弟、叔伯或侄儿，即所谓转房制度；如欲另嫁必须退回全部彩礼，故另嫁者极少，而转房的结果常造成多妻的现象。这种买卖婚姻也是景颇族社会私有制发展的结果。

景颇族的宗教迷信观念保留了万物有灵的观念，认为不仅人有灵魂，诸如日月山川、虫鱼鸟兽、怪石巨树等自然万物，皆有精灵，能对人的生产生活发生影响，降人以祸福。景颇族把这些鬼分为三类，即天上的鬼、地上的鬼和家鬼：天上的鬼如日、月、风、雷，以太阳鬼最大；地上的鬼多与农事有关，以地鬼最大；家鬼指已故祖先的鬼魂，未被"送走"而留在家中供奉的，其中以官家的祖先"木代"鬼为最大。除全寨在官庙中共同供奉的天鬼、地鬼、社神等以及各家供奉的家鬼外，其他诸鬼都是野鬼；一般认为野鬼都是恶鬼，危害性大，不能触犯。与现实社会相适应，景颇族的迷信观念认为鬼的世界与现世一样，有山官寨头、百姓、奴隶，人死之后在那里与在人间一样生产生活。

在这种宗教迷信观念支配下，景颇族的一些生产活动和生活事故常与宗教祭祀活动联系在一起，播种收获都要祀官庙，生老病死、婚丧节庆都要祭鬼。从事宗教活动的人（"董萨"）因之也有较高的社会地位，具有很高的威信；同时，他们在民族文化方面也起了一定作用，在没有本民族文字的条件下，他们在不同程度上成了本民族文化传统的继承者、保存者和宣传者。这也是他们取得群众尊敬的原因之一。

结　语

综上所述，解放前景颇族的社会是一种过渡形态的社会，有上升、发展着的因素，也有没落、消亡着的因素。这个发展变化的过程，是与汉族和傣族的影响分不开的。总括起来，解放前景颇族社会发展的主要特点是：

第一，景颇族的村社内，早期奴隶制已经发生，但在内外条件的限制下，没有得到充分发展，在村社的躯壳中，有奴隶主性质的山官，以村社首领的身份，窃取了对村社土地的最高权力，开始向封建领主制转化；但由于德宏地区傣族领主制的衰落，汉族地主经济和近代商品经济影响的加深，帝国主义殖民地经济的侵袭，在还未形成领主经济的时候，又开始了向地主富农经济过渡。这种跳跃式的发展，使景颇族社会中保留了各个社会发展阶段的成分，形成了社会经济多种结构的状态。

第二，在上述历史条件下，形成了不同地区的社会发展不平衡，在景颇族较聚居的中心区，汉族的经济影响较小，傣族土司的统治势力也较弱，封建因素便发展较慢，原始残余保留较多；而在景颇族与汉族和其他民族杂居，或与汉区、傣区紧邻的地区，封建因素便发展较快，原始残余遗留较少。这种状况，使景颇族的社会形态出现较错综复杂的现象。

（《民族团结》1962 年 8 月号）

景颇族农村公社土地制度的历史考察

——土地的村社公有制向私有制的过渡

引　言

　　特定的所有制形式，反映着人们对生产客体条件的特定关系。马克思指出："所有权是劳动着（生产着）的主体（或再生产着自己的主体），对于作为自己的东西的、他们的生产或再生产的条件的关系。"① 因此，随着生产条件的变化，"与这些生产条件相适应，所有制也将采取种种不同的形式"②。土地所有制形式的变化，乃是人们对于作为生产客体条件的土地的关系的变化。揭示土地所有制形式的发展与其客观生产条件变化之间的相互关系及其规律性，是马克思主义科学地揭示社会发展客观规律的一个重要方面。

　　土地公有制在历史上曾是一切民族所共有的所有制形式。恩

---

① 转引自《马克思恩格斯论国家和法》，法律出版社 1958 年版，第 385 页。
② 同上。

格斯说："所有文明的各族人民，都是从土地的公社所有制开始的。"①土地公有制的形式，在某些国家的某些民族中甚至保存很久，直到资本主义兴起，才逐步解体。在已完成了土地私有制变革的民族中，其土地公有向私有过渡的历史形态，也是各种各样的。

居住在我国云南省德宏傣族景颇族自治州的景颇族，在解放前社会发展长期处于落后状态，许多地区一直保存了农村公社的土地公有制，直至解放前的数十年中，土地私有制才不同程度地发展起来。具体考察这一历史发展过程，有助于我们进一步了解在一定社会历史条件下，土地公有制向私有制过渡的客观规律性。

一　早期的村社土地公有制

景颇族农村公社的形成，已有较长的历史了。据调查在 17 世纪初景颇族大量定居今德宏地区时，农村公社的组织就已经存在。当时社会内部已有官与民的等级之分，而官种与百姓各起源于不同的祖系，因此在同一村社内，山官与百姓各属于不同姓氏，他们没有血统上的必然联系。山官不是某一氏族的代表，而是地域组织的首领。就百姓之间的关系而言，他们参加村社不是以整个氏族或家族为单位，而是以个体家庭为单位的，他们之间可以有亲属关系，也可以没有。这也说明他们的关系是基于地缘的而非血缘的。因此可以认为至少在三百多年前，景颇族的家长制家庭公社早已解体，以地域联系为基础的农村公社已经形成。

---

①　恩格斯：《反杜林论》，人民出版社 1959 年版，第 142 页。

在早期的农村公社内，私有财产已经存在，如农具、牲畜、种子及日常的生活资料，都是个体家庭私有的，唯土地完全为村社公有。关于土地公有制的一些主要特征，直到解放初期仍在不同程度上保存着，因而通过对解放前景颇族现存土地制度的考察，还可以比较清楚地复现出早期村社土地公有制的全貌来。

景颇族村社，通常由一至几个自然村落组成，包括几十户至几百户的个体家庭。整个村社范围，景颇语"勐宛"，当地汉语意译为"山官辖区"。辖区间界限分明，一般以山岭、河流、道路、森林等自然物为界。维护辖区领土所有权的完整，是每个村社成员当然的义务。村社间如发生越界开垦、伐木或任何侵犯辖区领土所有权的行为，都会导致严重的纠纷。辖区观念对于每个景颇人来说，都是根深蒂固的，并且对于他们也是极为重要的，维护住村社的领土所有权，也就是维护村社成员各自的权利，因为个人之所以能够占有和使用土地，正是由于集体、由于土地村社所有制的存在。在景颇族村社中，只有居住在辖区之内，并奉祀"能尚"（社神），从而具有了村社成员身份的人，才有占有土地的权利。在此种土地制度下，个别村社成员只有占有权和使用权，而无所有权，任何个人都无权把土地让渡。每个村社成员都应在村社范围之内，各自通过"号地"的方式占有为自己生产所必要的土地。村社只是规定了占有土地的方式，而对占有土地的数量、种类以及土地的利用，是不加干涉的。在这里，村社成员对土地的需要，是由辖区所占有的广阔可垦地来提供保证的，而不是通过有计划地在各户间分配土地来实现的。因此在景颇族村社中，不存在土地定期分配的制度。应该指出，定期重分土地，并不是农村公社所固有的普遍特征。恩格斯在分析日耳曼公社时，曾清楚地说明过，早期的日耳曼公社因人口稀少，空地充足，从没有实行过分配土地的办法。① 数世纪之后，由于人口增长和耕地的有限，才使得实行定期重分土地的制度，成为每个村社成员平等地获得一定量土地的必要手段。② 因此，这种制度的发生是有条件的，不是普遍的。在景颇族地区，由于地广人稀，可垦地很多，每个村社成员都可以充分占有满足各自生产所需的土地，因而也就没有必要建立定期分配土地的制度。

虽然在景颇族村社里，土地不进行定期分配，也不加任何占有上的限制，但从未发生任何一个成员因滥用这种权利，而过多占有土地的现象，当然这并不是出于什么"淳朴"的观念，而是由当时的生产力状况和客观的物质条件所决定的的。

当时的生产，完全是粗放的旱地农业，进行"刀耕火种"的生产，即砍倒烧光，然后挖穴点种，整个生产过程，十分单纯、落后。它完全不做人工施肥，仅仅依靠掠取土壤的自然肥力，因此它不能连作，必须实行轮歇休耕，一般是种植一次，第二年就丢荒，经十余年后，草木重茂，土壤肥力恢复，才可重行开垦。这种生产条件，使得人与土地的关系，经常处于极不固定的状态中，土地只是在使用期间，才与占有者发生直接的联系，一经丢荒，联系就不存在，即便到地力恢复，可以重垦时，原占有者对它绝不比其他成员具有更多的权利。这种不固定的占有，使得任何个别成员与某一土地之间，不可能发生较为固定的关系，更不用说据为私有了。其次，经营这种粗放农业，需要付出大量繁重的劳动，一般一笋种面积的森林地全部需工约 69 个，折合市亩计，平均每亩 28 个工。据调查，景颇族劳动力每年用

---

① 参阅恩格斯《家庭、私有制和国家的起源》，人民出版社 1955 年版，第 136、137 页。

② 参阅《马克思恩格斯关于殖民地及民族问题的论著》，中央民族学院研究部 1956 年版，第 599—600 页。

于农业上的劳动时间，一般不超过 150 天，即使撇开经营园子地等所需的农业劳动时间，则 150 天也仅仅能经营 5 亩旱谷地，即约合两箩种面积，而这还没有把农业季节性的因素考虑在内，例如，播种一箩种面积，一个劳动力需半个月的时间，要在有限的播种季节里，播种更多的面积，没有劳动生产率的相应提高是不可能的。可见在这种生产力条件下，每个劳动者所能负担的耕地面积是有限的，占有过多土地，对生产者并无用处。同时对于只能使用一年，而又大家都能占有的土地，不可能作任何意义上权利（占有权或使用权）的转让，因而土地的出租、典当等也都无从发生，当然更不可能有土地的买卖。这样我们就了解到：在早期景颇族村社中，土地之所以是不可让渡的，并不在于人们有无这种愿望，也不是由于任何法律意义上的规定，而是由于当时的生产条件、生产力状况，也即是客观的物质条件所决定的。

在考察了上述耕地的所有制状况后，我们再考察一下宅地和庭园的所有制状况。一般来说，在农村公社里，宅地和庭园往往已是个体家庭的私有财产之一。恩格斯在《马尔克》一文中说，宅地曾首先是"第一块进到个人手里而成为私有财产的土地"①。在历史上宅地及庭园的私有，对土地私有制的发展，曾有重要的意义。马克思指出，在农村公社中，私有的房屋及庭园，乃是"据以准备对公有土地进攻的堡垒"②。但在早期的景颇族村社中，宅地和园地并未成为个人的私产，而只是较耕地占有时间较长而已，而且在以后的发展中，宅地和庭园的私有，对整个土地私有制的发展，并未有任何特殊的意义。除一定的社会条件外，

---

① 转引自《马克思恩格斯关于殖民地及民族问题的论著》，中央民族学院研究部 1956 年版，第 601 页。

② 马克思：《答维拉·查苏里奇的信和草稿》，转引自《史学译丛》1955 年第 3 期，第 22—23 页。

景颇族的特定的生活环境与习惯，对宅地与庭园私有制的发展，也有显著的影响。在德宏亚热带山区，既无严寒，亦无飓风，因此对住屋的御寒及耐固性的要求不高，构造极简陋，主要用竹、篾编成。建屋时合村全来帮助，几天即告建成，经八九年就需重建。重建时一般都是另觅新址，而旧屋则任其废弃，一经废弃，连同它的庭院也都自然成为村社内"无主"的公地了。这种居住方式，犹如耕地的不固定占有一样，影响了人与土地的关系，虽然宅地和庭园由于使用上的不同，占有时间较长于耕地，但也只是占有而已。因此在早期的景颇族村社中，不只耕地是村社公有的，连宅地和庭园也还没有成为完全的私产，至于广大的森林、牧地全属村社公有，这是不言而喻的了。

综上所述，早期景颇族村社的土地制度，具有村社公有和私人占有的二重性，这是村社土地所有制所固有的内在矛盾。一方面是土地的公有制，而另一方面是土地的不固定的私人占有制和与此相适应的各个体家庭的分散劳动及其产品的私人所有制。这个矛盾是建立在"土地的公有制与土地的分散经营相结合"的基础上的①，并成为公社内部破坏它自己的因素。早期的景颇族村社中，已孕育着公有制和私有制的对抗，这个矛盾的发展和变化，对整个村社的历史进程，起着决定性作用。

二　土地私有权的发生

早期的旱地农业，完全依靠掠夺土壤的自然肥力，是以牺牲大片森林草地为代价的，这种生产方法本身就包含着毁坏自己再

---

①　马克思：《答维拉·查苏里奇的信和草稿》，转引自《史学译丛》1955 年第 3 期，第 18 页。

生产的因素。当时德宏山区森林茂密，到处是未开垦的处女地，表层土壤的肥力丰沃，加以气候温暖，雨量充沛，在当时生产技术条件落后的状况下，却能达到较高的产量。调查资料表明，当时一般旱谷产量能达到种子量的五六十倍，少数甚至达到百倍，直至解放初期，某些自然条件特别优厚的旱谷地，仍能达到种子量的六七十倍，而一般则不过种子量的 15 倍左右。虽然解放前旱地农业的经营方法和生产工具，比早期是进步了，但平均单位产量却只及早期的 1/4，这完全是不同自然生产力的结果。当时森林初开，土壤肥力丰厚，生荒地多，休耕时间也长；随后由于人口增加，生荒地日益减少，休耕年限亦渐缩短，从一二十年减至七八年，甚至更少，因而地力得不到充分恢复。同时大片森林的毁坏，加剧了水土流失，表层土壤日益贫瘠，因而产量不断下降，尽管人们勤奋倍增，而土地却愈益吝啬。严峻的生活胁迫，促使人们去寻找新的提高生产力的途径，出路毕竟被找到了，那便是水田农业。

还在景颇族大量定居德宏以前，坝区的傣族和山区的崩龙族，早就经营着水田农业了。景颇族定居德宏后，与山区的崩龙族往往是村寨相望，田地相邻。但当时景颇族并不重视水田，这首先是因旱地的产量并不低于水田；其次是旱地农业虽劳动繁重，但技术简单，而水田农业需要较复杂的技术；此外，水田多在坝区或山洼低处，气候卑湿炎热，景颇人生活不习惯，易得疾病。因此在当时旱地与水田相比，还有它一定的优点。但是随着旱地产量的不断下降，相对的水田的优越性就日益显著了。由于水田耕作比较细致，又有山上冲下的表土腐植质等天然肥料，灾害也少，所以它不仅较日益下降的旱地产量高，而且还比较稳定可靠，直至解放初期，水田的单位产量几乎一直稳定在种子量的 40—60 倍水平上。水田农业的这些特点和优越性，正是使景颇族的农业从衰落中拯救出来的唯一希望。

但是要使旱地农业转变为水田农业，就必须在生产方法上来个重大变革，这对景颇族来说，面临的困难是巨大的。首先是水田的来源问题，水田不像旱地那样到处可开垦，它受到水源、地形等许多条件的限制，特别在山区，可开垦的地方更少，而且开田挖渠、引水灌溉，需要一定的技术，景颇族长居深山，根本没有兴修水利的技术。为此景颇人也曾邀请崩龙人代开水田，但为数极有限，根本不能解决景颇族的迫切需要。当时山区的景颇族人多势众，而崩龙族的水田又近在咫尺，于是景颇族就干脆采取取而代之的办法，与崩龙族展开了一场争夺土地的斗争，结果崩龙族迁走、景颇族接收了全部水田。但是在景颇族面前立即出现了另一个重大困难，即经营水田的技术问题。景颇族既不会犁耙，也不习于耕作的季节性，他们还是像种旱地一样，用锄头挖田，有的虽使用犁耙，但技术极差，田头地角犁不到。由于技术差、经营不善，水田的产量不高，所以初期景颇族只是部分地经营水田，部分地甚至主要的仍然是经营旱地，而把自己不经营的水田，出租给外民族，水田并未立即成为景颇族的主要生产资料。另外由于水田农业的技术要求较高，普遍地掌握水田的生产技术，需要有长期生产实践经验的积累，因而水田替代旱地的过程，不能不是一个逐步的过程。这个过程在各个地区，由于地理环境、生产水平等条件的不同，所经历的时间也是不同的，从各地区的历史调查资料看来，大致经过了数十年至100年的时间。

景颇族能在不到一百年的时间里，从旱地农业过渡到水田农业，是与外民族的影响分不开的。首先，外民族为景颇族提供了经营水田农业所必需的进步农具。犁耙等先进的农具，在经营水田农业较早的汉、傣、崩龙等族中早已普遍应用了，只是当时景颇族经营旱地农业，没有应用这些农具的条件，在景颇族从事水田农业后，应用这些较先进的农具，就有必要和可能了。虽然景颇族不会制造这些农具，但完全可以向外民族买得，这种条件，使得景颇族生产力的发展具有这样的可能：即外民族所创造和使用的农具所达到的水平，景颇族可以直接在这个基础上接受过来，从而大大加快景颇族生产力的发展。其次，外族人民为景颇族提供了经营水田农业的技术和经验。据各地调查，景颇族最初耕种水田，大多是向汉族和崩龙族学习技术的。由于当地的汉、傣、崩龙等族与景颇族处在差不多相同的自然条件下，他们的生产技术经验，可以直接被景颇族吸取，这也有利于景颇族加快熟悉水田生产技术的过程。

从旱地农业过渡到水田农业，标志了生产力的进步，与生产力的这种进步相适应，土地制度也发生了种种变化。

首先出现了土地的固定占有。在旱地经营方式下，人与土地的联系是极不固定的，而经营水田则相反，它可以年年连作，并获得稳定的产量。这种使用的长期性和稳定性，大大有利于人与土地的联系固定起来，从而使得实行长期而固定的占有成为可能。同时，开垦水田受到自然条件和技术条件的种种限制，这种有限性也使得耕种者对土地有长期占有的必要。因此随着水田农业的出现，土地的固定占有发生了，这种占有与过去的显然不同，它是长期性的、排他性的。在水田已经取代了旱地的地方，人们对土地变得贪婪起来，这对长期生活在土地公有制下的景颇老人是无从理解的，为什么水田给人们带来了良好的收成，而同时却带来了卑鄙的私欲！

作为长期而固定的土地占有权的第一个结果是水田世代继承权的发生。在旱地农业时代，土地是不能作为财产来继承的，但进入水田农业以后，水田就作为一项最重要的遗产来继承了，析产时，长子可以分得部分动产，而水田则往往只传给幼子。① 水田继承制的发生，反映了土地私有性的加强，因为遗产制度本身是以私有制为前提的。② 当然，仅仅有产权的继承制，还不能认为是严格意义上的私有制。③ 但它毕竟给了公有制以严重的打击，它使得私人的占有可以在时间上无限地延续，从而人与土地的关系，随着时间的推移而更加稳固起来。

可垦水田的有限性和已垦水田的长期私人占有制，大大限制了人们自由而均等地获得水田的可能性，它迫使人们竞相占有土地。过去"号地"一年不开垦，即被认为自行放弃，第二年村社其他成员都可开垦，但现在"号田"就不同了，一经"号"下，即使长期不用，他人也不能随便开垦，它与水田一样，具有稳固的私人占有权，并且可以世代继承。土地占有方式的这一变化，破坏了自由而平等地占有土地的原则。从此土地占有的不平衡，已不只是一种可能，而且是一种现实了。虽然旱地仍然保持着自由"号地"的制度，但由于旱地在生产中的地位和作用日益降低，它愈来愈没有力量抵抗日益稳固的私人占有制的胜利进军。水田的占有在村社成员之间不仅出现了多少之别，而且有了有无之分。土地的私人占有权在这里就成为决定村社成员间生产条件差异的重要因素了。过去土地的私人占有权曾是保证村社内部各成员间物质利益平等的基础，而现在恰恰成为维护不平等的

---

① 景颇族家庭中，幼子地位高于其他诸子，财产实行幼子继承制，主要财产均传给幼子，父母亦由幼子赡养。

② 马克思在《论继承权》一文中指出："我们考察继承权，不免要以生产资料私有制的继续存在为前提，如果私有制在人生前既不存在，那就不可能在他死后，由他转让给别人。"

③ 恩格斯在《马尔克》一文中说："个别农民所耕的土地虽已经是世代相传，成为永业，但起初也还不是绝对的私产，可以自由处置，或是卖却，或者用其他任何方式转移产权。"

基础了。当无田户、少田户向有田户要求使用水田时，土地占有者仅仅根据土地的占有权，就可以要求得到物质利益上的补偿。土地占有权获得了纯粹的经济形式，它可以在经济上实现自己，于是地租被发明了。租佃关系的出现，是以土地占有者与直接生产者相分离，并在此前提下，以土地的占有权和使用权的直接分离为条件的。这种分离在早期的景颇族村社中（就村社内部各成员间的关系而言）是不存在的，那时任何村社成员使用土地，必须以占有为前提，同样，占有土地也必须以使用为条件。土地的占有权和使用权是互为条件，不可分离的，土地的私人占有权，必须在直接生产者的直接使用中方体现出来。在此种条件下，"土地的占有，是劳动者得以私有他自己的劳动的生产物的一个条件"①，而不成为占有他人劳动生产物的条件，只有当土地的占有者已经不是土地的直接使用者，从而土地的占有权与使用权相分离的时候，占有他人的劳动生产物才有可能。

必须指出，土地占有者凭借土地占有权占有他人的劳动，不是占有权和使用权一经分离就立即发生的，其间有着一个发展的过程。在景颇族村社中，早期的水田租佃，与后来发展了的租佃制是有所不同的。起初水田占有者，因开垦水田付出了一定的劳动，在转移土地的使用权时，就要求取得一些报酬。景颇语至今称田租为"约冯"，直译即"田的力气"，这种习惯名称表明最初偿付的乃是原垦者过去劳动的补偿，还不是纯粹的剩余劳动的占有。地租成为一种反映比较定型的租佃关系，以及地租租额本身的提高，是随着生产力的发展和私有制的进一步加强而逐步形成的。这还可以从旱地的土地关系中得到证实，直至解放初期，在某些地区，旱地虽已基本私有，但仍有"要地种"的习惯，

---

①　马克思：《资本论》第 3 卷，人民出版社 1953 年版，第 1053 页。

即无地或少地户，备一筒酒与有地户协商，借一片地耕种，使用一年即归还（刀耕火种地只能使用一年），不付地租。在这里占有权和使用权的暂时分离，并未导致对他人剩余劳动的占有。

总的来说，在村社成员之间，凭借土地的私人占有权而占有他人的劳动，是从土地的占有权与使用权的分离开始的，而土地的占有权与使用权的分离，是以土地占有者与直接生产者的身份相分离为条件的。由既是生产者又是土地占有者转化为仅仅是土地占有者而与使用这一土地的直接生产者相对立，是社会生产力进步和土地私人占有制发展的结果，因而它是一个历史的产物。

土地的租佃关系，仅是土地使用权的转移，并不改变占有者，更不涉及所有权的转移，因此它被允许超越辖区，可以在不同村社的成员之间发生。各地调查资料表明，租佃关系起初主要是在村社内部，随后逐步发展到不同村社以至不同民族的成员之间。

当水田的稳固的私人占有权确立以后，土地关系的另一形式——典当制就跟着发生了。典当与租佃一样，都是占有权在经济上的实现，但方式不同而已，它之采取租佃或典当的方式，是由占有者的经济情况及其他条件决定的。典当与租佃往往在同一村社内同时存在，虽然有的地区典当关系的出现，早于或迟于租佃关系，但其间没有相继发展的历史必然性。典当是占有权和使用权的暂时转移，所有权依然不变，因此它同样也被允许超越辖区，在不同村社的成员之间发生，但起初主要也是在村社内部，后来随着典当关系的发展而逐步扩展到不同村社和不同民族的成员之间。

景颇族的典当制是在土地的村社公有和稳固的私人占有权的基础上发生的，它与古代雅典确立在土地私有权基础上的典当制是有所不同的。古代雅典的典当制是与土地的自由买卖同时发生的，是土地商品化的结果，而景颇族的土地典当是在土地不能买卖的情况下发生的，而且它往往还是土地买卖的前驱。景颇族的土地典当一般是没有规定期限的，所谓"银到田归"，即出典者有权随时赎取，但实际上往往由于出典者经济条件的下降，陷于长期无力赎取的境地，随着时间的推移，入典者与土地的关系日益永固化起来，进而拒绝赎取，因此常常引起土地纠纷。在通常情况下，解决办法是由入典一方给对方增补一些钱，作为卖绝。所以景颇族往往称典当为"活卖"，而称买卖为"卖死"。从活卖而至卖死是景颇族土地关系的一个历史发展。虽然任何个别的土地买卖，没有必要一定以典当为前驱，但典当与买卖在土地让渡关系的发展上，却是两个相互联系的阶梯。在景颇族地区，自由的土地买卖是最为晚近的方式，它只存在于少数地区，多数地区主要实行典当制。

土地的抵押关系也是在水田农业确立以后才发生的。它主要存在于与汉族杂居的少数地区，因汉族的地主富农向景颇族农民进行高利贷剥削时，要求以水田为抵押，形成了抵押关系。已经抵出的水田，仍由原主经营，每年偿付一定量利息。在抵出者无力偿付利息时，债权人有权剥夺原主的土地占有权，使之直接沦为佃农。虽然土地的最终所有权仍属于村社，但村社并未能给村社成员的土地提供可靠的保证，在盛行抵押制的地区，农民与土地的分离，正不断加剧。

土地的租佃、典当、抵押以及买卖关系的发展，不断削弱和破坏了村社的土地公有制，动摇着古老村社的基础。

应该指出，水田农业在促进景颇族土地私有制的发展上，虽起了显著作用，但却不是土地私有权发生的根本条件。某些景颇族地区，直至解放初期仍处于刀耕火种的旱地生产条件下，但由于他们实行了固定的轮作制，各户在固定占有的几块旱地上，进行有规律的轮作，这样人与土地的联系同样被长期固定化起来，土地的私人所有制也发生了。因此土地私有制之发生，不是取决于土地的自然状况，当生产力发展到以个体家庭为生产单位，从事分散劳动的时候，就为土地私人所有权的发生提供了基本物质前提。马克思指出过，"分散的劳动是私人占有制的源泉"①，"私人占有制是私有制的基础"。早期的景颇族村社中，已存在着分散经营的个体劳动和土地的私人占有制，但在地多人少、耕地年年丢荒、占有权极不固定的条件下，土地私有权没有存在的任何现实意义。随着水田农业的确立，人与土地的关系固定起来，土地私有权的发生，才从客观存在的可能性，转化为现实的必然性。

土地私有权的发生，除由于生产条件的变化外，也还有交换条件的变化。恩格斯说："私有制的形成，到处都是生产关系和交换关系改变的结果。"② 景颇族就民族内部而言，社会分工很不发达，直至解放初期，各村社之间仍然没有什么商品交换。但在民族之间，却已存在着一定的商品交换关系，特别自 19 世纪以来，由于德宏地区以汉族为主的商品经济的进一步发展和英帝国主义在缅甸的殖民地资本主义商品经济的影响，景颇族与外族之间的商品交换关系发展得很快，凡生产生活中必需的日用工业品，已大多仰给于外族市场，但另一方面景颇族生产物中能提供商品交换的部分是极少的。以主要农产品粮食来说，尚不足自己必要的消费，比较可能的是直接出卖劳动力和出售一些山柴野菜，但这些所能获得的价值很低，远不足以抵偿购入商品的价

---

① 马克思：《答维拉·查苏里奇的信和草稿》，转引自《史学译丛》1955 年第3 期，第23 页。

② 转引自《马克思恩格斯论国家和法》，法律出版社 1958 年版，第 118 页。

值，因此景颇族必须有一种价值高、商品性强的产品来与外族相交换，这种产品已在商品交换关系发展的同时产生了，这便是鸦片。鸦片的种植是旧中国反动统治阶级和帝国主义统治压榨景颇族人民的罪恶产物。鸦片的生产一开始就具有显著的商品性，它价值高、体积小、便于携带，也便于交易，景颇族有了这种产品，即便处于偏僻地区，也能比较方便地与外族市场相接近，因而外族市场上的布匹、棉纱、陶器、酒类等日用工业品，很快就成了景颇族的必需品。例如，原先景颇族都自己植棉纺纱，在商品交换发展起来后，棉花的种植很快就绝迹了。村社农民变得更加依赖市场并需要货币，而陈旧的村社关系，既无市场，也无货币，因此随着商品货币关系的发展，必然要求陈旧的村社关系作相应的改变。恩格斯曾这样说过："公社的生产品采取商品的形式者越多，就是说生产品中为生产自己消费的部分越小，用来以交换为目的的部分越大，在公社内部原始的自然形成的分工被交换排挤得越多，那么公社个别成员的财产状况也越加变成不平等。旧的公社的土地所有制也越加深刻地破坏，公社也越加迅速地趋于瓦解而转为小所有者——农民组成的乡村。"① 交换关系的发展，侵蚀着自然经济的基础，商业性活动和高利贷促进了财产不平等加剧，私有财产与土地公有制之间的矛盾突出了起来。当村社农民一旦为商品、市场和高利贷所困，他就不得不让他的产品连同其生产条件一起投入交换中去，从而要求从公有制的束缚中解脱出来。因此在那些邻近主要交通线、与外族杂居、受商品经济影响深的地区，商业性活动和高利贷发展很快，土地买卖已较普遍，土地的村社公有制已开始解体，这些地区也就成为景颇族中土地私有制最为发展的地区。

① 恩格斯：《反杜林论》，人民出版社1959年版，第116页。

以上我们从纯粹的经济条件的变化中考察了土地私有权发生的过程，它说明了生产力的发展，生产力性质的变化，乃是土地所有制变化的最根本的物质条件。

三　土地私有制的发展倾向及其性质

在私有制社会里，土地的私有制在不同社会历史发展阶段，具有不同的形态，反映着不同性质的生产关系。因此深入分析景颇族土地私有制的性质，就需要进一步考察它所反映的生产关系的性质，考察在此种所有制形态下，各个社会集团之间的阶级地位及其相互关系。由于各地景颇族所处的具体社会历史条件不同，土地私有化程度、其所反映的生产关系的性质，也各有所差异。但就其发展倾向来看，可大别为两种类型：一种是土地的村社所有制向山官所有制过渡，随着山官制度的逐步封建化，土地所有制具有封建领主所有制的发展倾向；另一种是土地的村社所有制向个体私有制过渡，由于小农经济的两极分化，土地所有制具有地主所有制的发展倾向。

（一）土地私有制发展的第一类型地区

这类地区的主要特点是山官对村社土地所有权的篡夺，从而自由村社农民逐步依附农民化。

还在旱地农业时代，景颇族社会中已有官种、百姓、奴隶三个社会等级。官种是世袭的领导者阶级；百姓是占村社最大多数人口的自由民；奴隶是不自由的人，是社会地位最卑贱的一个等级。他们在土地关系上，除奴隶毫无权利可言外，官种与百姓并无显著差别，都同样需通过"号地"方式占有耕地。当村社成员中发生外迁、绝嗣等情况，留下的耕地与所有弃耕地一样，归全社公有，山官全然不加过问，当时不存在任何个人的土地特权。但自水田农业发生后，由于水田是项重要生产资料，因外迁户、绝嗣户等归还给村社的水田，就不可能像弃耕地那样，由村社成员自行占有，而需视不同情况进行重点调整，或分配给新迁入户。这个接受和分配水田的任务，理所当然地落在村社首领身上了。起初这纯粹是一种公务，随后为山官所利用，逐步形成了山官所独有的土地特权，并最后篡夺了村社的土地所有权。我们从各村社的历史调查中，看到了这一过程的梗概。例如，在瑞丽县雷弄寨，该寨水田较多，迁走户、绝嗣户留下的水田，一般不在村社内部重行分配，而由山官代表村社出租给外寨农民，租谷由山官收管，作为村社公共支出之用，实际上从中支出的公共费用是很少的，绝大部分为山官所得。山官为了保持其既得利益，竭力保留这些公田，即有新迁入户，也借故不分配。群众对此，起初出于容忍，随后时间长了，成为惯例，从而山官对这些公田的特殊权利，也就为习惯所公认。但公田本身，不论在事实上和观念上，都有别于山官自有的私田，它尚未转化为山官的私产。但这种转化可在潞西县弄丙寨看到：该寨迁走户、绝嗣户留下的水田，不再进行无代价的调整分配，村社成员必须通过"送礼"的方式，给山官一定代价（通常是一头牛或一头猪），才能获得相应的一份水田，而且在山官认为必要时，可以"收回"水田。事实上这部分公田已与山官的私田合而为一了。随着山官在经济上、政治上力量的增强，"收回"土地的权力，逐步扩及到村社成员的私田，他不仅窃取了全部公田，而且开始侵吞群众的私田。它的进一步的发展，例如，在潞西县弄丘寨，终于导致山官对全社土地所有权的篡夺。该寨山官不仅有权"收回"迁走户、绝嗣户的水田，而且有权抽调和分配村社成员的私田。村社成员在典当、抵押自己的私田时，必须征得山官同意。新迁入户在请求得到水田以前，需先向山官送一笔重礼（如几头牛），不先"送礼"者不给水田，实际上是向山官买水田的使用权。所有百姓的私田，都只有占有权和使用权，无权出卖，一旦迁离村社，需无条件交回山官，山官已是事实上的土地的最高支配者。虽然村社土地属于村社统一体这一古老的村社原则，在现实生活中已全然蜕变了，但它却作为一种僵化了的传统，存在于人们观念之中，以致当山官隐蔽在传统外衣之下，大胆窃取村社土地所有权的时候，村社农民仍然给予信任和支持。因此山官对村社土地所有权的篡夺，与所有统治阶级以暴力剥夺农民的方式不同，它却是"依据于自愿及习惯之上的"①。

村社自由小农在逐步丧失土地权利的同时，他们在生产中的地位也发生了相应的变化。

在早期的村社中，与土地村社所有制相适应，村社农民的剩余劳动是属于村社集体的。村社农民以战争服役，共同耕种公有地以及为全社性祭祀庆典交纳产品等方式，向村社提供剩余劳动，其目的在于保障村社集体之存在，因而在这基础上作为各自独立经营的个体小农，他们在村社统一体中是平等、联合的关系。山官既无权支配群众的生产资料，也就无权支配群众的剩余劳动。山官与群众间既不存在榨取无偿劳动的关系，也就不存在统治和奴役的关系。② 直接生产者在生产中的这种地位，乃是早期村社农民具有独立人格的基础。

在早期的村社中，群众也以某种方式为山官提供部分劳动，例如"宁贯"和"石瓦谷"，但这是以山官为村社集体提供一定

---

① 恩格斯：《反杜林论》，人民出版社1959年版，第167页。
② 马克思指出："从直接生产者榨出无偿剩余劳动的特殊经济形态，决定着统治与奴役关系。"见《资本论》第3卷，第1032页。

劳务为前提的。山官作为村社首领，他是生产的领导者，每年春播与秋收前，他率领全社群众献祭"能尚"，择定全社播种和收割的吉期。山官又是军事行动的组织者和指挥者，他是最高军事首长。此外山官还是习惯法的体现者，村社内一切纠纷的仲裁都由山官主持。山官为集体所作的这些公务，赢得了群众的尊敬，因此每当群众猎获野兽或杀牲献祭时，都分给山官一腿肉，称为"宁贯"，以示对首领的敬意。由于某些公务，如仲裁纠纷，需旷费山官很多时日，在相当程度上耽误了山官生产，影响了山官收入，为此，群众认为应给山官适当补偿。据陇川县邦瓦寨调查，当初群众公议每年秋收时每户送山官谷子一驮（即二箩约60斤），称为"石瓦谷"。"石瓦"即"公共"之意，"石瓦谷"乃是村社群众根据平均分摊原则共同提供的一种公共费用。但这种方式往往由于某些群众欠交而发生均摊上的困难，后来经群众讨论，改为直接提供劳务的方式，即每年春播和秋收时，全社劳动力在山官地上各劳动一天，称为"石瓦拢"。当然，一般来说，山官取得群众的剩余劳动，往往多于他为村社集体所提供的劳务，这个超过部分，在一定程度上成为公共储备的特种方式。当某些村社群众遇有特殊的生活困难时，山官有义务在物质上给予帮助，所谓"山官要帮助群众过日子"，实质上是公共储备支付的特种方式而已。可见当时的"宁贯"、"石瓦谷"或"石瓦拢"并不是山官占有群众剩余劳动的方式，也不具有统治和奴役的性质。但随着山官对土地支配权的确立，山官原来的这些公职，就逐步转化为强制和勒索群众的权力了。例如山官利用仲裁纠纷向群众公开进行勒索、贿赂等。现在当群众遇有生活困难时，再也难望得到山官的接济了，"帮助群众过日子"的故事，已成为老者饭后闲谈中的一个美好回忆而已。这种变化使群众意识到在山官土地上劳动，已不是为自己而是为山官个人提供剩余劳动了，因此群众直截了当把"石瓦拢"叫作"出白工"，劳动积极性很差。如潞西县弄丘寨群众在"石瓦拢"时，出工晚，效率低，他们说："又不是做自己的，何必早去！"山官为了巩固其既得利益，保证他对群众剩余劳动的占有，就需要有某种强制群众的力量，传统的习惯法，便是这种力量的最初应用。马克思指出："在这种社会生产关系及与其适应的生产方式所依以建立的自然发生的未发展的状态中，传统必然有极其重要的作用"，而且"社会的统治阶级的利害关系，总是要使现状，当作法律，成为神圣不可侵犯的，并且把它的由习惯和传统而固定化的各种限制，当作法律的限制固定下来"①。山官是习惯法的体现者，这就十分便于他把自己的既得利益借习惯法的传统方式固定化起来。习惯法的巨大力量在于，它对所有的群众，具有无可争辩的约束力，群众既承认了传统习惯法所具有的约束力，也就同时承认了由习惯法所固定化了的现实的生产关系，承认了从为集体提供剩余劳动转化为向山官提供剩余劳动的事实，承认了在土地关系上对山官的依附关系。这是一个逐渐而又深刻的蜕变，直接生产者的地位，在此种蜕变中，悄悄地变化了，他们开始变为提供负担的人。最初的徭役劳动，就在"出白工"的土地上发芽滋长起来。

初期的徭役劳动，无论从绝对量或相对量来说，都是轻微的。随着山官土地支配权力的增长，他已不能满足于少量剩余劳动，因而"石瓦谷"的形式重又被提出，当然这已不是过去形式的简单重复，而是作为实物地租的形式出现了。例如，潞西县弄丙寨规定，种水田户年纳谷三箩（每箩谷30斤），种旱地户年纳谷两箩；而潞西县弄丘寨更进一步以田亩为单位，每箩种田

---

① 马克思：《资本论》第3卷，人民出版社1953年版，第1035页。

（约 4 亩）纳谷十箩。山官通过这种或那种地租形式占有村社农民的剩余劳动，乃是山官对土地的最高支配权在经济上的实现。自由的村社农民一旦置身于山官的土地支配权之下，他的小私有者经济上的独立自主性就渐渐丧失，从而在生产上逐步陷于依附地位。

直接生产者地位的变化，也反映在司法关系上。过去山官为群众排解纠纷，乃是山官为村社集体所做公务之一，它体现了习惯法的传统约束力，但山官本身并不具有这种力量，只是在山官篡夺了土地所有权之后，这种传统力量才逐步转化为山官所特有的司法上的仲裁权。凭借这种权力，山官可以向当事双方勒索诸如"火塘钱"、"开口钱"、"压吉钱"或"打扫衙门钱"等诉讼费，并权衡双方交纳的多寡来裁决胜负。这种裁决权正是百姓对山官的依附关系在司法关系上的表现。马克思指出："在封建时代，军事上诉讼上的裁决权，是土地所有权的属性。"[1] 与土地关系上的依附关系相适应。司法关系上的依附关系的发生，乃是景颇族村社农民开始封建化过程的标志之一。

农民对封建主的人身依附关系，又是封建经济制度存在的另一个重要条件。封建经济"……必须有人身的依附关系，有人身的不自由（不管其程度如何），有人身当作附属物而固定在土地上的制度，有严格意义上的隶属制度"[2]。这种隶属制度的发生，一开始就有其阶级的严酷性。在山官窃取了村社土地最高支配权之后，为了巩固和扩大其统治势力，就需要进一步扩大辖区，增加百姓，因此数十年来许多景颇族地区争夺辖区、争夺官位、争夺群众的斗争，成了突出的社会现象。通过这些冲突斗

① 马克思：《资本论》第 1 卷，人民出版社 1953 年版，第 398 页。
② 马克思：《资本论》第 3 卷，人民出版社 1953 年版，第 1032 页。

争，一方面大大强化了以山官为首的集团的力量，如某些地区，出现了类似"亲兵群"的组织，它开始与村社唯一集体武装相分离，成为服务于山官利益的特殊工具，从这里可以看到作为维护全社共同利益的武装，向阶级统治工具转化的最初萌芽。另一方面，频繁的战争掠夺，使群众的生产生活极不稳定，因而投靠某个山官以求得保护，也成了百姓加入某个村社的因素之一。在这里山官一变而为百姓的保护者，自由的村社农民既置身于山官保护之下，他就不能不相应地付出自己独立的人格，从而逐步陷于被不完全占有的生产者的地位。他们的迁徙自由也逐步受到限制，有些地区公开迁走已为山官所不许，只能偷偷逃跑，而即便能迁走，也不过是重新依附于另一山官而已。一条无形的绳索正将村社农民束缚于土地之上。随着他们自由人格的逐步丧失，开始了依附农民化的过程。

在上述村社农民逐步依附农民化过程中，傣族封建领主制的影响是一个不容忽视的因素。

景颇族是一个人数较少，居住分散，文化落后，社会发展阶段较低的山居民族，傣族是一个人数较多，居住较集中，文化和社会发展都较高的坝居民族。两个民族，山坝共居，在生产生活各方面，都有密切联系。这种客观条件，不能不对景颇族的社会发展产生重大影响。在早期，景颇族处于土地公有制时期，傣族土司对景颇族的封建统治和剥削就已经存在。每年由景颇族山官向村社农民征集一定量棉花、豆、竹笋等实物，纳贡于土司，称为"坎色"，通过这种贡纳关系，承认和肯定了土司政权的统治。同时，土司也承认景颇族山官在政治上有相对的独立性，土司既不能调动，也不能撤换山官，土司对景颇族人民的一切政令措施，都必须通过山官，取得山官的同意。土司的统治权一方面对于村社，作为集体，它是直接的，另一方面对于每个景颇人又表现为间接的。因此这里的统治和臣属关系，纯粹表现为民族之间的关系，成为一种与村社内部关系全然不同的关系，作用于村社。

但是随着水田农业的确立，山官土地特权的发展，村社内部山官对百姓的统治与剥削关系的发生，外部的封建主义关系，就对村社内部的社会关系，发生了直接的影响。

首先，土司的统治和剥削进一步加深了。原先"坎色"是以村社为单位，按户均摊的，后改为以户为单位，分别规定有田户与无田户不同的负担量，有的地区进一步以田亩为单位，按土地面积交纳"坎色"。这一改变，不仅加重了剥削量，而且使村社农民更直接地成为土司的负担户。在剥削方式改变的同时，统治方式也发生了相应的改变，土司已不只利用山官，而且进一步利用了村寨头人，从中培育自己的亲信，加委"波猛"① 官衔，授以"波猛田"作为俸禄，通过"波猛"对景颇族人民进行较深一层的统治。此外，在有些地区，还设置了一种公职，称为"恩道"，意即"叫寨子的人"，他为土司、山官传达命令，催促百姓上缴负担，也授予俸禄性质的"恩道田"。"波猛"和"恩道"都是直接受禄于土司，听命于土司的人，他们充当了土司统治势力深入景颇族村社内部的先锋。但是傣族土司仅仅依靠景颇人来统治景颇人是不够的，因此还派出了自己的亲信属官"波朗"上山，作为土司在山区进行统治的代理人。土司力量的不断深入，在一定程度上与山官的统治势力相矛盾，为了笼络和削弱山官的力量，土司一方面采取利诱的办法，划出部分傣族村寨作为山官的"保头寨"，允许山官向这些村寨征收"保头税"，把山官容纳到自己的统治集团内；另一方面采取挑拨离间的办

---

① "波猛"系傣语，是土司的一种属官，在傣族地区，是村寨头目。

法，挑起山官之间争夺权利的斗争，使他们相互残杀，彼此削弱，甚至进行直接的武装干涉，镇压他们的反抗。但是，傣族土司却不能建立起完全的直接的统治，因为这类地区一般是景颇族较集中，本民族力量较强的地区，土司统治势力的深入，不仅加深了土司与景颇族人民的阶级矛盾，而且也突出了民族矛盾，这就使得傣族土司不能不仍然利用山官制度的形式来统治景颇族人民，因此在一定程度上保存山官制度，对傣族土司来说是必要的。土司一方面需要削弱山官的力量，使之臣服于自己，另一方面也需维持山官制度的存在，以有利于缓和民族矛盾和阶级矛盾，这便是促使这类地区的山官趋向于小块领地主发展的重要因素之一。

其次，在山官对景颇族人民的统治、剥削方式上，也相当程度地接受了土司制度的影响。例如，潞西县弄丘寨山官把百姓提供的无偿劳役，根据农活种类，按寨分配，有的寨负担栽秧、薅草、割谷等，有的寨负担打谷，有的寨负担运谷等等。这和傣族领主制下，按不同种类的徭役劳动，分寨负担的方式，极相类似。又如仲裁纠纷时，征收"打扫衙门钱"等，实际上山官并无"衙门"，而是直接借用了土司剥削农民的方式。

此外，封建领主制的等级臣属观念，也影响着山官的意识形态，他力图巩固等级制特权，加深农民界限，提倡"造屋无梁不成屋，百姓无官不成寨"，"野兽中不能没豹子，百姓中不能没山官"等统治和臣属的等级观念。

村社关系的这一系列发展变化表明，傣族封建领主制对景颇族村社在经济制度、政治制度以及思想意识等各方面发生了重大影响，这种影响是这类地区的土地关系趋于领主制倾向的重要根据之一。

但是必须同时看到：第一，正是由于傣族封建土司制度的统治，成为景颇族进一步发展领主制的重大阻碍。傣族土司为了便于统治景颇族人民，竭力阻碍分散而弱小的山官集团走上统一强大的道路。曾经有些一时强盛壮大了的山官，兼并和统一了部分地区，但很快就被土司用挑拨、残杀、暗害甚至武力镇压等方式消灭了。第二，德宏地区的傣族领主经济正在不断向地主经济转化，这也是促使景颇族土地租佃、抵押、典当以及买卖关系发展的一个因素。因此在这类地区，在倾向于领主经济发展的同时，也开始出现了地主经济的萌芽。

（二）土地私有制发展的第二类型地区

这类地区与前一类地区主要不同之点在于，不存在山官的土地特权，村社农民具有土地的自由所有权。这类地区一般不是景颇族聚居中心，它往往邻近主要交通线，大量和外族特别是和汉族杂居，或附近有汉族的聚居区，经济上直接受汉族的影响较深，政治上受到傣族土司较强的统治。这些客观社会历史条件，决定了这类地区土地公有制向私有制过渡的方式上的特点。

远溯至明代，这些地区已是封建王朝驻军屯田的地方，至清代进一步设置了汉官"抚夷"，民国以来，国民党政府在这里建立乡保制度，任乡保长的大多是汉人。历来汉族统治阶级在这些地区的统治势力较前一类地区强，其中有些地区受傣族土司的统治也很深，土司已直接在景颇族村社中建立了吭头①、头目制度，把土司制度部分地移植到景颇族村社中来。汉族和傣族统治阶级势力的深入，大大削弱了山官的地位，并在一定程度上取代了山官制度，实权操于村寨头人之手，山官制度已名存实亡，山

---

① "吭"是傣族地区相当于乡一级的行政机构，吭头是傣族土司制度下，乡一级的行政官。

官的土地特权更是无从发生。其中也有另外一些地区，因"贡龙"起义之故，山官力量已极微弱。"贡龙"起义发生于19世纪后期至20世纪初，是景颇族地区规模较大的一次武装斗争，目的是反对山官统治，推翻山官制度。在斗争直接赢得了胜利的地方，山官制度已被废弃，某些地区在这一斗争的影响下，山官势力也被大大削弱，因此这些地区也无从产生山官的土地特权。村寨头人虽然在事实上取代了山官的政治权力，但他与山官仍有很大区别，他不是世袭而是由群众选举或土司委派的，他与百姓属同一血统，没有山官所特有的等级特权。其次，山官对土司在政治上有其相对独立性，头人则须完全听命于土司，土司有权随时撤换头人。因此头人不可能取代山官的地位而篡夺村社土地的最高支配权。由此可见，这类地区不具有发展领主所有制的条件，在水田农业兴起，出现了稳固的私人占有权之后，就不可避免地向个体私有制发展了。

在向个体私有制发展的过程中，外民族的经济影响，起了重要作用。首先是汉族的经济影响。在水田农业兴起以前，当地的汉族与景颇族在经济上的联系，主要是通过商品交换，在生产上的直接联系比较少，特别在土地关系上联系极少。水田农业兴起后，为相互间发展新的经济联系创造了条件。某些汉族地主富农分子，开始借钱给景颇人，进行高利贷盘剥，而同时以水田抵押为条件。当村社农民被陷于高利贷的重困，村社就显得完全无能为力；它无法制止高利贷的进军，债务人只能按照高利贷者的要求，把土地转让出去。村社对土地的转让起初是默认，但很快就成了通例。村社农民愈是充分地获得土地的自由所有权，他就愈快地丧失土地。例如陇川县峨穹寨的景颇族，在不到30年的时间里，90%的农户丧失了水田，其中70%的水田落入了汉族地主之手。私有制在占领了水田后，进一步向旱地扩展，凡在汉族经济力量强大的地区，烟地、园地乃至森林地也都一一从公有制中解脱出来，转化为个体农民的私产，成为自由买卖的对象。在私有制发展快的地区，村社土地已全部分解为个体私有，确立了完全的土地个体私有制。但在大多数地区，水田私有制虽已确立，而旱地和森林地仍不同程度地保存了村社公有制。

其次是傣族封建经济的影响。这类地区的傣族领主经济正在转化或已经转化为地主经济，土地买卖已很普遍。傣族统治阶级对景颇族人民的剥削，往往主要不是采取贡纳的形式，而是采取了在直接土地掠夺基础上的地租形式。如盏西、盈江、梁河等地许多景颇族的水田，被土司以"踩地"的方式强占去，然后再标价出卖或出租给景颇族耕种，使土地与村社的关系完全断裂，转化为完全的个人私产。因此这类地区的土地个体私有制一经出现，便立即与当地汉族、傣族的地主富农经济联系起来。随着村社农民自身的两极分化，村社内部产生了少量地主富农分子，个体小农逐步向租地农民转化。因而土地的个体私有制，就不可避免地向地主所有制转化。

（《历史研究》1963 年第 6 期）

德宏州景颇族三个点的调查总结

一 概述

　　莲山、梁河两县位于德宏州西北部和东北部，均属亚热带地区。但梁河地势高于莲山，因此气温稍低。两县都是多民族地区，有傣、景颇、汉、白、崩龙、傈僳、阿佤等民族。莲山县西和西南部与缅甸克钦邦（即景颇族）接壤，是景颇族在我国最集中的一个县。景颇族占全县总人口的25.23％，是山区的主体民族。

　　梁河县北部和东部与内地的腾冲、龙陵两县接壤，西部和南部与潞西、陇川、盈江等县相接。由于靠近内地，景颇族的分布也比较少，全县景颇族只占总人口的2.79％，即以景颇族最集中的第五区来说，也只占总人口的32％，而汉族却占56％。由于大量与汉族长期杂居，在政治、经济生活各方面受汉族影响较深。

　　支丹山乌帕寨位于莲山县西北部，距缅甸昔马碨仅一天路程，孔木单寨位于莲山县西南部，离缅甸多盆街也只一天路程，因此，虽然在地理位置上比较偏僻，离主要交通线较远，但实际上这一带景颇族与缅甸景颇族间的交往还是很密切的。

支丹山的外围勐典、勐弄、松园、昔马等地均为汉族聚居或部分和景颇族杂居，过去汉族常来此收购大烟，推销土布、成衣。孔木单邻近的麻刀、散朋、蛮缅等寨亦均为景颇与汉族的杂居寨，因此尽管两寨均为景颇族单一民族的聚居寨，但仍受到汉族一定的影响。

乌帕离盏达土司旧址莲花山约 12 华里，孔木单约离盏达土司 10 余华里。由于地处边缘，过去本族聚居的力量较大，因而傣族土司对这一带的统治力量不强。

盆都寨是景颇族最集中的一个寨子，离遮岛（即过去南甸土司所在地，今县府所在地）约 16 华里，有大路可通，并有通往陇川、盈江、潞西、腾冲等地的大路，特别是陇川去瑞丽的古道，曾是历史上的军事孔道。除上述国内通道外，并有经过潞西、陇川和莲山去缅甸的八条主要路线，因此交通比较便利，易于接受外来影响。

盆都寨四周都杂处汉族，受汉族影响较深。全寨人大多能通汉话，个别的还识汉字。祭坟、卜日等均学自汉族。这里远在清代即受汉官刘抚夷所管辖，同时也受傣族土司的统治，有交纳"双降"（一种负担）和服兵役义务。在这里，外族的统治影响较深。

二　生产方式

（一）生产力

景颇族的主导生产部门是农业。农作物以水稻、旱谷为主，亦种植包谷、红米、荞、芋、豌豆等旱地作物。园地内种青菜、南瓜、葱、蒜、豆等各种蔬菜。各寨山坡上大多生长野茶，质量尚好。盆都寨还栽核桃树。解放前各寨普遍种植大烟。

三个点中，孔木单、盆都两寨都以水田为主要生产资料。孔木单水稻面积占水旱谷面积的 72.9%，水稻产量占水旱谷产量的 86.45%。盆都水稻面积占水旱谷面积的 94.1%，水稻产量占水旱谷产量的 96.6%。乌帕则旱地尚占重要地位，全寨水田面积只占水旱谷地面积的 39.8%，水稻产量占水旱谷产量的 51.7%，如果加上红米、苦荞、包谷等旱地作物的收入，则旱地收入略多于水田。

孔木单的水田多，平均每户有田 3.51 笭种，相对的大烟收入的比重就较小，平均每户 19.43 两。盆都、乌帕两寨的平均水田少，平均每户有田盆都为 1.84 笭种，乌帕为 1.43 笭种，而大烟收入，盆都平均每户 96 两，乌帕平均每户 48.11 两。

农业生产工具主要是铁器，有犁头、锄头、长刀、镰刀、砍刀等，少数户还有锯、斧、凿子等附属工具。这些铁制工具均购自汉、阿昌等外族市场，亦有部分锄头、长刀由缅甸传入。这些农具的质量规格和附近汉、傣族所使用的相同。犁架、木耙（脚耙、手耙、木齿耙）等木制农具和竹制打谷器"勒息"均自制。此外旱地生产用的"董苛"和"勒滚"是生产工具中较简单而落后的工具。"董苛"似锄头，铁制，长 3 寸宽 1 寸，用以挖穴点谷。"勒滚"是用一长 2 市尺宽 1.2 寸的铁片弯成三角形，配一木柄制成，用于旱地除草。这些工具在过去是竹、木制的，据说现在江心坡某些地区，尚使用此种农具。

水田和旱谷地都是一年一熟，水田是固定耕地，旱谷地是轮歇丢荒地，均不施肥，园地和大烟地则是固定耕地，并施肥（草木灰、厩肥）。

由于景颇族是个山居民族，水田大多是把较为平坦的山地开成梯田。虽然也有的在坝区占有一些水田，如孔木单在坝区也占有水田，但解放前由于长时期的械斗，大多荒弃不种，而主要是种山田。

农历十二月以后水田开始犁板田，五六月栽种，九十月间收割。耕作水平各地略有差异，孔木单一般是三犁三耙，薅一道草；盆都是三犁二耙，薅二道草；乌帕寨较差，一般是二犁二耙，不薅草。每笼种的用工量各地也有所不同，即使在同一地区，由于地形、气候、土质、远近等条件差异也有所不同。大致是每笼种需人工 70—80 个，牛工 20—30 架，山田、坝田也有区别。以孔木单为例，山田每笼种需人工 68 个，牛工 38 架，而坝田则需人工 61 个，牛工 27 架（各地耕作工序用工量见附表 1）。

水田单位面积产量各地也有所不同。各寨中盆都较高，平均产量每笼种产 63.54 笼，每笼谷重 30 斤，每笼种面积合 3.5 亩计，平均亩产 544.6 斤。孔木单平均每笼种产 44.26 笼。以每笼谷重 30 斤，每笼种面积合 3.5 亩计，亩产 379.4 斤。乌帕最低，平均每笼种产 18 笼，以每笼谷重 42 斤，每笼种面积合 4 亩计，平均亩产 188.65 斤。因此扣除生产成本后，每劳动日所得量也有不同：盆都一般每天能得谷 0.772 笼；孔木单 0.595 笼；乌帕只有 0.19 笼（各点水田单位面积需工量、成本、产量及每劳动日所得量参阅附表 1 与附表 2）。

旱谷地都是轮歇地，用砍倒烧光的方法，耕作粗放。但不同地区的耕作方法也有所差异。孔木单、乌帕两寨，砍地、烧地后，一般不犁不锄，不松土，就用"董茍"（小铁锄）挖穴点种，随后薅一两道草，直到收割，种一次就丢荒。因此年年要开新荒地。盆都种旱谷一般在烧地后用锄松土，然后用木棒点种，并应用了"练地"的办法，第一年种豆类、棉花等，第二年种谷子，谷穗就长得好，且能连续种三四年。除了点种外，盆都有部分平缓草坡地已采用犁耕，耕作方法比孔木单、乌帕要进步。

旱谷在三四月间播种，八九月间收割，从砍草到脱粒运送回家，要经过9—11道工序，需工量随耕作方法、箩种面积的大小等条件而有所不同。盆都最高达104工，孔木单最低为54工，每箩种旱谷地的平均产量，孔木单为18.68箩；盆都为35.2箩；乌帕为11.07箩。扣除成本后每劳动日所得量，盆都一般为0.319箩；孔木单一般为0.254箩；乌帕一般为0.106箩（关于各点旱谷地单位面积需工量、成本、产量及每劳动日所得量，参阅附表3与附表4）。

旱地作物，除旱谷外，大烟地也占了较大的比重。大烟耕作较细致，一般是种在园地上，并施牛粪厩肥。每升种面积（以包谷种面积计）从挖地到收获约需人工62—102个。产量各地不同，高的平均每升收58两，低的平均收18两。

景颇族在劳动习惯上存在着一定的男女分工，农忙时并有伙干（戛缩）的习惯，任何人都可以根据农忙的需要，备一些酒菜，邀请亲邻帮助，来者自己带饭，不给工资，日后需要还工，但不计劳力强弱。在孔木单还工不太严格，今年不还明年还，差工不大的不还也可。在乌帕有两种情况：一种是属于换工性质的则必须还工，差额需以实物偿还，称为"木苦戛缩"；另一种是备酒肉饭菜，经巫师同意，邀集亲朋帮工，不需还工，称为"拾瓦戛缩"，被邀请者若多次不到，则要罚鸡一只、酒一瓶，由出工者共吃，这一形式往往被富裕户利用进行剥削。在盆都这种伙干换工的形式已经消亡，为雇工关系所代替。

景颇族每天田间劳动时间约五六小时，一般女劳动力较男劳动力的劳动量要多。据乌帕寨计算，一个最好的男劳动力全年从事生产的时间为186天，一般的劳动力一年的劳动天数在120—150天左右，即是说劳动时间仅四五个月，劳动强度是不高的。

除农业生产外，采集、渔猎、畜牧、手工业等，均作为从属于农业生产的家庭副业。

野菜野果的采集很普遍，如乌帕寨不仅作为蔬菜食用，而且在较多时间作为口粮的补充，出售的极少。在盆都，采集所得除一部分自食外，主要用作出售，出售收入约占总收入的5%。采集在经济中的比重，据孔木单典型户调查，贫苦户约占18.56%，富裕户除自己吃一些外，出售的极少。

狩猎很少具有生产意义，主要是青壮年在春冬农闲时作为相互联系的一项活动。猎获物由亲邻分食，狩猎工具主要是铜炮枪，亦有子枪。

捕鱼主要是自食，出售的极少，其方法有用网、钓、堵水塘、放毒等。每年搞几次，为数不多。

手工业很不发达，主要是竹木器的编制和妇女的纺织（围裙、筒帕）。此外还有煮酒、熬硝等。手工产品主要是满足自身需要，个别户有剩余的手工产品出售，但为数不多。为市场生产的手工业品很少，因此也没有独立的手工业者。手工业收入，据孔木单典型户调查，占总收入的1%—4%左右。

由于社会分工不发达，本族内部缺乏交换的基础，因此商品交换主要是与外民族进行，本族内部极少。许多生产生活所需的商品都须仰给于外族市场。据孔木单典型户计算，通过交换而获得的商品量约占各户年消费总量的40%—60%，但景颇族的商品交换主要是为了满足自身的需要。虽然也有为卖而买的小额贩卖活动，但这大多是由于生活贫困，如孔木单过去有九户是经常靠赶街贩卖来补充生活之不足。他们除以柴薪、野菜在国内市场出售外，还去国外贩来洋纱、火油、牛奶、食盐及其他日用品在国内市场出售，利可达一倍，高的可达四五倍。但一般资金不多，多的一二百文卢比（卢比是解放前通行于云南边疆地区的一种缅甸货币），少则一二十文卢比。大烟的种植，在一定程度上促进了商品交换的发展，如盆都寨全寨大烟可用作交换的，相当于6837.5 箩谷子，比全寨水旱谷总产量还要多30.6%。大烟投入交换，增加了商品交换量，也起了促进财富分化的作用。但一般的买卖活动主要是为了解决生活困难，还未出现专业商人。商业性收入据孔木单典型户调查约占总收入的16%—26.5%左右。

总的来说，景颇族以农业生产为主，手工业、商品经济不发达，主要是自给自足的自然经济。

在这种生产力水平下所提供的剩余生产品，以典型劳动力的生产生活情况计算，所创造的剩余产品，盆都寨最高达53.38箩，乌帕寨最低为10.69箩。根据各该寨全部实际生产品的计算，平均一个全劳动力创造的剩余产品，高的达83.02箩，低的为9.03箩（关于剩余生产品的计算，参阅附表5）。

（二）生产关系

三个点在土地所有制上有所差异，土地以外的生产资料和生活资料均属私有。

乌帕、孔木单的土地所有制基本相同，荒山旱地均分别属各个体家庭所有，占有者有完全独立自主的处理权，任何人无权干涉。不论外寨或本寨成员亦不分民族，凡要求使用本寨的山林、旱地，必须通过原主的同意，山官、司郎无权过问，即使兄弟近亲亦无权过问。在本寨内部无地户要求使用旱地，只需与原主协商，取得同意即可，不需任何代价。旱地一般只使用一年，一年后仍归还原主，外寨和外族人员来本寨要地种，只需以一筒酒与原主协商，同意后即可使用。在乌帕要送该寨一箩谷子作为祭官庙之用，以谢该寨地鬼；在孔木单则不送礼物，但如将旱地开成水田，则需给原主以一定代价，因为开成水田，成为永久性耕地，就必然要引起所有权的转移，付出一定代价，即是原主土地所有权在经济上的实现。

在建寨之初，各户分别开垦占有了山林旱地，以后相互间确认彼此所占有的旱地，而且世代承继而成为各个体家庭所私有，后迁移来者，因荒山已分割完毕而成为无地户。如孔木单有四户无地户，都是后来从外寨迁来的。该寨荒山已完全为各户所分割，至今唯村寨附近极小一块山地尚保留了公地的形式，村寨成员，任何人都可去砍伐树木、竹子。乌帕则不存在公有地，已出现了旱地（特别是大烟地）的买卖，但为数不多。虽两寨山林旱地已基本私有，但还存在着要地种的习惯，这说明了这种私有制还不是很严格的。

盆都寨的山林旱地，基本上属村寨所有，村寨成员可以在辖区内自由砍伐，根据各户需要开垦旱地，丢荒后任何人都能耕种。但近几十年来有发生固定占有旱地的现象，即所谓的"霸地"。虽然村寨成员反对这种做法，但这种趋向却在不断加强，说明旱地的私有制正在逐步增长中。

园地在各点都相同，为各个体家庭所私有，可以自由典当、买卖。一般来说，园地面积不大，且各户多少都有一些，因此实际上发生典当、买卖的极少。

水田在各点经济生活中作用虽不尽相同，但从所有制来说，均属个体家庭所私有，可自由典当、租佃、买卖等。新迁入户可通过租佃、买卖获得水田耕种，或自开水田。没有山官头人分配土地的事例。迁走户的水田由近亲继承，或委托近亲耕种，也有的在迁走前出卖。死绝户的田由出资埋魂者或近亲继承，如生前欠债，则归债主所有。各寨均已有一部分无田户，主要是：（1）新迁来户；（2）新分家户；（3）寡弱户；（4）抵出或卖出水田户；（5）土地被掠夺户。在乌帕、孔木单以前三者为主，盆都则以后两种为主。

上述土地所有制的显著特点是：具有明显的私有性。虽然盆都的荒山旱地还具有公有的性质，但由于在实际经济生活中，水田起着主导作用，旱谷地所占比重极少，因而反映在所有制上，私有制是主要的，而孔木单、乌帕则旱地也是私有的性质。另一个显著的特点是作为民族的上层分子的山官和头人，在土地所有制关系上与普通村寨成员一样，并不具有特殊的支配权力和特权。

在上述生产资料所有制的基础上，由于各点山官、头人在政治、经济地位上的不同，由于内外社会历史条件的差异，因而在土地集中的方式和集中的程度上也不相同。

乌帕寨没有山官，孔木单虽有官但毫无实权，这两寨主要是头人掌权，但对群众一般没有什么特权剥削，虽然他们也通过雇工、租佃和高利贷进行剥削，以增强其经济地位，但为数极少，剥削量也很低（见下述各种剥削关系）。因此生产资料的集中比较缓慢，集中的程度也不高，阶级分化也较慢，还没有出现不事生产的剥削者。乌帕寨有一户富裕户，占总户的1.59%，占有水田的11.12%，旱地的1.01%，耕畜的3.33%。

盆都寨虽然山官权力不大，主要也是头人掌权，但由于各种剥削关系发展较快，贫富分化显著，加以受汉族、傣族的影响，对汉族、傣族的"保头"特权剥削的存在，因之上层分子一般都拥有较优厚的经济力量，同时利用政治上、经济上的地位，掠夺汉族和本族的土地，这种掠夺的水田占富裕户现耕田的37.2%。此外通过抵当而集中的水田占富裕户现耕田的8.67%，从而使土地有较高的集中。盆都6户富裕户共占总户的14.28%，占有水田的52%，耕畜的40%。

上述生产资料集中方式和集中程度的差异，反映阶级分化在程度上的差异，显然盆都的阶级分化较前两寨要显著（关于生产资料的占有情况参阅附表6、附表7、附表8）。

由于生产资料占有不平衡，土地不同程度的集中和阶级分化的存在，租佃、雇工、高利贷等剥削形式均已出现。各点均有存在，但程度有所差异。

租佃关系：在乌帕、孔木单两寨所占比重不大，乌帕在1956年全寨发生租佃关系占水田总数的0.6%，全部发生在村寨内部。其中有76%的田因灾害未交租，其余的租额占该田原产量的50%，占全寨水旱谷年总产量的0.2%弱。孔木单1956年全寨发生租佃关系的占水田总数的9.15%，其中2/3出租外寨，租额平均约占该田原产量的15%左右，相当于全寨水旱谷总产量的0.79%。其中在本寨内部的租额占水旱谷年产量的0.3%。

盆都寨发生租佃关系的占水田总数的31.4%，大部分发生在外寨，租额一般占该田原产量的13%—33%左右，相当于全寨水旱谷总产量的18.07%。其中在本寨内部的租额占水旱谷年产量的1.93%。

除租佃外，各寨还存在着租牛的情况。乌帕寨全寨出租与租入（均在本寨内部）耕牛6头，其中有牛租的4头，计17箩，平均每头牛每年牛租4.25箩，全部牛租相当于水旱谷年产量的0.544%。孔木单全寨出租耕牛3头，租入4头，其中发生于本寨内部2头，租额25箩，平均每头牛每年牛租12.5箩，全部牛租相当于水旱谷年产量的0.5%。盆都寨全寨出租耕牛12头，租入13头，其中发生于本寨内部的9头，租额172.5箩，平均每头牛每年牛租19.17箩，全部牛租相当于水旱谷年产量的1.32%（各点的耕田、耕牛的租佃关系，参阅附表9和附表12）。

雇工形式有长工、季工、零工和童工。乌帕寨还没有长工，而以季工为多，季工在农忙时帮主人耕作，同时亦耕种自己的田地，主人除在农忙时供吃外，年给工资11箩谷左右。零工除供吃外，每日工资卢比2文（约合谷0.17箩）。童工帮主人牧牛，除供吃外，每年给衣一二套，三年给一条牛。全寨雇季工的9户，占总户数的4.3%，雇季工14人。雇零工1户，占总户的1.6%，年雇零工30个。雇童工的2户，占总户的3.2%，雇童工2人。

孔木单过去长工、季工、零工都有一定的发展，在十多年前，由于械斗，田园荒芜，雇佃关系就大为减少。现已没有雇长工的。雇季工的4户，占总户的14.3%，雇季工5人，季工工资一般是一年10箩。雇零工的3户，占总户的10.7%，零工工资一般是一天0.3箩。

乌帕、孔木单两寨群众间还普遍存在着"戛缩"，对雇工关系的发展有一定的阻碍。

盆都寨的雇工关系比较发展。全寨雇长工的4户，占总户的9.5%，雇有长工4人，除供食、衣（一套）外，年工资25箩谷。季工除农忙时供吃外，年工资20箩谷。全寨雇季工的2户，占总户的4.8%，雇有季工4人。雇零工的较多，有8户，占总户的19%，零工除供吃外，每天工资约0.5箩谷。盆都寨生产上的"戛缩"已失去原有的意义，而为雇工关系所代替（关于各寨雇工关系及剥削量情况，可参阅附表10）。

债利关系。乌帕、孔木单多无息借贷，据说乌帕寨在解放前亦有有息借贷，利率一般是100%，但为数不多。孔木单解放后的有息借贷共6件，绝大部分是谷子，其中4件是在本寨内部，共计折谷15箩，利息是两头小牛、5箩谷子，利率一般是100%。此外外寨借入2件共5箩谷，利息5箩。有息借贷的比重很小，全部利息约占水旱谷年产量的0.3%。

　　盆都寨的借贷关系较多，利率也很高，有100%、150%、200%，甚至高达400%，全寨年借贷总额折谷88箩，年利91箩，占水旱谷年产量的2.14%。借贷的形式也很多，除谷子、大烟等实物借贷外，还有卖青苗、青鸦片、青核桃等。而且借贷关系往往又转化为土地的抵当和买卖关系，从而进一步促进了财富的集中和阶级的分化（见附表11）。

　　土地典当买卖关系各寨也有所不同。

　　水田的典当关系，一般都相当普遍。乌帕寨水田中发生典当关系的有11件33箩种，占水田总数的36.69%。其中除4箩种是外寨典入外，余29箩种，均发生在本寨内部，占水田总数的32.24%。当价没有规定，视当事者的需要，大多是以牛、镴、大烟等实物，很少当货币。除水田外，旱地典当也不少。据调查有11箩种，占旱地总数的10.3%，当价一般比水田低些，典当时没有契约，言明日后可以赎回。

　　孔木单水田中发生典当关系的有23件53箩种，占水田总数的40.35%。其中发生于本寨内部的16件31箩种，占水田总数的25.1%。当价也无一定，以实物为主。该寨旱地虽也可以典当，但无实例。

　　盆都水田中发生典当关系的有50箩种，占水田总数的62.81%。其中发生于本寨内部的9箩种，占水田总数的11.3%。除水田外，过去园地（即大烟地）也曾发生过典当关系。土地的典当关系往往是因借贷关系所引起的，典入者往往借故不让典出者赎回，把土地霸为己有，因此土地纠纷比较激烈。

　　土地买卖，主要是水田。乌帕寨水田中发生买卖关系的有2件，3箩种，占水田总数的3.34%，卖价牛2头、大烟25两，并立有景颇文契，过去没有文字时，卖者赠与买主一把刀，以示断绝。除水田外，旱地也有买卖的，一般是买卖时言明日后不能赎回，不立契约，也不砍木刻。由于种旱地必须是全寨共同决定耕作区，因此大大限制了村寨之间的买卖关系，买卖旱地全部在村寨内部。

孔木单的水田买卖关系都发生在一二十年前。近一二十年来，因长期械斗，土地荒芜，没有买卖发生。发生在村寨内部的4件13箩种，向外寨买入的5件21箩种，合计9件34箩种，占水田总数的25.5%。买卖一般要立文契，买价不一。该寨旱地也可买卖，但无实例。

盆都寨水田发生买卖关系的共3件12箩种，占水田总数的15.08%。其中发生在本寨内部的2件4箩种，占水田总数的5.03%。此外园地也有发生买卖的事例，共2件1.5箩种面积。买卖关系主要是和汉族发生的，一般要立汉文契约。

除上述诸土地关系和剥削关系外，盆都寨的山官、头人，有对外寨汉族征收"官工"、"保头"等剥削项目，但对本族群众则没有。乌帕、孔木单两寨不论对本族或外族，均无任何负担。

上述生产关系的资料，反映了在土地所有制上，各寨的水田、园地已经完全为各个体家庭所私有；旱地在乌帕、孔木单亦已经基本上为个体家庭所有；只是在传统上尚遗留着"要地种"的习惯；在盆都旱地基本上仍属于村寨所有，但已在向个人私有发展，而且该寨旱谷地种得极少，在现实经济生活中重要性不大。总的来说，私有制已经确立，个体家庭所有制居于主导地位。

奴隶作为一种生产关系在目前景颇社会中已极为微弱。据记载和传说，百年前在江心坡一带蓄奴非常盛行，多的一户蓄奴达百余人。奴隶主不劳动，全部生产劳动由奴隶担任。奴隶也有不同的等级，用奴隶管理奴隶。奴隶作为主人的一种财产和工具而存在，可赠送，买卖以至虐杀、殉葬。自英帝国主义侵入缅甸后，在江心坡地区强迫"解放"了大部分奴隶，从而蓄奴日趋衰落。在景颇族迁来本区的早期，各寨景颇族山官、司郎及富裕者大多还蓄养奴隶。如乌帕寨第一代山官早弄即养奴隶 30 余人；百年前该寨沙头目家即养奴 20 余人。奴隶的来源：（1）战争中的俘虏；（2）买来的，买价一般是一头牛或 20 两大烟；（3）结婚时陪嫁的礼品；（4）男女奴隶所生的子女。

奴隶的社会地位极低，一般不能与自由民通婚，奴隶通过赎身出嫁可以取得自由人身份。

这些迹象表明，景颇社会曾有过早期奴隶制。但迁来本区后，由于社会历史条件之不同，外部受先进民族的包围，缺乏奴隶来源。内部受村社经济关系的限制，缺乏变自由民为奴隶的条件。同时由于地理环境的分割，无法强制约束奴隶，特别是在汉、傣族的封建经济的影响下，蓄奴迅速地衰落了。上述三个调查点中，除盆都至今尚有二三人具有较明显的奴隶身份外，其余各点均已无奴隶。

三　生产方式历史发展的简述

如前所述，各寨在封建因素的发展上有所差异。乌帕、孔木单两寨的生产资料占有集中程度不高，各种剥削关系发展不显著，因而阶级分化不突出，还没有形成完全脱离生产劳动，以剥削为生的剥削阶级，而中农较多。在盆都则生产资料有显著的集中，各种剥削关系较发展，阶级分化也较明显，封建因素较前两寨发展。

这种差异，是在下述历史发展过程中形成的。

两地（莲山、梁河）景颇族约在 150—270 年前陆续从卡苦（即江心坡地区）迁来。据老人传说南迁前只耕种旱地，铁器极少，生产工具很落后，以木棒（景颇语"乐邦"）点种旱谷，一人挖穴，随后一人放入种子，另一人用竹帚扫土覆种，不会用犁，也不知使牛。南迁后才逐步改用铁质小锄"董苟"，但耕作方式依然是刀耕火种。由于轮歇丢荒，不施肥，不能固定使用。一般丢荒后，村寨成员都有使用的权利，原占有者对土地没有特殊的权利，迁入户在村社范围内开垦土地，迁出户失去对原占有土地的一切权利，土地必须完整地保留在村社内，因此，土地具有显著的村社公有性质。在耕作上主要是共同协作的"戛缩"形式。全寨各户间协同耕作，不论劳力强弱，不计劳动多少，直至全寨耕地种完为止。各户间参加劳动数量的差异不需补偿。在这种生产条件下，各户对土地的占有，主要决定于劳动力的多少及生产的需要。山官、司郎对土地的占有没有显著的特权，群众对土地的占有也没有特殊的限制。当时的旱地也没有典当、租佃、买卖等关系。但是山官和群众间的差别已经存在，群众称山官为"堵瓦"（有尊称之意），山官称群众为"阿作肯忙"（即小人，有卑称之意），相互间有一定尊卑关系。在婚姻关系上，山官一般不与百姓通婚，百姓娶官家姑娘，聘礼昂贵，表示了身份和地位的不同。此外山官和百姓间的关系，还通过彼此间的权利义务表现出来，百姓杀牲献鬼必须给山官送一腿和一大包肉，称为"恩贯"。有的寨子（如乌帕）百姓还需每年在山官的土地上做二三天无偿劳动，而山官则有为群众排解纠纷，领导群众抵抗外侮，解决寨内孤弱户的某些生活困难等义务。

从上述情况来看，当时社会内部的封建因素是不明显的。但是景颇族早已是一夫一妻的个体家庭为生产单位，在生产力水平上已能提供一定的剩余生产品。因此早期的奴隶制，在迁来本区前也已产生。各寨山官、司郎及有钱人过去大多曾蓄养奴隶，至今盆都寨尚有奴隶二三人，以及类似奴隶身份的十二三人。近

50年来，支丹山一带曾有奴隶50多人，但由于进入本区后受到汉、傣等民族的影响，又缺乏大量掠夺奴隶劳动的来源，同时村社内部土地关系及村社成员所具有的一定的人格自由，加之没有比较严格的强制机构，以及地理环境等条件的限制，奴隶制没有进一步发展起来，反而日趋没落。在整个社会生产中已不起什么作用，在许多地方蓄奴现象已经绝迹，有些过去的奴隶已转化为自由人身份，真正具有奴隶身份的为数极少。

此外，当时在景颇族进入本区后和傣族土司发生了接触，作为一个被统治民族都在不同程度上受到土司制度的统治，并采取"纳贡"的形式，每年每寨交纳竹笋、棉花、麂子、干巴等实物，但为数不多，土司也要回赠一些钱物。

由此看来，本区各点景颇族在早期都具有村社经济的特点，并具有早期奴隶制的迹象，内部也有贫富分化，但封建关系不显著。对外民族来说，受到傣族土司制度一定程度的统治，并有了封建性剥削。

随着人口的增加和寨子的不断发展，相应的对耕地的需求日益增长，而旱地轮耕一次，一般需一二十年，这就使旱地面积日感不足，各个体家庭为了获得比较优越的耕地，就逐步把已开垦过的旱地占有权固定下来。如乌帕、孔木单两寨在建寨之初，各户分别占有山林旱地，当时户数少，山地多，到处可以开垦，没有严格固定的占有现象。随着村寨人口的增加，山林荒地占有逐步被固定下来。据孔木单调查，最少在五六十年前山林旱地已被各户分割完毕，各户子孙只有将祖先占有的土地分割，于是逐步形成了旱地的个体家庭私有制。盆都则由于荒山旱地较多，一直保持着村寨公有的形式，但近几十年来已逐渐发生固定占有现象。由于旱地（除固定的大烟地外）在生产中的作用日益减弱（全寨42户只种5箩种旱谷地），因而旱地的公有制实际上只作为残余形式而存在。

刀耕火种、轮歇丢荒的山林旱地不能长期连续使用,经济意义不高。因此,在已经基本确立了私有制的地方,却仍有"要地种"的习惯,无地少地户可以向有地多地户通过协商借耕一二年,一般不需什么报酬。因而在旱地上,不论是否私有,基于土地所有权而发生的诸剥削关系以及由此形成的土地集中的现象极不显著。除个别外,旱地的典当、租佃与买卖关系极少发生。而且在这种所有制条件下,使得村寨成员不致成为完全不占有生产资料的无产者。

景颇族迁来本区时,大都曾和原居当地的崩龙族接触。崩龙族的生产技术水平较高,耕种水田,崇信左底佛教,由于崩龙族不杀生和景颇族思想意识形态不同,不习惯于共处,才大量迁徙,留下的土地便为景颇族所有。当时景颇族并不重视水田,一方面因为当时旱地开垦不久,土质尚肥,产量较高。另一方面由于不掌握水田耕种技术,又怕脏怕病,故水田大多荒弃,或为傣族耕种。但景颇族也见到了水田的优点,产量高而稳定,米质又好,因此也有少数景颇族开始逐步学种水田,但技术水平很差,不会犁板田而用锄头挖,也不会撒水秧,因此产量也不高。

在经过一二代时间后,各寨景颇族逐步掌握了水田的耕作技术,水田数量逐步增加。约在距今80—100年间,各寨水田逐步在生产中占据重要地位。水田农业的确立,不仅在生产技术上大大前进了一步,生产力有了提高,而且土地的私有性也大大加强了。各户对水田的长期固定占有,继而典当、租佃、买卖诸关系的发生,完成了土地的个体家庭私有制。随着私有制的发展,贫富分化的加剧,生产资料占有的不平衡,租佃、债利、雇工等剥削关系遂发展起来,民族之间上层对群众的统治和剥削关系有了进一步的加强。土地私有制的完全确立,以及由此而导致土地的进一步集中，诸剥削关系的发展，社会面貌逐步封建化的过程，则是在水田农业确立以后。

据乌帕寨调查，在早期（约距今 80 年前）山官均具有一定权力，百姓为山官出"官工"（无偿劳动）、"宁贯"（或称"恩贯"，杀牲献鬼和猎获野兽送山官一条兽腿）、"章贯"（官家婚丧大事百姓有出人力物力的义务）等负担。百姓迁徙须得山官的同意，迁出户并须交纳"夺沙木脱"（夺沙即木桩，木脱即拔掉之意），一般是一头牛或一面镲。山官并能分享百姓嫁女彩礼的 1/3。对于土地，山官有权占有使用任何一块田地（不论原主是谁），并可将土地典当、买卖，不受限制。孔木单在 60 年前，山官也有征收"官工"、"恩贯"、"章贯"等特权。并且集中了较多的田地，如该寨山官现有的祖传荒田即达 20 箩种之多。

随着水田在生产中的作用日益显著，土地私有性的增强，生产资料（主要是土地）进一步的集中，各种剥削关系的发展，山官和百姓间的统治和剥削关系的对立日趋明显，因此，在北部江心坡以推翻山官制度为目的的起义影响下，莲山一带亦普遍受到了影响。约在 80 年前，支丹山一带发生百姓（包括一部分奴隶在内）武装起义，结束了山官的统治，建立了比较民主的"贡龙"社会（详见政治制度部分）。铜壁关地区也有部分寨子推翻了山官制度，建立了"贡龙"制度。孔木单虽然没有发生直接的武装斗争，但在革命形势的影响下，由于山官和阿腊家闹纠纷（因婚姻问题而导致纠纷），百姓借故取消了山官的一切特权。这样，山官制度在这些寨子被推翻或从实质上被废除了。过去的统治和束缚得到了解放，社会的等级关系已丧失其原有的意义。土地所有权已完全属于胜利的自由小农，他们有权利作任何方式的处理（典当或买卖等），不受任何人的干涉。在这种小农经济的基础上，村寨之间的权利和义务是平等的。但这种新的平衡在发展中又被新的不平衡所替代。

小农经济的进一步发展，不可避免地要引起两极分化，土地（主要是水田）和财富日益集中到富裕户手中。在外族（主要是汉族）的影响下，商业和高利贷活动与租佃、雇工等剥削形式同时出现。如乌帕寨在近40年来，汉族大量移入。该寨的雇工、租佃、高利贷等剥削关系在二三十年内发生。这种发展倾向具有明显的地主—富农经济性质。该寨一户富裕户占有了全寨水田的11.12%，仅农业收入，就相当于贫苦户的9.3倍。孔木单在距今20年前，地主、富农经济亦曾有过显著的发展。据调查，该寨的雇工、租佃和高利贷等剥削关系在20年前都普遍存在，随后由于早章和木桅的械斗事件（详见山官制度部分），整个铜壁关地区连绵了十余年械斗，许多寨子家破人亡，田园荒芜，而原有的一些富裕户由于在财力上供应军需或遭洗劫而破落。这样，由于械斗而导致生产低落，经济衰退。因此，在近十几年来，土地的集中现象有所减弱（原有耕地大批被荒弃），租佃、雇工、高利贷等的剥削也减少了。封建经济的发展延缓了。目前该寨只有一定的阶级分化，但还没有剥削阶级。

两寨由于上述政治、经济上的变化，打破了原有的等级关系，而代之以新的阶级关系。富有者既然在经济上居于优势地位，从而在政治上也逐步取得了领导地位。两寨当权的司郎都成为新兴的上层人物。在支丹山近三四十年来，国民党排挤盏达土司的势力，委派了富裕户充任保甲长为国民党征收大烟及其他捐税。这些富裕的上层人物，通过这种政治关系进一步巩固其经济地位，并使封建经济获得进一步发展。

从上述乌帕、孔木单两寨的历史发展过程中明显地反映了自由小农向封建经济发展的道路。

盆都寨在旱地转向水田的过程中，由长期的固定占有逐步走向耕地的私人所有制。随着私有制的发展，不可避免地导致了土地的集中。特别是回民起义后，汉族大批进入山区，向景颇族典买土地，同时租佃、雇工、高利贷等剥削关系也随之发展起来了。有的景颇族逐渐丧失了土地，最后只得逃走。由于水田已经成为财富竞争的对象，因此富裕户不仅通过各种剥削形式来集中水田，而且还采取了直接的土地掠夺，土地纠纷多起来了。如在50多年前，该寨孙家亲兄弟为争夺一块水田相互残杀数年之久，弟家竟遭全家杀绝。这种土地掠夺，不仅在本族内部，而且也存在于外族之间。同一时期，汉官刘抚夷大量掠夺景颇族土地，引起景颇族的反抗，在邦各山官的领导下，附近各寨景颇族起来和刘抚夷进行了战争，最后把刘抚夷赶走，夺回了全部土地。夺回的土地为各寨主要头人首领所分（这个斗争受到傣族土司的支持，也反映了土司和刘抚夷之间的矛盾斗争）。于是头目首领的土地也渐多起来，如该寨一户头目，集中水田最多，其中通过债利、掠夺、霸占等方式而集中的占62.8%。

在回民起义前后，水田的典当仅属个别现象。近60年来又有了广泛的发展，买卖关系亦主要发生在近30年间，而且打开了村寨和民族的界线，这样，土地就自由流动于村寨之间、民族之间。随着贫富分化和各种剥削关系的发展，土地日益集中于少数富裕户手中，该寨占户口10%的富裕户集中了全寨水田的53%以上，阶级分化日益剧烈。

在水田逐步集中的过程中，作为辖区首领的山官并未成为土地的主要集中者。这是由于：（1）该寨山官一向没有支配土地的独特的权力，因此不能利用特权集中土地。（2）由于官家三度绝嗣，原有土地为近亲分割，而新接来的山官只由寨内共同分给一些水田，故山官占有的水田不多。（3）山官虽能征收外族保头寨的官工、官烟，但财富积累不多，经济地位不富裕。相反寨中的头目由于经济比较富裕，政治上又有实权，他们一方面利用经济上的租佃、雇工、债利等剥削方式集中财富，同时利用政治上的特权征收官工、保头烟外，并以强力进行霸占和掠夺土地。因此，头目成了土地的主要集中者。

近三四十年来，土司制度的控制更进了一步，改变纳实物负担为服兵役。特别是邦各山官势力兴起后，在本寨建立了军事组织，直接听从邦各山官和土司的指挥。政治上新兴的"寨长"总揽大权，这样，本寨山官的权力日趋没落。作为独立的辖区来说，已逐渐丧失了其独立性，进一步从属于邦各山官和土司制度，成为其中一个组成部分。

在这种条件下，山官逐渐失去其村寨最高首领的地位，从而阻碍了进一步向领主身份转化。但就整个邦各地区来看，由于邦各山官势力的日益扩大和对附近各寨的控制联系日密，似有向统一山区的领主转化的趋向，但就经济实质来看，土地的私人所有和由此而产生的土地诸剥削关系，已具有明显的地主经济性质了。

从各点的历史演变中，表明了景颇族迁来本区的早期，曾以旱地为主要生产资料，山官具有辖区最高首领的身份。在土地关系上，具有比较明显的村社形态。由于已有一定的贫富分化和较为严格的等级制度，早期的奴隶制已经存在。在社会历史发展过程中各点所具有的共同特点是，由于缺乏奴隶制发展的客观条件，蓄奴现象日趋没落，有的地方消亡得很快，有的地方尚有极少数残余形态，但在社会发展中已不起什么作用了。与奴隶制瓦解的同时，村社关系逐步向封建性关系转化。这个过程是：随着水田的耕种日益扩大，土地私有制的发展，土地的典当、买卖关系和租佃、雇工、高利贷等剥削关系的发生发展，出现了新的阶级分化，于是旧的等级关系为新的阶级关系所调整，山官作为辖区最高首领的身份日趋没落。特别是在直接间接经过革命斗争的地区，山官制度已从实质上加以废除，头目以新兴的富裕阶层的姿态出现，在政治上取代了山官的领导地位，并利用自己在经济政治上的优越地位逐步集中土地，通过租佃、雇工、高利贷等剥削方式，进一步向封建经济发展。这些共同特点表明了各点社会经济发展的趋势是向封建地主经济过渡。

但在发展过程中也反映了它们之间的差异。乌帕和孔木单由于生产条件的限制，长期的革命斗争，民族内部械斗等在经济上的破坏，水田数量不多，占有的绝对数也不大，因而阻滞或延缓了进一步的财富集中和剥削关系的发展。因此在这类地区虽有一定的阶级分化，但不突出，直至解放前尚未形成剥削阶级。

盆都寨近几十年来，由于外民族（汉、傣族）在政治、经济上的影响，控制日益加深，内部土地大量集中于少数剥削者手中，阶级分化已较明显。

这些差异反映了一类地区（如乌帕、孔木单）封建因素发展比较滞缓，另一类地区（如盆都）封建因素发展较快。而这种快慢之所以形成，是由各该地区之具体社会历史条件所决定的。

四　上层建筑诸方面

（一）政治制度

山官制度是景颇族基本的政治组织形式。这种制度的形成由来已久，景颇族南迁来本区后，基本上一直沿用这种政治组织形式。

就目前各地景颇族存在的政治制度看来，可分为两种类型：一种是山官在实际上或名义上代表辖区村寨，具有最高首领的身份，这种制度景颇语称之为"贡沙"。一种是山官已被废黜，山官制度基本上被推翻，而仅保留了若干残余形式，这种制度景颇语称之为"贡龙"。

在"贡沙"制度中也有两种不同形态：一种是山官具有较大的权力，是辖区内最高的政治首领；一种是山官权力微小，仅在名义上具有首领的身份，而实权操于司郎（头目）之手。前一种形态在乌帕寨的早期（第三代山官以前）曾存在过，直至现在许多景颇族地区都有存在。以乌帕为例，这种制度的主要特点是：

有世袭的山官和严格的幼子"乌玛"继承制。山官享有最高的尊敬，百姓必须听从山官的话，山官对于百姓具有如下的权利和权力：

1. 收"宁贯"（也称"恩贯"）：百姓杀牲祭鬼，或猎获野兽，须送山官一条后腿。

2. 盖新房：山官要盖任何类型大小的住房，百姓有义务为山官建造。新屋落成，百姓须持米饭和酒前去庆贺。

3. 山官家"木脑"（盛大的祭典）时，山官所在寨以姓为单位，辖区内以寨为单位，各出一牛。平时山官家祭鬼，百姓也须送猪或鸡酒等。

4. 山官家结婚，山官所在寨各姓各出一牛或一镖，并义务劳役三天（做婚仪准备工作）；辖区内其他各寨，亦各出一牛或一镖。

5. 山官家死人送魂（丧仪）时，山官所在寨各姓出米三至四箩、水酒一缸，辖区各寨各出米三至四箩、水酒一缸。全部劳动力以无偿劳役为山官家挖坟。

6. 每户百姓每年在山官地上无偿劳役三天。

7. 在普遍栽种大烟后，每户百姓每年须纳大烟一至二两。

8. 山官有耕种任何一块旱地的权利，不论已垦和未垦地。

9. 百姓迁出或迁入，须获得山官的同意，迁出户并须交纳"夺沙木脱"才能迁走（一般是一头牛或一面锣）。

10. 百姓有婚、丧、建房等大事，必须持酒禀告山官。

11. 寨内司郎必须由山官委派。

12. 百姓嫁女儿，山官收取三分之一彩礼。

山官对百姓的义务是：

1. 调解纠纷，但百姓须向山官送钱。

2. 保护百姓生命、财产的安全。遇有外来侵犯时，山官须领导百姓进行抵抗。

3. 百姓因事赔偿（偷盗、拉事等），或因婚、丧祭鬼经济有困难时，山官给予适当的帮助，寨内鳏、寡、孤、独生活困难者，亦给以帮助。

4. 百姓作"木脑"，山官亦帮助一牛（木代牛）。

5. 百姓娶亲时，山官帮助一头牛作聘礼，到生了儿子时还给山官。

这些权利义务表明了山官作为首领身份的特殊地位。

除山官外，负责协助山官处理寨内行政事务的头人，称为"司郎"（也称猛力司郎），一般是寨内大姓中有威望的人，由山官委派，对群众没有什么特权。此外有"拾瓦司郎"和"纳破"，专司生产献祭。"拾瓦司郎"由群众选举，"纳破"一般由山官委派。

在这种制度下，社会等级的划分是严格的。官种、百姓、奴隶这三个等级具有不同的社会地位。官种景颇语称"杜阿缪"（即做官的姓氏），是最高的等级，山官必须出自官种，不仅在命名上官种与百姓不同，在婚姻上也实行等级内婚制，一般不和百姓通婚（官家姑娘亦有下嫁百姓的，但聘礼昂贵）。官种可以免除对山官的一切特权负担，但不当权，官种对百姓不具有什么特权。

百姓是村寨成员组成中最广泛的一个等级。他们中一些有能力的人，也可以因获得山官的信任和群众的爱戴而成为司郎，或因熟悉献祭而成董萨、肯萨、盆龙等宗教活动的主要人物，但不是官种，不能当山官。

奴隶景颇语称"木样"，是社会中地位最低的一个等级。凡山官、司郎及有钱人都能蓄奴隶。奴隶是主人的财富之一，可以赠送买卖以至杀戮。奴隶从事一切生产及家务劳动。但食宿与主人差异不大，称主人为父母或祖父母，呼主人子女为兄弟姊妹，女奴隶可以出嫁给百姓而取得自由人身份。但这种情况不多，一般百姓不愿与奴隶通婚。奴隶可以参加宗教活动而成为董萨、肯萨等，但身份不变。

这种等级的划分，彼此间的身份和地位是十分明确的。这是"贡沙"制度的一种形态。

另一种形态的主要特点是：山官仍是世袭，但幼子继承已不严格，百姓不向山官交纳"宁贯"。官家婚丧、建房等活动，像普通成员一样，百姓没有特殊的义务。山官对内在调解纠纷、管理村寨内事务方面，形式上虽参加，但不起主要作用。对外在名义上代表村寨，但实际上不能代表村寨作出任何决定，决定性的权力，则在司郎头目。除了对外民族征取的保头税，山官能分到一部分外，对本寨百姓在政治地位上，已丧失了其领导作用。这在孔木单、盆都均如此。但孔木单早期，山官曾有征收官工、恩贯、章贯等特权，并以首领身份，对外代表本寨，对内处理一切村寨事务。在距今约 60 多年前，山官因与近亲家女儿私通发生纠纷，因而威信扫地，同时也受了"贡龙"革命的影响，百姓才取消了山官的一切特权，从此山官权力衰落，不论对内对外，山官只是名义上负责，实际上没有权力，而司郎则在政治上跃居领导地位，成为真正的首领。但司郎与过去具有特权的山官有所不同，他原是寨内大姓的代表，亦是村寨百姓所信赖的人，对百姓一向没有特权剥削，在取得政治上的领导地位以后，这种身份依然存在。因此在确立了以司郎为领导力量后的政治形式，比过去的山官制度，具有更多的民主性质。

早期盆都的山官也有吃牛腿（宁贯）的权利，在处理寨内外事务上，具有首领的身份。由于山官三度绝嗣，经济地位衰落，反映在政治上，山官日趋软弱，特别是近五六十年来，傣族土司的控制加强，以服兵役的方式统制了景颇族的武装力量。同时邦各山官势力的勃兴，直接削弱了盆都山官的权力，在政治上邦各山官在盆都培植自己的亲信为"寨长"，总揽大权，在军事上培植一些军事首领为"队长"。寨长在政治上依附于邦各山官，队长则直接听从邦各山官的指挥。邦各山官一方面与腾冲汉族统治势力取得联系和支持，同时又依靠和勾结梁河土司，利用本族群众夺取水田的愿望，排挤了刘抚夷的统治势力，把刘抚夷旧有的 48 个寨子占为己有，并极力把附近各寨处于从属地位。这样近几十年来，就逐步趋向于形成以邦各为中心的政治统一局面，而邦各自身又从属于土司制度，成为其组成部分之一。因此，考察盆都政治制度，就不能不考察它的逐步变化的过程。虽然从其表面形态来看，盆都与孔木单有其共同的地方，但其实质却有许多差异。该寨新兴的富裕头目阶层，依靠邦各的支持，在政治上攫取了领导地位。为了巩固维护这种地位，不得不进一步投靠依附邦各和土司的统治势力。这种依附关系，改变了原来作为独立辖区的地位，而隶属于整个封建土司制度的一个组成部分，因此实质上是进一步封建化的过程。

在这种政治形态下，原有的等级关系松弛了。由于山官已丧失了固有的荣誉和权力，官种和非官种的划分在现实政治经济生活中的意义已不大，因此在命名上的区分也不严格了。百姓也可采用官种的命名法，而等级内婚制已经打破，官民间的通婚已广泛流行起来。奴隶在有的地方已经绝迹（如孔木单）；有的地方其性质已经起了很大变化，许多奴隶已取得自由人的身份（如盆都）。奴隶作为一个等级已濒于消亡。

这种政治形态，有些地方称之为"贡礼"。

"贡龙"制度则与上述"贡沙"制度有根本的区别，这是由直接的革命斗争，在推翻了"贡沙"制度的基础上所产生的。以乌帕为例，它的主要特点是：

1. 没有世袭具有特权的山官，以有才能者为领导（其后为经济富裕而具有一定能力者所替代）。

2. 废除了山官辖区，各寨独立，互不隶属。

3. 寨内无特权负担。

4. 土地为各占有者私有，可以自由处理，如典当、买卖、出租等，不受头人干涉。

5. 旧有社会等级间的严格限制也松弛了。如过去等级间的卑尊称呼、婚丧礼仪、宗教活动、等级内婚以及姑爷种、丈人种等种种规范被打破了。

6. 群众的迁徙更为自由，迁出者不须受交纳"夺沙木脱"的限制。

7. 在思想意识上不再尊重山官，反映在宗教礼仪上与贡沙完全相反。在"能尚"中，不再供山官家鬼，而供保护牲畜的鬼。董萨念鬼时，不再为山官祈祷，而是为百姓祈祷。

在贡龙社会中，山官制度被废除，官种失去了作为荣誉和特权的基础，而与自由民具有同等的身份，奴隶也被解放为自由人，因而实质上旧有等级制度也被废除。

贡龙制度的产生，据传说远在百余年前。它首先发生在江心坡一带，其起因是多种多样的，实质乃是反映了群众（包括百姓和奴隶）反抗"贡沙"制度的一种革命起义。革命斗争前的政治制度属于"贡沙"制度的前一种形态，山官对于百姓在政治上的统治和经济上的剥削成为百姓的桎梏。当时官家普遍蓄养奴隶，少者数十，多者数百，奴隶担负各种劳动，遭受非人的待遇（可以像货物一样贩卖，以至像牲畜一样杀戮），使奴隶成为受压迫受剥削最深的一个阶层。自由民（百姓）和奴隶迫切要求解放，是革命起义的主要动因，起义的领导者是自由民。这个斗争从江心坡逐渐蔓延到本区境内。约在80年前，莲山县支丹山一带，百姓曾纷纷起义。百姓联合百姓，山官联合山官各支系，并请来载瓦人和汉族军队镇压起义。斗争相持达20多年，最后由山官出牛9头分予百姓谢罪，并宣布放弃特权而告结束。终于建立了"贡龙"社会。在铜壁关地区（即莲山三区）也曾先后在50—80年前，陆续发生局部起义，在部分寨子建立了"贡龙"制度。

这个斗争产生了一定的影响。在这些已经建立贡龙制度的寨子附近，虽然有许多寨子没有直接爆发起义，但山官制度也逐步显得衰弱，甚至衰落到名存实亡的地步，孔木单即是一例。

"贡龙"的革命起义可以看作是社会阶级矛盾尖锐化的一个表现，其结果在江心坡一带直接打击了早期奴隶制的发展。在本区由于社会历史发展条件的不同，在逐步封建化过程中，在直接发生起义或受这个起义影响所及的地方，山官向领主身份的转化，受到了阻碍。特别是起义胜利后确立了土地的个体小农私有制，从而为走向封建经济开辟了道路。

在政治上与外民族的关系主要是与傣族和汉族的关系。景颇族迁来本区后，都与傣族土司发生了联系，并每年交纳竹笋、棉花、山货等实物负担。随后因具体社会历史条件的不同，各点的变化亦有所不同。乌帕、孔木单两寨由于地处边陲，离盏达土司的统治中心较远，土司一直采取怀柔的羁縻政策，对景颇族控制不严，隶属关系不强。在距今60—70年前，盏达土司兄弟争位，铜壁关地区景颇族帮助土司争位胜利，从此土司便没有增加铜壁关景颇族的负担，而且还给予山官"老刀街板"（傣语：收酒鸡）的权利，即每个山官每年可轮流在附近山下向傣族村寨每寨收一瓶酒、一只鸡和一箩米，直至抗日战争才不收。乌帕亦有类似情形。在现任土司思鸿升之父时，因受国民党排挤，逃来乌帕与山官结成兄弟，嗣后礼尚往来，直至解放前，土司没有向景颇族增加过负担。两寨附近没有汉族保头寨，因此也不征收保头税。孔木单附近的麻刀、蛮缅、散明等寨，虽有少数汉族居住，而且其中较早的在90多年前即已迁来，但在政治上与孔木单没有什么直接联系。乌帕在近三四十年来，国民党势力侵入，设立了保甲制度，委派了保甲长，为国民党征收大烟及其他杂派负担，在政治上有一定影响。

盆都寨由于靠近内地，又地处要冲，过去汉、傣族统治者对这一带地方控制较严，在清代即由腾越府委派汉官"抚夷"管辖山区人民，与傣族土司一起向景颇人民征收实物贡纳。百余年前，该寨赍头即经常与腾冲汉官往来，受到腾冲和遮岛土司的赏识，人称"莫娃腊"（景颇语莫娃即汉人）。八九十年前，该寨即有了波猛（傣族寨头之意）。该寨的头目，亦在同一时期产生。头目系汉名，波猛系傣名。赍头原系景颇族举行村寨间会议的临时首领，此时已取得土司和"抚夷"的信任而赋予行政职权，成为汉、傣族统治者设置的一种属官性质。五六十年前，腾冲汉官李某为邦各山官建造了衙门，更是有意识地培植景颇族的统治者。民国以来，该地设置了石婆婆乡，委派民族上层分子为乡长，"选举"了"国大"代表，与内地汉族统治者关系更密切了。邦各山官进一步与腾冲和遮岛土司勾结，取得了"保商队长"（保护商人之意）的称号，成为这一带的最高军事首领。他在各寨委派得力的亲信充任"队长"，从而掌握了各寨的军权，同时又在盆都寨内培植有能力的人，成为"寨长"（系汉称，景颇语同），在政治上，就形成了新兴的实力派，取代了山官的权力，也即是寨内真正的当权派。这些当权派在政治上由邦各山官委派，军事上服从其指挥，寨内纠纷须请示和听从邦各山官的调处。这种依附关系，使盆都在一定程度上隶属于邦各山官，而邦各山官又直接隶属于遮岛土司和腾冲的汉族统治者。如30余年前，腾冲因剿匪需兵，下令遮岛土司，由土司命邦各山官，由邦各山官和各寨队长，征集景颇族群众集合到太平山服兵役半月余。这一事例表明了一系列的隶属关系，说明盆都的政治制度与早期的山官制度已有了很大变化。过去作为山官辖区来说，具有一定的独立性，而现在这种独立性已日趋消失，逐渐成为汉、傣族统治机构的一部分了。

特别值得注意的是邦各山官权力的兴起，这种权力远远超过了本区各地所有的景颇族山官，它成了这一地区的政治军事中心。同时，衙门、牢狱、刑具等一套统治机构和制度也出现了。这些阶级压迫工具的产生，是景颇社会进一步发展，阶级矛盾进一步增长的标志。这些变化主要是在近百年内发生的，特别是近四五十年来发展更快，这和汉、傣族统治势力的增强有密切的关系，汉、傣族统治者利用邦各山官，而邦各山官也依靠汉、傣族的统治势力来统治本族人民。

近百年来，汉族群众大量进入山区，如在盆都附近建立的汉族寨子就有五个。他们由景颇族头人指定耕作地域范围，每年向景颇族头人交纳一定的保头税（一般是大烟），并每户每年为头

人服无偿劳役（生产）4—5 天。由于景颇族山官具有不同的势
力范围，汉族群众为了易于寻找走失的牛马牲畜，因此往往是向
附近各个景颇寨子都交纳保头税。如盆都一个汉族保头寨—滚沟
寨（32 户）每年交纳的"官烟"（即保头税）达 200 多两，其
中盆都景颇族头人分得大约 120 两左右，其余 80 多两交给别的
寨头人。除"官工"、"官烟"外，每逢年节，每户需出酒一筒，
粑粑两个，肉十两到官家拜年，礼品由全寨分享。汉族除在经济
上有上述一些负担外，寨内有纠纷亦须请景颇族头人来解决。他
们在政治上受景颇族头人统治。虽然总的来说，这里景颇族受
汉、傣族统治者统治，但对于山区少数汉、傣族来说，景颇族统
治者却又成了他们的统治者。汉族直接进入景颇地区居住，对景
颇族社会至少有这样一些影响：

1. 带来了先进的生产技术，特别是水田耕作细致，产量也
高，对景颇族耕作技术提高有一定影响。

2. 促进了土地的典当、买卖关系的发展（与汉族发生土地
买卖，都立有汉文契约）。

3. 各种剥削关系的加剧：汉族进入前，内部的租佃关系很
少，租额也很低，一箩种水田租额只 5 箩，汉族进入后，向景颇
族租田，由于汉族技术好，产量多，租额也高，后来逐步提高到
产量的 50% 以上；又如借贷关系过去较少，后来与汉族发生借
贷关系的多起来了，利率亦增至 150%—200% 以上。这里景颇
族称谷债为"谷份"，烟债（借大烟）为"烟份"，显系借用汉
族名词。高利贷的发展，显然与汉族进入很有关系。

总的来说，乌帕、孔木单和盆都在政治制度上已有一定差
异，这种差异是在上述内外条件的变化过程中形成的。

政治制度上的这些变革，对社会经济基础的存在和发展，具
有一定的反作用。就乌帕、孔木单两寨来说，由于山官制度被推

翻或已丧失其作用，所产生的结果是：

1. 旧有等级关系已被废止，人们的社会地位不再按等级来划分，而是取决于经济地位，加以土地私有制的确立，财富的两极分化，这种划分，在现实生活中具有了头等重要的意义。于是新的阶级关系彻底地替代了旧的等级关系。富裕者既然在经济生活中处于重要地位，也就比较容易地在政治上取得了领导地位。因此在这些地区，政治上的当权派也就是经济地位富裕者，以他们所组成的政治领导集团，不仅不会反对土地的买卖和集中，而且同意并支持这样做。因此在这些地区，束缚土地流动和集中的一切观念和习惯被解除了，辖区界线被打开了，土地流动于不同村寨、不同民族之间，为地富经济的发展打开了道路。

2. 随着土地个体私有制的确立和山官特权的废止，村寨堡垒被冲破，在逐渐封建化过程中，已失去了向领主经济过渡的客观条件，因此向地富经济过渡，就成为必然的道路。

3. 由于在旧的束缚解除后，新的强制力尚未形成，富裕者在政治上还没有发生可以用于集中土地财富的新的特权，因而旧的落后的家族血缘关系便显露起来，人们迁徙和获得耕种的土地，首先不是向山官头人请求，而是向有血缘关系的亲属协商。由于自然条件的方便，各地都还有一定数量未完全开垦的土地。凭借这种血缘关系，无地或少地的贫穷者，可以无代价地获得土地的使用权，从而使富裕者利用土地这一重要的生产资料进行的剥削，在一定程度上受到了限制。乌帕、孔木单两寨的剥削关系较少，这也是一个原因。同时由于战争械斗等的破坏，使得这些地区的土地集中和剥削关系的发展比较滞缓，从而阶级分化的速度也显得不十分剧烈。

盆都政治制度的变化所产生的影响是：

1. 由于汉族和傣族影响和控制的加深，使盆都在政治上成为隶属于外族封建统治的一个基层单位，在经济上地富经济占着主导地位。反映在政治上，则是以这些剥削分子为主组成领导集团，等级关系在这里也已不显著，经济地位和阶级关系成为划分人们社会地位的主要准则。剥削者不仅在经济上利用租佃、雇工、高利贷等方式集中土地，而且还利用政治上的权力掠夺和霸占土地，使地富经济进一步巩固和发展。

2. 在政治制度的逐步演变中，旧有的山官制度在一定程度上被保存下来，特别是旱地公有制依然存在，因此还缺乏彻底剥夺贫穷者一切生产资料的条件。但旱地在现实生产中作用不大，即使存在旱地公有制的情况下，土地还是发生了比较显著的集中，而且有了明显的阶级分化。

总之，作为上层建筑一部分的政治制度，随着生产方式的演变亦发生了相应的变化，为适应地富经济的发展创造了条件。但是这种变革带有一定的历史局限性和不彻底性，它改良了旧制度，而在某些方面还保存着它，甚而有的地方回复到更加落后的血缘家族关系上去，如乌帕、孔木单即是。经济基础改变了，而政权形态尚未形成。在盆都只是由于外族统治势力的加强，这种演变适合于封建统治的需要，因而地富政权的形态正开始在形成中。

在山官制度这种政治组织形式下，各辖区基本上是独立的，互不隶属，因此诉讼纠纷的处理，亦是以隶属辖区为单位进行的，辖区之间的纠纷，则由有关山官头人共同调处。

处理纠纷的准则是长期传统习俗所形成的习惯法。如杀人除赔牛、铓、"拍西"等（具体数量各寨的传统不一）以外，还须按人体各部分作象征性的赔偿，如头发赔羊毛，手足赔矛（或刀），脊骨赔铜炮枪，肠子赔珠子，脑赔银子（或棉花）等（数量各寨不同）。杀人一般是论事赔款，不以命抵命。对偷窃犯赔偿的处罚较重，特别是对偷牛、鸡、谷子、大烟的处罚很重，要赔偿三倍至数十倍的代价，并须杀牲谢鬼。通奸犯当场被女方丈夫杀死无罪，否则亦须赔牛、铓、"拍西"等。纠纷中无法确定是非时，往往采取神判的办法，如捞油锅、捞开水或赌咒等。这些习惯法，各地基本相同，只是在赔款的数量上、方式上略有出入。但是随着各地社会发展的不平衡，阶级分化的不同，习惯法在演变中所具有的阶级意义亦有所不同。

存在着山官制度的地方（例如盆都），习惯法体现了官民之间、贫富者之间的关系，如百姓杀死、杀伤山官，或有钱有势者，则加重处罚，甚至以命抵命；反之，如山官或有钱有势者杀死、杀伤百姓，则处罚较轻，甚至可以不赔。在已经取消了山官制度的地方（如乌帕），山官和普通百姓同等处理，但由于贫富分化的存在，习惯法也逐步被富裕者利用为自己服务。过去在山官制度下，土地的卖出在习惯上是禁止的，要受到山官的干涉，而取消了山官制度的地方，习惯法也改变了，承认这种买卖是合理的，这样就有利于富裕者集中土地。有钱有势的人往往利用习惯法对群众勒索敲诈，即使理亏了，也只需出钱贿赂主持讲事的人，可得以从轻处理，或少罚款。

习惯法本是全民性的工具，但在不同地区都已具有了一定的阶级内容，因而也在一定程度上反映了景颇族的阶级分化。

山官作为辖区领袖的身份来说，是习惯法的体现者和执行者。但目前上述三个点的山官，由于已经丧失或濒于丧失作为辖区领袖的身份，因此掌握和执行习惯法的并不是他们，而是事实上的当权派——司郎、头人。

在习惯法的执行过程中，大致有两种情况：一是保存了一定的民主形式，另一是由头人专权，习惯法成为头人剥削榨取群众的工具，而头人自己则独立于习惯法之外，不受习惯法约束。前一种情况如孔木单，后一种情况如盆都。

孔木单村寨内部的纠纷，首先由各大姓氏的负责人（传统有威望的人家，不一定是年长者）调解处理。如不能解决时报告司郎，由司郎出面邀请山官、各姓负责人以及寨中的老人共同调处。调解时大家发表意见，由司郎根据大多数人的意见作出决定；对于少数不同意见的人，则进行说服批评，如不服调处，被告也可另请他寨有威望的山官头人来调处。调解纠纷一般不需送礼或出钱，只需请头人、山官等吃一顿饭。但调解完毕，胜利一方也有送些钱礼感谢头人的，数目不定，如系调解人命案件，由于要请董萨、肯萨、盆龙等念鬼司祭，由此必须要由赔偿命金者（命金在50元以上者）以一面锣谢董萨，一件抄子谢肯萨，一把刀谢盆龙。如调解其他案件，则罚款全部由被损害一方所得，不需出上述这些东西。山官头人和百姓一样，并不独立于习惯法之外，如果犯法，则请附近各寨山官、头人、长老共同处理。村寨之间的纠纷也需请各寨山官、头人、长老及有关人员共同处理，由董萨打卦决定主持调处的主席——司郎（他没有专断的权力，也没有体罚和刑具）。

在盆都则不同，寨内纠纷主要由头人（寨长、队长等）调处。有时也邀请山官或长者参加，但决定权属于头人。即使山官、长者和有关人员不参加，头人个人也能作出决定。调解纠纷时，当事双方要"送礼"，送得多的就能胜利，事实上是变相的贿赂。调解的被害人只得罚款的1/3，其余1/3为头人所得，其他参加讲事的人合分1/3。被处赔的人，还须出"打扫衙门钱"3—30元半开和烟茶钱5—10元半开。这种调解纠纷，实际上已成为头人向群众勒索的一种方式。头人自己并不受习惯法的约束，可以借故捆人、打人以至杀人而不算犯罪。如该寨张队长借故捆绑群众，强迫罚款，迫得群众卖男鬻女，还直接杀过四个人，群众不敢反抗。头人成了凌驾于习惯法之上的特殊人物。村寨之间的纠纷，则主要由邦各山官处理，邦各山官成为这一带的最高统治者，他们设有牢狱、刑具，可以任意捆绑以至杀人而不算犯罪，习惯法对他们不起作用，相反，却成了他们欺压榨取群众的工具。

显然，在阶级分化比较明显的地区，虽然没有成文法，但习惯法也可以发生变化，为统治集团所掌握，体现统治集团的意志，具有阶级压迫工具的性质。

由于各山官辖区基本上是独立的，没有统一的组织，因此辖区间的纠纷，往往导致武装冲突——"拉事"（景颇语"Jaʌ tɕeiˋbaˊ"，意即牛栓吃）。其发生范围和对象都没有一定，辖区间、村寨间，以至村寨内部均可发生，发生的原因大多是因人命、婚姻或债务等纠纷，即使细小事故亦可引起拉事。拉事本身不能解决纠纷，最后还必须通过山官头人等以协商方式，进行"讲事"，议决赔偿了事。拉事大多发生于村寨之间，村寨内部的纠纷一般通过协商解决，直接发生拉事的不多。辖区间，特别是与外民族间的纠纷，规模较大者往往成为战争。在阶级矛盾和民族斗争较尖锐的时期，战争冲突尤为频繁。如乌帕寨在推翻山官制度的斗争中进行了长达20年的战争，孔木单近20年来，因铜壁关地区早童和木桄的斗争，整个铜壁关地区几乎都卷入了这场战争。抗战期间，为日寇和国民党利用，双方战争持续达十余年之久。盆都在与汉族统治势力刘抚夷的斗争中，在抵御国民党和外地（陇川）载瓦的掠夺，以及村寨间的土地争夺等矛盾斗争中，战争比较频繁。在邦各山官势力勃兴后，由于汉、傣族控制的加强，逐步形成了以邦各山官为首的一套相互联系，具有隶属关系的军事性组织，各寨军事首领受命于邦各山官。由于各寨军事首领逐步成为政治上的当权派，从而逐步形成了以邦各山官为中心的政治和军事的统一。但即使如此,景颇族迄今尚未形成较为严整的军事性组织。首先,没有经常性战斗训练的常备兵组织,个别寨子如蛮牙河雷大队长有士兵十余人,全系国民党残匪,每个成年男子都有服兵役的当然义务,对不参加战斗的人,首领加以责备,舆论加以谴责,但无处罚,这种军事组织仍然保持了传统的全民性形式,它还没有分离出由统治集团所掌握利用,作为阶级统治工具专置的武装力量。其次,这种军事组织在颇大程度上具有亲族的血缘关系,首领和士兵之间,主要还不是官兵关系,而是亲族关系,如一二十年前,邦各山官和蛮牙河雷姓准备战争,双方各与自己亲族联系,征调了四五百士兵,但双方被征集的士兵中,都有亲戚关系,来自同一村寨、同一家族,甚至是兄弟两人各参加一边,因此士兵不敢自相残杀,促使双方和解了事。

景颇族的拉事纠纷和战争,在不同的条件下,起着不同的作用。在盆都,山官头人利用拉事、战争,进一步掠夺财富和土地,如战败刘抚夷后,刘抚夷所有土地为山官头人们所分,土地大量集中,战争成了促进阶级分化的一个因素。在孔木单,由于早童、木桄十余年的战争,不仅早童、木桄两家家破人亡,而且整个铜壁关地区人民受到极大的损伤,五个寨子完全烧毁,死亡达190多人,原来比较富裕的户亦因战争而破产,导致了普遍的贫困。直至今日,该地景颇族人民言之犹痛。这个战争使原已集中的财富遭到破坏,从而成了延滞阶级分化的一个因素。

(二) 家庭婚姻

景颇族的家庭是父系父权的一夫一妻制个体家庭,一般以夫妇为主,包括子女在内。在某些地区 (如盆都),个别富裕户养有一个或一个以上的奴隶 (或类似奴隶的寄居者),他们与主人同住一屋，分室而居。

景颇族成年男子，婚后即与父母分居，老家由幼子留守，幼子是父母养老送终的直接负担者，因此，大家对幼子都比较重视和尊敬，称之为"乌玛"。幼子的家庭地位高于其他兄长。长子、次子居于"恩板达"、"都啊达"（进门处，奴隶亦居此处）等不重要地方，幼子则居于靠近供鬼的重要地方——"恩邦达"。

在财产的继承关系上，也反映了幼子的家庭地位。如果老家的财产较少，兄弟关系不睦，则长兄空手出门，分不到财产；如果老家比较富裕，兄弟情感笃厚，长兄可分到部分田地耕畜，但大部分须留给幼弟。此外长兄分居时，如欲分得"木代"鬼，必须举行隆重祭典，并向幼弟送一定的礼品，在道义上长兄有尊敬老家，帮助幼弟解决困难的责任。

在山官家庭里，官位的继承权属于幼子。长子分居后，如去他寨当官而向幼子分"拾滴"鬼时，要出一份厚礼。

这种幼子继承制，在"贡沙"社会中特别受到重视，在革命后的"贡龙"社会中（如现在的乌帕寨）则比较淡薄了。在孔木单，幼子继承制已很不严格，分家时除家庭特别清寒，长子不分财产外，一般是父母和诸子平均各得一份，幼子留守老家赡养父母，则父母的一份也为幼子所得；如幼子不愿留守老家，则也如其他诸兄一样分得一份，并无特殊权利。

女子一般没有继承财产的权利。富裕者女子出嫁时，兄长赠以牛或其他礼品。若父母无子，而女儿未嫁者，父母死后女儿可以继承家产；或虽嫁而为父母安葬、埋魂者，亦能继承父母财产，否则归代为安葬、埋魂的近亲所得。女子招婿，亦有继承财产的权利。

景颇族称老家为"恩达格巴"，老家具有很高的威信。他们往往从一个老家分出若干户，以老家为核心，形成具有血缘联系的小集团。即使在迁徙后，老家的所在地犹记忆不忘。这种血缘联系随着地域联系的日益广泛，其意义也日益减弱了。如乌帕寨近四五十年来在幼子家举行重大的祭典——"木脑"已很少了，对老家尊敬的意识也日渐淡薄。

幼子继承制和对老家血缘联系的衰落，在一定程度上反映了景颇社会一夫一妻制的日臻稳固，它是私有制进一步发展和地域联系不断加强的结果。

景颇族村寨往往由许多不同姓氏的小家庭组成。如乌帕寨63户中包括四个大姓，孔木单28户中包括七个姓氏（六个支姓），盆都42户中包括五个姓氏。这些姓氏间往往相互具有"木育"（丈人种）、"达玛"（姑爷种）的关系。这种婚姻关系，是建立在同姓不婚原则的基础上的，同姓男女发生关系要受严厉制裁甚至被杀。不同姓氏一经建立婚姻关系，女方姓氏即成男方姓氏的丈人种，相对地，男方姓氏即成姑爷种，凡属男方姓氏的男子就有权利娶女方姓氏任何一家的姑娘。但彼此一经确认为"丈人种"和"姑爷种"后，即建立了单方面的通婚关系。"姑爷种"永远是"姑爷种"，不能把姑娘嫁给"丈人种"。正因为这样，这种通婚关系非有三个以上的集团（姓氏）组成不可。事实上景颇族的通婚关系很广泛，一个姓氏同时可以和几个姓氏建立"丈人种"或"姑爷种"的关系。严格遵守"丈人种"和"姑爷种"的关系是景颇族的通婚原则，青年男女恋爱过程中（串姑娘），首先要问清彼此姓氏和通婚关系，不合者，不能在一起。但近几十年来，这种限制已有所改变，如乌帕、孔木单均已发生"回形婚"的情形，"丈人种"姓氏娶了"姑爷种"姓氏的姑娘。但一般认为这不是很合理的。不仅"丈人种"和"姑爷种"已不严格，同姓不婚的原则，亦日渐松弛了。如支丹山寨竹岭干寨排姓山官曾娶排姓女子为妻，自称同姓不同支系分开八代以上的就可通婚，孔木单寨有此说。同姓男女间发生关系的处罚，亦不如过去严厉了。一般是将男方毒打一顿，杀一牛祭鬼，赔一铓、一件抄子，即算了事。如女方怀孕，生子后由"姑爷种"姓氏中无子者认领。

景颇族的通婚关系还反映在彼此间的亲属称谓中，男子称自己的子女和自己兄弟的子女为"岩沙"（我的孩子），他们（子女）间互称"格普"（兄）、"格脑"（弟）、"格纳"（姊）、"格章"（妹），称他们的父亲和父亲的兄弟均为父亲。女子称自己的子女和自己姊妹的子女亦为"岩沙"（我的孩子），他们（子女）间互称兄弟姊妹，称他们的母亲和母亲的姊妹均为母亲，这表明他们有着共同的父母。因此，根据族外婚原则他们间不能通婚，相反，男子称自己姊妹的子女为"寇"（外甥），自己的子女和姊妹的子女间，不是兄弟姊妹的关系而是姑表关系。他们之间男称男为"薜"，女称女为"宁"，女称表兄弟为"扎"，男称表姊为"热阿"，称表妹为"艾纳姆"，女子称自己兄弟的子女为"艾纳姆"（侄），自己的子女和兄弟的子女间不是兄弟妹姊关系而是舅表关系。他们之间，男称男为"薜"，女称女为"宁"，女称表兄为"姑"，称表弟为"热阿"，男称表姊为"克桑"，称表妹为"克施"，这表明他们间不具有共同的父母亲，因此可以通婚。这种婚姻关系，清楚地反映了曾经存在过的"普那路亚"家族形态的遗迹。

对于亲属称谓中所反映的通婚关系，主要服从于丈人种和姑爷种的关系，如母亲的姊妹的子女，与我原是兄弟姊妹的关系，不能通婚，但如果母亲的姊妹的父家是我的丈人种，则我就能与之通婚，因此通婚关系主要以丈人种姑爷种为转移。

景颇族结婚方式大别为两种：一种是男女青年在"恩腊扁"

（即串姑娘）时，发生了关系，女子怀孕后，指腹认亲，经男方认领结为夫妇。但亦有的男子只认子不认母，对女子来说是很大的耻辱，虽然女子依然有出嫁的权利，但出嫁比较困难。因此未婚女子对此存有戒心，不随便与男方发生关系。故非婚生子不多。另一种是"扁艾"（即"要婚"男方）选择若干对象后，偷得女方一些细小物件，请董萨打卦，择定对象，然后请"格沙"（媒人）2—4人（或更多一些）至女家议亲，一般女方不肯立即同意，否则认为没有体面，是羞耻的事。过1—2个月或5—6个月后始决定，有的甚至长达数年之久，认为越长越有面子。议亲时女子本人不能做主，全由父母包办。议亲后择吉结婚。结婚时一般采取"偷婚"的形式，即伺姑娘外出时把她偷来，亦有的请寨中人伴送姑娘至男家。但一般认为前一种方式姑娘身上不带鬼，后一种方式带着鬼，因此，以前一种方式为吉。此外信教的则由于不信鬼，多采取自由恋爱方式，经媒人说合成婚。

在上述两种方式中，以后一种为普遍。尽管男女青年在婚前有充分的恋爱自由，但结婚由父母包办，并不自由，因此婚后有妇女长期留居娘家或发生逃婚的现象。

婚后妇女受到种种约束，不能再谈情说爱，须严守贞操，而男子却不受此约束，如婚后不睦，女子提出离婚，须偿还男方全部聘礼，并须得男方同意；而男方提出离婚，则不须作任何赔偿。离婚权实际上掌握在男子手中。

丈夫死后，寡妇必须在丈夫家族内转嫁，否则寡妇必须退回亡夫结婚时全部聘礼，始得再嫁。转房的范围，兄弟、叔伯、侄子均可，甚至父姜亦可子承。但一般是往下转，长辈可转嫁晚辈，晚辈转嫁长辈者少，而以叔嫂间的转房为多，这种情况实际上反映了妇女不过是体现了一份财产在男方家族内流转而已。

对于转房来的妻子，并不视为正室，因认为她死后将仍须与前夫共处，故必须另娶正室，这也是造成景颇族多妻的原因之一。此外亦有因妻子不育，无子嗣而再娶者，亦成为多妻的一个原因。

在存在着山官制度的地方，等级内婚制仍然存在。山官必须娶官种的女子。百姓虽然能娶官家女儿，但聘礼昂贵。在许多地方，这种等级内婚制由于山官权力的没落，已很不严格了，如孔木单山官与百姓通婚，已成通例，百姓娶官家女儿，聘礼与娶百姓女儿相同，唯富裕者须增出马、象牙等贵重礼品。在已经取消了山官制度的地方，等级内婚制已不存在，如乌帕即是。

总的来说，景颇族已进入了比较稳固的一夫一妻制，个体家庭便是社会的经济单位，而私有制是这种家庭和婚姻制度赖以建立的基础。但随着私有制的发展和社会制度的变化，存在于家庭和婚姻制度方面的落后形态，也已逐步发生了变化：偷婚（抢婚）已很少具有真实意义，已成为一种仪式和手段；议亲的普遍流行，实质上已成为买卖婚姻，妇女不过是体现了某种财产而已，而转房制度的盛行，又进一步巩固了这种私有财产。

由于一夫一妻制的日臻稳固，幼子重要的观念的淡薄，特别是水田农业的广泛发展，长幼子间为争得财产的斗争明显起来，幼子继承制已逐步松弛。

随着阶级分化的日益发展，特别是在“贡龙”革命以后，等级关系已被阶级关系或主要地被阶级关系所替代，等级内婚制已变得不严格，甚至是消灭了。

作为血缘联系，对老家（恩达格巴）的关系，也在日趋淡漠中，而姑爷种丈人种的严格原则，也开始打破了。这些血缘关系的松弛，是和地域联系的加强紧密相关的，但不能忽视血缘联系在景颇族现实生活中还是存在着的，而姑爷种丈人种还是景颇族通婚的唯一形式。这些亲属和血缘联系，大大加强了本族内部的积聚力。如前所述，他们在发动战争抵抗外侮时，主要是通过这些婚姻集团和血缘联系集结起来的，因此，尽管他们内部的政治、经济联系不很广泛，但亲戚间的联系仍然极为密切。

这表明，景颇族的家庭和婚姻制度，随着历史的发展也在逐步演变中，它反映了私有制的进一步巩固和发展。

（三）宗教信仰

景颇族基本的宗教信仰是鬼灵信仰，对一切自然、社会现象不能理解者，均赋之以鬼灵观念，因之鬼的种类不啻百十余种之多，且鬼有善恶之分，能降人以祸福。因此，为了禳灾祈福，以牛、猪、鸡等献鬼。在一切生产生活活动中，充满了鬼灵宗教的仪式。

生产上的祭鬼活动主要是献"能尚"。第一次是在砍旱谷地时，由"董萨"择卜吉日及祭品，通告全寨，至吉期在"能尚"处献祭，一般只献以鸡蛋、干鱼等祭品，祈祷砍地顺利。献祭后进行象征性的砍地，砍地后忌动土四天。第二次是在烧地后，点种旱谷前，以猪、鸡、干鱼、鸡蛋等献祭，祈祷丰收。烧地后也须忌工2—8天（埋鸡忌2天，埋猪忌4天，埋牛忌8天，以打卦决定）。至谷子抽穗前后，除各户自己作小规模的献祭外，全寨要作第三次献"能尚"，仪式较隆重，须杀牛、猪、鸡若干，全寨人共聚"能尚"处祈祷丰收。谷子成熟时则举行"吃新谷"，做最后一次献祭，祈祷全寨安乐健康，并感谢诸鬼。这些献祭均在旱地上。水田在耕作过程中，没有上述种种宗教活动。可见生产上的宗教活动，主要反映了耕种旱地时期的生产方式，水田耕种时期不长，还没有反映到宗教仪式中去。

由于山官权力的衰落，在生产上已不具领导地位，因此在生产性的宗教活动中领导者是司郎和头人，而不是山官。孔木单山官已信教，不参与这些宗教活动。这些山官不仅在实际上，而且最后在思想意识领域中，也丧失了领导者的身份。

除生产外，一切生死疾病、婚丧节庆也都要献鬼。疾病鬼中以"阿酸"、"撒瓦"、"枇杷"等鬼为最凶恶。经董萨卜定，身附"枇杷"鬼，祸人凶狠者，经全寨商议，把他杀死，甚至全家杀绝。一般附"枇杷"鬼的姑娘，就无法出嫁。

对于疾病，除认为各种野鬼作祟外，也有认为因人死后鬼魂未走，家鬼作祟所致。献祭时往往先献鸡，病不愈再献猪，仍不愈则献牛。如遇重病连病，则往往因而倾家荡产。此外死人丧葬，结婚生育，也需献祭，耗费财富颇巨。如孔木单17户信鬼户，平时一般的杀牲献鬼（不包括临时偶然性的，以及不经常举行的大规模祭典）仅计算牛、猪、鸡三项（其他粮食、酒等的耗费还不算），解放前一年耗费折谷子643箩，几乎相当于该寨全部旱谷的产量，平均每户耗费折谷38箩，相当于1.5人一年的口粮还有余，如果加上献鬼时劳动力的浪费，损失就更大。盛大的庆典如"木脑"，参加群众3500多人，仅杀牲及烟酒米等耗费，折谷1132箩。这种宗教性活动浪费了大量人力物力，对景颇族的生产生活破坏很大。

在频繁的宗教活动中，产生了许多担任宗教职务的人。其中能降神有巫术者，称"迷推"；能念木代鬼并通晓本族历史者，称"载瓦"；为人正直能念地鬼者，为"戛董萨"；洁净德昭能念官家最大的鬼——"拾滴"鬼者，称"拾滴董萨"。戛董萨和拾滴董萨均称为大董萨，一般司祭念鬼的统称为"董萨"（或称"董萨格机"）。此外，分配祭品、陈设祭仪的人，称为"肯萨"，祭地鬼时的"肯萨"，资望较高，称为"戛肯萨"；协助"肯萨"宰杀牲畜的人，称为"盆龙"；祭鬼时协助埋鬼、装鬼筒等工作的，称"勃然"。各寨均有相当数量的董萨，如乌帕，平均7户就有一个，孔木单平均8户有一个，盆都平均10户有一个。"肯萨"、"盆龙"、"勃然"等均是董萨的助手，司祭时须听从董萨的指挥。大董萨（包括戛肯萨）以上的人物，在群众中享有较高的威信。他们在政治上与山官司郎等头人有密切联系，并直接间接地参与政治活动，如调处纠纷、战争、议和等大小事件，均要有董萨打卦后提出建议和决定。一般的小董萨，在宗教活动中除能分享一些祭品外，没有更多的报酬。大董萨则须给以报酬，特别是较大规模的祭典，报酬颇厚，往往一次能得牛数头，或马数匹，或钱数百文卢比不一。有的地方这些大董萨对群众还有无偿劳役的权利，如乌帕，群众为他们做"拾瓦戛缩"，不给报酬，孔木单群众在农忙时也须帮董萨做几天无偿劳动。但一般董萨都还从事劳动生产，只有个别有较多迷信收入和剥削收入的大董萨脱离生产劳动。

景颇族的宗教意识已非纯属鬼灵观念，社会发展和阶级分化的结果也反映在宗教意识中，他们认为人死后的世界与现实世界一样，也有山官、司郎、百姓、奴隶等，生前什么身份、职位，死后依然不变，因此死后的世界里，依然有贫富尊卑之别。

他们也有生死轮回之说，认为：人死如蝉蜕，人魂脱离躯壳而已；生前抢劫杀人作恶者，死后偿还；恶人死后则不得再生。这些观念可能系受汉族影响，特别是死后建坟、挖沟等均学自汉族，有些较大的坟墓直接请汉族人建造。近几十年来已有清明上坟，烧香膜拜，求子祈福的，如盆都、孔木单均有。

景颇族的宗教意识虽然还是鬼灵信仰，还未发展到偶像崇拜，但由于社会发展、阶级分化和外民族的影响，许多现实生活中的等级、阶级以及人们间的关系，也在宗教意识中反映了出来。

近几十年来，外国传教士在靠近国境的景颇族地区，传播基督教，在部分景颇寨子建立据点，孔木单早在 30 年前即有盈江邦瓦寨景颇族传教士前来发展了两户教徒，近几年来已发展到11 户，占全寨总户数的 39% 强。景颇族信教的原因，一方面是传教士的拉拢，同时也出于景颇族对疾病及自然力的无力抵抗。如该寨一户，因生病杀牲献鬼无效，因而信教，随后又病，祷告无效，再改信鬼。因此只要加强医药卫生，提高文化教育，则宗教意识是可以改变的。

五　小结

上述三个点景颇社会的生产力、生产关系及上层建筑诸方面的资料，大体反映了解放前的社会面貌。资料表明，景颇族的社会形态是多结构的，私有制已经确立，但在不同程度上保存了土地公有的残余，生产资料占有已不平衡，贫富的分化日深，各种剥削关系——租佃、雇工、高利贷等已有一定发展，早期奴隶制残余已濒于消灭，血缘联系已为地域联系所代替。

由于阶级关系上升，旧有的等级关系已丧失其原有的意义。除部分地区，山官制度受汉、傣族封建统治者控制，而具有隶属于封建制度的性质，从而百姓与头人已具有一些依附关系外，本族内部很少有依附关系，本族头人与受其控制的外族群众间有劳役及贡纳的关系。习惯法为头人及富裕者所掌握，在一定程度上并为其阶级利益服务，从而这种习惯法和传统势力，具有了经济外的强制性质。总的来说，由于私有制的发展和阶级分化的结果，村社关系已逐步封建化，早期奴隶制正归于灭亡。封建性的生产关系已在逐步形成并上升发展为主导的生产关系，各地地主富农性质的生产资料占有及剥削关系，成为人们相互关系及社会地位的决定因素，因此这种封建性的生产关系，具有明显的地富经济性质，而在部分地区，少数地主又带有一些领主的色彩。

景颇社会逐步封建化的过程，大体分为以下几个阶段：

1. 迁来本区前后（约 150—200 年以前）为封建因素发展较少时期，家长制关系已解体，以地域联系为基础，而不是以血缘联系为基础的农村公社已形成；私有财产在发展中；耕地为个体农民占有；早期奴隶制已有一定的发展。

2. 迁来本区后的早期（约 100—150 年以前）与汉、傣族封建制度发生关系，在政治上受着不太严格的控制，在经济上产生了不太严重的剥削——贡纳关系，而村社内部的财富占有及阶级分化，已具有封建生产关系的一些因素。

3. 近百年来，景颇社会中，水田农业的发展，私有制的确立，早期奴隶制的没落，封建性的生产资料占有及剥削方式的产生，村社关系的逐步封建化，导致地富经济的产生和发展，山官头人对其控制的外族人民，征收"保头税"，无偿劳役等封建性负担，景颇社会进一步向封建社会过渡。

在向封建社会过渡中，社会矛盾斗争的性质和形式，从两方面来加以考察：

1. 生产力与生产关系间的矛盾：以水田农业为代表，生产力水平与封建性的生产关系相适应。这个生产力和生产关系的统一体，构成了生产方式中上升的进步因素。由于它的不断发展和增强，在不同程度上影响和规定了社会发展的趋向，因而具有主导的形态，成为社会发展中的主流。而生产方式中的落后成分和低下的旱地生产力，村社形态的生产关系和极少数早期奴隶制残余等正在日趋没落。这些落后成分，对封建性生产方式的形成和发展具有一定的阻滞作用。这种阻滞作用，在不同地区、不同社会历史条件下，其影响的程度亦有所不同。但总的来说，这些落后成分具有从属的性质，在整个社会发展中不起主导的决定性的作用。因此解放前景颇社会中生产力和生产关系间的矛盾，主要表现为封建以前诸社会生产形态的残余与封建性生产关系之间的斗争。地富经济（在某些地区还带有一些领主色彩）力图瓦解原有的村社经济关系，并使之转化为适合于地富经济发展的封建性生产关系，村社成员间生产上的互助协作关系，变成了自由人民及劳动者和大土地占有者之间的关系，土地及其他生产资料和实物财富成为剥削贫苦者的手段，富裕者与贫困者，剥削者与被剥削者的关系是人们互相关系的基本实质，从而原有的村社成员之间的关系，在本质上已为阶级关系所代替。但是解放前复杂的民族斗争和内外社会历史条件的限制，使村社经济的存在具有了一定的必要和可能，而村社经济的长期存在，又成为贫苦者尚未达到完全丧失生产资料的前提，从而缓和了阶级分化，起了阻碍封建因素发展的作用。

2. 上层建筑与基础的矛盾：在历史发展过程中，上层建筑的变化往往落后于基础，与基础的关系，愈是间接的部分具有愈多的落后性。它们反映了并服务于旧基础的要求，成为新基础前进中的一种阻滞力量。在新基础的形成和发展中，必然要求改造旧有的上层建筑，以适应新基础的发展，而新上层建筑的产生和发展，又有力地巩固了新基础。这种矛盾斗争的辩证发展，不断促进着社会的发展。景颇社会中，由于地富经济的发展，阶级关系打破了旧的等级关系，官种在政治上的领导地位已经丧失，或不起决定性作用，而地富阶级成为政治上的当权派，社会政治地位以经济地位为转移，这种地富政权，有利于地富经济的巩固和发展。但地富阶级在政治上，对群众的约束力薄弱，经济外的强制不强，没有专置的武装，没有形成政治上的强力机构。许多地方还以复古的方式，呈现出比山官制度更为民主的形式。这些表明了建立在地富经济基础上、并为巩固和发展这个基础服务的政权形态，正在逐步形成中，但是它的不彻底性和局限性，依然落后于基础的发展。

反映在家庭婚姻上的幼子继承制、等级内婚制和"木育""达玛"关系的松弛，表明私有制的进一步发展，氏族血缘联系的没落。串姑娘和婚前性关系的自由，以及其他许多落后习俗，是落后的经济制度的产物，而在地富经济已经产生和发展后，依然被保持着，成为上层建筑的落后部分。

宗教信仰中对人的生死轮回之说，以及基督教的信仰，是较进步的宗教意识，但落后的鬼灵信仰仍是占主导地位的宗教意识。大量的杀牲浪费，破坏了社会生产力，阻碍了财富的集中，与新的地富经济的发展相矛盾。

总之，上层建筑诸方面，随着经济基础的变化也发生了一些变化。这种变化有利于新基础的形成和发展，但上层建筑中的落后因素又成为社会发展的阻力。

由此可见，解放前景颇社会的基本矛盾是：封建以前诸社会生产形态的残余，与正在上升、发展并具有主导性质的地富经济生产方式之间的矛盾，以及在封建因素发展较少的基础上所形成的上层建筑与新的基础之间的矛盾。前者表现为地富阶级与广大劳动群众间的矛盾斗争，而后者表现为先进的组织制度、意识形态和落后的习惯势力之间的矛盾斗争，这个斗争中也包含了一定的阶级斗争的意义。因此，前者决定着后者，而后者又影响着前者。

〔《景颇族社会历史调查》之（三）（1958 年 3 月调查），

《中国少数民族社会历史调查资料丛刊》，

云南人民出版社 1986 年〕

附表 1

水田耕作工序及用工量表

单位:天　人工:天　牛工:天（每天为2架）

项目 / 寨名	犁板田 人工	犁板田 牛工	犁二道 人工	犁二道 牛工	耙头荒 人工	耙头荒 牛工	耙二道 牛工	犁三道 人工	犁三道 牛工	耙三道 人工	耙三道 牛工	铲埂	包埂	秧田耙干荒 牛工	秧田耙水荒 人工	撒秧着水	铲埂包田	围田	秧田合计 人工	秧田合计 牛工	拔秧	栽秧	放水	薅秧	守童防兽	割谷堆	拢谷堆	围谷堆	打谷 人工	打谷 牛工	扬谷 合	合青 合	总计 工序	总计 人工	总计 牛工
乌帕	5	5	5	5	5	3.5	3.5	5	5	2.5	2.5	1	1	1	1	1			5	2	1.5	15	6	2	10	10	3		5		7		15	85.5	23
坝田	2		2	1	1	1	1	1.5	1.5	1	1	1.5	3	1	1	1			4	2	2	5	6	5	1	5	1	1	4	4	2	15	22	61	13.5
孔木单 山田	2.5	2.5	2.5	2.5	2	2	2			2	2	5	5	1	1	1	1	2	6	2	2	5	8	7	2	4	2	1	4	4	2	3	25	68	19
盆都	2.5	2.5	2.5	2.5	2	2	2			2		5	8	0.5	0.5	3	1	5	10	1	3	4	3	6	2	6	3	1	8		15		21	83.5	11.5

附表 2

每箩种水田成本产量及每劳动日所得量

单位:合:箩

项目 寨名	成本												人工	产量			扣除种子、耕牛、农具等折旧后,每劳动日所得量		
	犁头	犁架	木耙	锄头	镰刀	长刀	锄息	背箩	小计	耕牛折旧	种子	合计		高	一般	低	高	一般	低
乌帕	0.333	0.133	0.133	0.167	0.033	0.067		0.067	0.933	1.81	1	3.743	85.5	30	20	10	0.307	0.19	0.073
孔木单 坝田	0.327	0.173	0.3	0.25	0.025	0.073	0.005	0.157	1.31	2.04	1	4.35	61	90	50	20	1.404	0.748	0.257
孔木单 山田	0.327	0.173	0.3	0.25	0.025	0.073	0.005	0.157	1.31	2.624	1	4.934	68	50	35	15	0.663	0.442	0.148
平均	0.327	0.173	0.3	0.25	0.025	0.073	0.005	0.157	1.31	2.332	1	4.642	64.5	70	42.5	17.5	1.034	0.595	0.203
都盆	0.425	0.235	0.25	0.214	0.0425	0.14		0.2	1.506	3	1	5.506	83.5	100	70	40	1.132	0.772	0.413

附表 3

旱谷耕作工序及用工量表

单位:人工:天

项目 寨名	砍树 烧地	拣 场	挖 地	围 地	漂 地	点种 或 撒种	薅一道	薅二道	看 鸟	割 谷	堆 谷	打 谷	背 谷	工 序	人 工
乌 帕	13	3				15	20	20	15	5		5	3	9	99
孔木单	5	4		5		4	7	6	7	3	1	10	2	11	54
盆 都	3	1	10		8	2	20	15	15	8	2	16	4	12	104

工 序 及 用 工 量 / 合 计

附表 4

每箩种旱谷成本产量及每劳动日所得量表

单位:合:箩

项目 寨名	成本								人工	产量			扣除种子、农具等折旧后,每劳动日所得量		
	农具折旧					小计	种子	总计		高	一般	低	高	一般	低
	砍刀	斧子	"董苗"或锄	镰刀	背箩										
乌帕	0.167	0.167	0.017	0.033	0.133	0.517	1	1.517	99	30	12	7	0.288	0.106	0.055
孔木单	0.146		0.018	0.025	0.104	0.293	1	1.293	54	30	15	6	0.532	0.254	0.087
盆都	0.213		0.425	0.043	0.15	0.831	1	1.831	104	55	35	15	0.511	0.319	0.127

附表 5. A

以单位劳动力计算所能提供的剩余生产品量

单位:谷:箩

项目 寨名	男女全劳力各一所能负担的耕地及产量							扣 除													剩余生产品量(折谷)	
	面积(箩)			产量(箩)				生活费用(折谷)									种子	生产成本(折谷)				
	水田	旱地	合计	水稻	旱地 合子	红米 折合	合计	口粮	衣服	酒类	草烟 芦子	盐巴	油肉	篾子	其他	合计		农具	耕牛	合计	二人 合计	每人 平均
乌帕	2	2	4	40	24	13.2	77.2	28	8	4	2	1.4			2	45.4	4	2.87	3.55	10.42	21.38	10.69
孔木单	4	1	5	170	15	6.6	191.6	50	16	10	12	2	6	2	2	100	5	5.533	9.334	19.867	71.733	35.87
盆都	3	1	4	210	17		227	50	19	8	14	2	8	2	2	105	4	7.442	3.8	15.242	106.758	53.379

附表 5. B

以实际各寨产量计算所能提供的剩余生产品量

单位:谷:箩

项目 寨名	农业产品收入(折谷)								副业收入(折谷)					
	水稻	旱谷	红米	包谷	苦荞	豆类	大烟	合计	采集	畜牧	手工业	商业	核桃	合计
乌帕	1616	1509	902	63.7	106.5	392	3031	7267.4	1005					1005
孔木单	4533	682	182.9	97			906.6	6221.5						2161.25
盆都	5058	176		419		160	10087.5	15900.5	916	1270	265	230	318	2999

续表 5.B

单位：谷：箩

项目寨名	扣除成本（折合）				扣除后的产品		扣除一个劳动力的年生活消费量（折合）								剩余产品量	
	种子	农具	耕牛	合计	平均一个劳动力	平均一个全劳动力	口粮	衣服	酒类	草烟芦子	盐巴	油肉	辣子及其他	合计	平均一个劳动力	平均一个全劳动力
乌帕	259.36	151.8	140.32	551.48	31.9	35.25	14	4	2	1	0.7		1	22.7	9.2	12.55
孔木单	172.49	225.03	596.99	994.51	94.72	113.66	25	8	5	6	1	3	2	50	44.72	63.66
盆都	111.2	204.90	318.4	643.5	128.6	142.7	25	9.5	4	7	1	4	2	52.5	76.1	90.2

莲山县乌帕寨生产资料占有统计表

经济状况分类	社会地位分类	户		人			劳动力 全劳		半劳		水田		旱谷地		大烟地	
		户数	%	男	女	小计	男	女	男	女	面积	%	面积	%	面积	%
富裕户	山官寨头	1	1.59	5	2	7	1	1		1	10	11.12	1.5	1.1	4	6.22
	巫师															
	百姓															
	小计	1	1.59	5	2	7	1	1		1	10	11.12	1.5	1.1	4	6.22
中等户	山官寨头	3	4.76	8	13	21	4	5	1	1	4.35	4.84	6	4.4	1.7	2.65
	巫师	2	3.17	6	6	12	3	4		1	5.1	5.67	6	4.4	3	4.67
	百姓	28	44.44	84	94	178	49	60	11	14	70.5	78.37	66.5	48.79	31.7	49.34
	小计	33	52.37	98	113	211	56	69	12	16	79.95	88.88	78.5	57.59	36.4	56.66
贫困户	山官寨头	1	1.59	3	3	6	3	1		1			2.5	1.83	4.55	7.08
	巫师	4	6.35	9	13	22	7	8	1	1			11.5	8.44	4.15	6.46
	百姓	24	38.1	37	69	106	19	31	3	11			42.3	31.04	15.15	23.58
	小计	29	46.04	49	85	134	29	40	4	13			56.3	41.31	23.85	37.12
总计	山官寨头	5	7.94	16	18	34	8	7	1	3	14.35	15.96	10	7.33	10.25	15.95
	巫师	6	9.25	15	19	34	10	12	1	2	5.1	5.67	17.5	12.84	7.15	11.13
	百姓	52	82.54	121	163	284	68	91	14	25	70.5	78.37	108.8	79.83	46.85	72.92
	小计	63	100	152	200	352	86	110	16	30	89.95	100	136.3	100	64.25	100

续附表6

经济状况分类	社会地位分类	水牛 头	%	黄牛 头	%	骡马 匹	%	农具 犁头	%	耙	%	锄	%	镰	%	砍刀	%	董箐	%
富裕户	山官																		
	寨头	3	3.33			5	26.31	5	11.11	4	11.11	8	5.84	5	4.06	5	4.59	8	5.41
	巫师																		
	百姓																		
	小计	3	3.33			5	26.31	5	11.11	4	11.11	8	5.84	5	4.06	5	4.59	8	5.41
中等户	山官	5	5.56					4	8.89	2	5.56	8	5.84	18	14.63	9	8.26	12	8.1
	寨头	7	7.78					2	4.45	1	2.78	3	2.19	5	4.06	4	3.67	3	2.03
	巫师					2	10.53												
	百姓	66	73.33	13	86.67	12	63.16	33	73.33	29	80.55	72	52.55	59	47.97	47	43.12	74	50
	小计	78	86.67	13	86.67	14	73.79	39	86.67	32	88.89	83	60.58	82	66.66	60	55.05	89	60.13
贫困户	山官	1	1.11									3	2.19	2	1.63	3	2.75	2	1.35
	寨头	2	2.22	2	13.33							8	5.84	6	4.88	8	7.34	8	5.41
	巫师																		
	百姓	6	6.67					1	2.22			35	25.55	28	22.77	33	30.27	41	27.7
	小计	9	10	2	13.33			1	2.22			46	33.58	36	29.28	44	40.36	51	34.46
总计	山官	9	10					9	20	6	16.67	19	13.87	25	20.32	17	15.6	22	14.86
	寨头	9	10	2	13.33	5	26.31	3	6.67	1	2.78	11	8.03	11	8.94	12	11.01	11	7.44
	巫师					2	10.53												
	百姓	72	80	13	86.67	12	63.16	33	73.33	29	80.55	107	78.1	87	70.74	80	73.39	115	77.7
	小计	90	100	15	100	19	100	45	100	36	100	137	100	123	100	109	100	148	100

注:水田、旱地单位面积:箩种;大烟地单位面积:升种;升种面积(包谷)。

附表 7

莲山县孔木单寨生产资料占有统计表

经济状况分类	社会地位分类	户		人			劳动力				水田		旱谷地		大烟地	
							全劳		半劳							
		户数	%	男	女	小计	男	女	男	女	面积	%	面积	%	面积	%
富裕户	山官															
	寨头	1	3.6	3	2	5		1	1	1	5	5.1	2	5.48	1	
	巫师	2	7.1	7	8	15	4	5	2	1	21	21.34	3.5	9.59	1.3	
	百姓															
	小计	3	10.7	10	10	20	4	6	3	2	26	26.44	5.5	15.07	2.3	
中等户	山官	1	3.6	3	3	6	1	2	1	1	3	3.05	2.5	6.85	0.5	
	寨头	2	7.1	4	5	9	1	3		1	8.85	9	1.0	2.74	2.5	
	巫师	1	3.6	4	2	6	1			1	5.5	5.59			1	
	百姓	9	32.1	22	27	49	14	9	4	5	41	41.69	13.15	36.03	8.5	
	小计	13	46.4	33	37	70	17	14	5	8	58.35	59.33	16.65	45.62	12.5	
贫困户	山官															
	寨头															
	巫师															
	百姓	12	42.9	9	26	35	4	7		9	14	14.23	14.35	39.31	5	
	小计	12	42.9	9	26	35	4	7		9	14	14.23	14.35	39.31	5	
总计	山官	1	3.6	3	3	6	1	2	1	1	3	3.05	2.5	6.85	0.5	
	寨头	2	7.1	4	5	9	1	3			8.85	9			2.5	
	巫师	2	7.1	7	4	11	1	1	1	2	10.5	10.69	3	8.22	2	
	百姓	23	82.2	38	61	99	22	21	6	15	76	77.26	31	84.93	14.8	
	小计	28	100	52	73	125	25	27	8	19	98.35	100	36.5	100	19.8	

续附表7

经济状况分类	社会地位分类	水牛 头	%	黄牛 头	%	骡马 匹	%	农具 犁头	%	耙	%	锄	%	镰	%	砍刀	%	斧	%
富裕户	山官	3	7					1	4.17	1	5.26	2	3.45	1	1.49	2	3.92	1	3.12
	寨头																		
	巫师	4	9.3	1	100	3	100	3	12.5	2	10.53	5	8.62	5	7.46	1	1.96	4	12.5
	百姓																		
	小计	7	16.3	1	100	3	100	4	16.67	3	15.79	7	12.07	6	8.95	3	5.88	5	15.62
中等户	山官	1	2.3					2	8.33	2	10.53	4	6.9	6	8.95	1	1.96	2	6.25
	寨头	3	7	1	100			3	12.5	2	10.53	5	8.62	6	8.95	4	7.84	2	6.25
	巫师	4	9.3					2	8.33	2	10.53	3	5.17	3	4.49	3	5.88	2	6.25
	百姓	27	62.8					9	37.5	7	36.84	22	37.93	24	35.82	22	43.14	11	34.38
	小计	35	81.4	1	100			16	66.66	13	68.43	34	58.62	39	58.21	30	58.82	17	53.13
贫困户	山官																		
	寨头																		
	巫师																		
	百姓	1	2.3					4	16.67	3	15.78	17	29.31	22	32.84	18	35.3	10	31.25
	小计	1	2.3					4	16.67	3	15.78	17	29.31	22	32.84	18	35.3	10	31.25
总计	山官	1	2.3					2	8.33	2	10.53	4	6.9	6	8.95	1	1.96	2	6.25
	寨头	3	7	1	100			3	12.5	2	10.53	5	8.62	6	8.95	4	7.84	2	6.25
	巫师	7	16.3			3	100	3	12.5	3	15.79	5	8.62	4	5.98	5	9.8	3	9.37
	百姓	32	74.4					16	66.67	12	63.15	44	75.86	51	76.12	41	80.4	25	78.13
	小计	43	100	1	100	3	100	24	100	19	100	58	100	67	100	51	100	32	100

注:水田、旱地单位面积:箩种;大烟地单位面积:升种(包谷)。

附表 8

梁河县盆都寨生产资料占有情况统计表

经济状况分类	社会地位分类	户		人			劳动力				水田		旱谷地		大烟地	
							全劳		半劳							
		户数	%	男	女	小计	男	女	男	女	面积	%	面积	%	面积	%
富裕户	山官	1	2.38	6	7	13	4	2			6.5	8.17			2	1.98
	寨头	2	4.76	11	11	22	2	8	2		21	26.38			30	29.7
	巫师	1	2.38	6	4	10	3	2			7	8.8			2	1.98
	百姓	2	4.76	5	5	10	5	5		2	7	8.8			4	3.96
	小计	6	14.28	28	27	55	14	17	2	2	41.5	52.15			38	37.62
中等户	寨头	3	7.15	6	11	17	3	6	1		9.5	11.93			11.5	11.39
	巫师	1	2.38	4	4	8	3	2			2.5	3.14			3	2.97
	百姓	7	16.67	14	16	30	8	10	1	2	14.1	17.71	1	20	21	20.79
	小计	11	26.2	24	31	55	14	18	2	2	26.1	32.78	1	20	35.5	35.15
贫困户	巫师	2	4.76	3	5	8	2	3		1	2.5	3.14			5.5	5.45
	百姓	23	54.76	39	57	96	16	30	7	12	9.5	11.93	4	80	22	21.78
	小计	25	59.52	42	62	104	18	33	7	13	12	15.07	4	80	27.5	27.23
总计	山官	1	2.38	6	7	13	4	2			6.5	8.17			2	1.98
	寨头	5	11.91	17	22	39	5	14	3		30.5	38.31			41.5	41.09
	巫师	4	9.52	13	13	26	8	7		3	12	15.08			10.5	10.4
	百姓	32	76.19	58	78	136	29	45	8	14	30.6	38.44	5	100	47	46.53
	小计	42	100	94	120	214	46	68	11	17	79.6	100	5	100	101	100

续附表8

经济状况分类	社会地位分类	水牛 头	水牛 %	黄牛 头	黄牛 %	骡马 匹	骡马 %	农具 犁头	犁头 %	耙	耙 %	锄	锄 %	镰	镰 %	砍刀	砍刀 %	斧	斧 %
富裕户	山官	1	1.76					2	2.81	1	3.33	2	2.27			3	3.09	1	2.27
	寨头	9	15.79	11	52.38	6	50	9	12.68	4	13.34	7	7.95	8	9.64	9	9.28	5	11.37
	巫师	3	5.26	4	19.04	1	8.33	5	7.04	2	6.67	4	4.55	4	4.82	3	3.09	1	2.27
	百姓	10	17.54			4	33.33	9	12.68	3	10	7	7.95	4	4.82	14	14.44	3	6.82
	小计	23	40.35	15	71.42	11	91.66	25	35.21	10	33.34	20	22.72	16	19.28	29		10	22.73
中等户	山官																		
	寨头	3	5.26	3	14.29			8	11.27	5	16.67	8	9.1	6	7.23	7	7.22	4	9.09
	巫师							2	2.81	1	3.33	2	2.27	3	3.61	2	2.06	1	2.27
	百姓	20	35.09	3	14.29			18	25.36	7	23.33	14	15.91	20	24.1	16	16.49	10	22.73
	小计	23	40.35	6	28.58			28	39.44	13	43.33	24	27.28	29	34.94	25	25.77	15	34.09
贫困户	山官							2	2.81	1	3.33	4	4.55	4	4.82	3	3.09		
	寨头							16	22.54	6	20	40	45.45	34	40.96	40	41.24	2	4.54
	巫师																		
	百姓					1	8.34											17	38.64
	小计					1	8.34	18	25.35	7	23.33	44	50	38	45.78	43	44.33	19	43.18
总计	山官	1	1.76					2	2.81	1	3.33	2	2.27			3	3.09	1	2.27
	寨头	12	21.05	14	56.67	6	50	17	23.95	9	30.01	15	17.05	14	16.87	16	16.5	9	20.46
	巫师	6	10.52	4	19.07	1	8.33	9	12.66	4	13.33	10	11.37	11	13.25	8	8.24	4	9.08
	百姓	38	66.67	3	14.29	5	41.67	43	60.58	16	53.33	61	69.31	58	69.88	70	72.17	30	68.19
	小计	57	100	21	100	12	100	71	100	30	100	88	100	83	100	97	100	44	100

注：水田、旱地单位面积；箩种；大烟地单位面积；升种（包谷）。

附表 9

乌帕、孔木单、盆都三寨田租、牛租、债利、雇工统计表

寨名\项目	田租 租出 谷种	田租 租出 租额	田租 租人 谷种	田租 租人 租额	田租 租佃剥削量相当于水旱谷年产量%	牛租 租出 头数	牛租 租出 租额	牛租 租人 头数	牛租 租人 租额	牛租剥削量相当于水旱谷年产量%	债利 借出 本金	债利 借出 利息	债利 借人 本金	债利 借人 利息	债利剥削量相当于水旱谷年产量%	雇工 长工 人数	雇工 长工 年剥削量	雇工 季工 人数	雇工 季工 年剥削量	雇工 零工 人数	雇工 零工 年剥削量	雇工 小计 年剥削量	雇工 小计 雇工剥削量相当于水旱谷年产量%	合计 各种剥削量合计	合计 相当于水旱谷年产量%
乌帕	0.5	6	0.5	6	0.192	6	17	6	17	0.544								14	9.75	30	0.162	9.912	0.317	32.912	1.053
孔木单	9	40	3	16	0.32	2	25	2	25	0.496	15	15	20	20	0.396			3	67.77	10	0.265	68.035	1.351	129.035	2.563
盆都	16	22	19	275	5.25	12	21	25	301	5.75	89	91	88	91	1.74	4	484.96	4	260.48	236	38.94	784.38	14.99	1451.38	27.73

注:本表及附表 10、11、12 单位均为箩谷。

附表 10

雇工关系表

项目 寨名	长工			季工			零工			合计	
	人数	年剥削量折谷	相当于水旱谷年产量%	人数	年剥削量折谷	相当于水旱谷年产量%	人日数	年剥削量折谷	相当于水旱谷年产量%	年剥削量折谷	相当于水旱谷年产量%
鸟帕				14	9.752	0.312	30	0.162	0.005	9.914	0.317
孔木单				5	67.77	1.35	10	0.265	0.001	68.035	1.351
盆都	4	484.96	9.27	4	260.48	4.98	236	38.94	0.74	784.38	14.99

附表 11

债利关系表

项目 / 寨名	本寨内 借出 本金折合	本寨内 借出 利息折合	本寨内 借入 本金折合	本寨内 借入 利息折合	与外寨 借出 本金折合	与外寨 借出 利息折合	与外寨 借入 本金折合	与外寨 借入 利息折合	合计 借出 本金折合	合计 借出 利息折合	合计 借入 本金折合	合计 借入 利息折合	利息相当于水草年产量%
乌帕													
孔木单	15	15	15	15			5	5	15	15	20	20	0.396
盆都	88	91	88	91					88	91	88	91	4.74

附表 12

耕田租佃和耕牛租借关系表

耕田租佃

项目\寨名	本寨内						与外寨						合计					
	租出			租入			租出			租入			租出			租入		
	箩种	租额	占水田总数%	箩种	占水田总数%	租额	箩种	占水田总数%	租额	箩种	占水田总数%	租额	箩种	占水田总数%	租额	箩种	占水田总数%	租额
乌帕	0.5	6	5.56	0.5	5.56	6							0.5	5.56	6	0.5	5.56	6
孔木单	3	16	2.25	3	2.25	16	6	4.5	24				9	6.76	40	3	2.25	16
盆都	10	141	12.56	10	12.56	141	6	7.54	80	9	11.31	134	16		221	19	23.87	275

耕牛租借

项目\寨名	本寨内						与外寨						合计						
	租出			租入			租出			租入			租出			租入			
	头数	租额	占总头数%	头数	占总头数%	租额	头数	占总头数%	租额	头数	占总头数%	租额	头数	占总头数%	租额	头数	占总头数%	租额	相当于水旱稻年产量%
乌帕	6	17	6.67	6	66.7	17							6	6.67	17	6	6.67	17	0.544
孔木单	2	25	4.65	2	4.65	25							2	4.65	25	2	4.65	25	0.496
盆都	9	172.5	11.17	9	11.17	172.5	3	5.36	40	4	7.14	128.5	12	21.43	212.5	13	23.21	301	5.25

著 述 目 录

专　　著

《中国经济思想史》，《百卷本经济全书》，人民出版社 1994 年

《经济思想史话》，《中华文明史话丛书》，中国大百科全书出版社 2000 年

《孔子思想与现代企业管理》，广西人民出版社 1999 年

《先秦经济思想史》（合著），中国社会科学出版社 1996 年

《中国经济思想史资料选辑》先秦卷（参编）、宋金元卷（主编），中国社会科学出版社 1985—1996 年

《农业是国民经济的基础》（合著），农业出版社 1980 年

《景颇族简史》（合著），云南人民出版社 1983 年

《景颇族社会历史调查》（合著）（二）、（三）集，载《中国少数民族社会历史调查资料丛刊》，云南人民出版社 1986 年

《白族社会历史调查》（合著），载《中国少数民族社会历史调查资料丛刊》，云南人民出版社 1983 年

论　　文

《王家沟农业生产合作社水土保持调查报告》，载《山西西部水土保持调查报告》（附件），科学出版社 1957 年

《解放前景颇族的社会形态》，载《民族团结》1962 年 8 月号

《景颇族农村公社土地制度的历史考察》，载《历史研究》1963 年第 6 期

《农产品成本的计算方法》，载《光明日报》1964 年 2 月 24 日

《生产资料生产优先增长是适用于社会主义经济的规律吗》，载《经济研究》1979 年第 12 期

《扫除经济领域中的封建残余，加速实现四个现代化》（合著），载《经济问题探索》1980 年创刊号

《我国历史上的官办工商业》，载《百科知识》1980 年第 2 期

《中国历史概要》，载《中国经济年鉴》1981 年

《亚细亚生产方式理论研究中的几个问题》，载《经济研究》1982 年第 6 期

《亚细亚生产方式理论的研究》，载《经济研究所集刊》第 4 集，中国社会科学出版社 1983 年

《亚细亚生产方式理论与我国村社制度的研究》，载《民族学报》，云南民族出版社 1983 年

《对马克思〈资本主义生产以前的各种形式〉一文中几个理论问题的理解》，载《经济研究所集刊》第 6 集，中国社会科学出版社 1983 年

《孔子的经济思想及其渊源》，载《经济学集刊》第 3 集，中国社会科学出版社 1984 年

《孔子经济思想的研究》，载《中国经济思想史论》，人民出版社 1985 年

《一株绚丽的思想之花——中国经济思想史》，载《少年经济学家》1985 年第 4 期

《中国古代的金钱万能思想》，载《少年经济学家》1985 年第 5 期

《〈尚书〉及金文卜辞中的经济思想》，载《经济研究所集刊》第 9 集，中国社会科学出版社 1986 年

《义利思想辨正》，载《中国经济史研究》1987 年第 2 期

《中国富民思想的历史考察》，载《平准学刊》第 3 辑，中国商业出版社 1987 年

《西周的井田制与工商食官制》，载《河南师范大学学报》1991 年第 2 期

《〈大学〉、〈中庸〉中的经济思想》，载《中国经济史研究》1991 年第 2 期

《〈民族研究与史学研究相结合的重大成果〉——评〈西双版纳份

地制与西周井田制比较研究〉》，载《中国经济史研究》1991 年第 3 期

《论西周的德治思想》，载《河南师范大学学报》1993 年第 1 期

《当前转型期传统经济观念的更新》，载《经济研究》1993 年第 7 期

《轮船招商局早期的经营思想》，载《轮船招商局与中国近现代化》，广东人民出版社 1994 年

《传统的权力经济观念的更新》，载《经济纵横》1995 年第 5 期

《20 年代以来中国社会变革过程中的均富思想》，载《中国经济史研究》2000 年第 3 期

《〈西双版纳份地制与西周井田制比较研究〉第二版序》，云南人民出版社 2001 年

《〈致富论〉序》，中国社会科学出版社 2001 年

《〈究古今之变，成一家之言〉——评〈中国经济思想通史〉》，载《中国经济史研究》2003 年第 3 期

《〈一部深刻反映中国半殖民地半封建社会时代特点的金融史〉——评〈中国金融通史〉第二卷》，《清鸦片战争时期至清末时期》（1840—1911 年），载《中国经济史研究》2004 年第 2 期

《〈永远的学者风范〉——纪念巫宝三先生百年诞辰》，载《经济研究》2005 年第 7 期

《求实、创新与比较研究——巫宝三》，载《学问人生》，高等教育出版社 2007 年 5 月

作者年表

1929 年 11 月 27 日
生于江苏省吴县。

1948 年
考入苏州东吴大学社会系（后转经济系）。

1952 年
院系调整，东吴大学经济系合并到上海财经学院计划经济系。

1953 年
上海财经学院毕业，分配到北京中国科学院经济研究所。

1953—1989 年
历任中国科学院经济研究所（1978 年后改为中国社会科学院经济研究所）研究实习员、助理研究员、副研究员、研究员。

1978 年
中国社会科学院研究生院成立后，先后被聘为副教授、教授，硕士研究生和博士研究生导师。

1980 年
中国经济思想史学会成立后，先后被选为理事、常务副会长。

1983 年
应《中国大百科全书》编委会聘请，任经济学卷中国经济思想史组成员。

1985—1989 年
任中国社会科学院经济研究所经济思想史研究室副主任、主任。

1989 年底退休。

1989—1999 年
应经济研究所返聘，继续主持"中国经济思想史"课题项目的研究。

2002 年
应《中国大百科全书》第二版编委会聘请，任经济学科分支主编。